Street b

LE

CW01249887

Ist edition May 2001

© Automobile Association Developments Limited 2001

This product includes map data licensed from Ordnance Survey® with the permission of the Controller of Her Majesty's Stationery Office. © Crown copyright 2000. All rights reserved.

Licence No: 399221.

All rights reserved. No part of this publication may be reproduced, stored in a retrieval system, or transmitted in any form or by any means– electronic, mechanical, photocopying, recording or otherwise – unless the permission of the publisher has been given beforehand.

Published by AA Publishing (a trading name of Automobile Association Developments Limited, whose registered office is Norfolk House, Priestley Road, Basingstoke, Hampshire, RG24 9NY. Registered number 1878835).

Mapping produced by the Cartographic Department of The Automobile Association.

A CIP Catalogue record for this book is available from the British Library.

Printed by GRAFIASA S.A., Porto, Portugal

The contents of this atlas are believed to be correct at the time of the latest revision. However, the publishers cannot be held responsible for loss occasioned to any person acting or refraining from action as a result of any material in this atlas, nor for any errors, omissions or changes in such material. The publishers would welcome information to correct any errors or omissions and to keep this atlas up to date. Please write to Publishing, The Automobile Association, Fanum House, Basing View, Basingstoke, Hampshire, RG21 4EA.

Ref: MN012

Key to map pages ii-iii

Key to map symbols iv-1

Enlarged scale pages 2-51

Street by Street 52-121

Index – towns & villages 122-123

Index – streets 124-179

Index – featured places 180-186

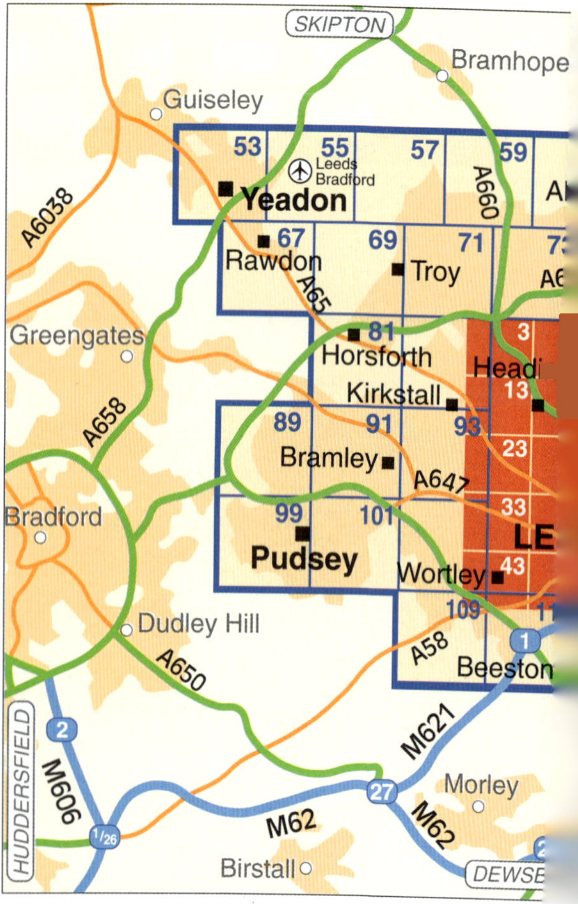

Enlarged scale pages **1:10,000** **6.3 inches to 1 mile**

0 miles 1/4

0 1/4 kilometres 1/2

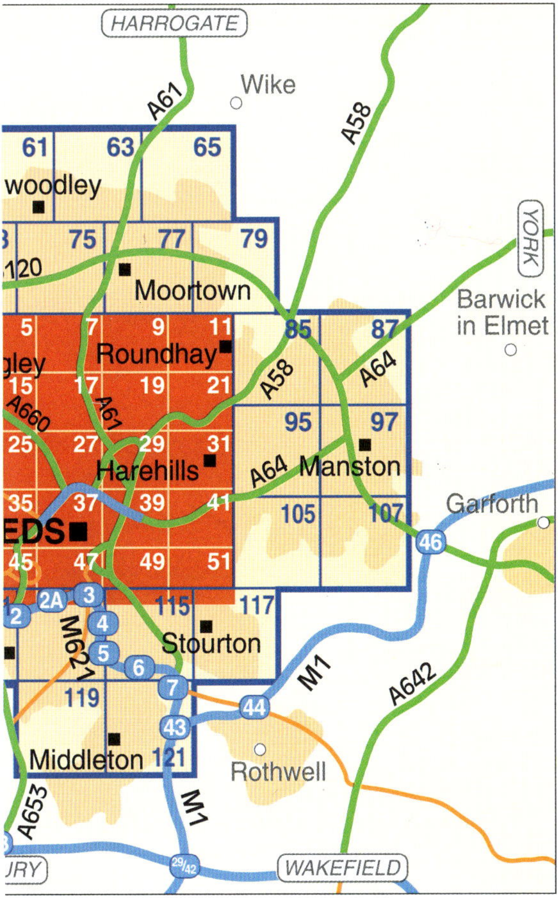

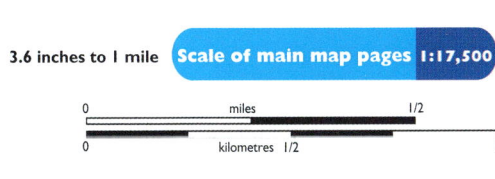

3.6 inches to 1 mile

Scale of main map pages 1:17,500

0 miles 1/2

0 kilometres 1/2 1

Junction 9	Motorway & junction
Services	Motorway service area
	Primary road single/dual carriageway
Services	Primary road service area
	A road single/dual carriageway
	B road single/dual carriageway
	Other road single/dual carriageway
	Restricted road
	Private road
	One way street
	Pedestrian street
	Track/ footpath
	Road under construction
	Road tunnel
P	Parking
P+	Park & Ride
	Bus/coach station
	Railway & main railway station
	Railway & minor railway station
	Underground station
	Light railway & station
	Preserved private railway
LC	Level crossing
	Tramway
	Ferry route
	Airport runway
	Boundaries- borough/ district
	Mounds
93	Page continuation 1:17,500
7	Page continuation to enlarged scale 1:10,000

Map Symbols I

Symbol	Meaning	Symbol	Meaning
	River/canal lake, pier		Toilet with disabled facilities
	Aqueduct, lock, weir		Petrol station
465 Winter Hill	Peak (with height in metres)	PH	Public house
	Beach	PO	Post Office
	Coniferous woodland		Public library
	Broadleaved woodland	*i*	Tourist Information Centre
	Mixed woodland		Castle
	Park		Historic house/ building
	Cemetery	Wakehurst Place NT	National Trust property
	Built-up area	M	Museum/ art gallery
	Featured building		Church/chapel
	City wall		Country park
A&E	Accident & Emergency hospital		Theatre/ performing arts
	Toilet		Cinema

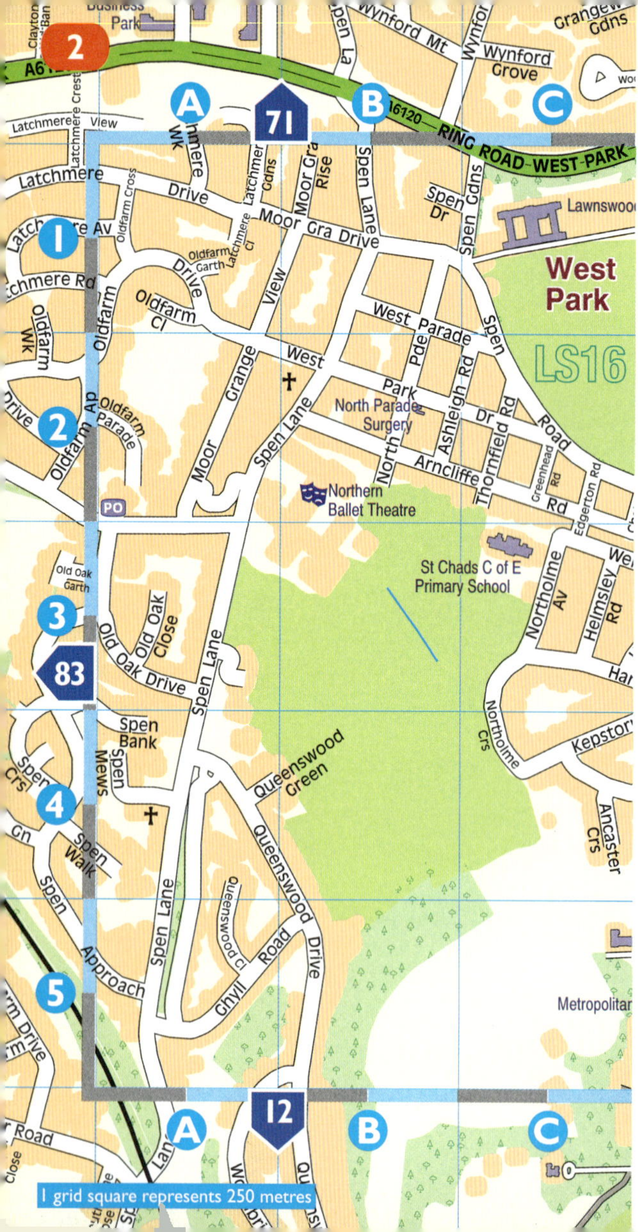

Business Park
Clayton
A6120
2
Wynford Mt
Wynford Grove
Grangewood Gdns
A6120 RING ROAD WEST PARK
71
A
B
C
Latchmere View
Latchmere Crest
Latchmere Wk
Latchmere Drive
Latchmere Gdns
Latchmere Cl
Latchmere Av
Latchmere Rd
Oldfarm Cross
Oldfarm Garth
Oldfarm Drive
Oldfarm Cl
Oldfarm Wk
Oldfarm
Oldfarm Ap
Oldfarm Parade
Moor Gra Rise
Moor Gra Drive
Moor Grange View
Spen Lane
Spen Dr
Spen Gdns
Spen Road
Lawnswood
West Park
LS16
West Parade
West Park Pde
North Park Pde
Ashleigh Rd
West Park Dr
Thornfield Rd
Arncliffe Rd
Greenhead Rd
Edgerton Rd
North Parade Surgery
Northern Ballet Theatre
St Chads C of E Primary School
Northolme Av
Helmsley Rd
Northolme Crs
Kepstorn
Ancaster Crs
PO
Old Oak Garth
Old Oak Close
Old Oak Drive
83
Spen Bank
Spen Mews
Spen Crs
Spen Gn
Spen Walk
Spen Approach
Queenswood Green
Queenswood Drive
Queenswood Road
Queenswood Cl
Ghyll Road
Metropolitan
1
2
3
4
5
12
Farm Drive
Farm Road
Close
1 grid square represents 250 metres

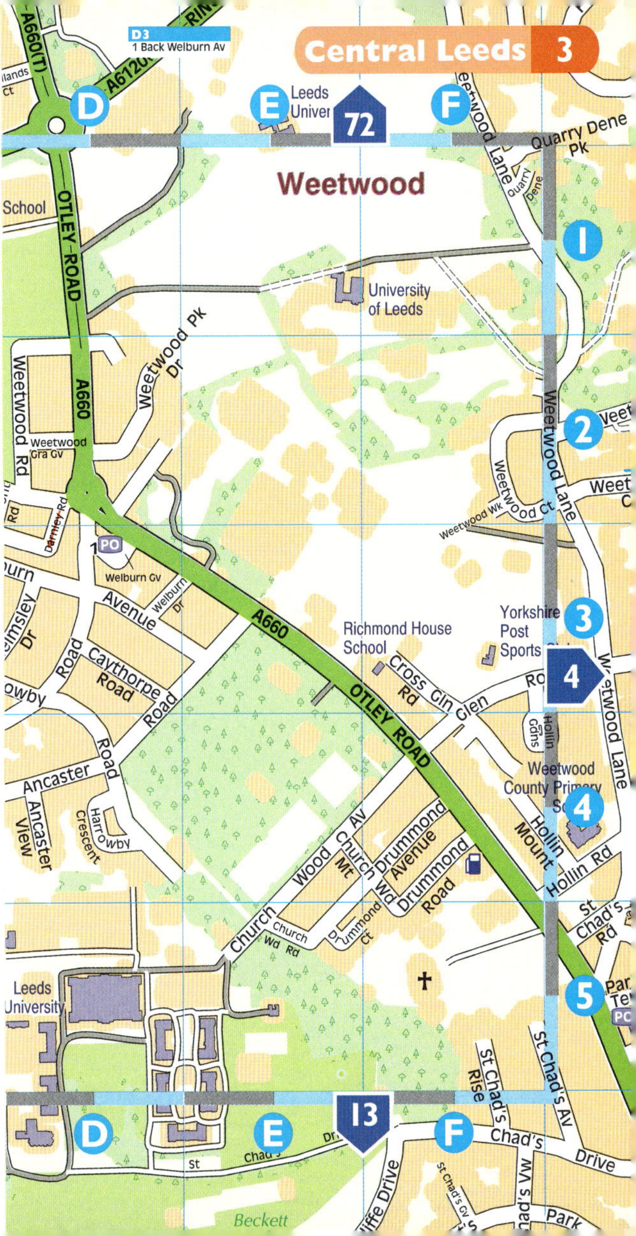
D3
1 Back Welburn Av
Weetwood
University of Leeds
Leeds Univer
72
Quarry Dene Pk
Quarry Dene
Weetwood Lane
School
OTLEY ROAD
A660(T)
A6120
A660
Weetwood Pk Dr
Weetwood Rd
Weetwood Gra Gv
Darnley Rd
Welburn Gv
Welburn Dr
Avenue
Caythorpe Road
Ancaster Road
Ancaster View
Harrowby Crescent
Weetwood Wk
Weetwood Ct
Yorkshire Post Sports
Richmond House School
Cross Glen Rd
Glen Rd
Hollin Gdns
Weetwood County Primary Sc
Hollin Mount
Hollin Rd
Drummond Avenue
Drummond Road
Drummond Ct
Church Wood Av
Church Wd Mt
Church Wd Rd
St Chad's Rd
St Chad's Av
St Chad's Rise
St Chad's Gv
Chad's Drive
Leeds University
Beckett
13
4
D
E
F
I
2
3
5
PO

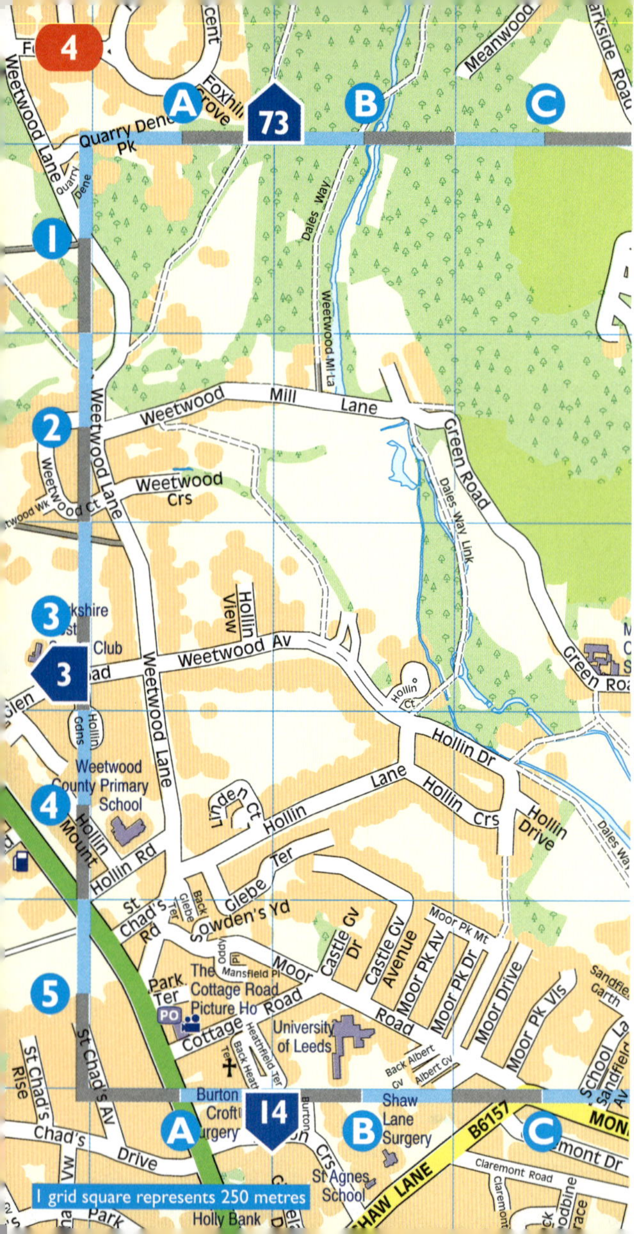
73
14
3
A
B
C
1
2
3
4
5
Weetwood Lane
Quarry Dene Pk
Quarry Dene
Foxhill Grove
Meanwood
Parkside Road
Dales Way
Weetwood Mill La
Weetwood Mill Lane
Green Road
Weetwood Crs
Weetwood Ct
Weetwood Wk
Dales Way Link
Hollin View
Weetwood Av
Club
Hollin Gdns
Hollin Ct
Hollin Dr
Weetwood County Primary School
Hollin Lane
Linden Ct
Hollin Crs
Hollin Drive
Hollin Mount
Hollin Rd
Glebe Ter
Back Glebe Ter
St Chad's Rd
Sowden's Yd
Moor Pk Mt
Castle Gv Dr
Castle Gv Avenue
Moor Pk Av
Moor Pk Dr
Moor Drive
Moor Pk Vls
Sandfield Garth
School La
Sandfield Av
Park Ter
The Cottage Road Picture Ho
PO
Mansfield Pl
Moor Road
Cottage Road
University of Leeds
Heathfield Ter
Back Heathfield Ter
Back Albert Gv
Albert Gv
St Chad's Av
St Chad's Rise
St Chad's Drive
Burton Croft Surgery
Burton Crs
Shaw Lane Surgery
St Agnes School
B6157
SHAW LANE
Claremont Dr
Claremont Road
Claremont
Holly Bank
Park
1 grid square represents 250 metres

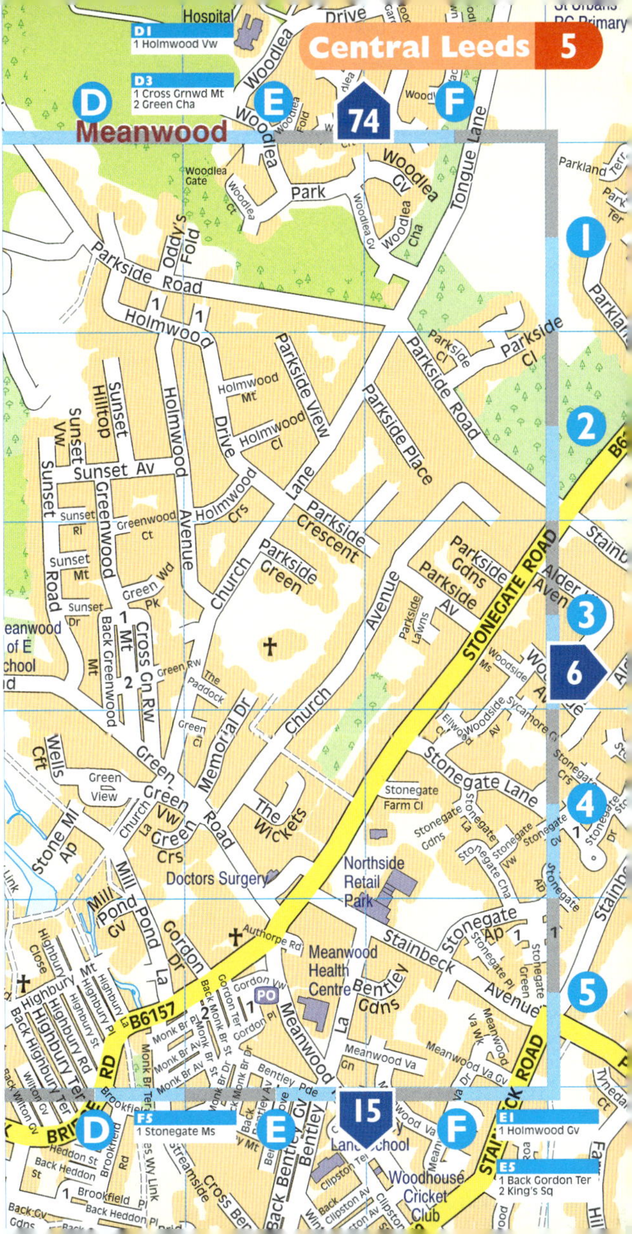
Meanwood
Hospital
D1
1 Holmwood Vw
D3
1 Cross Grnwd Mt
2 Green Cha
Drive
Woodlea
74
Woodlea Gate
Woodlea Ct
Park
Woodlea Gv
Woodlea Cha
Tongue Lane
Parkland Terr
Parkside Road
Oddy's Fold
Holmwood
Holmwood Mt
Holmwood Cl
Parkside View
Parkside Cl
Parkside Place
Hilltop
Sunset Vw
Sunset
Sunset Av
Sunset Road
Sunset Ri
Sunset Mt
Sunset Dr
Greenwood
Greenwood Ct
Holmwood Avenue
Holmwood Drive
Holmwood Crs
Lane
Parkside Crescent
Parkside Green
Church
Green Wd Pk
Cross Gn Rw
Back Greenwood
Green Rw
The Paddock
Green Cl
Memorial Dr
Avenue
Parkside Lawns
Parkside Gdns
Parkside Av
STONEGATE ROAD
Alder Aven
Stainb
6
Woodside Ms
Woodside Av
Sycamore
Elmwood Cl
Stonegate Lane
Stonegate Farm Cl
Stonegate Gdns
Stonegate La
Stonegate Vw
Stonegate Gv
Stonegate Cha
Stonegate Ap
Stonegate Pl
Stonegate Green
Stonegate Crs
Stonegate Dr
Wells Cft
Green View
Green Road
Green Vw
Church La
Green Crs
The Wickets
Stone Mill Ap
Mill Pond Gv
Mill Pond La
Gordon Dr
Doctors Surgery
Northside Retail Park
Authorpe Rd
Stainbeck Avenue
Meanwood Health Centre
Bentley Gdns
B6157
Highbury Close
Highbury Mt
Highbury Pl
Highbury St
Highbury Rd
Highbury Ter
Highbury La
Back Highbury Ter
Wilton Gv
Back Wilton Gv
RD
Monk Br Pl
Monk Br Av
Monk Br St
Monk Br Dr
Monk Br Ter
Back Monk Br St
Gordon Ter
Gordon Vw
Gordon Pl
PO
Meanwood
Bentley La
Meanwood Gn
Meanwood Va
Meanwood Va Gv
Va Wk
Va Dr
ROAD
Bentley Pde
15
Brookfield
Brookfield Rd
Brookfield Pl
Heddon St
Back Heddon St
Back Heddon Pl
Streamside
Cross Ben
Back Bentley Av
Bentley Gv
Clipston Ter
Clipston Av
Back Clipston Av
Woodhouse Cricket Club
F5
1 Stonegate Ms
E1
1 Holmwood Gv
E5
1 Back Gordon Ter
2 King's Sq
D
E
F
1
2
3
4
5

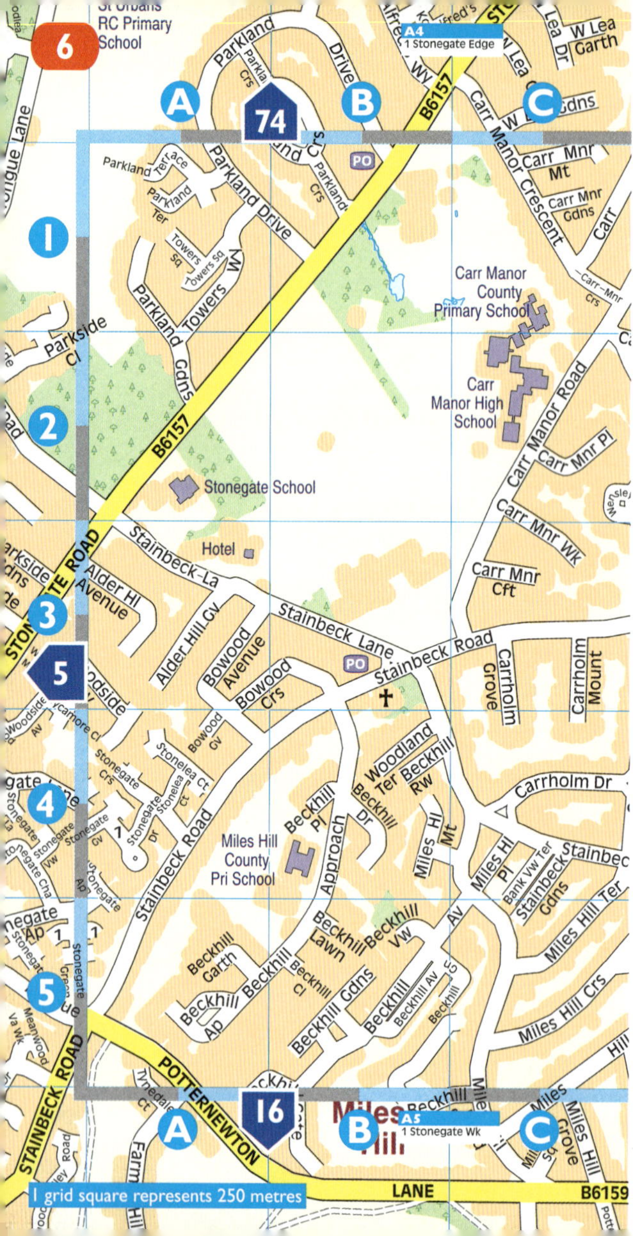
St Urbans RC Primary School
Parkland Crs
Parkland Drive
A
B
C
74
A4
1 Stonegate Edge
B6157
W Lea Garth
Lea Dr
W Lea
Carr Manor Crescent
Gdns
PO
Parkland Terrace
Parkland Ter
Towers Sq
Towers Wy
Parkland Gdns
Carr Mnr Mt
Carr Mnr Gdns
Carr
Carr Mnr Crs
Carr Manor County Primary School
Carr Manor High School
Carr Manor Road
Carr Mnr Pl
Carr Mnr Wk
Carr Mnr Cft
Parkside Cl
Stonegate School
Hotel
Stainbeck La
Stainbeck Lane
Stainbeck Road
STONEGATE ROAD
Alder Hl Avenue
Alder Hill Gv
Bowood Avenue
Bowood Crs
Bowood Gv
Carrholm Grove
Carrholm Mount
Carrholm Dr
5
1
2
3
4
Sycamore Cl
Woodside Av
Stonelea Ct
Stonegate Crs
Stonegate Gv
Stonegate Dr
Stonegate Vw
Stonegate Cha
Stonegate Ap
Stonegate Green
Woodland Ter
Beckhill Rw
Beckhill Dr
Beckhill Pl
Beckhill Approach
Miles Hill County Pri School
Miles Hl Mt
Miles Hl Pl
Bank Vw Ter
Stainbeck Gdns
Miles Hill Ter
Miles Hill Crs
Beckhill Garth
Beckhill Ap
Beckhill Lawn
Beckhill Vw
Beckhill Cl
Beckhill Gdns
Beckhill Av
Beckhill Gv
Av
Meanwood Va Wk
STAINBECK ROAD
POTTERNEWTON LANE
Tynedale Ct
Farm
16
Miles Hill
A5
1 Stonegate Wk
Miles Hill Grove
B6159
1 grid square represents 250 metres

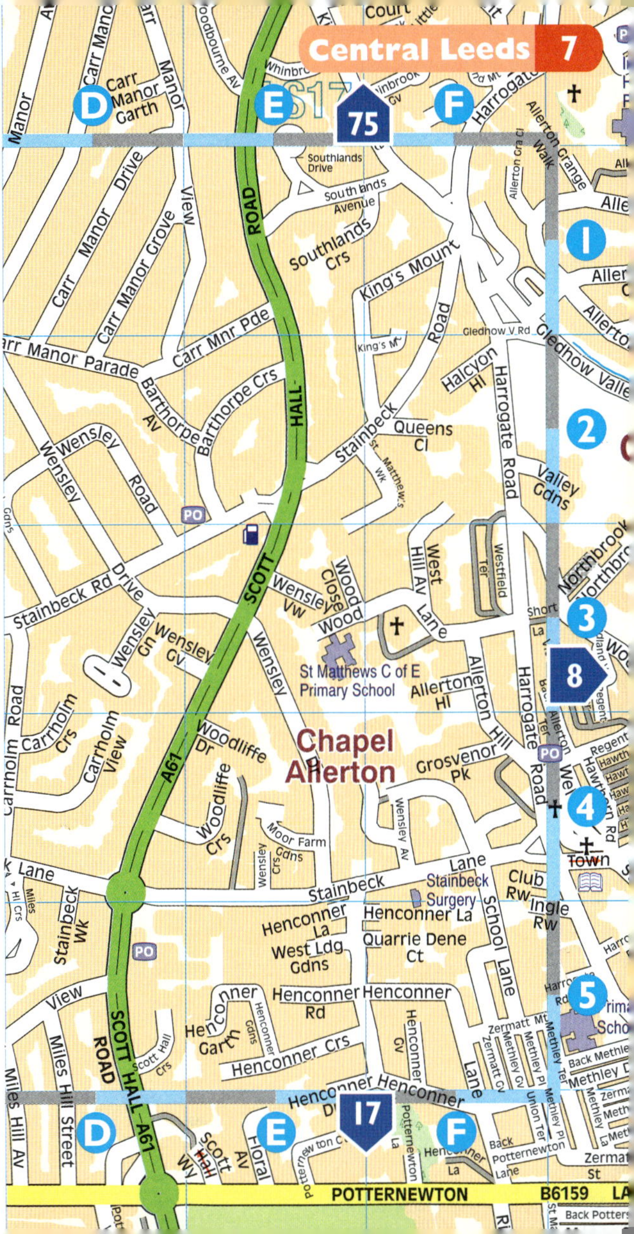
D
E
F
75
Carr Manor Garth
Carr Manor
Manor
Southlands Drive
Southlands Avenue
Southlands Crs
Harrogate
Allerton Grange Walk
Allerton Gra Cl
1
Allerton
Carr Manor Drive
Carr Manor Grove
View
ROAD
King's Mount
Road
Gledhow V Rd
Gledhow Valley
Carr Mnr Pde
Carr Manor Parade
King's Mt
Halcyon Hl
Harrogate Road
Barthorpe Crs
Barthorpe Av
HALL
Stainbeck
Queens Cl
St Matthew's Wk
2
Valley Gdns
Wensley Road
Wensley
Wensley Drive
PO
Westfield Ter
West Hill Av
Northbrook
Stainbeck Rd
SCOTT
Wensley Vw
Wood Close
Wood Lane
Short La
3
Wensley Gn
Wensley Gv
Wensley
St Matthews C of E Primary School
Allerton Hl
Allerton Hill
Harrogate Road
8
Carrholm Road
Carrholm Crs
Carrholm View
Woodliffe Dr
Chapel Allerton
Grosvenor Pk
Regent
Hawthorn Rd
A61
Woodliffe Crs
Moor Farm Gdns
Wensley Av
4
Town
Lane
Stainbeck Lane
Stainbeck Surgery
Club Rw
Ingle Rw
Stainbeck Wk
Henconner La
Henconner La
Quarrie Dene Ct
School Lane
West Ldg Gdns
Henconner Rd
Henconner Gv
5
View
Henconner Garth
Henconner Gdns
Zermatt Mt
Zermatt Gv
Methley Gv
Methley Pl
Methley Ter
Back Methley
Methley Dr
Miles Hill Av
Miles Hill Street
SCOTT HALL ROAD
Scott Hall Crs
Henconner Crs
Henconner Dr
Henconner Lane
Union Ter
Methley Pl
17
Potternewton La
Henconner La
Back Potternewton Lane
Scott Hall Wy
Floral Av
Potternewton Ct
POTTERNEWTON
B6159
Zermatt St
Back Potternewton

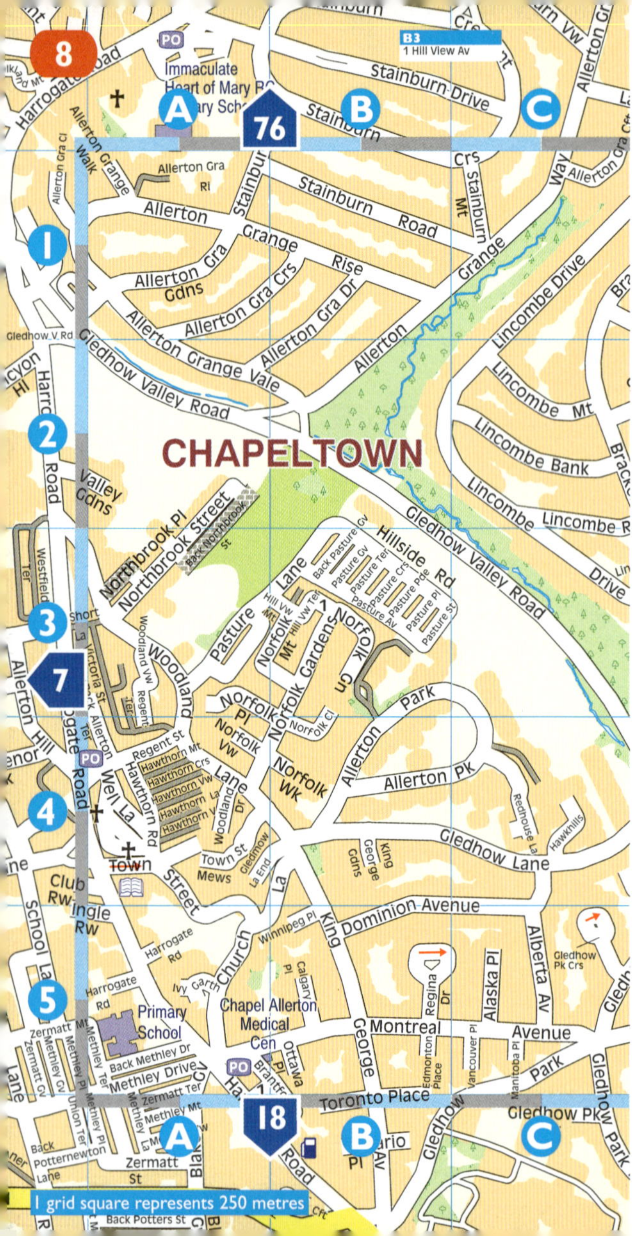
8
76
7
18
A
B
C
1
2
3
4
5
B3
1 Hill View Av
CHAPELTOWN
Immaculate Heart of Mary RC
Stainburn Drive
Stainburn Road
Allerton Grange Rise
Allerton Gra Gdns
Allerton Gra Crs
Allerton Gra Dr
Allerton Grange Vale
Allerton Grange Way
Allerton Grange Walk
Allerton Gra Rl
Allerton Gra Cl
Gledhow Valley Road
Gledhow V Rd
Lincombe Drive
Lincombe Mt
Lincombe Bank
Lincombe Ri
Harrogate Road
Valley Gdns
Northbrook Pl
Northbrook Street
Back Northbrook St
Westfield Ter
Short La
Victoria St
Woodland Vw
Woodland Lane
Woodland Dr
Regent St
Hawthorn Rd
Hawthorn Mt
Hawthorn Crs
Hawthorn Vw
Hawthorn La
Well La
Pasture Lane
Back Pasture Gv
Pasture Gv
Pasture Ter
Pasture Crs
Pasture Pde
Pasture Pl
Pasture St
Pasture Av
Hillside Rd
Hill Vw Mt
Hill Vw Ter
Norfolk Mt
Norfolk Gardens
Norfolk Gn
Norfolk Pl
Norfolk Vw
Norfolk Cl
Norfolk Wk
Allerton Park
Allerton Pk
Redhouse La
Hawkhills
Gledhow Lane
King George Gdns
Town Street
Town St Mews
Gledmow La End
Church La
Club Rw
Ingle Rw
School La
Allerton Hill
Harrogate Rd
Ivy Garth
Winnipeg Pl
King George Av
Dominion Avenue
Calgary Pl
Regina Dr
Alaska Pl
Alberta Av
Gledhow Pk Crs
Primary School
Chapel Allerton Medical Cen
Montreal Avenue
Edmonton Place
Vancouver Pl
Manitoba Pl
Ottawa Pl
Brantford
Back Methley Dr
Methley Drive
Methley Ter
Methley Mt
Methley Pl
Methley Gv
Zermatt Mt
Zermatt Gv
Zermatt Ter
Zermatt St
Toronto Place
Gledhow Park
Gledhow Pk
Union Ter
Back Potternewton Lane
Back Potters St
Ontario Pl
PO
1 grid square represents 250 metres

Lidgett Lane
Larkhill Gn
Larkhill Way
Larkhill Walk
Larkhill Rd
Larkhill Drive
Larkhill Cl
Larkhill View
D
E
F
77
Back N Pk Av
North Park Ave
Lidgett Pk Rd
Lidgett Pk Vw
North Park Gr
Lidgett Place
The Chandos Medical Centre
Chandos Garth
Chandos Avenue
Chandos Ter
Chandos Place
Chandos Gardens
Chandos Green
Leeds Rugby Union Football Club
Lidgett Pk Gv
Lidgett Crescent
The Cross Lidgett Place
The Drive
Lidgett Ct
James Av
Lidgett Pk Gdns
1
Borrough Vw
Borrough Av
Brackenwood Grn
Brackenwood Drive
PO
Roper Avenue
Roper Gv
Denton Gv
Denton Av
White Gv
2
Gledhow County Primary School
Gledhow Avenue
Davies
Lidgett Lane
Lidgett Avenue
Gledhow Wood Gv
Gledhow Wood Avenue
Jackson Avenue
3
Lincombe Dr
Gledhow Grange Wk
Gledhow Gra View
Lidgett Grove
Gledhow
10
Brackenwood Close
Lidgett Hill
Lidgett Walk
Gledhow Lane
Jackson Lane
4
Goddard Wybor Practice
Police Sports Ground
Gledhow Wd Close
Gledhow Lane
Gledhow Valley Road
Gledhow Park Rd
The Laurels
Lambert Avenue
Lambert Dr
Thorn
St Margaret's Grove
St Margaret's Avenue
5
Lidgett Lane
Drive
19
Meadow Walk
Gledhow Park Gv
Gledhow Park Av
Gledhow Valley
Ridge
Lidgett Lane

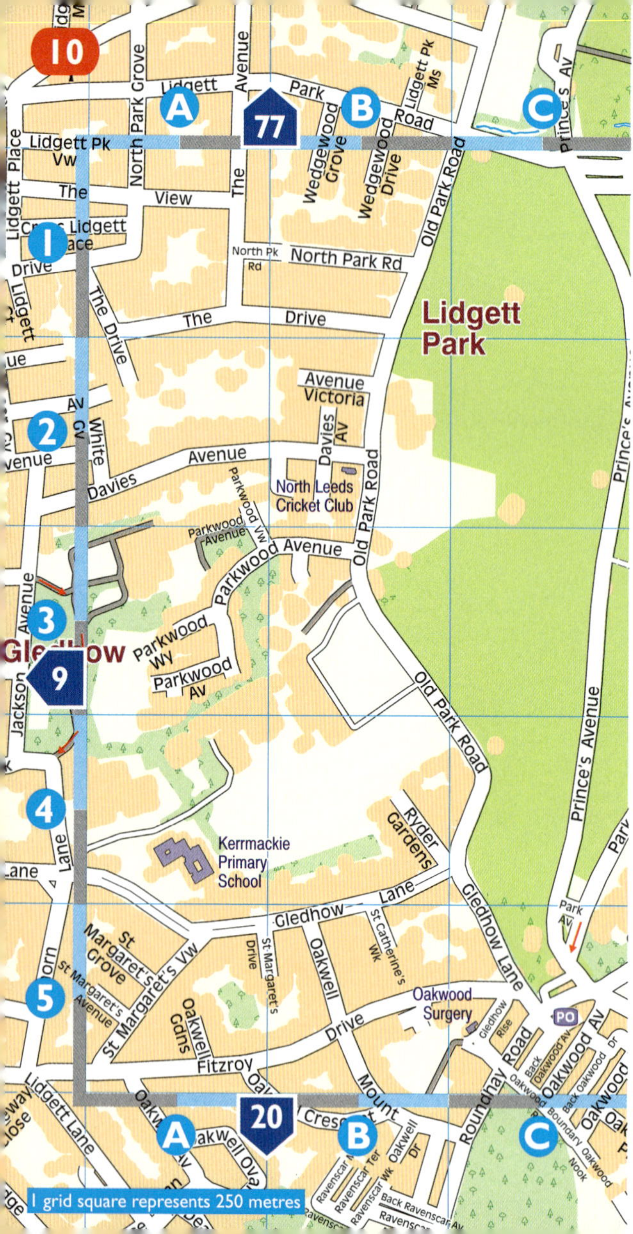
10
77
9
20
A
B
C
1
2
3
4
5
Lidgett Park
Gledhow
North Leeds Cricket Club
Kerrmackie Primary School
Oakwood Surgery
PO
Lidgett Pk Vw
Lidgett Park Road
Old Park Road
North Park Grove
The Avenue
Wedgewood Grove
Wedgewood Drive
Lidgett Pk Ms
Prince's Av
Prince's Avenue
The View
Lidgett Place
North Pk Rd
North Park Rd
The Drive
Avenue Victoria
Davies Av
Davies Avenue
White Gv
Parkwood Avenue
Parkwood Vw
Parkwood Wy
Parkwood Av
Ryder Gardens
Gledhow Lane
Park Av
St Margaret's Grove
St Margaret's Avenue
St Margaret's Vw
St Margaret's Drive
St Catherine's Wk
Oakwell Gdns
Oakwell Mount
Fitzroy Drive
Gledhow Rise
Roundhay Road
Oakwood Av
Back Oakwood Av
Back Oakwood Dr
Oakwood Boundary
Oakwood Nook
Lidgett Lane
Oakwell Oval
Oakwell Cresent
Ravenscar Ter
Ravenscar Wk
Back Ravenscar Av
Oakwell Dr
1 grid square represents 250 metres

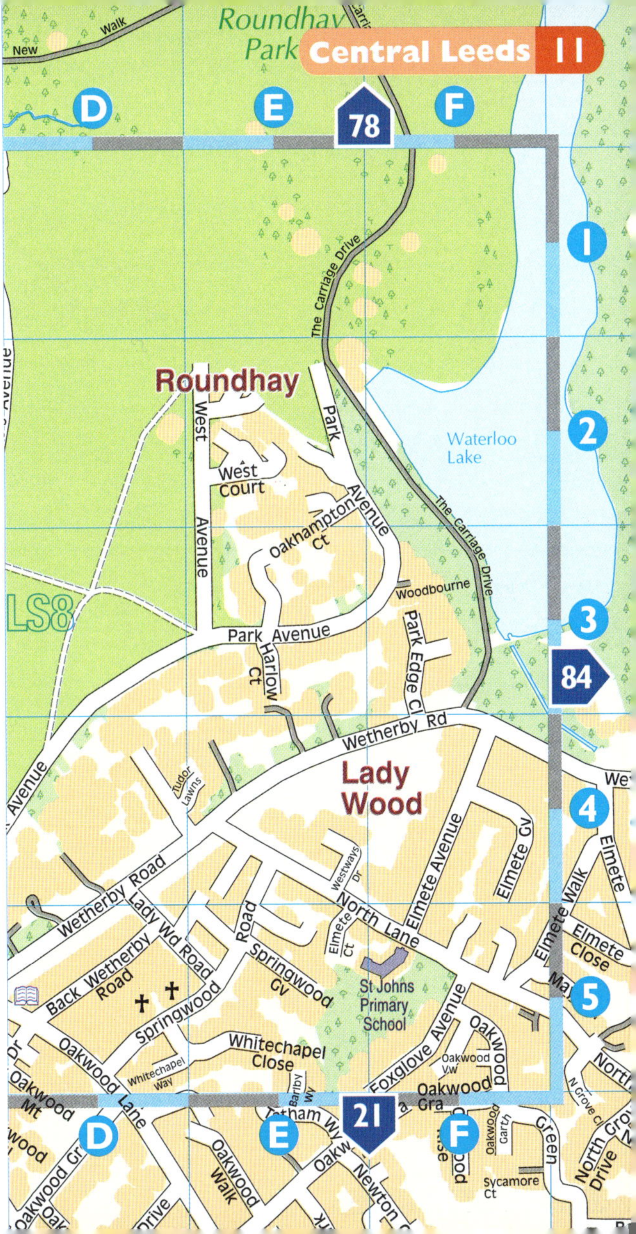
Roundhay Park
New Walk
D
E
F
78
The Carriage Drive
Roundhay
West Avenue
West Court
Park Avenue
Oakhampton Ct
Waterloo Lake
The Carriage Drive
Woodbourne
LS8
Park Avenue
Harlow Ct
Park Edge Cl
84
1
2
3
4
5
Wetherby Rd
Lady Wood
Avenue
Tudor Lawns
Westways Dr
Elmete Avenue
Elmete Gv
Elmete Walk
Elmete Close
Wetherby Road
Lady Wd Road
Road
Springwood Gv
North Lane
Elmete Ct
Back Wetherby Road
Springwood
St Johns Primary School
Foxglove Avenue
Oakwood Vw
Oakwood
Oakwood Lane
Whitechapel Close
Whitechapel Way
Barlby Wy
Oakwood Mt
Tatham Wy
21
Oakwood Gra
Oakwood Garth
Green
N Grove Cl
North Drive
Oakwood Gr
Oakwood Walk
Drive
Newton
Sycamore Ct

12
B4
1 Back Church La
2 Park Mount Ter
Metropolitan
Approach
Ghyll
Drive
A
2
B
C
Road
1
2
3
4
5
83
22
Southolme Close
Spen
Lane
Kepstorn Cl
Kepstorn Rise
Woodbridge Crs
Queenswood Drive
Woodbridge Gdns
Woodbridge Rd
Queenswood
Queenswood Drive
Foxcroft Wy
Foxcroft
PO
Woodbridge Pl
Woodbridge Cl
Woodbridge Garth
Abbey Walk
Morris Av
The Rise
Morris Lane
Abbey Vw
Abbey Gorse
ABBEY ROAD
A65 ABBEY ROAD
Back De Lacy Mt
De Lacy Mt
Hesketh Mt
Hesketh Rd
Hesketh Pl
Hesketh Av
Hesketh Ter
Back Norman Mt
Norman Mt
Norman Gv
Norman Vw
Norman Rw
Norman St
Morris La
Morris Mt
Morris Vw
Morris Gv
Pk Mt
Vicarage Ter
Vicarage View
Vicarage St
Vicarage Av
Vicarage Pl
Kirkstall Health Clinic
School
Vesper Mt
Vesper Pl
Vesper Ter
Vesper Gv
Abbey Medical Cen
Tordoff Ter
Church St
Milton Ter
Victoria Rd
Station Pde
Glebe Av
Glebe Place
The Cricketers
Kirkstall Leisure Centre
Leeds City Council
Bridge Fold
Sandford Place
BRIDGE ROAD
Kirkstall
COMMERCIAL ROAD
The Gallery
Beecroft St
Kirkstall
B5
1 Tordoff Pl
Hutchinson Pl
Gilbert Chase
Sandford
Wyther
1 grid square represents 250 metres

Leeds University
D
E
3
F
St Chad's Rise
St Chad's Av
St Chad's Drive
I
Beckett Park
Batcliffe Drive
St Chad's Gv
Beckett's Park
St Chad's Vw
Beckett's Park Crescent
Beckett's
2
Batcliffe Mount
St Anne's
LS
Foxcroft Close
Foxcroft Mount
Road
Foxcroft Road
Winston Mt
Winston Gdns
Rokeby Gdns
Back Rokeby Gdns
Back Winston Gdns
Grimthorpe St
Grimthorpe Pl
Grimthorpe Ter
Trelawn St
Grimthorpe Av
Ash Road
3
Foxcroft Gn
Queenswood Gdns
Queenswood Rise
Queenswood Drive
Ash Road
Back Estcourt Avenue
Back Headingley Av
Headingley Avenue
Back Headingley Mt
Headingley Mount
14
Derwentwater
Gv
Headingley Vw
Headingley Crs
Langdale
Langdale Avenue
Estcourt Terrace
Estcourt Av
Headingley
Canterbury Drive
Gdns
Back Langdale Ter
Back Langdale Gdns
Ash Rd
Bk Estcourt Ter
Canterbury Rd
4
Langdale Ter
Headingley Station
Sayers Cl
B6157
Greyshiels Cl
Greyshiels Av
KIRKSTALL LANE
Laurel Bank Surgery
Turnways
The
Laurel Bank Ct
Yorkshire Cricket
5
Eden Crs
Eden Drive
St
St Anne's Gn
St Anne's Drive
Eden Crescent
Eden
Eden Rd
Hill
St Ann's Cl
St Ann's Ri
St Anne's
St Michael's
D
E
23
F
Stanmore Crs
Stanmore Ter
Stanmore Rd
Back Stanmore
Beechwood
Mount
Eden Gv
Kirkstall Hill
St Ann's Way
Lane
Stanmore

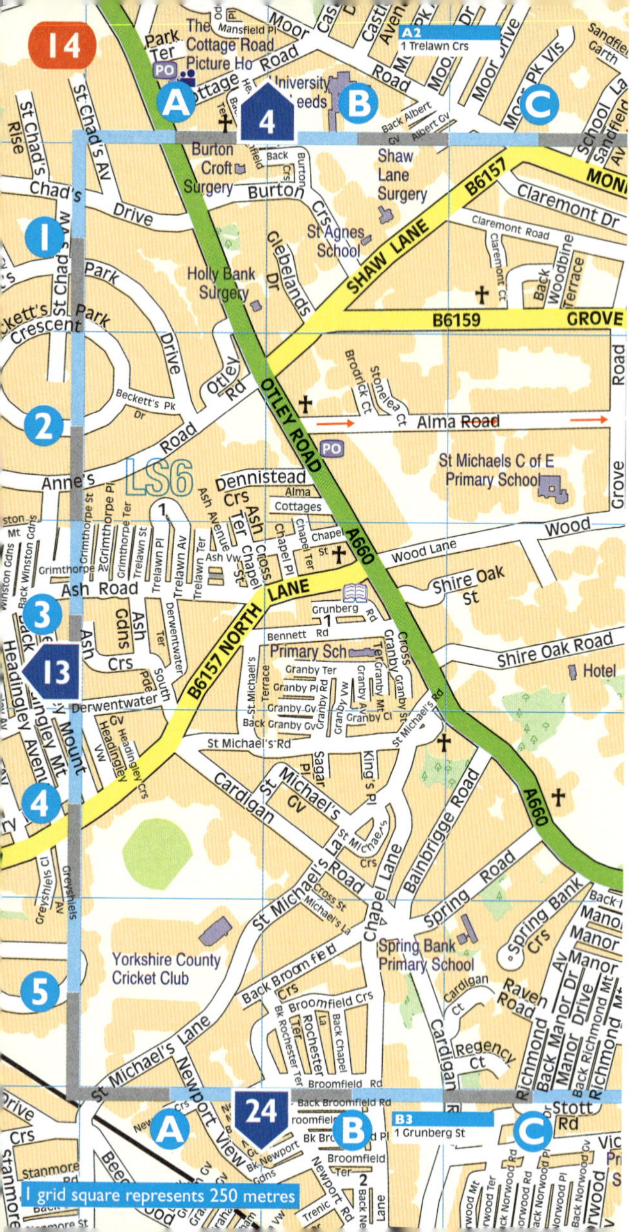

14
A2
1 Trelawn Crs
B3
1 Grunberg St
A
B
C
1
2
3
4
5
4
13
24
LS6
1 grid square represents 250 metres
Otley Road
A660
Shaw Lane
B6157
B6159
Grove
Alma Road
Wood Lane
B6157 North Lane
Cardigan Road
Spring Road
Bainbrigge Road
Chapel Lane
St Michael's Lane
St Michael's Road
Ash Road
Claremont Dr
Claremont Road
Glebelands Dr
Burton Crs
Shire Oak Road
Shire Oak St
Headingley Mount
Headingley Avenue
Derwentwater Gv
St Chad's Drive
St Chad's Av
Park Drive
Cottage Road
Moor Road
The Cottage Road Picture Ho
University of Leeds
Burton Croft Surgery
Shaw Lane Surgery
Holly Bank Surgery
St Agnes School
St Michaels C of E Primary School
Primary Sch
Hotel
Yorkshire County Cricket Club
Spring Bank Primary School
Broomfield Crs
Broomfield Rd
Back Broomfield Rd
Back Broomfield Crs
Rochester Ter
Spring Bank Crs
Raven Road
Richmond Av
Manor Drive
Regency Ct
Cardigan Ct
Newport View
Stott Rd
Grunberg Rd
Bennett Rd
Granby Ter
Granby Gv
Dennistead Crs
Alma Cottages
Chapel St
Brodrick Ct
Stonelea Ct
Beckett's Pk Dr
St Anne's Road
Greyshiels Cl
Stanmore

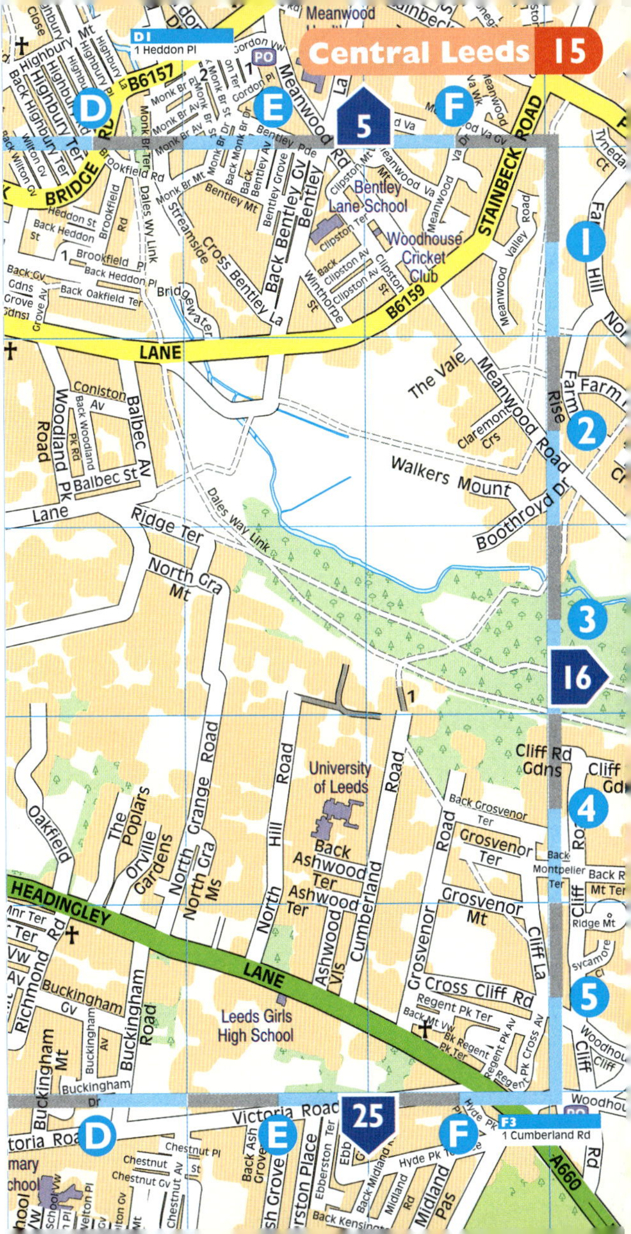
D1
1 Heddon Pl
F3
1 Cumberland Rd
D
E
F
5
16
25
1
2
3
4
5
B6157
B6159
A660
HEADINGLEY LANE
STAINBECK ROAD
BRIDGE RD
LANE
Meanwood Rd
Meanwood Road
Highbury Mt
Highbury Ter
Back Highbury Ter
Wilton Gv
Back Wilton Gv
Monk Br Pl
Monk Br Av
Monk Br St
Monk Br Dr
Monk Br Ter
Monk Br Mt
Back Monk Br Dr
Gordon Vw
Gordon Pl
Gordon Ter
Bentley Pde
Bentley Av
Back Bentley Av
Bentley Grove
Bentley Gv
Back Bentley Gv
Bentley Mt
Bentley La
Cross Bentley La
Brookfield Rd
Brookfield Pl
Heddon St
Back Heddon St
Back Heddon Pl
Back Oakfield Ter
Grove Av
Dales Wy Link
Dales Way Link
Streamside
Bridgewater
Clipston Mt
Clipston Ter
Clipston Av
Back Clipston Av
Clipston St
Winthorpe St
Bentley Lane School
Woodhouse Cricket Club
Meanwood Va
Meanwood Valley Road
Va Dr
Va Gv
Tynedale Ct
Far Hill
Farm Rise
The Vale
Claremont Crs
Walkers Mount
Boothroyd Dr
Coniston Av
Woodland Pk Road
Back Woodland Pk Rd
Balbec Av
Balbec St
Lane
Ridge Ter
North Gra Mt
Cliff Rd Gdns
Back Grosvenor Ter
Grosvenor Ter
Grosvenor Mt
Grosvenor Road
Back Montpelier Ter
Back Ridge Mt Ter
Ridge Mt
Sycamore Cl
Cliff La
Cross Cliff Rd
Regent Pk Ter
Back Mt Vw
Bk Regent Pk Ter
Regent Pk Av
Regent Pk Cross Av
Woodhouse Cliff
University of Leeds
Hill Road
North Hill Road
Cumberland Road
Back Ashwood Ter
Ashwood Ter
Ashwood Vls
Oakfield
The Poplars
Orville Gardens
North Grange Road
North Gra Ms
Richmond Rd
Buckingham Gv
Buckingham Av
Buckingham Road
Buckingham Mt
Buckingham Dr
Leeds Girls High School
Victoria Road
Back Ash Grove
Chestnut Pl
Chestnut St
Chestnut Gv
Chestnut Av
Ebberston Ter
Ebberston Place
Back Midland Rd
Midland Rd
Midland Pas
Hyde Pk Ter
Hyde Pk
Back Kensington
Welton Pl
School Vw
PO

16
6
15
26
A
B
C
1
2
3
4
5
B5
1 Back Prvdnce Av
2 Back Qry Mt Ter
3 Pennington Gv
4 Pennington Ter
5 Woodhouse Cliff
Miles Hill
Model Farm
Urban Farm
City of Leeds School
STAINBECK ROAD
POTTERNEWTON
LANE
B6159
Beckhill Garth
Beckhill Ap
Beckhill Cl
Beckhill Gdns
Beckhill Grove
Tynedale Ct
Farm Hill North
Farm Hill Rise
Farm Hill Way
Farm Hl South
Farm Hill Sth
Farm Hl Crs
Sugar Well Ap
Sugar Well Mt
Sugar Well Rd
Miles Hill Road
Miles Hill Crs
Miles Hl Sq
Miles Grove
Miles Hill
Potternewton Gv
Potternewton
Meanwood Road
Meanwood Va Wk
Boothroyd Dr
Mount
Back Rdg Vw
Bailes Rd
Ridge Gv
Dales Way Link
Cliff Rd Gdns
Cliff Side Gdns
Cliff Road
Grosvenor Ter
Back Montpelier Ter
Back Rdg Mt Ter
Cliff Ridge Mt
Sycamore Cl
Cliff La
Woodhouse Cliff
Regent Pk Av
Regent Pk Cross Av
Woodhouse St
PO
Delph Ct
Delph Vw
Delph La
Dales Wy Link
Cross Hartley Av
Burchett Gv
Back Burchett Gv
Burchett Pl
Back Burchett Pl
Burchett Ter
Christopher Road
Lucas Pl
Back Lucas St
Lucas St
Back Hartley Gv
Hartley Gv
Hartley Avenue
Back Hartley Av
Hartley Crs
Hartley Gdns
Glossop Vw
Glossop Gv
Glossop Mt
Glossop St
Bk Glossop St
Rider Rd
Elm St
Ganton Close
Back Clarkson Vw
Clarkson Vw
Pennington St
Back Cliff Mt
Cliff Mount
Cliff Mt St
Cliff Mt Ter
Cliff Ter
Delph Mt
Back Delph Mt
Quarry Mt St
Quarry Mt Ter
Providence Rd
Providence Av
Cross Quarry St
Beulah Ter
Beulah Gv
Johnston St
Marian Ter
Unity Cl
Cliffdale Rd
Meanwood Wharfedale Av
Wharfedale Gv
Thomas St
Quarry Pl
Quarry St
Leslie Ter
Wesley Ct
Busse Ct
Holborn Gdns
Midgley Gdns
Midgley Pl
Midgley Ter
Holborn
Melville
Eltham Gdns
Pennington
Marsh St
A660
1 grid square represents 250 metres

PO
West Ldg Gdns
Ct
View
Miles Hill Street
Miles Hill Av
Scott Hall Crs
SCOTT HALL
A61
Henconner Garth
Henconner Gdns
Henconner Crs
Henconner Dr
Henconner Av
Henconner Gv
Henconner Lane
Henconner La
Zermatt Mt
Zermatt Gv
Methley Gv
Methley Pl
Methley Ter
Back Methley
Methley
Union Ter
Potternewton Ct
Potternewton La
Back Potternewton Lane
Scott Hall Wy
Floral Av
D
E
F
7
1
2
3
4
5
POTTERNEWTON
B61
St Martin's Dr
Back Potters
Manor
Back Mn
St
Potternewton Av
Potternewton Vw
Potternewton Mount
Riviera Gdns
Newton Ldg Close
Potternewton La
Scott Hall Pl
LS7
Newton Lodge Drive
Newton Lodge Dr
St Martin's Gdns
St Martin's
Crescent
SCOTT
HALL
ROAD
A61
Scott Hall Ter
Scott Hall Sq
Scott Hall Grove
Scott Hall Gn
Sholebroke Mt
Sholebroke St
Back Sholebroke
Sholebroke Av
Back Sholebroke
Sholebroke Vw
Back Sholebroke
Reginald Mt
Reginald Vw
Bk Reginald Pl
Reginald Pl
Scott Hall Rw
Scott Hall Wk
18
Scott Hall Avenue
Leeds City Council
Scott Wood Lane
Meanwood Cl
Meanwood Road
Ridge Road
Meanwood Rd
Melville Pl
Melville Gdns
Scott Hall St
Lorry Bank
Spring Hill
Buslingthorpe Gn
Buslingthorpe Lane
Scott Hall Dr
Craven Road Medical Cen
Speedwell Mt
Speedwell St
Cross Speedwell St
Eltham Ri
Moseley Pl
Cross Chancellor St
Chancellor St
Crowther Place
Buslingthorpe Gn
Stocks St
Lucas Ct
Stonegate
Peter Laycock Industrial Est
27
Savile

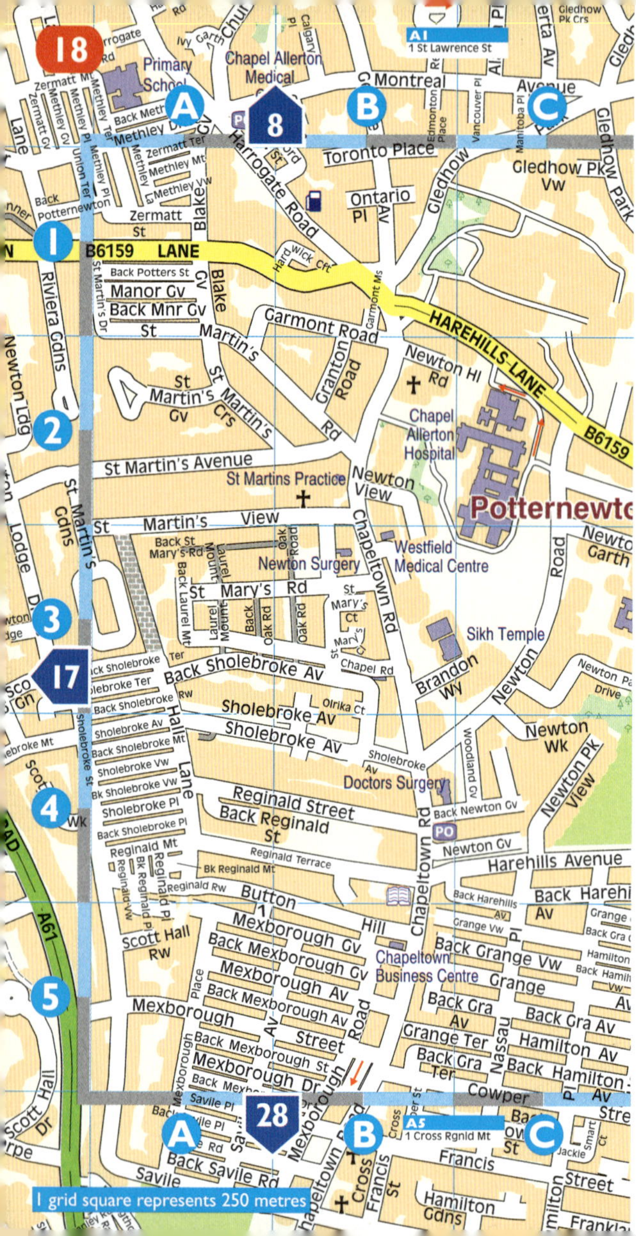
18
8
17
28
A
B
C
1
2
3
4
5
A1
1 St Lawrence St
A5
1 Cross Rgnld Mt
1 grid square represents 250 metres
Primary School
Chapel Allerton Medical
Chapel Allerton Hospital
Potternewton
St Martins Practice
Newton Surgery
Westfield Medical Centre
Sikh Temple
Doctors Surgery
Chapeltown Business Centre
PO
B6159
LANE
HAREHILLS LANE
Harrogate Road
Montreal
Avenue
Toronto Place
Ontario Pl
Gledhow Pk Vw
Gledhow Park
Gledhow Pk Crs
Gledhow
Calgary Pl
Edmonton Place
Vancouver Pl
Manitoba Pl
Ivy Garth
Methley Dr
Back Methley
Methley Ter
Zermatt Ter
Methley Mt
Methley Vw
Methley La
Methley Pl
Methley Gv
Zermatt Mt
Zermatt Gv
Zermatt St
Union Ter
Back Potternewton
Blake Gv
Hardwick Cft
Back Potters St
Manor Gv
Back Mnr Gv
St Martin's Dr
Riviera Gdns
Newton Ldg
Garmont Road
Garmont Ms
Granton Road
Newton Hl Rd
St Martin's Rd
St Martin's Gv
St Martin's Crs
St Martin's Avenue
St Martin's Gdns
St Martin's View
Newton View
Chapeltown Rd
Back St Mary's Rd
Laurel Mount
Oak Road
Back Laurel Mt
St Mary's Rd
St Mary's Ct
St Mary's Cl
Back Oak Rd
Oak Rd
Chapel Rd
Brandon Wy
Newton Road
Newton Garth
Newton Park Drive
Newton Wk
Newton Pk View
Back Sholebroke Av
Sholebroke Ter
Back Sholebroke Rw
Sholebroke Av
Olrika Ct
Sholebroke St
Back Sholebroke Mt
Sholebroke Vw
Bk Sholebroke Vw
Sholebroke Pl
Back Sholebroke Pl
Scott Hall Lane
Reginald Street
Back Reginald St
Reginald Mt
Reginald Terrace
Bk Reginald Mt
Reginald Rw
Reginald Pl
Bk Reginald Pl
Reginald Vw
Woodland Gv
Back Newton Gv
Newton Gv
Harehills Avenue
Back Harehills Av
Button Hill
Grange Vw
Back Grange Vw
Grange Av
Back Gra Av
Grange Ter
Back Gra Ter
Hamilton Av
Back Hamilton Av
Hamilton Ter
Nassau Pl
Cowper St
Scott Hall Rw
Scott Hall Dr
Mexborough Gv
Back Mexborough Gv
Mexborough Av
Back Mexborough Av
Mexborough Street
Back Mexborough St
Mexborough Dr
Mexborough Place
Mexborough Road
Savile Pl
Back Savile Rd
Savile Rd
Cross Francis St
Francis Street
Hamilton Gdns
A61
Jackie Smart Ct

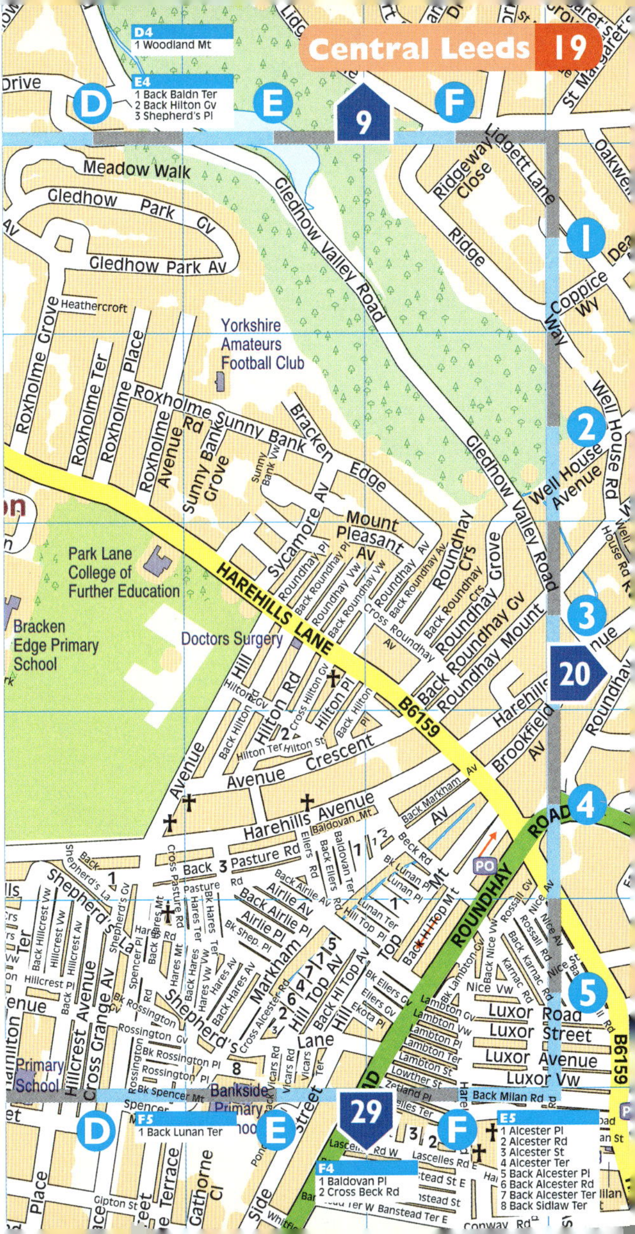
D4
1 Woodland Mt
E4
1 Back Baldn Ter
2 Back Hilton Gv
3 Shepherd's Pl
D
E
9
F
Drive
Meadow Walk
Gledhow Park Gv
Gledhow Park Av
Av
Heathercroft
Gledhow Valley Road
Ridgeway Close
Lidgett Lane
Ridge
Coppice Wy
Way
Oakwell
I
Yorkshire Amateurs Football Club
Roxholme Grove
Roxholme Ter
Roxholme Place
Roxholme Rd
Roxholme Avenue
Sunny Bank
Sunny Bank Grove
Sunny Bank Vw
Bracken Edge
Sycamore Av
Mount Pleasant Av
Gledhow Valley Road
Well House Avenue
Well House Rd
2
Park Lane College of Further Education
Bracken Edge Primary School
HAREHILLS LANE
B6159
Doctors Surgery
Roundhay Pl
Back Roundhay Pl
Roundhay Vw
Back Roundhay Vw
Roundhay Av
Back Roundhay Av
Cross Roundhay Av
Roundhay Crs
Back Roundhay Crs
Roundhay Grove
Roundhay Gv
Roundhay Mount
Back Roundhay
3
20
Hill
Hilton Gv
Back Hilton Rd
Hilton Rd
Cross Hilton Gv
Hilton Pl
Back Hilton Pl
Hilton Ter
Hilton St
Avenue
Avenue Crescent
Harehills Av
Brookfield Av
Back Markham Av
Harehills Avenue
Baldovan Mt
4
ROUNDHAY ROAD
Back Shepherd's La
Shepherd's Gv
Shepherd's La
Cross Pasture Rd
Back Pasture Rd
Pasture Rd
Ellers Rd
Back Ellers Rd
Baldovan Ter
Beck Rd
Bk Lunan Pl
Lunan Pl
Lunan Ter
Back Airlie Av
Airlie Av
Back Airlie Pl
Airlie Pl
Bk Shep. Pl
Hill Top Pl
Hill Top Mt
Back Hill Top Mt
Top
PO
Rossall Gv
Nice Av
Rossall Rd
Back Nice Vw
Karnac Rd
Back Karnac Rd
Nice St
Nice Vw
Hillcrest Vw
Back Hillcrest Vw
Hillcrest Av
Hillcrest Pl
Hillcrest Avenue
Cross Grange Av
Spencer Pl
Hares Mt
Back Hares Mt
Hares Rd
Hares Ter
Bk Hares Ter
Back Hares Vw
Hares Vw
Hares Av
Back Hares Av
Markham Av
Hill Top Av
Back Hl Top Av
Hill Top Av
Bk Ellers Gv
Ellers Gv
Ekota Pl
Bk Lambton Gv
Lambton Gv
Lambton Vw
Lambton Pl
Lambton Ter
Lambton St
Lowther St
Zetland Pl
Luxor Road
Luxor Street
Luxor Avenue
Luxor Vw
5
B6159
Bk Rossington
Rossington Gv
Bk Rossington Pl
Rossington Pl
Shepherd's Lane
Cross Alcester Rd
Vicars Rd
Vicars Ter
Primary School
Hamilton
Bk Spencer Mt
Bankside Primary
Back Milan Rd
29
D
E
F
F5
1 Back Lunan Ter
E5
1 Alcester Pl
2 Alcester Rd
3 Alcester St
4 Alcester Ter
5 Back Alcester Pl
6 Back Alcester Rd
7 Back Alcester Ter
8 Back Sidlaw Ter
F4
1 Baldovan Pl
2 Cross Beck Rd
Lascelles Rd W
Lascelles Rd E
Banstead Ter W
Banstead Ter E
Gipton St
Terrace
Gathorne Cl
Place
Street
Side
Conway Rd

A5
1 Back Dorset Mt
2 Bk Hovinghm Ter
3 Dorset St
4 Hovingham Av
10
19
30
A
B
C
1
2
3
4
5
Gipton Wood
Lidgett Lane
Oakwell Av
Oakwell Oval
Oakwell Crescent
Oakwell Dr
Mount Drive
Fitzroy
St Margaret's
Roundhay Road
Oakwood Av
Oakwood Boundary Rd
Back Oakwood Dr
Oakwood Nook
Ravenscar Mt
Ravenscar Ter
Ravenscar Wk
Ravenscar Vw
Back Ravenscar Av
Ravenscar Avenue
Dean Av
Dean Ct
Coppice Wy
Coppice Way
Kg Edwin's Ct
Gledhow Wd Ct
Well House Avenue
Well House Rd
Well House Dr
Well House Gdns
Well House Crs
Gledhow Valley Road
Roundhay Mount
Harehills
Brookfield Av
Copgrove Road
Chirton Gv
Upland Gdns
Upland Road
Upland Crescent
Rossington Rd
Rossington Grove
Gipton Wood Grove
Gipton Wd Crs
Gipton Wood Avenue
Gipton Wood Place
Arlington
Easterly Avenue
Easterly Crescent
Easterly Road
A58
Easterly Grove
Roundhay Road
Hovingham Primary School
Wilfrid's
Easterly Cross
Easterly Mount
Easterly Garth
Easterly Sq
St Wilfrid's Grove
St Wilfrid's Circus
St Wilfrid's Circ
St Wilfrid's Dr
St Augustines RC School
Chatsworth Cl
Chatsworth Road
Rossall Gv
Rossall Rd
Back Rossall Rd
Back Nice Vw
Nice Av
Nice St
Back Karnac Rd
Luxor Road
Luxor Street
Luxor Avenue
Luxor Vw
B6159
Ryan Pl
Back Hovingham Mt
Hovingham Mt
Hovingham Ter
Back Dorset Rd
Dorset Av
Dorset Mt
Back Hovingham Gv
Hovingham Gv
Sandhurst Mt
Sandhurst Avenue
Back Milan Rd
Back Milan Av
Cross Milan Rd
Milan Road
Back Milan St
Back Harehills Pl
Back Dorset Ter
Back Sandhurst
Sandhurst Rd
Sandhurst Pl
Conway Rd
PO
Surg
1 grid square represents 250 metres

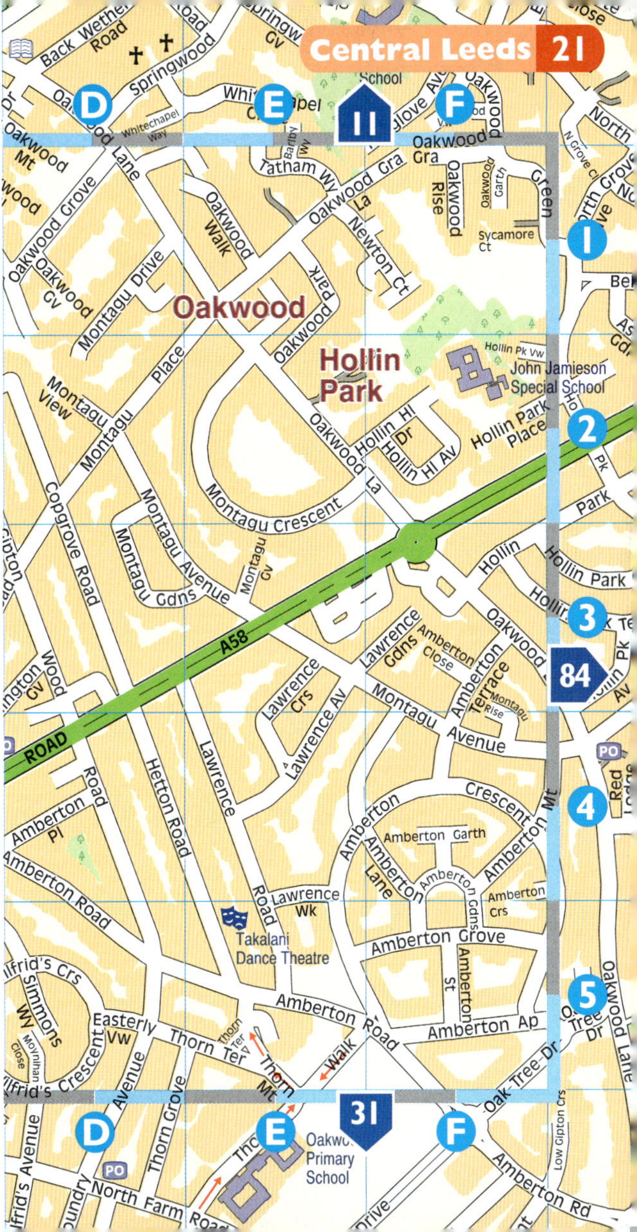
Oakwood
Hollin Park
John Jamieson Special School
Takalani Dance Theatre
Oakwood Primary School
School
A58
ROAD
Back Wetherby Road
Springwood
Whitechapel Way
Tatham Wy
Oakwood Grange La
Newton Ct
Oakwood Rise
Oakwood Garth
Oakwood Green
Sycamore Ct
Oakwood Mt
Oakwood Lane
Oakwood Grove
Oakwood Gv
Oakwood Walk
Oakwood Park
Oakwood La
Montagu Drive
Montagu Place
Montagu View
Montagu Crescent
Montagu Gv
Montagu Avenue
Montagu Gdns
Montagu Rise
Hollin Pk Vw
Hollin Hl Dr
Hollin Hl Av
Hollin Park Place
Hollin Park
Copgrove Road
Wood
Hetton Road
Lawrence Road
Lawrence Crs
Lawrence Av
Lawrence Gdns
Lawrence Wk
Amberton Close
Amberton Terrace
Amberton Pl
Amberton Road
Amberton Crescent
Amberton Garth
Amberton Lane
Amberton Gdns
Amberton Crs
Amberton Grove
Amberton St
Amberton Ap
Amberton Mt
Amberton Rd
Easterly Vw
Thorn Ter
Thorn Walk
Thorn Mt
Thorn Grove
Oak Tree Dr
Oakwood Lane
Low Gipton Crs
Simmons Wy
Moynihan Close
North Farm Road
Red Lodge
D
E
F
1
2
3
4
5
11
84
31
PO

22
Kirkstall Leisure Centre
Leeds City Council
The Cricketers
BRIDGE ROAD
Kirkstall
12
COMMERCIAL ROAD
Gallery
Beecroft St
Kirkstall
Milford R U F C Club
Hutchinson's Pl
Gilbert Cha
Sandford
Gilbert Cl
Rd
Argie
A65
Gilbert Mt
KIRKSTALL ROAD
Sacred Hea
Primar
Schoo
Wyther La
Wyther Gn
Wyther Dr
Wyther Lane Ind Est
Armley Ridge Road
Lenhurst Avenue
Houghley Square
93
Wensleydale Ri
Gotts Pk Vw
Armley Ridge Road
Gotts Pk Crs
Gotts Park Avenue
Gotts Park
Leeds and Liverpool Canal
32
Upper Armley
Redcote La
1 grid square represents 250 metres

F3
1 Bk Wetherby Gv
Eden Crs
Eden Cresc
Eden Rd
Eden Drive
Laurel Bank
Yorkshire
D
E
F
13
St Ann's Cl
St Ann's Ri
St Anne's
Stanmore Crs
Drive
St Michael's
Newport
Kirkstall Hill
Mount
Eden Gv
Eden Wk
Eden Gdns
Avenue
St Ann's Sq
St Ann's Way
St Ann's Lane
St Ann's Gdns
Stanmore Ter
Stanmore Rd
Back Stanmore
Stanmore St
Back Stanmore
Stanmore Pl
Stanmore Av
Stanmore Vw
Stanmore Mt
Talbot Ter
Talbot View
Talbot Av
Talbot Mt
Stanmore Grove
1
Lumley
2
3
4
5
PO
Burley Hl Crs
Burley Hill Dr
Burley Wood La
Burley Wd Vw
Bankfield Gv
View
Burley Road
Eden Wy
Birfed Crs
Burley Wd Mt
Argie Avenue
Burley Wood Crescent
Burley Wd Crs
Knowle Ter
Knowle Gv
Knowle Pl
Knowle Rd
St Ann's Av
St Ann's Mt
Back Burley Hl
Village
St Michael's Lane
Argie Av
Argie Ter
Argie Gdns
Road
Wetherby Gv
Wetherby Ter
Burley Rd
Bankfield Gdns
24
Woodside Place
Woodside Ter
Woodside Av
Bankfield Rd
Barnbrough St
Adwick Pl
Elsham Ter
Burdett Ter
Argie
Bankfield Ter
Sowood St
Martin Ter
Haddon Pl
Haddon Ave
Haddon
Greenhow Gdns
Greenhow Wk
Greenhow
LS4
A65
KIRKSTALL ROAD
Primary School
Cross Evanston Avenue
Redcote Lane
Cross Cardigan Terrace
Evanston Avenue
Hollywood Bowl
Morga
Cross Cardigan Mount
33
Museum of Industry
Back Nunington View
Rombalds Crs
Rombalds

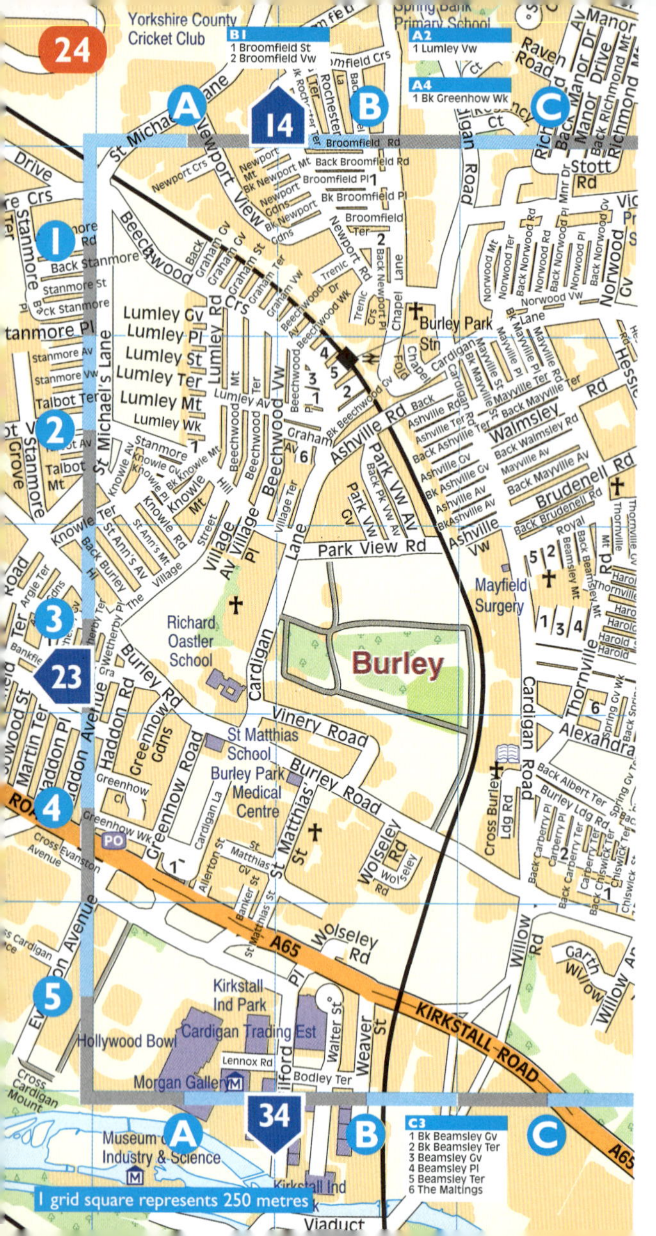
24
Yorkshire County Cricket Club
B1
1 Broomfield St
2 Broomfield Vw
A2
1 Lumley Vw
A4
1 Bk Greenhow Wk
Spring Bank Primary School
14
Broomfield Rd
Back Broomfield Rd
Broomfield Pl
Bk Broomfield Pl
Broomfield Ter
Newport View
Newport Crs
Newport Gdns
Bk Newport Gdns
St Michael's Lane
Stanmore Rd
Back Stanmore
Stanmore St
Stanmore Pl
Stanmore Av
Stanmore Vw
Talbot Ter
Talbot Mt
Stanmore Grove
Lumley Gv
Lumley Pl
Lumley St
Lumley Ter
Lumley Mt
Lumley Wk
Lumley Rd
Lumley Av
Beechwood Crs
Beechwood Vw
Graham Gv
Graham St
Graham Ter
Graham Av
Trenic Dr
Trenic Crs
Back Newport Pl
Chapel Lane
Chapel Fold
Burley Park Stn
Cardigan Rd
Stott Rd
Norwood Mt
Norwood Ter
Back Norwood Rd
Norwood Rd
Norwood Pl
Norwood Vw
Norwood Gv
Mayville Pl
Mayville Rd
Mayville Ter
Back Mayville Ter
Mayville St
Mayville Av
Back Mayville Av
Walmsley Rd
Back Walmsley Rd
Brudenell Rd
Back Brudenell Rd
Ashville Rd
Ashville Ter
Ashville Gv
Ashville Av
Ashville Vw
Park View Rd
Park Vw Av
Knowle Ter
Knowle Gv
Knowle Pl
Knowle Mt
Knowle Rd
St Ann's Av
St Ann's Mt
Village Street
Village Ter
Village Pl
Village Av
Richard Oastler School
Burley
Mayfield Surgery
23
Burley Rd
Vinery Road
St Matthias School
Burley Park Medical Centre
Burley Road
Haddon Avenue
Haddon Rd
Haddon Pl
Greenhow Gdns
Greenhow Road
Greenhow Cl
Greenhow Wk
Cardigan La
Allerton St
St Matthias Gv
St Matthias' St
Wolseley Rd
Cross Burley Lodge Rd
Cardigan Road
Alexandra
Back Albert Ter
Burley Lodge Rd
Thornville Rd
Willow Rd
Garth Willow
A65
KIRKSTALL ROAD
Kirkstall Ind Park
Cardigan Trading Est
Hollywood Bowl
Lennox Rd
Bodley Ter
Walter St
Weaver St
Morgan Gallery
Evanston Avenue
Cross Evanston Avenue
PO
34
C3
1 Bk Beamsley Gv
2 Bk Beamsley Ter
3 Beamsley Gv
4 Beamsley Pl
5 Beamsley Ter
6 The Maltings
Museum of Industry & Science
Kirkstall Ind
Viaduct
1 grid square represents 250 metres

D3
1 Hopewell Pl
Buckingham Gv
Richmond Av
Buckingham Mt
Buckingham Road
Buckingham Dr
Leeds Girls High School
LANE
15
Woodhouse Cliff
Woodhouse
PO
A660
Victoria Road
Chestnut Pl
Chestnut St
Chestnut Gv
Chestnut Av
Back Ash Grove
Ash Grove
Ebberston Place
Ebberston Ter
Ebberston Gv
Back Midland Rd
Midland Rd
Hyde Pk Terrace
Hyde Pk Pl
Back Kensington Ter
Midland Pas
Kensington Terrace
School Vw
Back School Vw
Welton Pl
Back Welton Pl
Welton Gv
Back Welton Gv
Welton Mt
Back Welton Mt
Chestnut Rd
Back Welton Av
Welton Rd
Back Ash Gv
Brudenell Road
Wrangthorn Pl
Hyde Park Road
Hessie Wk
Back Hessie Mt
Hessie Vw
Bk Hessie Vw
Hessie Pl
Hessie Ter
Back Hessie Ter
Back Hessie Av
Hyde Park Picture Ho
Brudenell Av
Wrangthorn Av
Royal Pk Gv
Mosque
Royal Pk Ter
Pearson Gv
Pearson Ter
Pearson Av
Elizabeth St
John St
Meadow Vw
Bk Meadow Vw
William St
Back Brudenell Mt
Brudenell Mt
Back Brudenell Gv
Brudenell Gv
Wrangthorn Ter
Brudenell St
Royal Park Av
Royal Pk Av
Hyde Park
Royal Pk Mt
Royal Pk Vw
Thornville Crs
Back Thornville Rw
Thornville Rw
Thornville Pl
Thornville Vw
Thornville Av
Royal Park Road
Royal Park Primary School
Queen's Rd
King's Rd
Hall Gv
Ebor Mt
Ebor Pl
Ebor St
Harold Av
Harold Road
Thornville St
Edwin Rd
Hill Top Pl
Back Regent Ter
Moorland Road
Moorland Av
University of Leeds
26
1
Grove
Harold Pl
Harold Ter
Howden Pl
Howden Gdns
Vicarage Rd
Hyde Pk Cl
St John's Grove
St John's Av
St John's Cl
Spring Gv Vw
Branksome Pl
Branksome Ter
Branksome St
Regent Ter
Hill Top St
Autumn Ter
Autumn Gv
Autumn Pl
Autumn St
Autumn Av
Autumn Rd
Kelsall Ter
Kelsall Av
Kelsall Pl
Kelsall Rd
Kelsall Gv
Hartwell Rd
Alexandra Gv
Leeds Mosque
Back Rosebank Crescent
Woodsley Gn
Woodsley Road
Belle Vue Road
Leeds Grammar School
Kelso Pl
Back Kelso Rd
Kelso Road
Kelso St
Kelso Gdns
Cross Kelso Rd
King's Av
Burley Lodge Pl
Westfield Crs
Rosebank Crs
Leeds Community & Mental Health Services Teaching NHS Trust
Rosebank Rd
Back Burley Lodge Ter
Burley Lodge Ter
Burley Lodge St
Burley Lodge Rd
PO
Rillbank La
Rillbank St
Police Stn
Burley Lodge Ter
Bk Boundary Ter
Westfield Ter
Rosebank Gdns
Willow Av
Willow Cl
Burley Road
Westfield Road
Westfield Ter
Rosebank Rw
Consort Vw
St John's Rd
St Michaels College
Clarendon Rd
Hyde Ter
Back Hyde Terrace
Consort Wk
Consort St
Victoria Ter
Victoria St
Kendal Cl
Kendal Gv
Belle Vue Road
Clarendon
35
E2
1 Brudenell Vw
C4
1 Bk Carberry Rd
2 Carberry Rd
B2
Street Names for these grid squares are listed at the back of the index
D4
1 Back King's Av
Westfield Primary School
Studios
KIRKSTALL
D
E
F
1
2
3
4
5

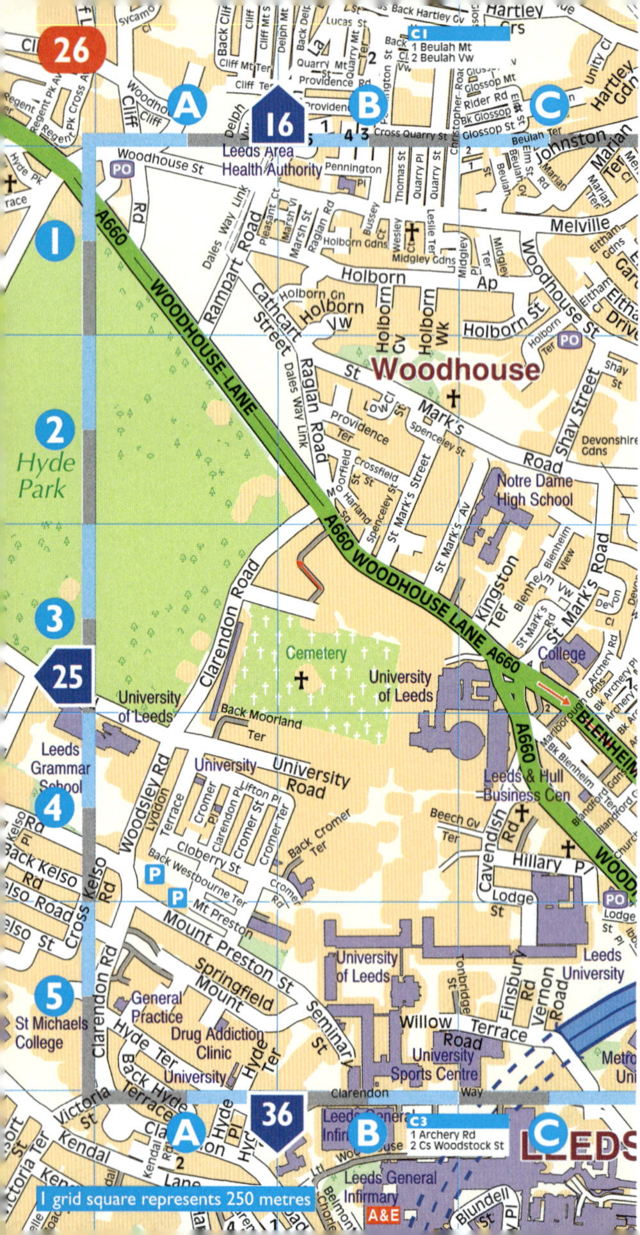
16
25
36
A
B
C
1
2
3
4
5
C1
1 Beulah Mt
2 Beulah Vw
C3
1 Archery Rd
2 Cs Woodstock St
Woodhouse
Hyde Park
WOODHOUSE LANE
A660
A660 WOODHOUSE LANE
Leeds Area Health Authority
Woodhouse St
Holborn
Holborn Vw
Holborn St
Holborn Gv
Holborn Wk
Holborn Gn
Holborn Gdns
Holborn Ap
Rampart Road
Cathcart Street
Raglan Road
Dales Way Link
St Mark's Road
St Mark's Street
St Mark's Av
Spenceley St
Providence Ter
Woodhouse St
Shay Street
Melville
Johnston
Marian Ter
Hartley Crs
Hartley Gdns
Unity Cl
Devonshire Gdns
Notre Dame High School
Kingston Ter
Blenheim Vw
Blenheim View
College
Cemetery
University of Leeds
Clarendon Road
Back Moorland Ter
University Road
University Terrace
Cromer Ter
Cromer St
Clarendon Pl
Cloberry St
Back Westbourne Ter
Mt Preston
Mount Preston St
Springfield Mount
Seminary St
Woodsley Rd
Lyddon Terrace
Back Kelso Rd
Kelso Road
Kelso St
Cross Kelso Rd
Leeds Grammar School
St Michaels College
General Practice
Drug Addiction Clinic
Hyde Ter
Hyde Terrace
Back Hyde Terrace
Victoria St
Kendal Lane
Leeds & Hull Business Cen
Cavendish Rd
Beech Gv Ter
Hillary Pl
Lodge St
Leeds University
Tonbridge St
Finsbury Rd
Vernon Road
Willow Terrace Road
University Sports Centre
Clarendon Way
Leeds General Infirmary
A&E
Blundell St
Blenheim
Marlborough Gdns
Archery Rd
Bk Archery Pl
Blandford Gdns
LEEDS
PO
P
1 grid square represents 250 metres

D3
1 Back Blenheim Av
2 Back Winfield Gv
3 Blenheim Av
4 Winfield Gv
17
D
E
F
1
2
3
4
5
28
37
Craven Road Medical Cen
Cross Chancellor St
Crowther Place
Leeds City Council
Grafton Special School
Woodhouse Health Centre
Museum Stores
Peter Laycock Industrial Est
Penraevon Industrial Est
Oxford Road
Cambridge Rd
Meanwood Road
Education Rd
Northwest Business Park
Servia Rd
Servia Drive
Servia Gdns
Servia Hill
Oatland Road
Oatland Close
Oatland La
Oatland Gn
Little London CP School
Carlton Surgery
Oatland Gdns
Oatland Dr
Leicester Gv
Leicester Cl
Blenheim Gv
Blenheim Sq
Blackman La
Lofthouse Pl
Blenheim Primary School
Carlton Hl
Carlton Ga
Carlton Rise
Carlton Carr
Carlton Gardens
Lofthouse Ter
LS2
BBC Studios
A64(M)
A660
CLAY PIT
Elmwood La
Lovell Park Road
Lovell Pk Hl
Lovell Pk Ga
Grafton Street
INNER RING
F5
1 Morphet Ter
F3
1 Wilmington Ter
Junction 34
Merrion Way
Brunswick Ter
Portland Way
Providence Pl
Upper N St
Wilmington Gv
Wilmington St
Barrack St
Sackville St
Sheepscar Street North
SHEEPSCAR
Buslingthorpe Lane
Stonegate
Scott Hall Dr
Stocks St
Penraevon Av
Jackson Rd
Melville Gdns
Craven Rd
Devon Road
Dene House Court
Constance Gdns
Livinia Gv
Hawkins Dr
Carlton Vw
Carlton Pl
Grosvenor Hl
Well Cl Ri

28
18
27
38
A
B
C
1
2
3
4
5
B3
1 Cs Wingham St
C3
1 Boundary St
Mexborough Gv
Mexborough Av
Back Mexborough Av
Mexborough
Back Mexborough Dr
Mexborough Dr
Mexborough Road
Chapeltown Road
Chapeltown Rd
Chapeltown Business Centre
Grange Vw
Grange Av
Grange Ter
Back Grange Av
Back Grange Ter
Nassau Pl
Hamilton Av
Back Hamilton Av
Cowper Street
Back Cowper Street
Back Cowper St
Cowper St
Cross Cowper St
Francis Street
Francis St
Cross Francis St
Hamilton Gdns
Hamilton Street
Jackie Smart Ct
Franklin Gv
Louis Street
Cross Louis St
Harriet Street
Dodgson Av
Leopold Street
Leopold Gv
Leopold Primary
Health Centre
Holy Rosary & St Annes RC Primary School
Savile Pl
Back Savile Pl
Savile Rd
Back Savile Rd
Savile Drive
Savile Mount
Scott Hall Dr
Busingthorpe La
Stanley Rd
Stanley Ter
Raby St
Raby Av
Sheepscar Street North
Sheepscar St N
Sheepscar Wy
Laycock Pl
Husler Gv
Husler Pl
Gemini Business Park
A58
BARRACK ROAD
Leeds City Council
Sheepscar
Thomas Danby College
Chel House Business Cen
Roundhay Rd
Boundary Pl
Enfield Ter
Grant Av
Enfield St
Enfield Avenue
Manor St
Holroyd St
Nortech Cl
Sharman Park Industrial
ROSEVILLE RD
Roseville Way
Sackville St
Wilmington Gv
Wilmington St
Barrack St
Sheepscar St North
Meanwood Road
Little London CP School
Ramgarhia Sikh Sports Cen
A61
CHAPELTOWN RD
Roscoe St
LANE
MEANWOOD RD
North Street
Oatland Gdns
Oatland Dr
PIT LANE
Picture House
Benson St
Benson Street
SHEEPSCAR STREET S
Lovell Pk Vw
Lovell Pk Hl
Lovell Pk Gate
Lovell Pk Rd
Lovell Pk Ms
Lovell Pk Cl
Wintoun St
Barclay St
Sheepscar Gv
Henbury St
Bristol St
CROSS STAMFORD ST
Firth Ter
Firth St
Ruby St
Pilot St
Telephone Pl
Mushroom St
Cherry Row
Moorehouse Gv
Dolly La
Lincoln Rd
Whitelock Street
Skinner Lane
Grafton Street
Concord St
Leeds College of Building
Leylands Rd
Byron St
Wright St
Cherry Pl
Lincoln Gn
Howarth Pl
Brunswick Ct
Junction 34
1 grid square represents 250 metres

E2
1 Cross Elford St
D
E
F
19
Luxor Street
Luxor Avenue
Luxor Vw
B6159
Hillcrest Pl
Rossington Gv
Bk Rossington Pl
Rossington Pl
Bk Spencer Mt
Spencer Mt
Bankside Primary School
Primary School
Milan Road
Back Milan St
Back Milan Rd
Harehills Rd
Lascelles Ter
Lascelles St
Lascelles Rd W
Lascelles Rd E
Banstead St
Banstead St E
Back Banstead St
Banstead Ter W
Banstead Ter E
Whitfield St
Gipton St
Gipton Av
Gathorne Terrace
Gathorne Cl
Bank Side Street
Ponderosa Cl
Conway Rd
Conway Dr
Back Conway St
Conway St
Conway Av
Conway Ter
Conway Mt
Conway View
Conway Gv
Ashton Court
Ashton Industrial Est
Elford Pl W
Elford Pl East
Back Elford Pl
Elford Gv
Elford Rd
Middle School
Bayswater Crescent
Bayswater Terrace
Bayswater Row
Bayswater Grove
Bayswater Rd
Bayswater Mt
Bayswater Pl
Barran Ct
ROUNDHAY ROAD
A58
Frankland Pl
Bk Gathorne St
Cross Roseville Rd
Roseville Rd
Roseville Business Park
Gledhow Ter
Gledhow Mt
Gledhow Pl
Gledhow
St James's Ct
St James's Court
Bexley Avenue
Bexley Rd
Bexley Mt
Bexley Pl
Bexley Ter
Bexley Gv
Bexley Vw
Ashton View Medical Cen
Ashton St
Ashton Av
Ashton Ter
Ashton Mt
Ashton Vw
Ashton Gv
Ashton Pl
Darfield St
Darfield Crs
Scarth Av
Stanley Av
Stanley Road
Stanley Ter
30
Kepler Gv
Kepler Mt
Kepler Ter
Anderson Mt
Anderson Av
Roseville St
Rosebud Wk
Lane
St James's University Hospital
Cemetery
Beckett Street
Shakespeare Street
Stoney Rock
Westlock Av
Lydgate
Primrose High School
Chapman Street
Alma Gv
Alma Pl
Alma St
Cross Alma St
Hill St
Beckett Terrace
Industrial St
Museum St
Shakespeare Approach
Shakespeare Close
Shakespeare Gardens
Shakespeare Lawn
Shakespeare Av
Lane
Middleton Av
Road
Rectory St
Granville Rd
Thackray Medical Museum
Lindsey Gdns
Lindsey Road
Roxby Cl
Lindsey Ct
Beckett St
39
Shakespeare Primary School
Stoney Rock Gv
Brignall Garth
Garth
Gargrave
F1
1 Cs Banstead St
2 Lascelles Mt
3 Lascelles Vw
PO
1
2
3
4
5

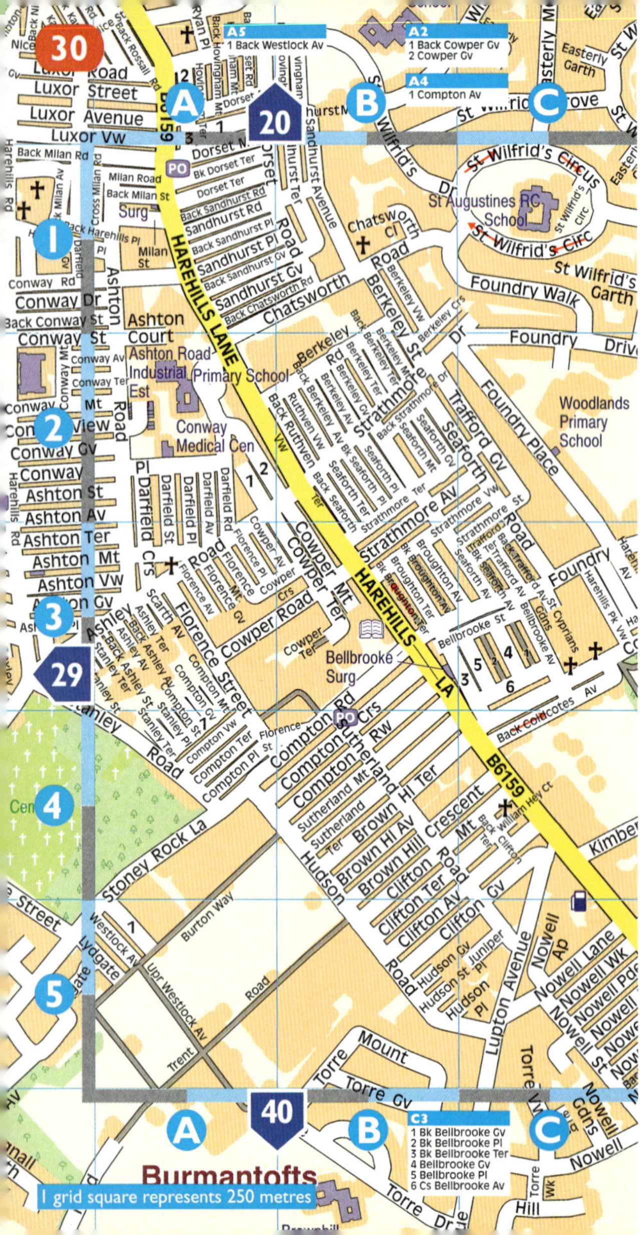
A5
1 Back Westlock Av
A2
1 Back Cowper Gv
2 Cowper Gv
A4
1 Compton Av
20
A
B
C
Luxor Road
Luxor Street
Luxor Avenue
Luxor Vw
Back Milan Rd
Milan Road
Back Milan St
Cross Milan Rd
Surg
Milan St
Harehills Rd
PO
Dorset Mt
Bk Dorset Ter
Dorset Ter
Back Sandhurst Rd
Sandhurst Rd
Back Sandhurst Pl
Sandhurst Pl
Back Sandhurst Gv
Sandhurst Gv
Back Chatsworth Rd
Chatsworth Road
Sandhurst Ter
Sandhurst Avenue
Chatsworth Cl
St Wilfrid's Dr
St Wilfrid's Circus
St Augustines RC School
St Wilfrid's Circ
St Wilfrid's Garth
Foundry Walk
Foundry Drive
Foundry Place
Woodlands Primary School
HAREHILLS LANE
Conway Rd
Conway Dr
Back Conway St
Conway St
Conway Av
Conway Ter
Conway Mt
Conway View
Conway Gv
Ashton Court
Ashton Road Industrial Est
Primary School
Conway Medical Cen
Ashton Road
Ashton St
Ashton Av
Ashton Ter
Ashton Mt
Ashton Vw
Darfield Crs
Darfield St
Darfield Pl
Darfield Av
Darfield Rd
Berkeley Rd
Berkeley Vw
Berkeley Crs
Berkeley St
Back Berkeley Av
Berkeley Av
Berkeley Ter
Strathmore Dr
Strathmore Av
Strathmore Ter
Strathmore Vw
Back Strathmore Dr
Seaforth Mt
Seaforth Gv
Seaforth Pl
Seaforth Ter
Seaforth Av
Trafford Gv
Trafford Av
Back Trafford Av
Ruthven Vw
Back Ruthven Vw
Cowper Av
Cowper Mt
Cowper Ter
Cowper Crs
Cowper Road
Florence Pl
Florence Mt
Florence Gv
Florence Av
Florence Street
Florence St
Broughton Av
Broughton Ter
Bk Broughton Av
Bellbrooke St
Bellbrooke Av
St Cyprians Gdns
Foundry Av
Harehills Pk Vw
Harehills Av
Bellbrooke Surg
HAREHILLS LA
B6159
Back Coldcotes Av
Ashley Rd
Ashley Ter
Ashley Av
Back Ashley Av
Back Ashley St
Scarth Av
Stanley Ter
Stanley Road
Stanley Pl
Compton Gv
Compton Mt
Compton St
Compton Vw
Compton Ter
Compton Pl
Compton Rd
Compton Crs
Compton Rw
Sutherland Rd
Sutherland Mt
Sutherland Ter
Brown Hl Ter
Brown Hl Av
Brown Hill Crescent
Clifton Mt
Clifton Road
Clifton Ter
Clifton Av
Clifton Gv
Back Clifton Ter
William Hey Ct
Hudson Road
Hudson Gv
Hudson St
Hudson Pl
Juniper Pl
Lupton Avenue
Nowell Ap
Nowell Lane
Nowell Wk
Nowell Pde
Nowell St
Nowell Gdns
Kimberley
Stoney Rock La
Burton Way
Westlock Av
Upr Westlock Av
Lydgate
Road
Trent
Torre Mount
Torre Gv
Torre Vw
Torre Dr
Torre Hill
Torre Wk
Cen
29
40
1
2
3
4
5
C3
1 Bk Bellbrooke Gv
2 Bk Bellbrooke Pl
3 Bk Bellbrooke Ter
4 Bellbrooke Gv
5 Bellbrooke Pl
6 Cs Bellbrooke Av
Burmantofts
1 grid square represents 250 metres

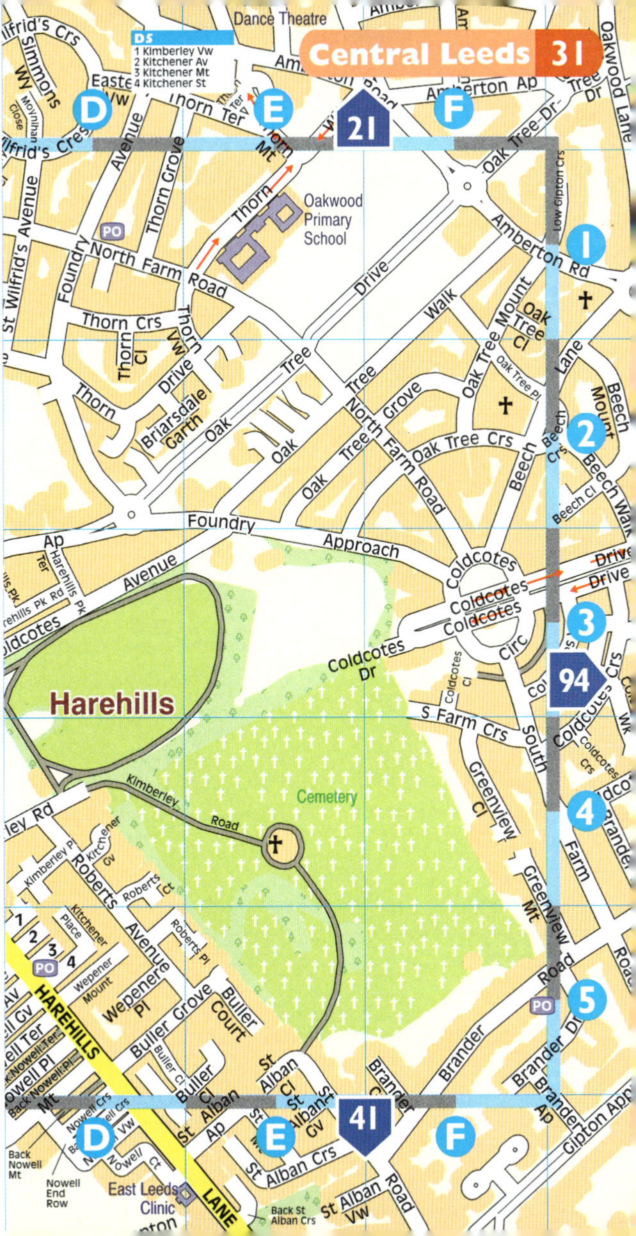
D5
1 Kimberley Vw
2 Kitchener Av
3 Kitchener Mt
4 Kitchener St
Dance Theatre
Oakwood Primary School
Harehills
Cemetery
East Leeds Clinic
HAREHILLS LANE
Foundry Approach
North Farm Road
Oak Tree Drive
Oak Tree Walk
Oak Tree Grove
Oak Tree Mount
Oak Tree Crs
Oak Tree Cl
Oak Tree Pl
Amberton Rd
Amberton Ap
Thorn Ter
Thorn Mt
Thorn Crs
Thorn Cl
Thorn Vw
Thorn Drive
Thorn Grove
Thorn Avenue
Briarsdale Garth
Foundry Avenue
St Wilfrid's Avenue
St Wilfrid's Crs
Simmons Wy
Moynihan Close
Low Gipton Crs
Beech Lane
Beech Mount
Beech Crs
Beech Walk
Beech Cl
Coldcotes Drive
Coldcotes Circ
Coldcotes Cl
Coldcotes Crs
Coldcotes Avenue
S Farm Crs
South Farm Road
Greenview Cl
Greenview Mt
Harehills Pk Rd
Kimberley Road
Kimberley Pl
Kitchener Gv
Kitchener Place
Roberts Avenue
Roberts Ct
Roberts Pl
Wepener Mount
Wepener Pl
Buller Grove
Buller Court
Buller Cl
St Alban Cl
St Alban Ap
St Albans Gv
St Alban Crs
St Alban Road
St Alban Vw
Back St Alban Crs
Brander Road
Brander Dr
Brander Ap
Brander Cl
Gipton App
Back Nowell Mt
Nowell End Row
Nowell Ct
Oakwood Lane
PO
21
41
94
D
E
F
1
2
3
4
5

A4
1 Conference Ter
A3
1 Bk Moorfld Ter
2 Bk Springfld Mt
3 Back Tower Gv
4 Moorfield Crs
5 Moorfield St
A
B
C
22
Leeds and Liverpool Canal
Avenue
Ridge Road
Upper Armley
Redcote La
A647
STANNINGLEY ROAD
1
2
3
4
5
Armley Gra Av
Armley Gra Wk
Armley Gra Vw
Armley Gra Ri
Armley Rdg Cl
Armley Rdg
Armley Gra Mt
Armley Gra Drive
Halliday Av
Halliday Mt
Halliday Rd
Back Halliday Pl
Halliday Pl
Halliday Gv
Back Halliday Gv
Halliday Drive
Park St
Pk St
Pk Mt
Pk Rd
Park Av
Park Crs
Christ Church Pde
Christ Church Rd
Surg
Tower La
Tower Pl
Tower Gv
Westfield Av
Westfield Rd
Topp Cl
Moorfield Road
Moorfield Gv
Moorfield Av
Back Highthorne St
Highthorne St
Primary School
Theaker
Pasture Mt
Saint Ives Gv
Back Saint Ives Mt
Saint Ives Mt
Edinburgh Rd
Back Edinburgh Rd
Edinburgh Gv
Paisley Rd
Paisley Pl
Paisley Ter
Oban Ter
Oban St
Greenock Rd
Hollywell La
Town St
Springfield Mt
Aberdeen Gv
Aberdeen Dr
Aberdeen Wk
Aberdeen Rd
Whingate Gv
Whingate Av
Whingate Cl
Whingate
Leeds Sports & Injury Clinic
Thornton Gv
Thornton Av
Thornton Gdns
Weavers Ct
Ltl Moor Pl
Wortley Rd
PO
103
Lane
Heights
Station Cr
Station Wy
Conference Road
Congress Mt
Congress St
Conference Pl
Claremont Ter
Claremont St
Barden Mt
Barden Ter
Barden Pl
Back Barden Pl
Alliance St
Whingate Business Park
Whingate Rd
Barden Cl
Whingate Gn
Albany St
Albany Ter
Carr
West Leeds High School
Dean Recreation Centre
Heights Drive
New Inn St
Carlton Rw
Addingham Gdns
Whingate Primary School
B6154
TONG ROAD
Wortley Moor Road
Wortley Dr
42
A5
1 Conference Gv
B5
1 Barden Gn
C3
1 Oban Pl
2 Paisley Gv
3 Paisley St
4 Paisley Vw
Silver Royd
Silver Crs
Royd Close
Swallow Mt
Blue
Webster Rw
Hill
1 grid square represents 250 metres
Wortl

D3
1 Burnsall Gdns
B3, C2, E4
Street Names for these grid squares are listed at the back of the index
D
E
F
23
43
34
1
2
3
4
5
Hollywood Bow
Morga
Cross Cardigan Mount
Museum of Industry &
Back Nunington View
Rombalds Crs
Rombalds St
Rombalds Vw
Rombalds Pl
Rombalds Gv
Rombalds Av
Rombalds Ter
Armley Park Rd
Nunington Vw
Arley St
Arley Pl
Arley Ter
Arley Rw
Aviary Road
Arley Gv
Aviary Vw
Aviary Mt
Aviary Gv
Aviary St
Aviary Pl
Aviary Ter
Truro St
Chester St
Ely St
Hereford St
Arksey Ter
Arksey Pl
Leeds Industrial Mus
Primary School
Armley Ldg Rd
Salisbury Ter
Back Salisbury Ter
Salisbury Vw
Back Salisbury Vw
Salisbury Rd
Chichester St
Salisbury Av
Back Salisbury Gv
Salisbury Gv
Cecil Mt
Cecil Gv
Cecil St
Cecil Road
Ledgard Way
Canal
A647
STANNINGLEY ROAD
ARMLEY
Pasture Vw
Eyres Ml
Eyres Side
Eyres Av
Eyres Ter
Eyres Gv
Eyres St
PO
Beech Dr
Fielding Ga
Lane
Theaker Lane
Theaker La
Armley Clinic
Branch Rd
Crab Lane
Stocks Hl
Mistress
Ms
Ga
Elswor
Pinfold La
Ellis Fold
Gelder Rd
Town St
Athlone St
Wesley Road
Chapel La
Nancroft Ter
Nancroft Crs
Nancroft Mt
Brooklyn Ter
Brooklyn St
Brooklyn Pl
Brooklyn Av
Brooklyn Street
Albion
Back Mo
Modder
Station Rd
Cohen Sq
Armley Sports & Leisure Cen
Back Esmond Ter
Co Council
Hall Rd
Laurel Pl
Athlone Gv
Athlone Ter
Back Wesley Rd
Laurel Fold
Modder Av
Modder Pl
Pennine Industrial Est
Crofts
Colton St
Stanley Vw
Stanley Ter
Cedar Rd
Cedar Av
Cedar Pl
Cedar St
Cedar Mt
Cedar Ter
Colton Rd
Back Colton Rd
Church Road
Surg
Muslem Mosque
Hall Lane
Mickley Street
Strawberry Rd
Strawberry La
Carr
Crofts Drive
St Bartholomews C of E Primary School
Cedar Close
Cricketers Ter
Middle
Masham St
Butt Mt
Cross Grasmere St
Barnet Rd
TONG ROAD
B6154
Southfield St
Southfield Mt
Lawson St
Roderick St
Thornhill St
Privilege Street
Cross La
Kilburn Rd
Shoreham Rd
Penrith Gv
Hayfield Ter
Hartland Rd
Barras Pl
Barras St
Barras Garth Pl
Garth Rd
Upper
Amberley
Chelsea Cl
F4
1 Brentford Gv
2 Brentwood St
3 Brentwood Ter
4 Laurel Gv
5 Laurel St
6 Laurel Ter
E5
1 St Bart's Cl
F2
1 Back Aviary Rd
2 Nunington Av
3 Nunington St
4 Nunington Ter

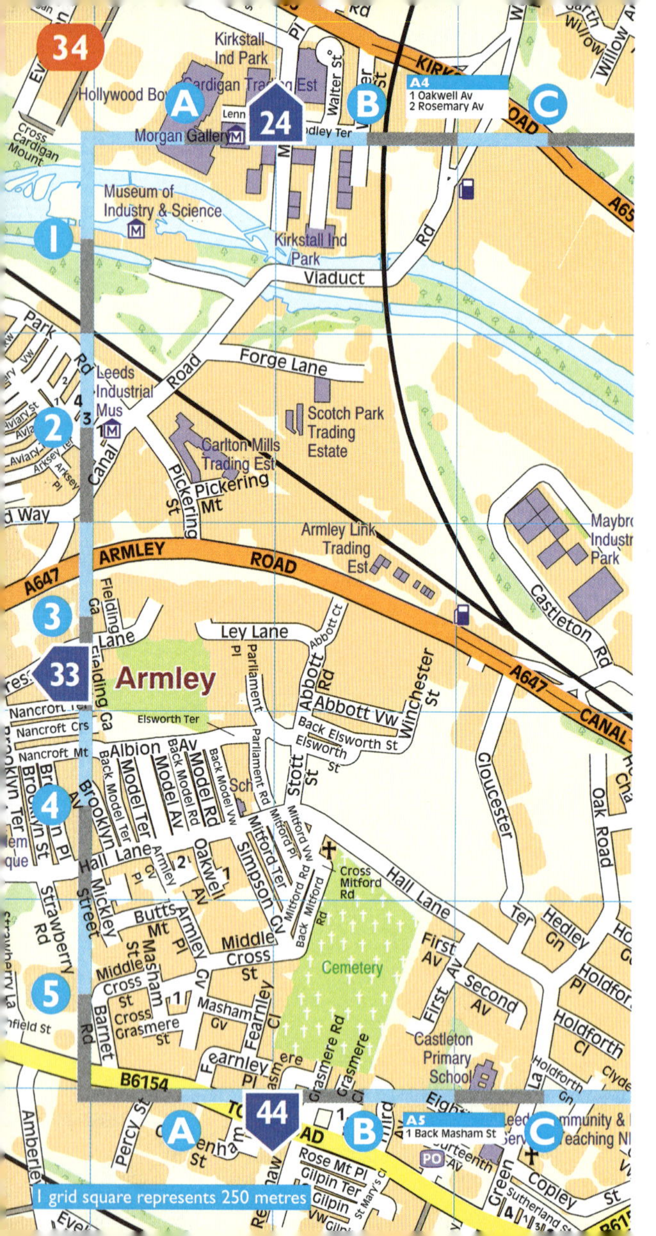
Kirkstall Ind Park
Cardigan Trading Est
Hollywood Bowl
Walter St
A4
1 Oakwell Av
2 Rosemary Av
KIRKSTALL ROAD
A65
24
Morgan Gallery
Cross Cardigan Mount
Museum of Industry & Science
Kirkstall Ind Park
Viaduct
Rd
Park Rd
Forge Lane
Leeds Industrial Mus
Road
Canal
Scotch Park Trading Estate
Carlton Mills Trading Est
Pickering Mt
Pickering St
Arksey Ter
Arksey Pl
Aviary St
Way
Armley Link Trading Est
Maybrook Industrial Park
ARMLEY ROAD
A647
Castleton Rd
Fielding Ga
Lane
Ley Lane
Abbott Ct
Parliament Pl
Abbott Rd
Abbott Vw
Winchester St
33
Armley
Fielding Ga
A647
CANAL
Nancroft Crs
Nancroft Mt
Elsworth Ter
Albion Av
Back Model Rd
Model Rd
Model Av
Model Ter
Back Model Ter
Back Model Vw
Back Elsworth St
Elsworth St
Parliament Rd
Stott St
Sch
Gloucester Ter
Oak Road
Brooklyn Av
Brooklyn Ter
Brooklyn St
Hall Lane
Armley Gv Pl
Oakwell Av
Mitford Ter
Mitford Pl
Mitford Vw
Mitford Rd
Simpson Gv
Cross Mitford Rd
Hall Lane
Hedley Gn
Holdforth Pl
Holdforth Cl
Strawberry Rd
Mickley Street
Butts Mt
Armley Pl
Armley Gv
Middle Cross St
Back Mitford Rd
Cemetery
First Av
Second Av
Masham St
Middle Cross St
Cross Grasmere St
Masham Gv
Fearnley Cl
Fearnley Pl
Grasmere Rd
Grasmere Cl
Castleton Primary School
Holdforth Gn
Barnet Rd
B6154
Percy St
44
A5
1 Back Masham St
Rose Mt Pl
Gilpin Ter
Gilpin Vw
St Mary's Cl
PO
Copley St
Sutherland St
Amberley
1 grid square represents 250 metres

D1
1 Cavendish St
D
E
F
25
Burley Road
Westfield Ter
Westfield Cs
Westfield Rd
Rosebank Rw
St Michaels College
Hyde Ter
Back Hyde Terrace
Clarendon Rd
Willow Av
Willow Cl
Yorkshire Television Studios
Studio Road
Westfield Primary School
Hollis Pl
Burley Road
Belle Vue Road
Consort Wk
Consort Ter
Consort St
Victoria Ter
Victoria St
Kendal La
Kendal Cl
Kendal Bank
Kendal Rd
Belle Vue Road
1
Kirkstall Road
Aire Pl
Washington Street
Cavendish Street
Hotel
LS3
P
Hanover Mt
Hanover Sq
Hanover Av
Hanover Lane
Park Lane
Burley Street
St Andrew's St
St Andrew's Place
Rutland Mt
Rutland Ter
Rutland St
Abbey St
Bingley St
Cavendish St
2
West Street
A65 Kirkstall Road
Wellington St
Harcourt Place
Marlborough
West Street
3
Albion Wy
Albion Wy
Wellington St
Wellington Br
36
Wellington Road Industrial Est
Wellington Br St
Brancepeth Pl
Armley Road
Artist St
Brandon Street
Castleton Cl
Maybrook Ind Park
Canal Pl
A58 Wellington Rd
4
Street
Hedley Chase
Gotts Rd
New Wortley
A58 Wellington Rd
Wellington Road
A58
5
Bruce Lawn
Bruce Gdns
Bruce Lawn Gdns
Mental Health NHS Trust
D
Wellington Road
Driver Pl
Driver St
E
45
F
Milnes St
A58
Coleman St
Lord Ter
Lord St
Sutton St
Whitehall
Springwell
F1
1 Cs Westfld Rd
2 Kendal Wk

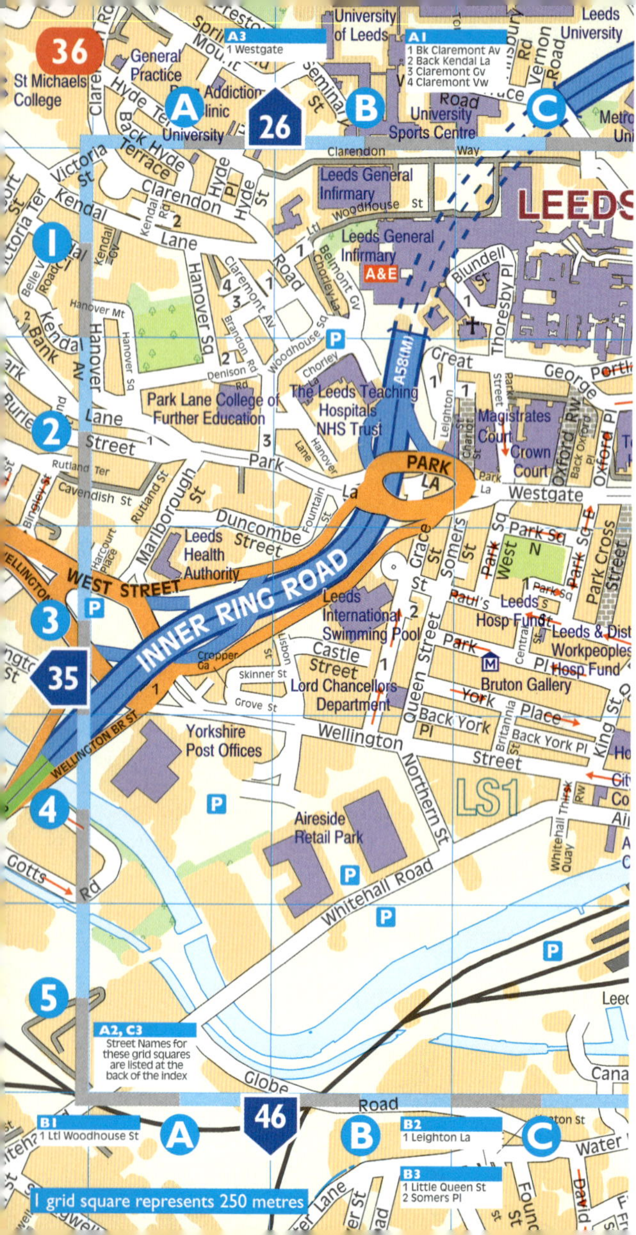
36
St Michaels College
General Practice
Addiction Clinic
University
A3
1 Westgate
University of Leeds
A1
1 Bk Claremont Av
2 Back Kendal La
3 Claremont Gv
4 Claremont Vw
University Sports Centre
Leeds University
Vernon Road
26
A
B
C
Clarendon Way
Victoria St
Kendal Lane
Clarendon Rd
Hyde Pl
Hyde St
Hyde Terrace
Back Hyde Terrace
Leeds General Infirmary
Woodhouse St
Ltl Woodhouse St
Belmont Gv
Chorley La
A&E
LEEDS
Blundell St
Thoresby Pl
1
Kendal Bank
Kendal Gv
Hanover Mt
Hanover Sq
Hanover Av
Hanover Lane
Claremont Av
Brandon Rd
Denison Rd
Woodhouse Sq
Chorley La
A58(M)
Great George St
Portland
Park Lane College of Further Education
The Leeds Teaching Hospitals NHS Trust
Leighton La
Magistrates Court
Crown Court
Oxford Rw
Back Oxford Pl
Oxford Pl
2
Park Street
Rutland Ter
Cavendish St
Rutland St
Bingley St
Marlborough St
Duncombe Street
Fountain St
PARK LA
Park La
Westgate
Park Sq
Park Sq E
Park Sq West
Park Cross Street
Leeds Health Authority
Harcourt Place
WEST STREET
WELLINGTON
3
INNER RING ROAD
Leeds International Swimming Pool
Grace St
Somers St
St Paul's St
Leeds Hosp Fund
Leeds & Dist Workpeoples Hosp Fund
Central St
Park Pl
Bruton Gallery
35
Cropper Ga
Skinner St
Lisbon St
Castle Street
Grove St
Lord Chancellors Department
Queen Street
York Place
Back York Pl
Britannia St
King St
WELLINGTON BR ST
Yorkshire Post Offices
Wellington Street
Northern St
LS1
Whitehall Quay
Thirsk Rw
4
Gotts Rd
Aireside Retail Park
Whitehall Road
5
A2, C3
Street Names for these grid squares are listed at the back of the index
Globe Road
46
B1
1 Ltl Woodhouse St
B2
1 Leighton La
B3
1 Little Queen St
2 Somers Pl
Water
Canal
1 grid square represents 250 metres

Central Leeds 37
D2
1 Alexander St
D3
1 Cs Fountaine St
A64(M)
A660
D
E
F
27
INNER RING RD
Leeds Metropolitan University
School
Upper N St
Providence Pl
Queen Square
Woodhouse La
Portland Wy
Portland Ga
Civic Hall
College
Percival St
Leeds Civic Theatre
Rossington St
Portland Crs
Cookridge St
Calverley St
Leeds City Mus
St Annes Cath
St Anne's St
Leeds City Art Gallery
Upper Fountaine St
Leeds City Council
The Headrow
Optimax Eye Clinic
South Pde
Bedford St
Greek St
Russell Street
East Pde
Park Row
Upr Basinghall Street
Albion St
Butts Ct
Merrion Way
AMF Bowling
Htl
Merrion Shopping Cen
Merrion St
Wormald Rw
Mark Lane
New Briggate
Grand Theatre & Opera House
Odeon Cinema
Harrison St
The North of England College
Swan St
Victoria Walk
Lands Lane
Qu Victoria St
Albion Pl
Kg Edward St
Commercial St
Bond St
Fish St
Kirkgate
Leeds Shopping Plaza
Lwr Basinghall St
Albion St
Bank St
Briggate
Central Rd
New Market St
Boar Lane
Mill Hl
University
Hotel
Gascoigne St
Duncan St
Cloth Hall St
Call La
Queens's Ct
Crown St
Assembly St
Corn Exchange
New York St
Back New York St
Kirkgate M
38
George Street
Vicar La
Sidney St
Harewood St
Union Street
Eastgate
Lady Lane
Templar La
Templar Pl
Edward St
North St
College Street
Merrion Pl
Health Authority
Leeds City Council
Belgrave St
St Albans Pl
Wade La
Tower House St
Jacob St
Brunswick Ter
University
Elmwood Rd
Grafton Street
Lovell Pk Rd
Lovell Pk Hl
Junction 1
North St
Back Brunswick St
Hartley Hl
Lwr Brunswick St
Bus Cen
Trafalgar St
Melbourne St
2
3
4
5
Harper St
Cross York St
High Ct
The Calls
Pine Ct
WK Infirmary St
City Sq
Wine St
Croft's Ct
Quebec St
Little Kg St
PO
Riverside Business Centre
New Station St
Bishopgate St
Station St
Heaton's Ct
1 Htl
Swinegate
Blayd's Yd
Br End
Pitfall St
National Film Theatre North
Hotel
Navigation Wk
Dock Street
Kendell St
LC Museum
Concordia St
Sovereign Street
Pitt Rw
Ltl Neville St
Neville Street
Leeds Station
Whf
River Aire
Water La
Br End
Hunslet La
Hunslet Rd
Waterloo St
Bowman La
Brewery
47
Salem Place
C1
1 St George's Rd
C2
1 Leighton Pl
F2
1 Cross Belgrave St
2 New Briggate
E1
1 Vernon St
E5
1 Blayd's Ms
GREAT WILSON ST

B2
1 Cross Bell St
A1
1 Brunswick Rw
A4
1 Cross Maude St
2 Kirk Ings Yd
A
B
C
28
Grafton Street
Concord St
Leeds College of Building
Leylands Rd
A61
Lane
Cherry Pl
Lincoln
Byron St
St Thomas Row
Brunswick Ct
Millwright St
Mabgate
Macaulay Street
Junction 34
Back Brunswick St
Hartley Hl
Melbourne St
Lwr Brunswick St
Lwr Brunswick St
Thealby Lawn
Thealby Pl
Cromwell Street
Bus Cen
Nile St
Bridge St
Trafalgar St
Gower St
REGENT STREET
Mabgate Gn
Hope Rd
Argyle Rd
Agnes St C of E School
New York Rd
Bell St
NEW YORK ROAD A64(M)
St Peter C of E Primary School
St Mary's Street
Thealby Cl
Mary's La
Rider St
1
2
College
Templar Street
North Ct
Edward St
Templar La
Templar Pl
Lady Beck Cl
Coll
Lydia St
Lady Lane
EASTGATE
Eastgate
Union Street
Playhouse Square
West Yorkshire Playhouse
Quarry House
Sidney St
Cross Union St
Millgarth St
Police Stn
Dyer St
A61 ST PETER'S ST
3
Vicar La
George Street
MARSH LANE
37
Market
Harper Place
St Peter's Sq
Back New York St
Harper St
York St
York Street
Brussels St
Railway Street
New York St
PO
York Street
Back York Street
Brick St
Saxton La
Corn Exchange
4
Cross York St
Harper St
Church Wk
Marsh La
DUKE ST EAST
CROWN POINT RD
Place
The Garth
The Cl
The Parade
Kirkgate
Wharf St
Assembly St
High Ct
Crown St
Mill St
The Av
Church Rw
Maude St
Cotton St
Marsh La
The Lane
The Drive
Calls
National Film Theatre North Hotel
Flax
Chandlers
The
CROWN POINT ROAD
East Street
Steander
Tetley Brewery Wharf
East St
Richmond St
5
Bowman La
East St
College
Bow Street
St Mary's High School
Waterloo St
East King St
Neptune St
Armouries Wy
Trans Pennine Trail
East Street
Morpeth Pl
Brewery
A
48
B
C
C3
1 St Ann's Sq
C4
1 Foundry St
A61
Hunslet Road
Royal Armouries Museum
E2
Street Names for these grid squares are listed at the back of the index
River Aire
1 grid square represents 250 metres

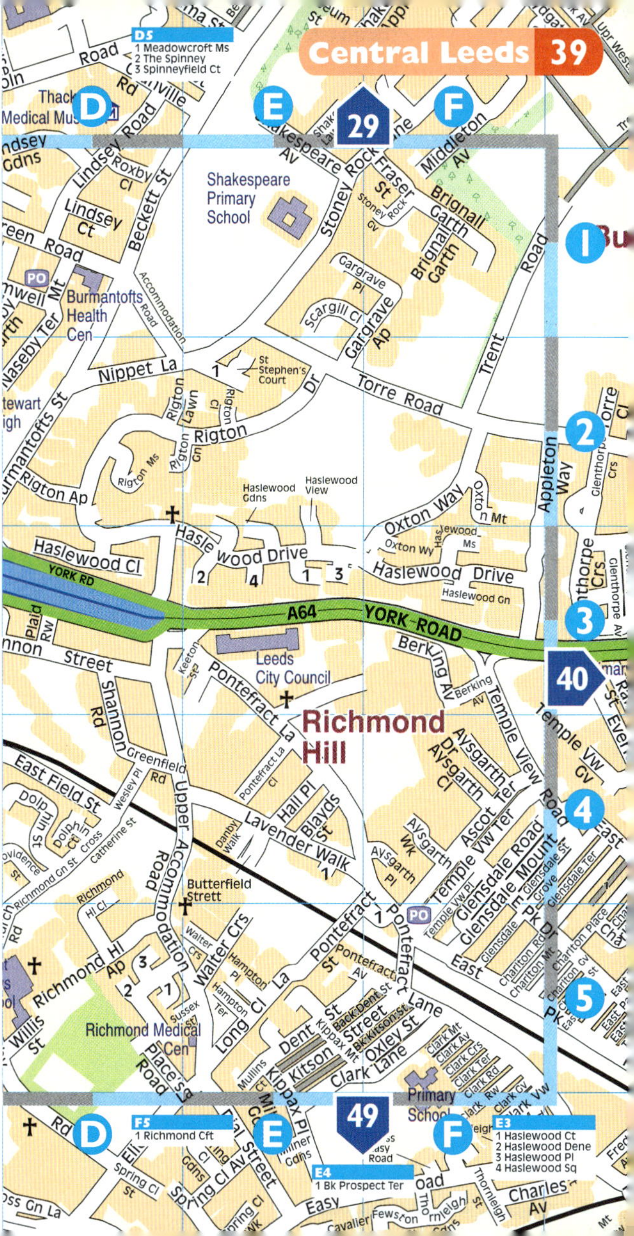
D5
1 Meadowcroft Ms
2 The Spinney
3 Spinneyfield Ct
D
E
F
29
Shakespeare Primary School
Shakespeare Av
Stoney Rock La
Fraser St
Stoney Rock Gv
Middleton Av
Brignall Garth
Lindsey Gdns
Lindsey Rd
Roxby Cl
Lindsey Ct
Beckett St
Green Road
PO
Burmantofts Health Cen
Accommodation Road
Naseby Ter
Gargrave Pl
Scargill Cl
Gargrave Ap
Trent Road
Nippet La
St Stephen's Court
Rigton Lawn
Rigton Cl
Rigton Dr
Torre Road
Burmantofts St
Rigton Gn
Rigton Ms
Rigton Ap
Haslewood Gdns
Haslewood View
Oxton Way
Oxton Mt
Appleton Way
Glenthorpe Crs
Haslewood Ms
Oxton Wy
Haslewood Cl
Haslewood Drive
YORK RD
Haslewood Gn
A64
YORK ROAD
Plaid Rw
Shannon Street
Keeton St
Leeds City Council
Pontefract La
Berking Av
Temple View Road
40
Richmond Hill
Shannon Rd
Greenfield Rd
East Field St
Wesley Pl
Upper Accommodation Road
Pontefract La Cl
Hall Pl
Blayds St
Aysgarth Dr
Aysgarth Cl
Ascot Ter
Temple Vw Gv
Dolphin St
Dolphin Ct
Cross Catherine St
Danby Walk
Lavender Walk
Aysgarth Wk
Aysgarth Pl
Temple Vw Ter
Glensdale Road
Glensdale Mount
Richmond Gn St
Richmond Hl Cl
Butterfield Strett
PO
Temple Vw Pl
Glensdale Gv
Walter Crs
Pontefract St
Pontefract Lane
East Pk Dr
Richmond Hl Ap
Hampton Pl
Hampton Ter
Pontefract Av
Charlton Rd
Charlton Mt
Charlton Place
Charlton Gv
Willis St
Richmond Medical Cen
Sussex St
Long Cl La
Dent St
Back Dent St
Kitson St
Bk Kitson St
Kippax Mt
Oxley St
Clark Lane
Mullins Ct
Kippax Pl
Place's Road
Clark Mt
Clark Av
Clark Crs
Clark Ter
Clark Rd
Clark Rw
Clark Gv
Clark Vw
Primary School
49
F5
1 Richmond Cft
E4
1 Bk Prospect Ter
E3
1 Haslewood Ct
2 Haslewood Dene
3 Haslewood Pl
4 Haslewood Sq
Spring Cl St
Spring Cl Av
Easy Road
Charles Av
Fewston Av
1
2
3
4
5

A5
1 Back East Park Rd
A3
1 Bk Glenth'pe Ter
A4
1 Back Charlton Rd
A
B
C
30
Upr Westlock Av
Torre Mt
Torre Gv
Torre Dr
Torre Vw
Nowell Gdns
Nowell
Torre Sq
Nowell Wk
Nowell Pde
Nowell St
Burmantofts
Brownhill Primary School
Torre Hill
Torre Wk
Torre Cres
Torre Lane
Torre
Lupton Avenue
Lupton Av
Trent Road
Torre Cl
Torre Pl
Torre Road
Glenthorpe Crs
Appleton Way
Oxton Mt
Walford Rd
Walford Gv
Walford Ter
Walford Mt
Walford Av
City Council
Glenthorpe Ter
Glenthorpe Av
Nickleby Rd
The Surg
Primary School
YORK ROAD
A64
Dawlish Cr
Dawlish Row
Dawlish Pl
Dawlish
Skelton Pl
Skelton St
Skelton Av
Skelton Terrace
Ivy
Dawlish Road
Victoria Grove
Victoria Rd
Back Ivy Av
Back Ivy St
Ivy Av
Ivy Crs
Ivy Vw
Ivy Mt
Back Ivy Mt
PO
Vinery St
Vinery Gv
Cross Ivy Mt
Vinery Ter
Vinery Mt
Vinery Pl
Vinery Vw
Vinery Av
Raincliffe Rd
Raincliffe St
Raincliffe Gv
Raincliffe Ter
Everleigh Street
Temple Vw Gv
Temple View Road
Aysgarth
39
Drive
Dawlish Gv
Ings Crs
Back Ivy Gv
Kirkwall Av
Ecclesburn Rd
Back Ecclesburn St
Ecclesburn St
Ecclesburn Av
Ecclesburn Parade
Welbeck Road
Londesboro Ter
Londesboro Gv
East End Park
Osm
Glensdale Road
Glensdale Mount
Glensdale St
Glensdale Grove
Glensdale Ter
East Park Dr
Charlton Rd
Charlton Mt
Charlton Place
Charlton Gv
Charlton St
East Pk Mt
East Pk Pl
East Park Grove
East Park Ter
East Park St
East Park Vw
East Park Rd
Park
Carton Av
Carton Gv
Back Carton Ter
Carton Ter
Carton Vw
Carton Rd
Back Carton Rd
East
Avenue
Victoria
Clark Gv
Clark Rw
Clark Rd
Clark Ter
B3
1 St Elmo Gv
50
B4
1 Ecclesburn Ter
2 Raincliffe Mt
1 grid square represents 250 metres

C4
1 Bk Ecclesburn Gv
PO
4
Wepener Mount
Buller Gr
Buller Cl
Buller Court
HAREHILLS LANE
Back Nowell Ter
Nowell Pl
Back Nowell Pl
Nowell Crs
Back Nowell Crs
Nowell Vw
Nowell Ct
Back Nowell Mt
Nowell End Row
East Leeds Clinic
Hepton Ct
St Alban Ap
St Alban Cl
St Alban Gv
St Alban Mt
St Alban Crs
St Alban Road
St Alban Vw
Back St Alban Crs
Brander Dr
Brander Ap
Gipton App
D
E
F
31
1
2
3
4
5
104
51
A64
YORK ROAD
Back Osmondthorpe Lane
Cross Osmondthorpe La
Osmondthorpe Lane
Victoria Primary School
Dawlish St
Skelton Avenue
Skelton Terrace
Skelton Road
Skelton Crs
Rookwood Av
Rookwood Pl
Rookwood Vw
Rookwood Crescent
Rookwood Sq
Rookwood Road
Rookwood Mt
Rookwood Ter
Rookwood Hl
Rookwood Pde
Rookwood Gdns
Rookwood St
Rookwood Vale
Green Pasture Cl
Greenwell Ct
Ings Road
Stowe Gv
Appleton Gv
Tyas Grove
Nixon Avenue
Richardson Rd
Richardson Crs
Osmondthorpe
Neville Sq
Wykebeck Av
Neville Pl
Halton Moor Avenue
Neville Wk
Neville Gv
Neville Vw
Neville Mount
Neville Parade
Neville Rw
Neville Av
Neville Ter
C3
1 Back Dawlish Av
2 Back Dawlish Mt
3 Back Dawlish Rd
4 Back Victoria Av
5 Back Victoria Gv
6 Cross Dawlish Gv
7 Dawlish Av
8 Dawlish Mt

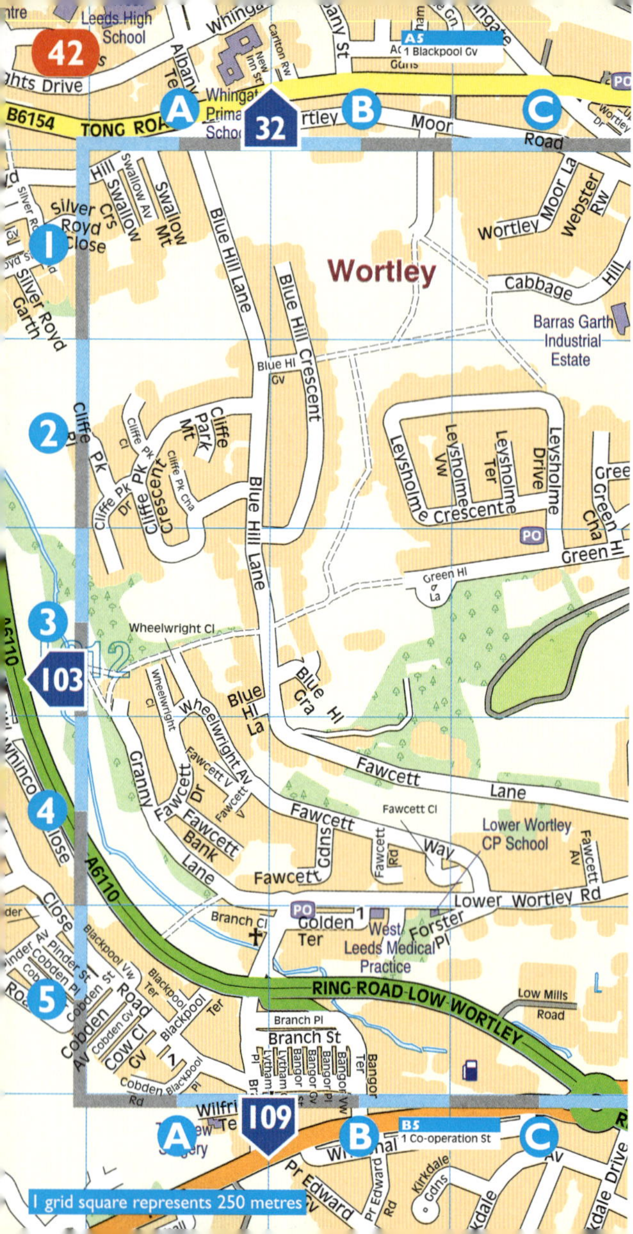
Leeds High School
42
Heights Drive
B6154
TONG ROAD
Albany Ter
Whingate
Whingate Primary School
New Inn St
Carlton Rw
32
Wortley Moor Road
A5
1 Blackpool Gv
PO
Wortley Dr
Hill
Swallow Av
Swallow
Swallow Mt
Silver Crs
Silver Royd Close
Silver Royd Garth
Blue Hill Lane
Blue Hill Crescent
Wortley
Wortley Moor La
Webster Rw
Cabbage Hill
Barras Garth Industrial Estate
Blue Hl Gv
Cliffe Park Mt
Cliffe Pk Cl
Cliffe Pk
Cliffe Pk Dr
Cliffe Pk Crescent
Cliffe Pk Cha
Cliffe Pl
Leysholme Crescent
Leysholme Vw
Leysholme Ter
Leysholme Drive
Green Hl Cha
Green Hl
Green Hl La
Wheelwright Cl
Wheelwright Av
103
A6110
Blue Hl La
Blue Hl Cra
Fawcett Lane
Fawcett Dr
Fawcett V
Fawcett Bank
Granny Lane
Fawcett Gdns
Fawcett Rd
Fawcett Cl
Fawcett Way
Fawcett Av
Lower Wortley CP School
Lower Wortley Rd
Branch Cl
Golden Ter
West Leeds Medical Practice
Forster Pl
RING ROAD LOW WORTLEY
Low Mills Road
Close
Pinder Av
Pinder St
Cobden Pl
Cobden St
Cobden Av
Cobden Gv
Cobden Rd
Blackpool Vw
Blackpool Ter
Blackpool Gv
Blackpool Pl
Cow Cl Gv
Road
Branch Pl
Branch St
Lytham Pl
Bangor Gv
Bangor Pl
Bangor Vw
Bangor Ter
109
B5
1 Co-operation St
Pr Edward Gv
Pr Edward Rd
Kirkdale Gdns
Kirkdale Drive
I grid square represents 250 metres

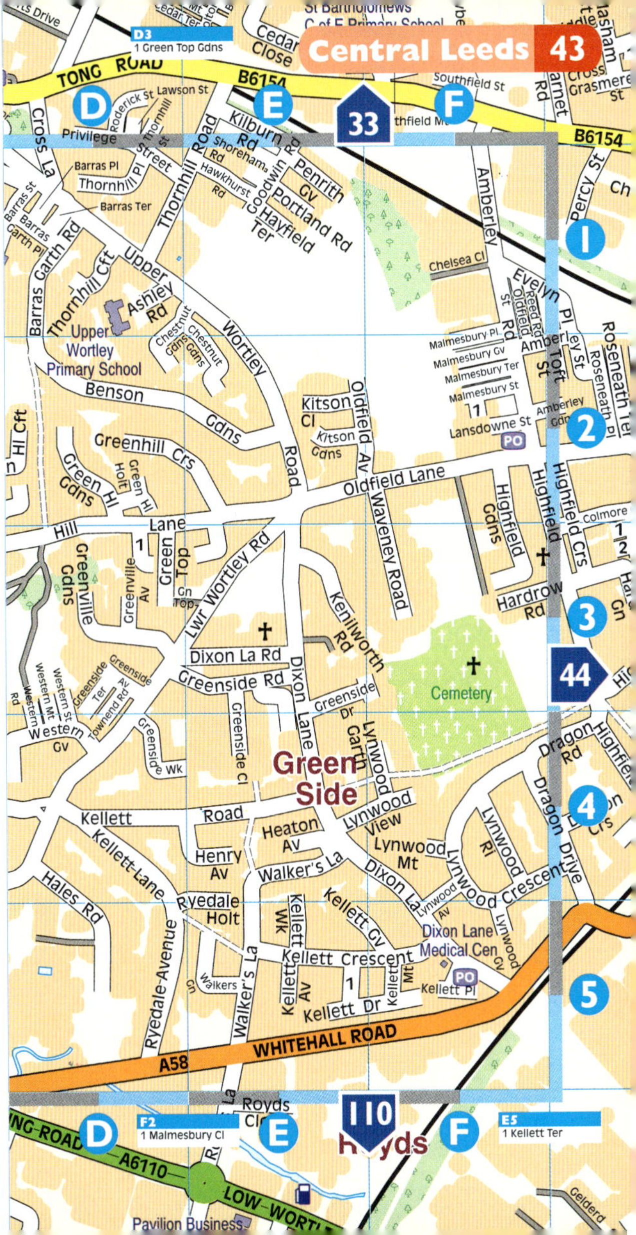
D3
1 Green Top Gdns
D3
E
F
33
44
110
1
2
3
4
5
I
TONG ROAD
B6154
Southfield St
Cedar Close
Lawson St
Roderick St
Privilege Street
Cross La
Thornhill St
Thornhill Road
Kilburn Rd
Shoreham Rd
Hawkhurst Rd
Goodwin Rd
Penrith Gv
Portland Rd
Hayfield Ter
Barras Pl
Thornhill Pl
Barras Ter
Barras St
Barras Carth Pl
Barras Garth Rd
Thornhill Cft
Upper Wortley Road
Ashley Rd
Chestnut Gdns
Upper Wortley Primary School
Benson Gdns
Greenhill Crs
Green Hl Gdns
Green Hl Holt
Hill Lane
Hl Cft
Greenville Gdns
Greenville Av
Green Top
Gn Top
Lwr Wortley Rd
Dixon La Rd
Greenside Rd
Greenside Ter
Greenside Av
Townend Rd
Western St
Western Mt
Western Rd
Western Gv
Greenside Wk
Greenside Cl
Kellett Road
Kellett Lane
Hales Rd
Henry Av
Heaton Av
Walker's La
Ryedale Holt
Ryedale Avenue
Walkers Gn
Kellett Wk
Kellett Crescent
Kellett Av
Kellett Dr
Kellett Mt
Kellett Gv
Kellett Pl
Green Side
Dixon Lane
Greenside Dr
Garth
Lynwood Garth
Lynwood View
Lynwood Mt
Lynwood Av
Lynwood Ri
Lynwood Crescent
Lynwood Gv
Dixon La
Dixon Lane Medical Cen
PO
Kenilworth Rd
Cemetery
Kitson Cl
Kitson Gdns
Oldfield Av
Oldfield Lane
Waveney Road
Highfield Gdns
Highfield Rd
Highfield Crs
Hardrow Rd
Colmore
Dragon Rd
Dragon Drive
Highfield
Amberley Rd
Chelsea Cl
Evelyn Pl
Reed Rd
Oldfield St
Malmesbury Pl
Malmesbury Gv
Malmesbury Ter
Malmesbury St
Lansdowne St
Amberley St
Toft St
Amberley Gdns
Roseneath Pl
Roseneath Ter
Percy St
Grasmere St
WHITEHALL ROAD
A58
Royds Cl
Royds
LOW WORTLEY
A6110
Pavilion Business
F2
1 Malmesbury Cl
E5
1 Kellett Ter
Gelderd

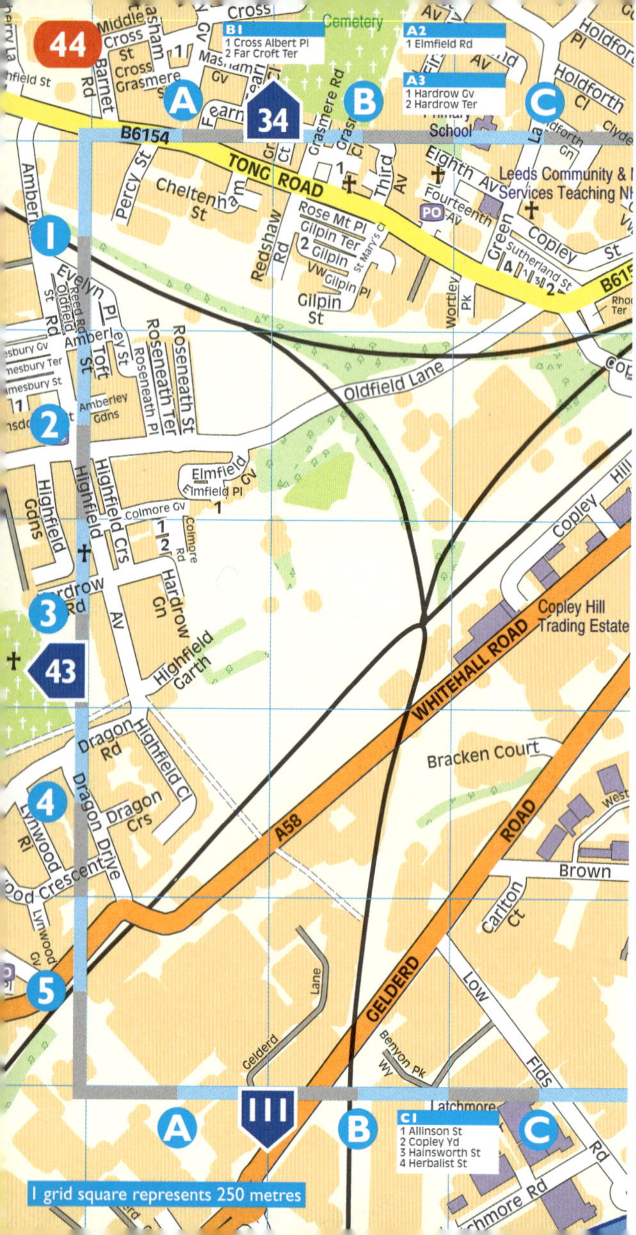

44
34
43
111
A
B
C
1
2
3
4
5
B1
1 Cross Albert Pl
2 Far Croft Ter
A2
1 Elmfield Rd
A3
1 Hardrow Gv
2 Hardrow Ter
C1
1 Allinson St
2 Copley Yd
3 Hainsworth St
4 Herbalist St
Cemetery
School
B6154
TONG ROAD
Middle Cross St
Barnet Rd
Cross Grasmere St
Masham Gv
Grasmere Rd
Holdforth Pl
Holdforth Cl
Eighth Av
Fourteenth Av
Third Av
Leeds Community & Mental Health Services Teaching NHS
Copley St
Sutherland St
Cheltenham St
Percy St
Redshaw Rd
Rose Mt Pl
Gilpin Ter
Gilpin Vw
Gilpin Pl
Gilpin St
St Mary's Cl
Wortley Pk
Green
PO
Evelyn Pl
Oldfield St
Reed Rd
Amberley St
Toft St
Roseneath St
Roseneath Ter
Roseneath Pl
Amberley Gdns
Oldfield Lane
Elmfield Gv
Elmfield Pl
Colmore Gv
Colmore Rd
Highfield Gdns
Highfield Crs
Highfield Av
Hardrow Rd
Hardrow Gn
Highfield Garth
Copley Hill
Copley Hill Trading Estate
WHITEHALL ROAD
Dragon Rd
Highfield Cl
Dragon Crs
Dragon Drive
Lynwood Ri
Lynwood Crescent
Lynwood Gv
A58
Bracken Court
Brown
Carlton Ct
GELDERD ROAD
Gelderd Lane
Benyon Pk Wy
Low Flds Rd
Latchmore Rd
1 grid square represents 250 metres

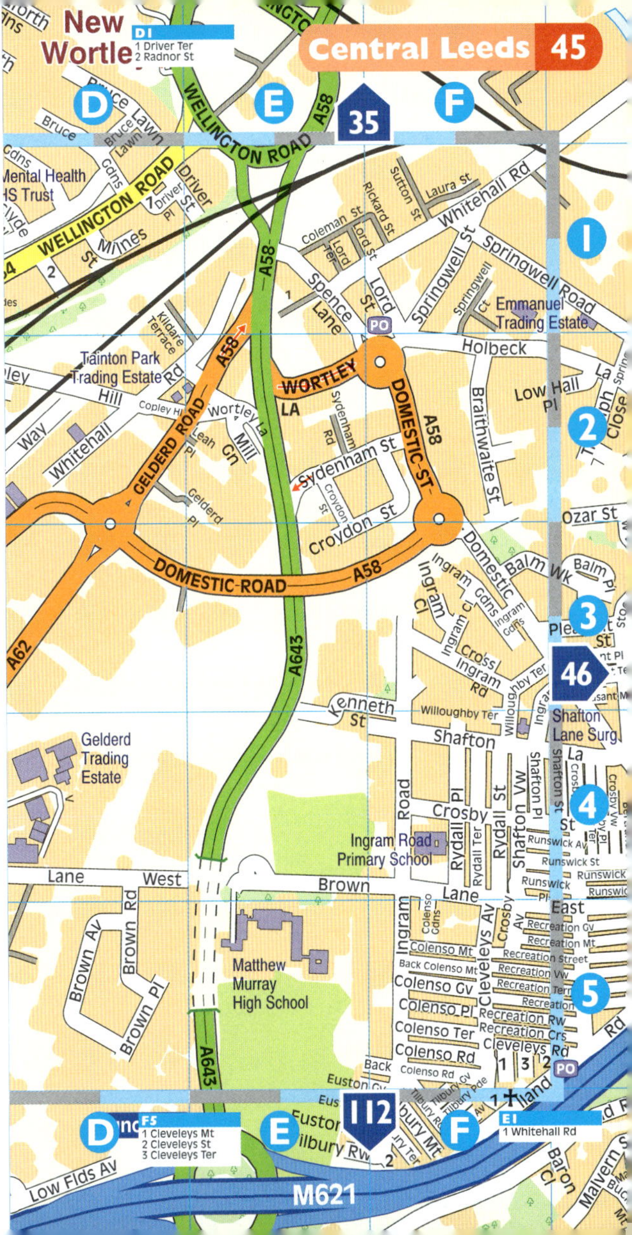
New Wortley
D1
1 Driver Ter
2 Radnor St
D
E
F
35
WELLINGTON ROAD
A58
Bruce Lawn
Bruce Gdns
Mental Health
NHS Trust
WELLINGTON ROAD
Driver St
Driver Pl
Milnes St
Laura St
Sutton St
Rickard St
Coleman St
Lord Ter
Lord St
Whitehall Rd
Springwell St
Springwell Road
Springwell Ct
Emmanuel Trading Estate
Spence Lane
PO
Kildare Terrace
Tainton Park Trading Estate
Copley Hill
Way
Whitehall Rd
GELDERD ROAD
A58
WORTLEY LA
Wortley La
Mill Gn
Leah Pl
Sydenham Rd
Sydenham St
Croydon St
DOMESTIC ST
A58
Holbeck
Low Hall Pl
Braithwaite St
Gelderd Pl
DOMESTIC ROAD
A58
A62
A643
Domestic St
Ozar St
Balm Wk
Balm Pl
Ingram Cl
Ingram Gdns
Cross Ingram Rd
Willoughby Ter
46
Kenneth St
Shafton La
Shafton Lane Surg
Shafton Pl
Shafton Vw
Shafton St
Gelderd Trading Estate
Crosby Pl
Crosby St
Crosby Vw
Rydall Pl
Rydall Ter
Rydall St
Ingram Road
Ingram Road Primary School
Runswick Av
Runswick St
Runswick Pl
Lane
West
Brown Lane
East
Brown Rd
Brown Av
Brown Pl
Colenso Gdns
Colenso Mt
Back Colenso Mt
Colenso Gv
Colenso Pl
Colenso Ter
Colenso Rd
Cleveleys Av
Cleveleys Rd
Crosby Av
Recreation Gv
Recreation Mt
Recreation Street
Recreation Vw
Recreation Ter
Recreation Pl
Recreation Rw
Recreation Crs
Matthew Murray High School
Euston Gv
Euston
Tilbury Rw
Tilbury Mt
Tilbury Ter
112
D
E
F
F5
1 Cleveleys Mt
2 Cleveleys St
3 Cleveleys Ter
E1
1 Whitehall Rd
Low Flds Av
M621
Baron Cl
Malvern
1
2
3
4
5

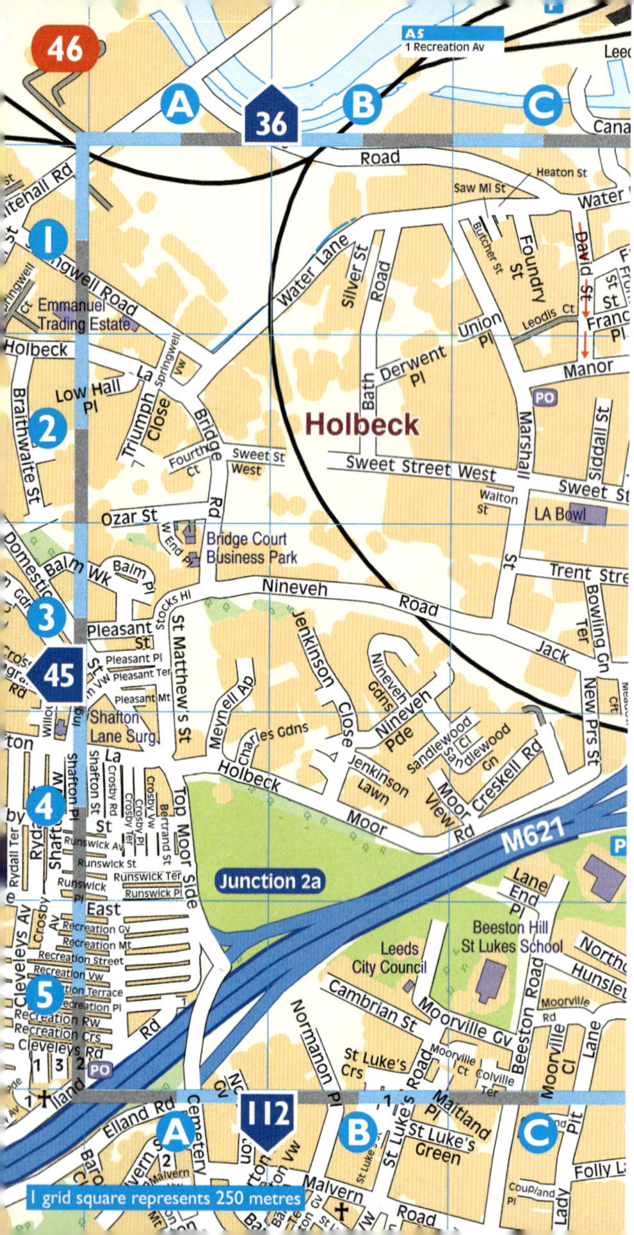

A5
1 Recreation Av
36
A
B
C
Road
Heaton St
Saw Ml St
Water
Butcher St
Foundry St
David St
Leodis Ct
Franc Pl
Union Pl
Manor
Water Lane
Silver St
Road
Derwent Pl
Bath
PO
Holbeck
Marshall
Siddall St
Sweet Street West
Sweet St
Walton St
LA Bowl
Trent Stre
Bowling Gn Ter
Jack
New Prs St
Cft
Nineveh Road
Jenkinson Close
Nineveh Gdns
Nineveh Pde
Sandlewood Cl
Sandlewood Gn
Creskell Rd
Meynell Ap
Charles Gdns
Jenkinson Lawn
Moor View
Rd
Holbeck Moor
M621
Junction 2a
Lane End Pl
Beeston Hill St Lukes School
Leeds City Council
North
Hunslet
Cambrian St
Moorville Gv
Moorville Rd
Moorville Ct
Moorville Cl
Beeston Road
Colville Ter
Lane
Normanon Pl
St Luke's Crs
St Luke's Road
Maitland Pl
St Luke's Green
Pit
Folly La
Coupland Pl
Lady
Malvern Road
Cemetery
112
Elland Rd
1 grid square represents 250 metres
Whitehall Rd
1
2
3
4
5
Springwell Road
Springwell Ct
Emmanuel Trading Estate
Holbeck
Low Hall Pl
Holbeck La
Springwell Vw
Triumph Close
Bridge Rd
Fourth Ct
Sweet St West
Braithwaite St
Ozar St
W End Pl
Bridge Court Business Park
Domestic
Balm Wk
Balm Pl
Stocks Hl
Pleasant St
Pleasant Pl
Pleasant Ter
Pleasant Mt
St Matthew's St
45
Shafton Lane Surg
Shafton Pl
Shafton La
Shafton St
Crosby Rd
Crosby Vw
Crosby Pl
Crosby Ter
Bertrand St
Top Moor Side
Runswick Av
Runswick St
Runswick Ter
Runswick Pl
East
Recreation Gv
Recreation Mt
Recreation Street
Recreation Vw
Recreation Terrace
Recreation Pl
Recreation Rw
Recreation Crs
Cleveleys Rd
Cleveleys Av
Crosby Av
Rydall Ter
Rd
PO

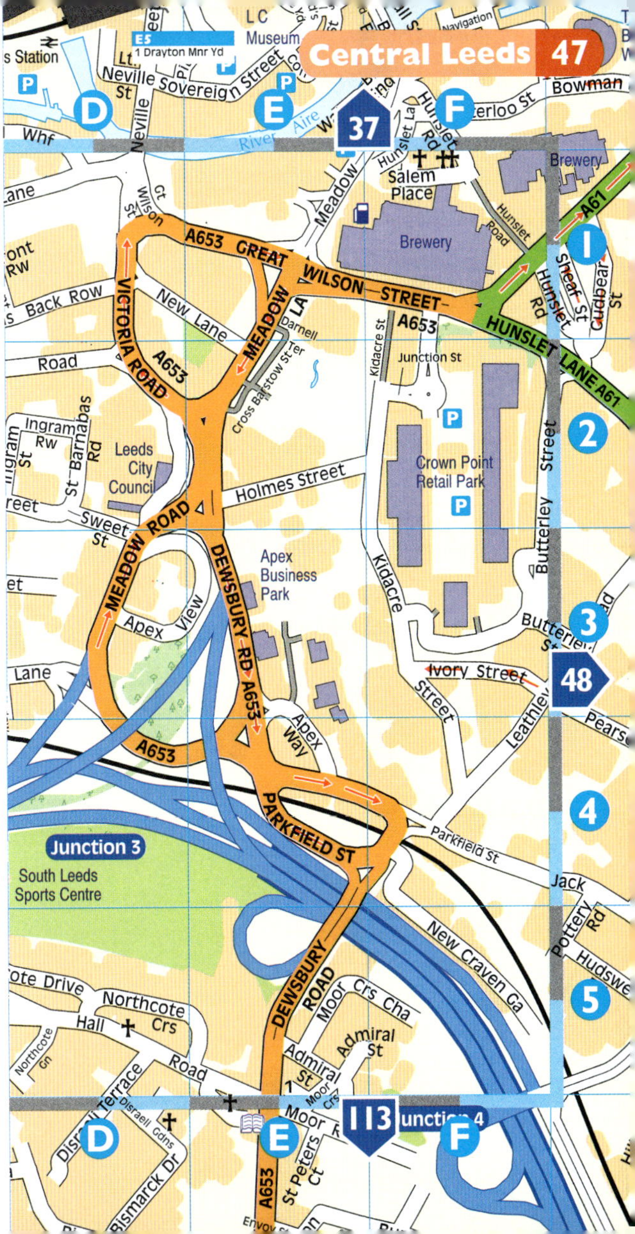
s Station
E5
1 Drayton Mnr Yd
LC
Museum
Neville St
Sovereign Street
Navigation
Bowman
Whf
River Aire
37
Hunslet Rd
Hunslet La
Salem Place
Brewery
Hunslet Road
A61
Sheaf St
Cudbear St
Hunslet Rd
Wilson Ct
Neville St
Back Row
A653 GREAT WILSON STREET
Meadow La
MEADOW LA
Darnell Ter
Barstow St
Cross Barstow St
New Lane
VICTORIA ROAD
A653
Kidacre St
Junction St
HUNSLET LANE A61
Road
Ingram Rw
Ingram St
St Barnabas Rd
Leeds City Council
Holmes Street
Crown Point Retail Park
Butterley Street
Sweet St
MEADOW ROAD
DEWSBURY RD A653
Apex Business Park
Kidacre Street
Apex View
Butterley St
48
Ivory Street
Lane
Leathley Rd
Pearson
Apex Way
Parkfield St
PARKFIELD ST
Junction 3
South Leeds Sports Centre
Jack La
Pottery Rd
Hudswell
New Craven Ga
DEWSBURY ROAD
Moor Crs Cha
Admiral St
Northcote Drive
Northcote Crs
Northcote Gn
Hall Road
Terrace
Disraeli Gdns
Moor Crs
Moor Rd
113
Junction 4
St Peters Ct
A653
Bismarck Dr
D
E
F
1
2
3
4
5

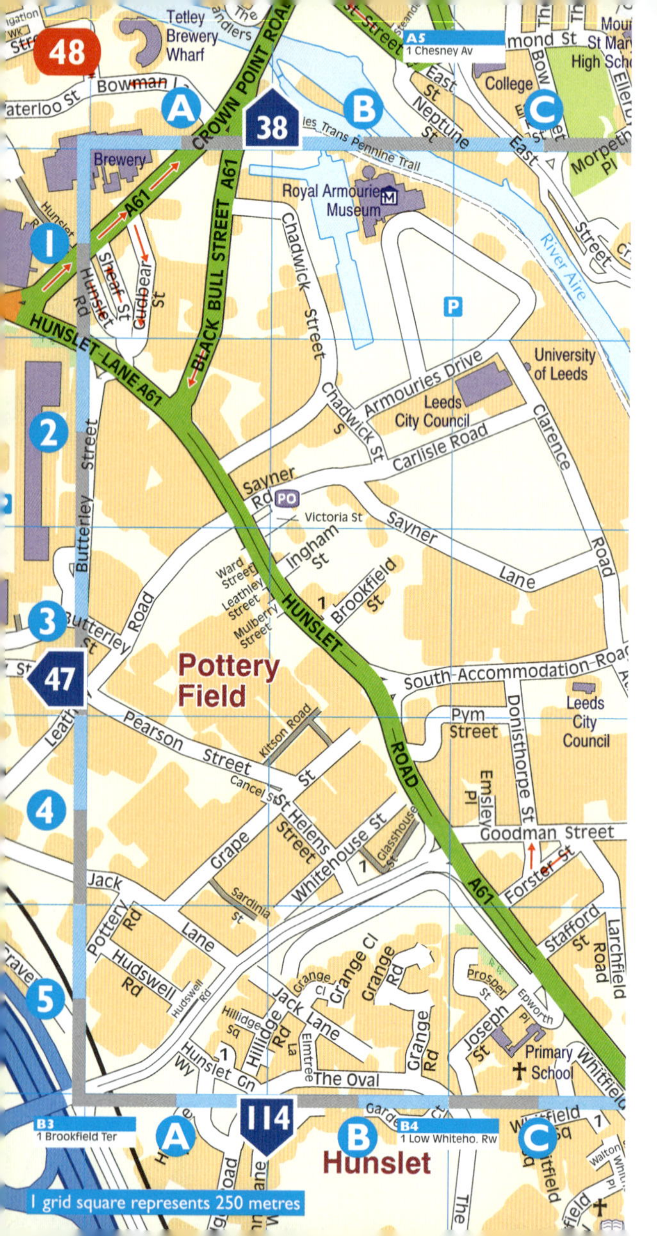
48
38
47
114
A
B
C
1
2
3
4
5
Tetley Brewery Wharf
Bowman La
Waterloo St
Brewery
CROWN POINT ROAD
A61
BLACK BULL STREET A61
HUNSLET LANE A61
Hunslet Rd
Sheaf St
Cudbear St
Butterley Street
Butterley St
Butterley Road
A5
1 Chesney Av
East St
Neptune St
College
Richmond St
St Mary's High School
Morpeth Pl
East Street
Trans Pennine Trail
Royal Armouries Museum
River Aire
Chadwick Street
Chadwick St
Armouries Drive
Leeds City Council
Carlisle Road
Clarence Road
University of Leeds
Sayner Rd
PO
Victoria St
Sayner Lane
Ingham St
Ward Street
Leathley Street
Mulberry Street
Brookfield St
HUNSLET ROAD
South Accommodation Road
Pottery Field
Pym Street
Donisthorpe St
Emsley Pl
Goodman Street
Forster St
Pearson Street
Kitson Road
Cancel St
St Helens Street
St Helens St
Grape St
Whitehouse St
Glasshouse St
Sardinia St
Jack Lane
Pottery Rd
Hudswell Rd
Grange Cl
Grange Rd
Hillidge Sq
Hillidge Rd
Elmtree La
The Oval
Hunslet Gn Wy
Prosper St
Epworth Pl
Joseph St
Primary School
Stafford St
Larchfield Road
Whitfield
Whitfield Sq
B3
1 Brookfield Ter
B4
1 Low Whiteho. Rw
Hunslet
Walton
1 grid square represents 250 metres

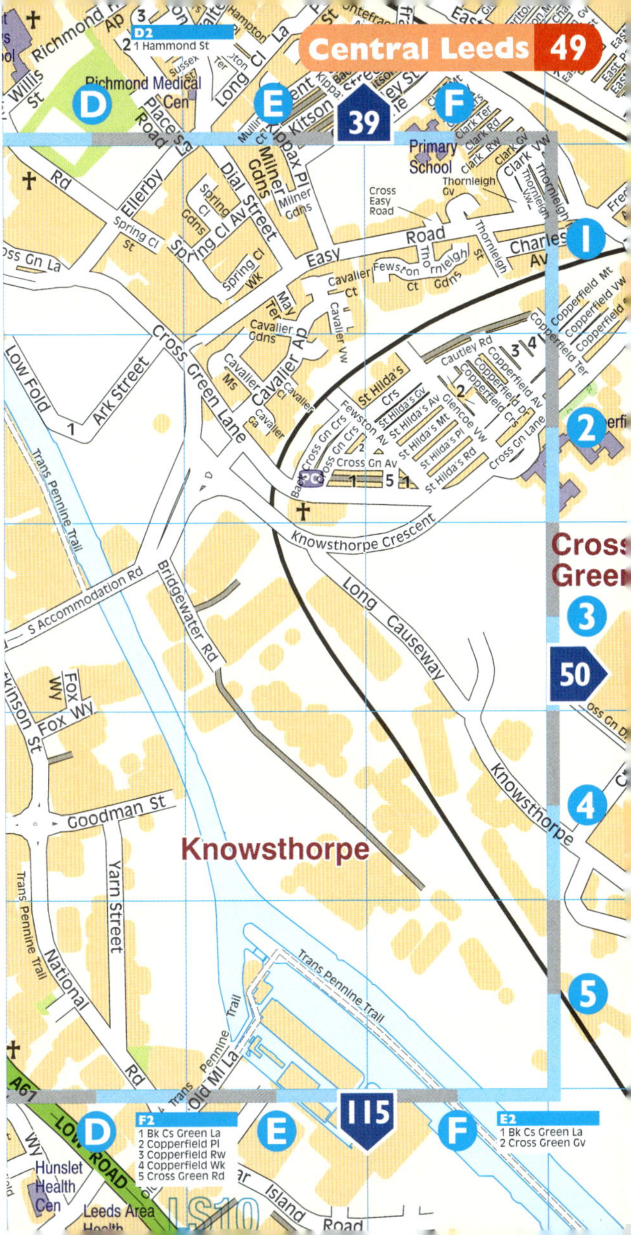
D2
1 Hammond St
Richmond Medical Cen
Richmond
Willis St
Place
Road
Sussex
Long Cl La
Kitson St
Kippax Pl
39
Primary School
Clark Ter
Clark Rd
Clark Rw
Clark Gv
Clark Vw
Thornleigh Gv
Thornleigh Vw
Thornleigh
Rd
Ellerby La
Spring Cl St
Spring Cl Gdns
Spring Cl Av
Spring Cl Wk
Dial Street
Milner Gdns
Mullins Ct
Cross Easy Road
Easy Road
Fewston Ct
Thornleigh Gdns
Thornleigh St
Charles Av
Cavalier Ct
Cavalier Vw
Cavalier Gdns
Cavalier Ap
Cavalier Ms
Cavalier Cl
Cavalier Ga
May Ter
Cross Green Lane
Low Fold
Ark Street
St Hilda's Crs
St Hilda's Gv
St Hilda's Av
St Hilda's Mt
St Hilda's Pl
St Hilda's Rd
Fewston Av
Glencoe Vw
Cautley Rd
Copperfield Av
Copperfield Dr
Copperfield Crs
Copperfield Mt
Copperfield Vw
Copperfield Ter
Cross Gn Crs
Cross Gn Av
Cross Gn Lane
Knowsthorpe Crescent
Trans Pennine Trail
S Accommodation Rd
Bridgewater Rd
Long Causeway
Cross Green
50
Fox Wy
Goodman St
Knowsthorpe
Knowsthorpe
Yarn Street
National Rd
Old Mill La
A61
Low Road
115
F2
1 Bk Cs Green La
2 Copperfield Pl
3 Copperfield Rw
4 Copperfield Wk
5 Cross Green Rd
E2
1 Bk Cs Green La
2 Cross Green Gv
Hunslet Health Cen
Leeds Area Health
LS10
Island Road

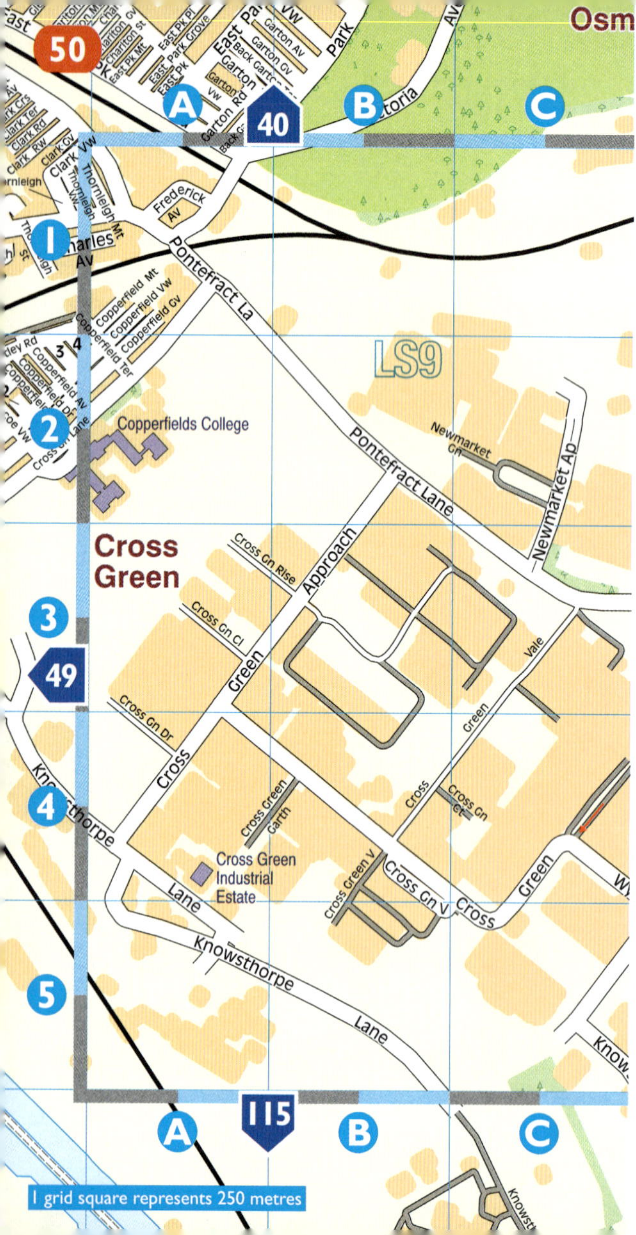
50
40
49
115
A
B
C
1
2
3
4
5
Osm
East Park Grove
East Pk Pl
East Pk
Carton Av
Carton Gv
Carton Rd
Carton Vw
Back Carton
Clark Ter
Clark Rd
Clark Rw
Clark Gv
Clark Vw
Thornleigh Vw
Thornleigh Mt
Frederick Av
Charles Av
Pontefract La
Copperfield Mt
Copperfield Vw
Copperfield Gv
Copperfield Ter
Copperfield Av
Copperfield Dr
Cross Gn Lane
LS9
Copperfields College
Pontefract Lane
Newmarket Gn
Newmarket Ap
Cross Green
Cross Gn Rise
Approach
Cross Gn Cl
Green
Vale
Cross Gn Dr
Cross
Knowsthorpe Lane
Cross Green Garth
Cross Gn Ct
Cross Green Industrial Estate
Cross Green V
Cross Gn V
Knowsthorpe Lane
1 grid square represents 250 metres

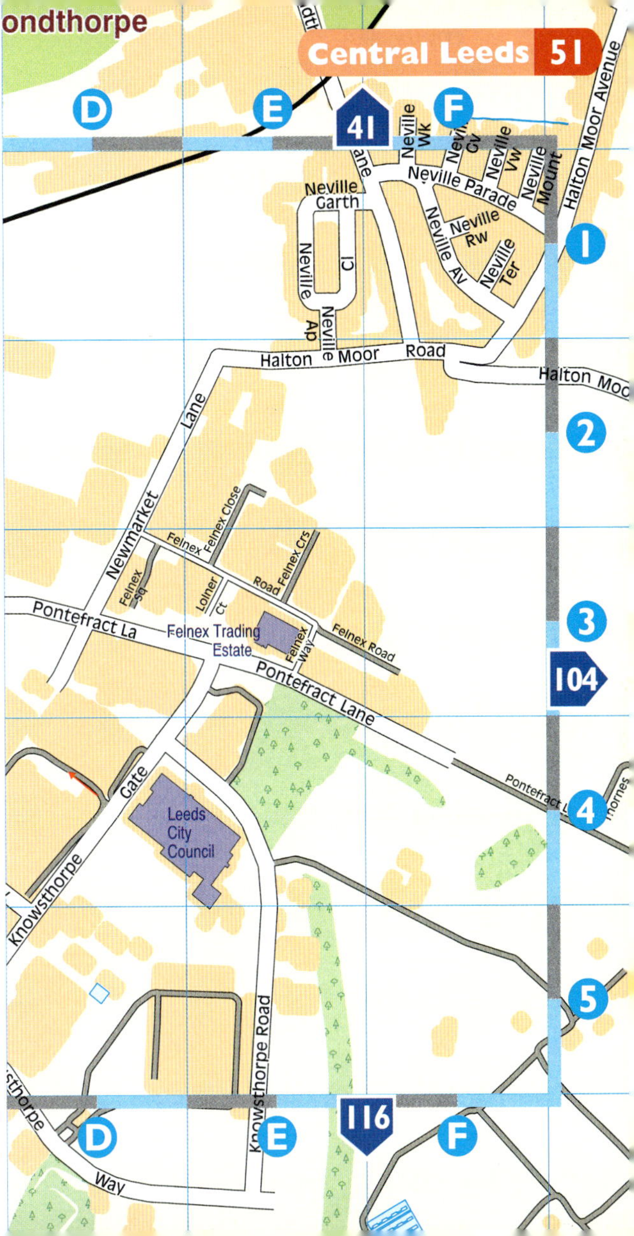

ondthorpe
D
E
F
41
Neville Wk
Nevi Gv
Neville Vw
Neville Mount
Halton Moor Avenue
Neville Parade
Neville Garth
Neville Rw
Neville Av
Neville Ter
Neville Cl
Neville Ap
Neville
1
Halton Moor Road
Halton Moo
Lane
2
Newmarket
Felnex Close
Felnex
Felnex Crs
Road
Felnex Sq
Lolner Ct
Felnex Trading Estate
Felnex Way
Felnex Road
3
104
Pontefract La
Pontefract Lane
Pontefract L
4
Gate
Knowsthorpe
Leeds City Council
5
Knowsthorpe Road
sthorpe
Way
D
E
116
F

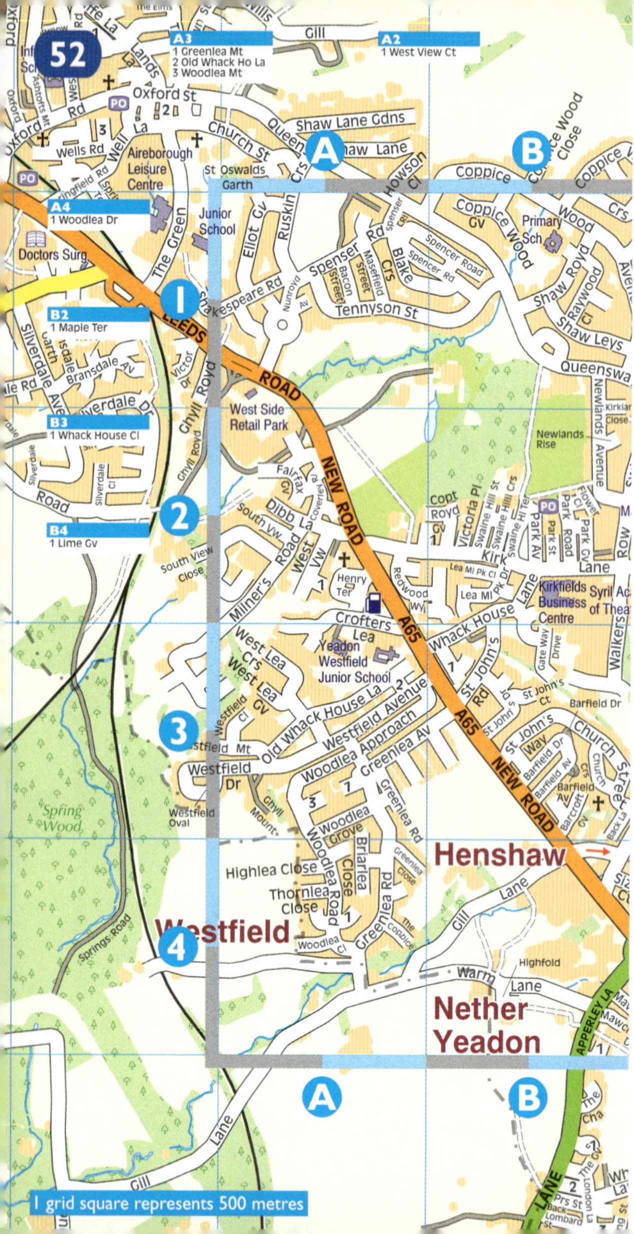
A3
1 Greenlea Mt
2 Old Whack Ho La
3 Woodlea Mt
A2
1 West View Ct
A4
1 Woodlea Dr
B2
1 Maple Ter
B3
1 Whack House Cl
B4
1 Lime Gv
A
B
1
2
3
4
Oxford St
Oxford Rd
Wells Rd
Well La
Church St
Queen St
Shaw Lane Gdns
Shaw Lane
Gill
Aireborough Leisure Centre
St Oswalds Garth
Junior School
Doctors Surg
The Green
Ruskin Crs
Eliot Gv
Howson Cl
Coppice Wood Close
Coppice Wood Crs
Coppice Gv
Coppice Wood
Primary Sch
Spenser Rd
Spencer Road
Spencer Rd
Bacon Street
Masefield Street
Blake Crs
Tennyson St
Shakespeare Rd
Nunroyd Av
Shaw Royd
Raywood Cl
Shaw Leys
Queensway
Newlands Avenue
Newlands Rise
Kirklands Close
LEEDS ROAD
NEW ROAD
A65
West Side Retail Park
Silverdale Av
Silverdale Rd
Silverdale Cl
Bransdale Av
Silverdale Dr
Victor Dr
Chyll Royd
Road
Fairfax Gv
Coverley Rd
Dibb La
South Vw
South View Close
Milner's Road
West Vw
Henry Ter
Redwood Wy
Crofters Lea
Copt Royd Gv
Victoria Pl
Swaine Hill St
Swaine Hill Crs
Swaine Hi Ter
Park Av
Park St
Park Road
Park Gv
Kirk Lane
Lea Ml Pk Cl
Lea Ml Pk Dr
Kirkfields Business Centre
Whack House Lane
Gate Way
Drive
Walkers Row
Yeadon Westfield Junior School
West Lea Crs
West Lea Gv
Westfield Cl
Old Whack House La
Westfield Avenue
Westfield Approach
Woodlea Approach
Greenlea Av
St John's Rd
St John's Dr
St John's Ct
St John's Way
Barfield Dr
Barfield Av
Church Crs
Church Street
Barcroft Gv
Westfield Mt
Westfield Dr
Westfield Oval
Chyll Mount
Woodlea Grove
Woodlea Road
Briarlea Close
Greenlea Rd
Greenlea Close
Highlea Close
Thornlea Close
Woodlea Cl
The Coppice
Henshaw
Gill Lane
Westfield
Spring Wood
Springs Road
Warm Lane
Highfold
Nether Yeadon
APPERLEY LA
LANE
Lane
Gill
Prs St
Back Lombard St
London La
1 grid square represents 500 metres

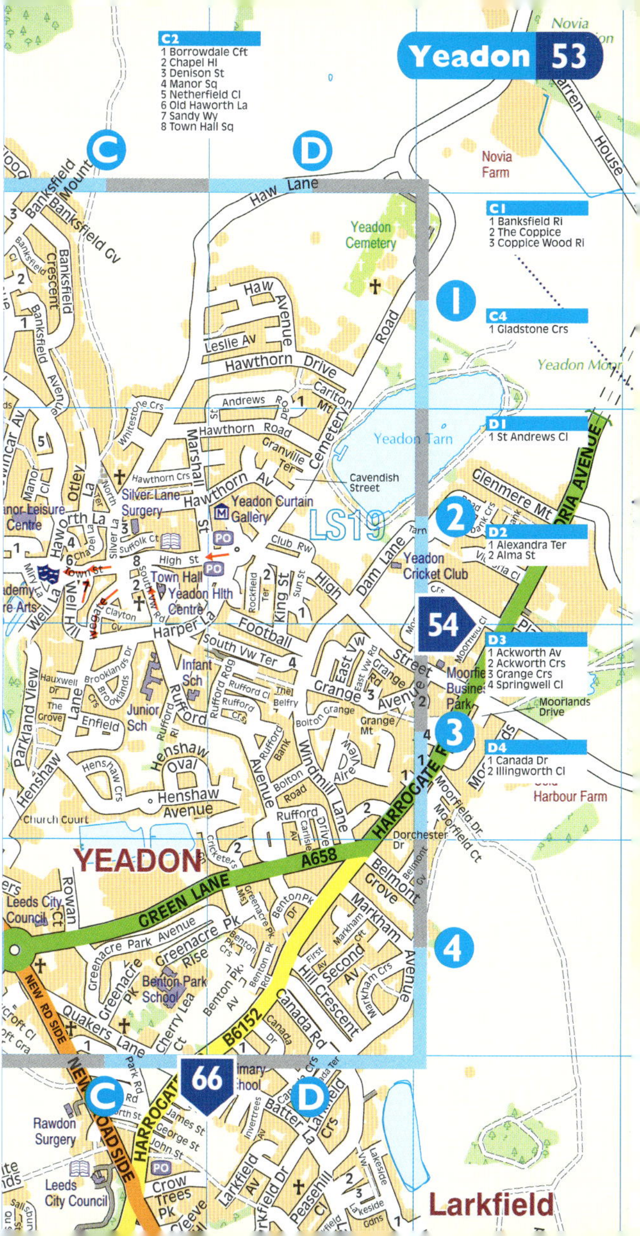
C2
1 Borrowdale Cft
2 Chapel Hl
3 Denison St
4 Manor Sq
5 Netherfield Cl
6 Old Haworth La
7 Sandy Wy
8 Town Hall Sq
C1
1 Banksfield Ri
2 The Coppice
3 Coppice Wood Ri
C4
1 Gladstone Crs
D1
1 St Andrews Cl
D2
1 Alexandra Ter
2 Alma St
D3
1 Ackworth Av
2 Ackworth Crs
3 Grange Crs
4 Springwell Cl
D4
1 Canada Dr
2 Illingworth Cl
Novia Farm
Haw Lane
Yeadon Cemetery
Haw Avenue
Leslie Av
Hawthorn Drive
Carlton Mt
Andrews Road
Hawthorn Road
Granville Ter
Cemetery Road
Yeadon Tarn
Cavendish Street
Yeadon Moor
Glenmere Mt
Banksfield Mount
Banksfield Gv
Banksfield Crescent
Banksfield Avenue
Whitestone Crs
Hawthorn Crs
Marshall St
Hawthorn Av
Silver Lane Surgery
Yeadon Curtain Gallery
LS19
Otley Rd
Manor Cl
Haworth La
Chapel La
Silver La
Suffolk Ct
High St
Town St
Town Hall
Yeadon Hlth Centre
Club Rw
High Street
Dam Lane
Yeadon Cricket Club
Rockfield Ter
King St
Sun St
Well Hill
Well La
Wegate
Clayton Gv
South Vw Rd
Harper La
Football
South Vw Ter
East Vw
East Vw Rd
Grange Rd
Grange Avenue
The Belfry
Bolton Grange
Grange Mt
Moorfield Business Park
Moorlands Drive
Harbour Farm
Parkland View
Hauxwell Dr
The Grove
Lane
Brooklands Dr
Brooklands Crs
Enfield
Infant Sch
Junior Sch
Rufford Rdg
Rufford Cl
Rufford Crs
Rufford Ri
Rufford Bank
Rufford Avenue
Henshaw Oval
Henshaw Crs
Henshaw Avenue
Windmill Lane
Aire View
Bolton Road
Rufford Drive
Carlisle Av
Harrogate Rd
Moorfield Dr
Moorfield Ct
Dorchester Dr
Belmont Grove
Belmont Gv
Church Court
YEADON
Cricketers
Green Lane
A658
Leeds City Council
Rowan Ct
Greenacre Mt
Greenacre Pk
Greenacre Park Avenue
Greenacre Rise
Benton Pk Dr
Benton Pk Crs
Benton Pk Rd
Benton Pk Av
Benton Park School
Markham Cft
Markham Avenue
Markham Crs
First Av
Second Av
Hill Crescent
Canada Rd
Canada Dr
B6152
Cherry Lea Ct
Quakers Lane
New Rd Side
Park Rd
James St
George St
John St
Crow Trees Pk
Cleeve Hill
Rawdon Surgery
Leeds City Council
Invertrees Av
Larkfield Av
Larkfield Dr
Larkfield Crs
Peasehill Cl
Lakeside Vw
Lakeside Gdns
Larkfield
54
66

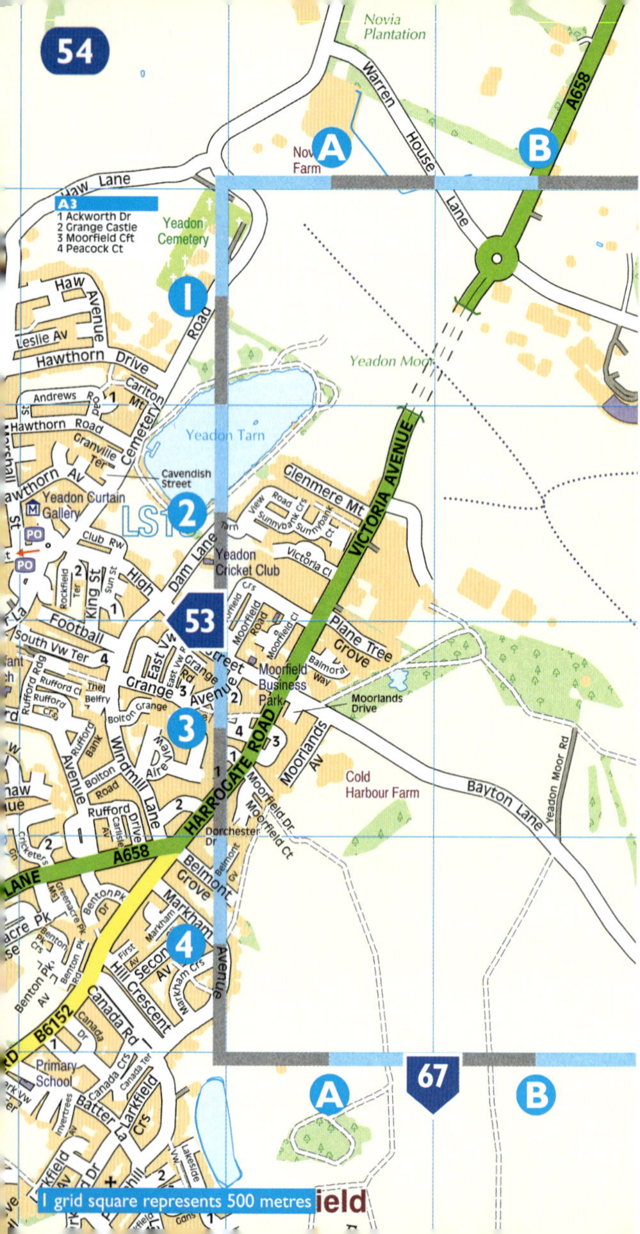
Novia Plantation
Warren House Lane
A658
A
B
Novia Farm
Haw Lane
A3
1 Ackworth Dr
2 Grange Castle
3 Moorfield Cft
4 Peacock Ct
Yeadon Cemetery
1
Haw Avenue
Leslie Av
Hawthorn Drive
Cemetery Road
Carlton Mt
Andrews Rd
Hawthorn Road
Granville Ter
Cavendish Street
Yeadon Tarn
Yeadon Moor
Yeadon Curtain Gallery
PO
LS19
2
Club Rw
Tarn
Glenmere Mt
Sunnybank Crs
Sunnybank Ct
Victoria Cl
VICTORIA AVENUE
Dam Lane
Yeadon Cricket Club
High St
King St
Sun St
Rockfield Ter
53
Football
South Vw Ter
East Vw
Grange Rd
Grange Avenue
Moorfield Road
Moorfield Cl
Plane Tree Grove
Balmoral Way
Moorfield Business Park
Moorlands Drive
Rufford Cl
Rufford Crs
The Belfry
Bolton Grange
3
Aire View
Moorlands Av
HARROGATE ROAD
Moorfield Dr
Moorfield Ct
Cold Harbour Farm
Bayton Lane
Yeadon Moor Rd
Rufford Avenue
Rufford Bank
Bolton Road
Windmill Lane
Rufford Drive
Carlisle Av
Dorchester Dr
Belmont Gv
A658
LANE
Belmont Grove
Markham Avenue
Benton Pk Dr
Greenacre Pk
4
First Av
Second Av
Markham Crs
Hill Crescent
Benton Pk Av
B6152
Canada Rd
Canada Dr
Primary School
Canada Crs
Canada Ter
Batter
Larkfield Crs
67
Lakeside Vw
1 grid square represents 500 metres

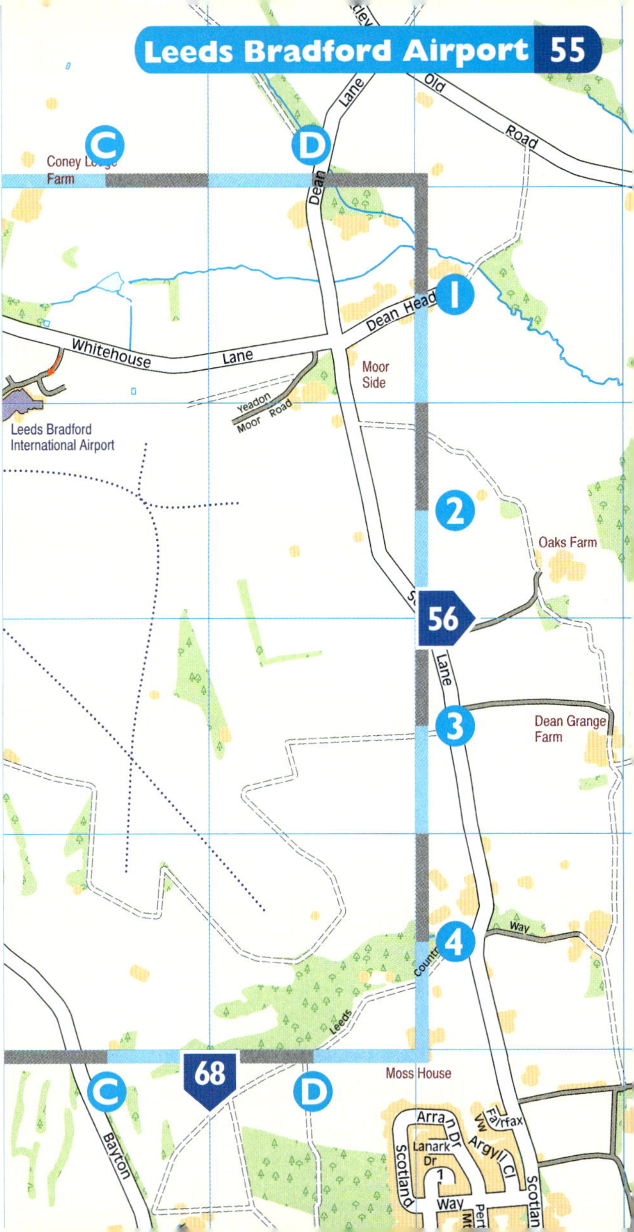
C
D
Farm
Dean Lane
Old Road
1
Dean Head
Whitehouse Lane
Moor Side
Yeadon Moor Road
Leeds Bradford International Airport
2
Oaks Farm
56
Lane
3
Dean Grange Farm
4
Way
Leeds
68
C
D
Moss House
Bayton
Arran Dr
Lanark Dr
Fairfax
Vw
Argyll Cl
Scotland Way
1

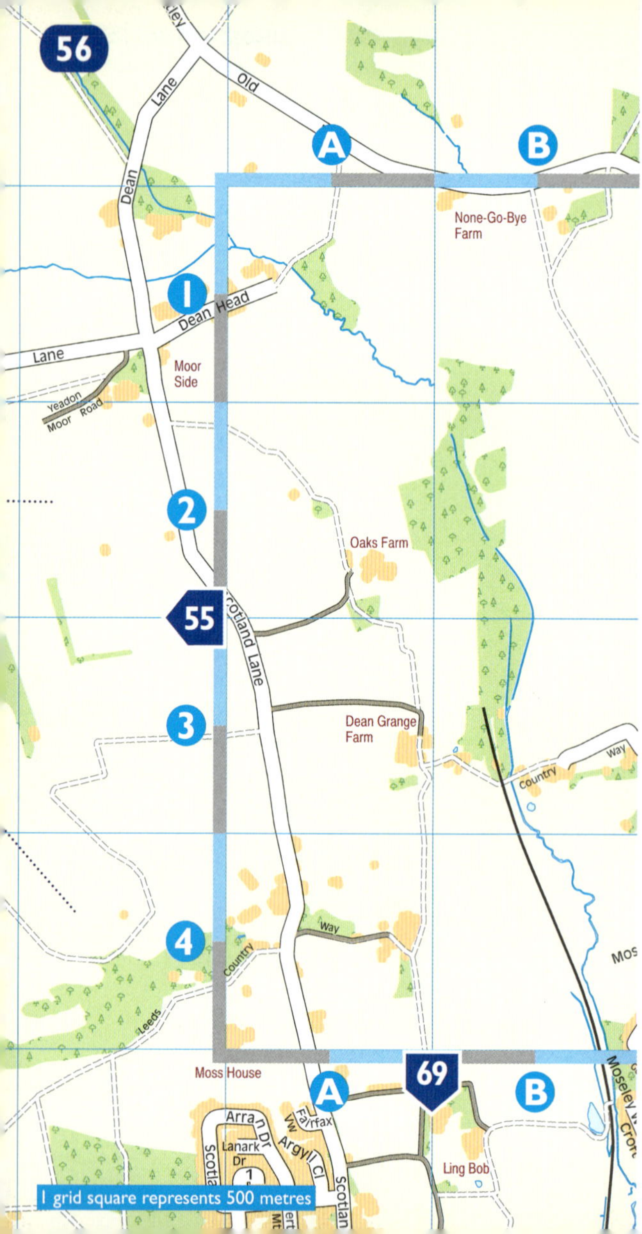

56
Dean Lane
Old
A
B
None-Go-Bye Farm
1
Dean Head
Lane
Moor Side
Yeadon Moor Road
2
Oaks Farm
55
cotland Lane
3
Dean Grange Farm
Country Way
4
Country
Way
Leeds
Moss House
A
69
B
Arran Dr
Lanark Dr
Fairfax
Vw
Argyll Cl
Ling Bob
Moseley
1 grid square represents 500 metres

Camp Road
Road
Camp House Farm
C
D
Bramhope Grove Farm
D4
1 Kirkwood Ri
2 Kirkwood Wy
1
Lane End Farm
Crag House Farm
2
hes Farm
Lane
Cookridge Lane
Cookridge Avenue
Leeds Country Way
Crag Hill Av
58
Pinfold
LS16
Smithy Lane
Drive
Cookridge
Hall La
3
Hall Lane
Mavis Av
Crag Hl
Vw
Mavis Lane
Cookridge Gv
Cookridge Hall
Cookridge
Moseley Wd Way
Moseley Wood Avenue
Moseley Wood Vw
Mavis Gv
Moseley Wood La
Moseley Wood Grove
Moseley Wood Dr
Moseley Wd Gn
Lane
Kirkwood Way
Holtdale Cft
Holtdale Avenue
Holtdale Garth
Holtdale Way
Holt Vw
Holt Pk Gv
Holtdale Approach
Holtdale Gv
Holtdale Gn
Holt Farm Ri
Holt Farm Close
Holt Cl
Primary Sch
PO
Kirkwood Crs
Kirkwood Gdns
Kirkwood Drive
Road
Highfield Surgery
Otley Old Road
4
Holtdale Cl
Holt Park
Moseley Wood Bank
Moseley Wood Gardens
Moseley Wd Rise
Moseley Wood Walk
Moseley Wd Crescent
Green
Wrenbury Av
Kirkwood View
Wrenbury Crs
Tinshill
Tinshill Dr
Wrenbury Grove
Hillcrest Ri
Holtdale Place
Holtdale Rd
Holtdale Vw
2
Shopp Centre
Kirkwood Lane
Kirkwood Cl
Kirkwood Gv
70
Cookridge County Primary School
Tinshill Dr
Holtdale Approach
Ralph Thoresby High School
Moseley Wd
Moseley Wd Cl
Green Lane
Dale Pk Walk
Dale Pk Gdns
Moseley Wd Ap
C
D
Barnswick Vw
Tinshill Gv
Otley
Dale Park Ri
Dale Pk Av
Road
Hillcrest
Hillcrest Mt
Mount
Tinshill View
Croft & Tinshall Medical Practice
Otley Old Rd
Old
Hl Ct
Wood Hl Gdns
Tinshill

Sycamores
The
amore
Close
Kings
Road
A660(T)
LEEDS RO
West Park
Bramhope
RUFC
Road
Bramhope
Grove Far
Breary
Marsh
A
B
A4
1 Holtdale Fold
2 Holtdale Gdns
3 Holtdale Lawn
1
B4
1 Holt Garth
2 Holt Park Ap
3 Holt Park Cl
4 Holt Park Dr
5 Holt Park Ga
6 Holt Park La
7 Holt Park Wy
8 Kenworthy Cl
9 Kenworthy Garth
10 Kenworthy Ri
2
Country
Leeds
Cocker Hill
Farm
Rushes Farm
Lane
Country Way
Cookridge Avenue
Crag Hill Av
Cookridge Lane
57
LS16
Smithy
Lane
Drive
Hall La
Hall
Lane
3
Mavis Av
Cookridge
Gv
Mavis Lane
Crag Hl
Vw
Moseley Wood Vw
Moseley Wood La
Mavis Gv
Cookridge
Hall
Holtdale Garth
Holt Vw
Holt Lane
Holt Park Grange
Holt Park Green
Holtdale Cft
Holtdale Avenue
Holtdale Way
Holt Pk Gv
Holt Park Crs
Holt Pk Road
Holt Pk Ap
Holtdale Gv
Holtdale
Holtdale Gn
Holtdale Approach
Holt Farm Ri
Holt Farm Close
Holt Pk
Holt Pk Avenue
Holt Pk Gardens
Kirkwood Way
Kirkwood Crs
Kirkwood Gdns
Kirkwood Drive
Road
4
Holtdale Dr
Holtdale Cl
Holt Crs
Holt Pk Vale
Kenworthy Gdns
Kenworthy Gate
Kenworthy Vale
Holt Rise
Holt Road
Holt Park
Shopping
Centre
Holt Wy
Holt Dr
Tinshill Dr
Otley Old Road
Holtdale Place
Holtdale Rd
Holtdale Vw
Tinshill
Wrenbury
Grove
Hillcrest
Rl
Kirkwood View
Cookridge County
Primary School
Holtdale
Approach
71
A
B
Ralph Thoresby
High School
Farrar Lane
Farrar Gv
Farrar Cft
Farrar
Raynel
Gdns
Primary
School
Drive
Heathfield
Barnswick
Vw
Rise
Tinshill View
Tinshill Gv
Otley
Croft & Tinshall
Hillcrest

1 grid square represents 500 metres

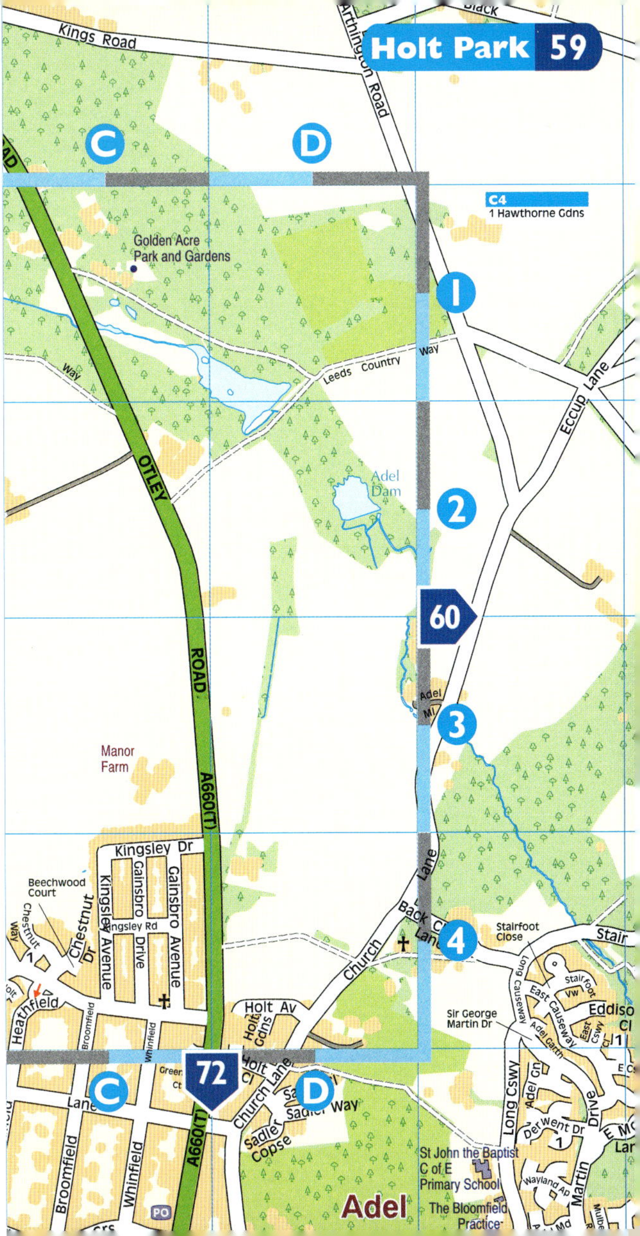
Kings Road
Arthington Road
C
D
C4
1 Hawthorne Gdns
Golden Acre
Park and Gardens
Leeds Country Way
Way
1
Eccup Lane
OTLEY
Adel
Dam
2
60
ROAD
Adel
Ml
3
A660(T)
Manor
Farm
Kingsley Dr
Gainsbro
Gainsbro Avenue
Kingsley Avenue
Kingsley Rd
Drive
Beechwood
Court
Chestnut
Way
Chestnut
Dr
Heathfield
Broomfield
Whinfield
Lane
Back Lane
Church
4
Stairfoot
Close
Stair
Long Causeway
East Causeway
Stairfoot
Vw
Eddison
Cl
Sir George
Martin Dr
Adel Garth
East Cswy
Holt Av
Holt Gdns
Holt Cl
72
Church Lane
Green Ct
Sadler Way
Sadler Copse
Lane
Broomfield
Whinfield
A660(T)
PO
Adel
St John the Baptist
C of E
Primary School
The Bloomfield
Practice
Long Cswy
Adel Gn
Derwent Dr
Drive
Martin
Wayland Ap

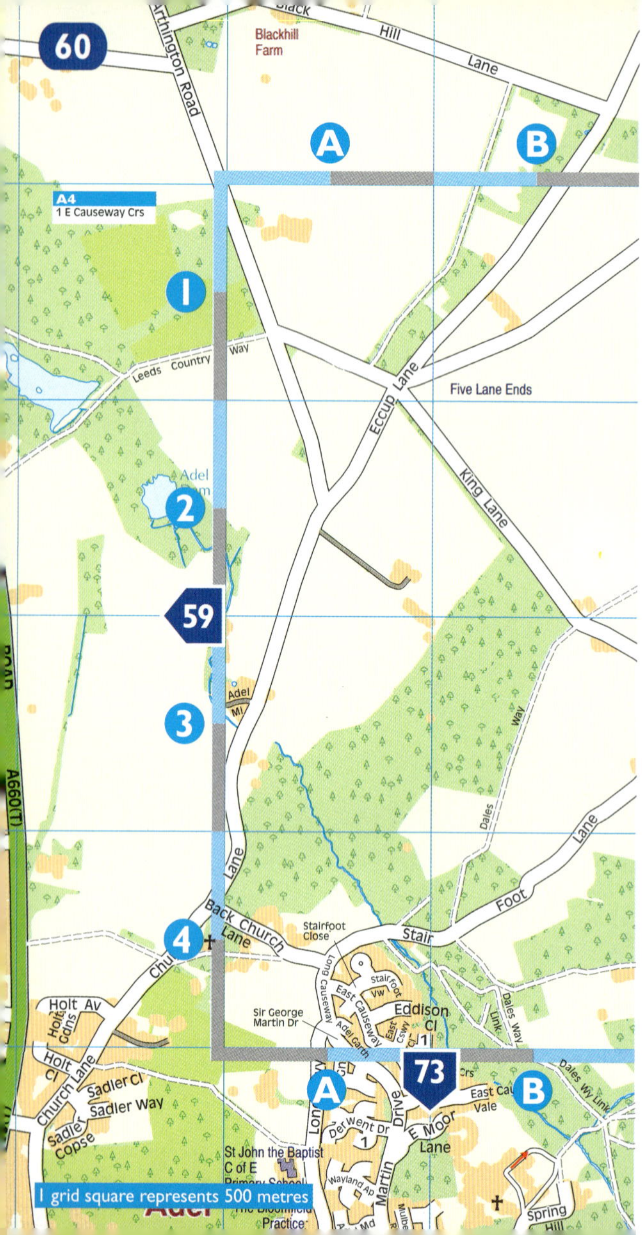
60
Harthington Road
Black Hill Lane
Blackhill Farm
A
B
A4
1 E Causeway Crs
1
Leeds Country Way
Eccup Lane
Five Lane Ends
Adel Dam
2
King Lane
59
Adel Ml
3
Way
Dales Way
Lane
4
Back Church Lane
Church Lane
Stairfoot Close
Stair Foot Lane
Long Causeway
East Causeway
Stairfoot Vw
Eddison Cl
Sir George Martin Dr
Adel Garth
East Cswy Cl
1
Dales Way Link
Holt Av
Holt Gdns
Holt Cl
Sadler Cl
Sadler Way
Sadler Copse
73
Crs
East Causeway Vale
Dales Wy Link
Derwent Dr
1
Drive
Martin
E Moor Lane
St John the Baptist C of E Primary School
Wayland Ap
Spring Hill
Practice
A660(T)
I grid square represents 500 metres

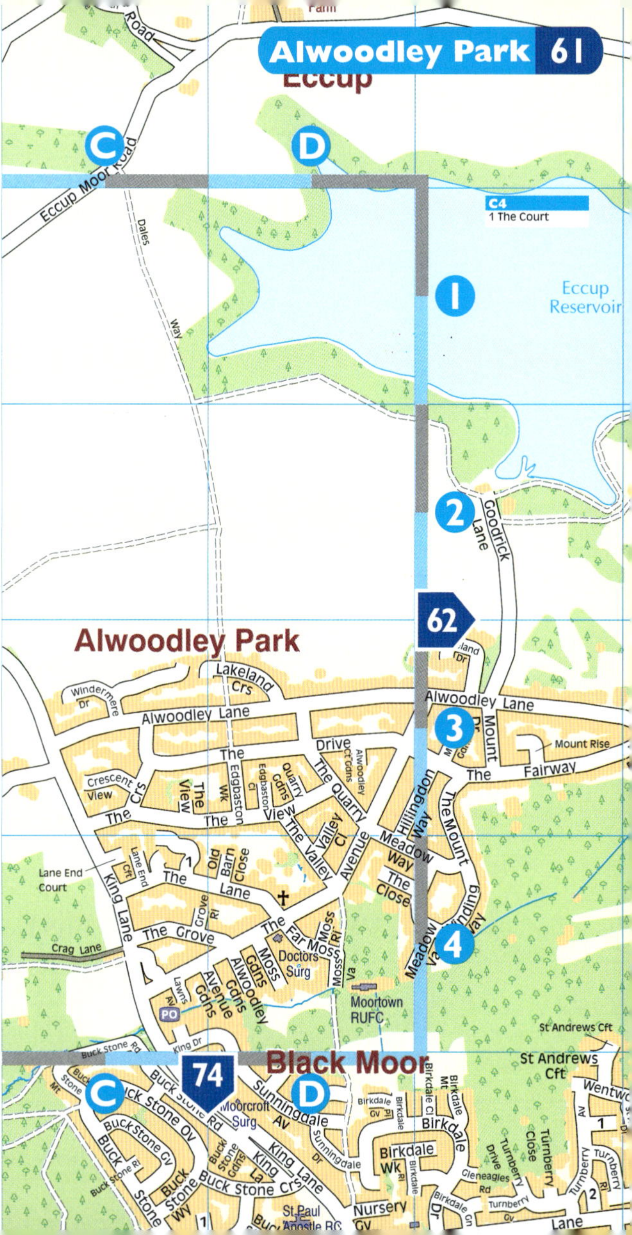

Road
Eccup
C
D
Eccup Moor Road
Dales Way
C4
1 The Court
1
Eccup Reservoir
2
Goodrick Lane
62
Alwoodley Park
Lakeland Crs
Windermere Dr
Alwoodley Lane
3
Mount Dr
Mount Rise
The Fairway
The Drive
Alwoodley Ct Gdns
Edgbaston Cl
Quarry Gdns
The Quarry
Crescent View
The Crs
The View
The Wk
The Edgbaston
The View
The Valley
Valley Cl
Avenue
Hillingdon Way
Meadow Way
The Close
The Mount
Winding Way
Lane End Court
Lane End Cft
King Lane
The Lane
Old Barn Close
The Grove Ri
The Grove
Crag Lane
The Far Moss
Moss Ri
Moss Gdns
Alwoodley Gdns
Avenue Gdns
Lawns Av
Doctors Surg
Moss Va
Meadow Va
4
PO
Moortown RUFC
St Andrews Cft
Buck Stone Rd
King Dr
Black Moor
74
Buck Stone Mt
Buck Stone Ov
Buck Stone Gv
Buck Stone Ri
Buck Stone Wy
Buck Stone Gdns
Buck Stone Crs
Moorcroft Surg
Sunningdale Av
Sunningdale Dr
King La
King Lane
St Paul Apostle RC
Birkdale Gv
Birkdale Pl
Birkdale Cl
Birkdale Mt
Birkdale
Birkdale Wk
Birkdale Ri
Birkdale Gn
Birkdale Dr
Nursery Gv
Gleneagles Rd
Turnberry Drive
Turnberry Close
Turnberry Gv
Turnberry Av
Turnberry Ri
Wentw
Lane

62
Eccup
A
B
1
Eccup Reservoir
2
Goodrick Lane
61
Lakeland Dr
Lakeland Crs
Alwoodley Lane
3
Mount Dr
Mount Gdns
Mount Rise
The Fairway
The Fairway
Alwoodley Ct Gdns
Drive
The Edgbaston Wk
Edgbaston Cl
Quarry Gdns
The Quarry
View
The Valley
Valley Cl
Avenue
Hillingdon Way
The Mount
Meadow Way
The Close
Old Barn Close
Lane
Winding Way
Meadow Va
4
The Far Moss
Moss Ri
Moss Gdns
Moss Va
Doctors Surg
Alwoodley Gdns
Avenue Gdns
Moortown RUFC
Alwoodley
Grange Croft
Grange Holt
Grange Ct
Primley Park Court
Primley Park Way
St Andrews Cft
St Andrews Cft
Black Moor
75
Brodetsky Jewish Sch
Primley Park Road
Birkdale Cl
Birkdale Mt
Birkdale Gv
Birkdale Pl
Birkdale
Birkdale Wk
Moorcroft Surg
Sunningdale Av
Sunningdale Dr
King Lane
Buckstone Gdns
Gleneagles
Turnberry Drive
Turnberry Close
Turnberry
Turnberry Ri
Wentworth Crs
Primley Gardens
Nursery Lane
Lane
Apostle RC
1 grid square represents 500 metres

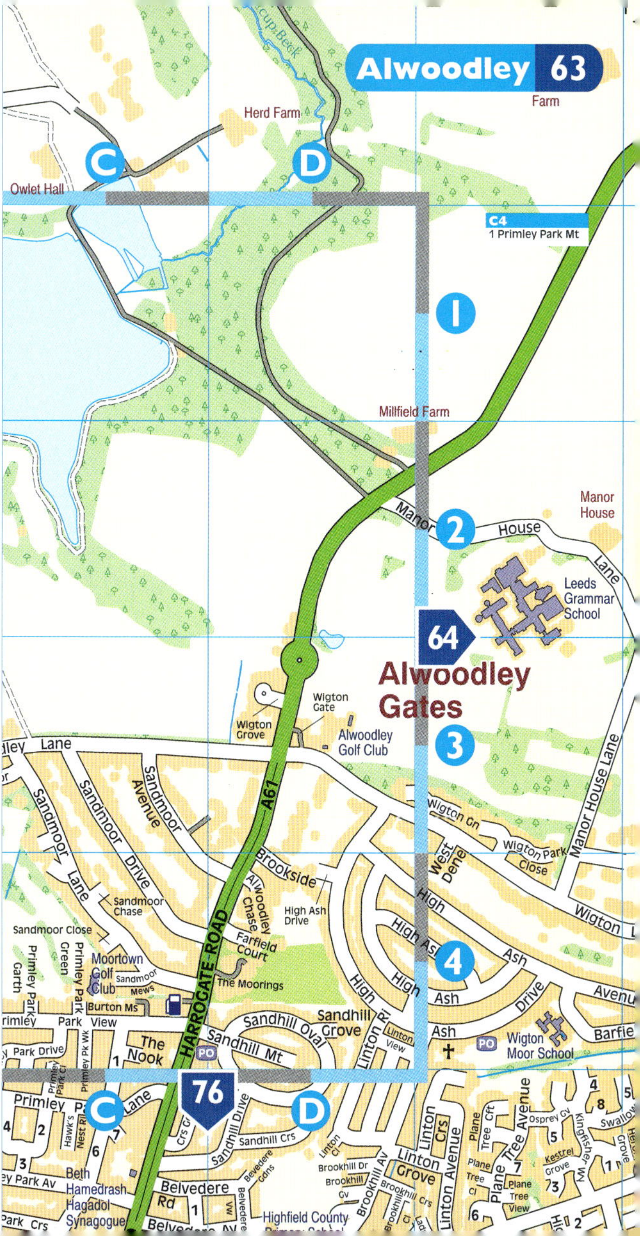

Alwoodley 63
Cup Beck
Herd Farm
Farm
C
D
Owlet Hall
C4
1 Primley Park Mt
1
Millfield Farm
Manor House
Manor
2
House
Lane
Leeds Grammar School
64
Alwoodley Gates
Wigton Gate
Wigton Grove
Alwoodley Golf Club
3
Lane
Sandmoor Avenue
Sandmoor Drive
Sandmoor Lane
A61
Wigton Gn
West Dene
Wigton Park Close
Manor House Lane
Brookside
Alwoodley Chase
High Ash Drive
High
High Ash
Wigton
Sandmoor Chase
Sandmoor Close
Farfield Court
4
Ash
Moortown Golf Club
Sandmoor Mews
The Moorings
HARROGATE ROAD
High
Ash
Drive
Avenue
Primley Park Garth
Primley Park Green
Primley Park
Burton Ms
Sandhill Oval
Sandhill Grove
Linton Ri
Linton View
Ash
Barfield
Park View
The Nook
Sandhill Mt
PO
Wigton Moor School
Park Drive
Primley Park Cl
Primley Pk Wk
76
Primley P
Lane
Hawk's Nest Ri
Crs Gr
Sandhill Drive
Sandhill Crs
Linton Cl
Linton Crs
Linton Grove
Linton Avenue
Plane Tree Cft
Plane Tree Avenue
Osprey Gv
Kingfisher Wy
Swallow
Heron Grove
Kestrel Grove
Plane Tree Cl
Plane Tree View
Beth Hamedrash Hagadol Synagogue
Park Av
Belvedere Rd
Belvedere Vw
Belvedere Gdns
Brookhill Dr
Brookhill Gv
Brookhill Av
Brookhill Crs
Brookhill Cl
Park Crs
Belvedere Av
Highfield County

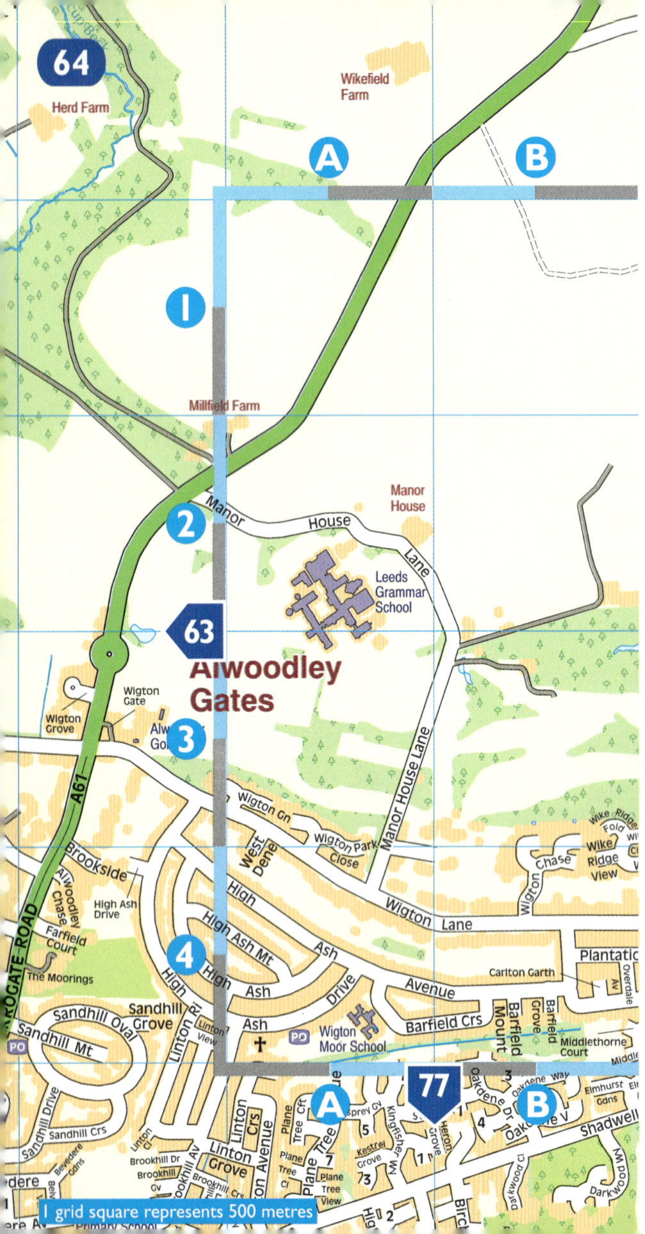

64
Herd Farm
Wikefield Farm
A
B
1
Millfield Farm
Manor House
Manor House Lane
2
Leeds Grammar School
63
Alwoodley Gates
Wigton Gate
Wigton Grove
3
A61
Wigton Gn
West Dene
Wigton Park Close
Manor House Lane
Wike Ridge Fold
Chase
Wike Ridge View
Wigton
Brookside
Alwoodley Chase
High Ash Drive
Farfield Court
High
High Ash Mt
Wigton Lane
4
The Moorings
High Ash Avenue
High Ash Drive
Plantation
Carlton Garth
Overdale
Sandhill Oval
Sandhill Grove
Linton Ri
Linton View
Ash
Wigton Moor School
Barfield Crs
Barfield Mount
Barfield Grove
Middlethorne Court
Sandhill Mt
PO
HARROGATE ROAD
A
77
B
Oakdene Dr
Oakdene Way
Elmhurst Gdns
Shadwell
Sandhill Drive
Sandhill Crs
Linton Cl
Brookhill Dr
Brookhill Cv
Linton Grove
Linton Crs
Linton Avenue
Plane Tree Cft
Plane Tree Cl
Plane Tree View
Kestrel Grove
Kingfisher Wy
Heron Grove
Darkwood Cl
Darkwood Wy
Belvedere Gdns
1 grid square represents 500 metres

C
D
Manor Farm
School Lane
C4
1 Longwood Wy
2 Middlethorne Cl
3 Middlethorne Ms
4 Park Lane Ms
5 Wike Ridge La
1
D4
1 Shadwell Park Cl
Wike Ridge
2
Tarn Lane
Brandon Hall
Wigton Moor
3
Wike Ridge Ct
Ridge Avenue
Wike Ridge Ms
Wike Ridge Mount
Wike Ridge Gv
Harrogate View
Emville Av
Brandon Ct
4
Back Holywell Lane
Holywell Lane
Main Street
Silverdale Av
Raygill Cl
Newby Garth
Plantation Gardens
Longwood Crs
Longwood Cl
Roundhay Pk La
Shadwell Lane
Shadwell Park Av
Shadwell Park Gardens
Park Lane
78
Middlethorne Close
Shadwell Park Court
Park Dr
Shadwell Park Gv
Oakhill
PO

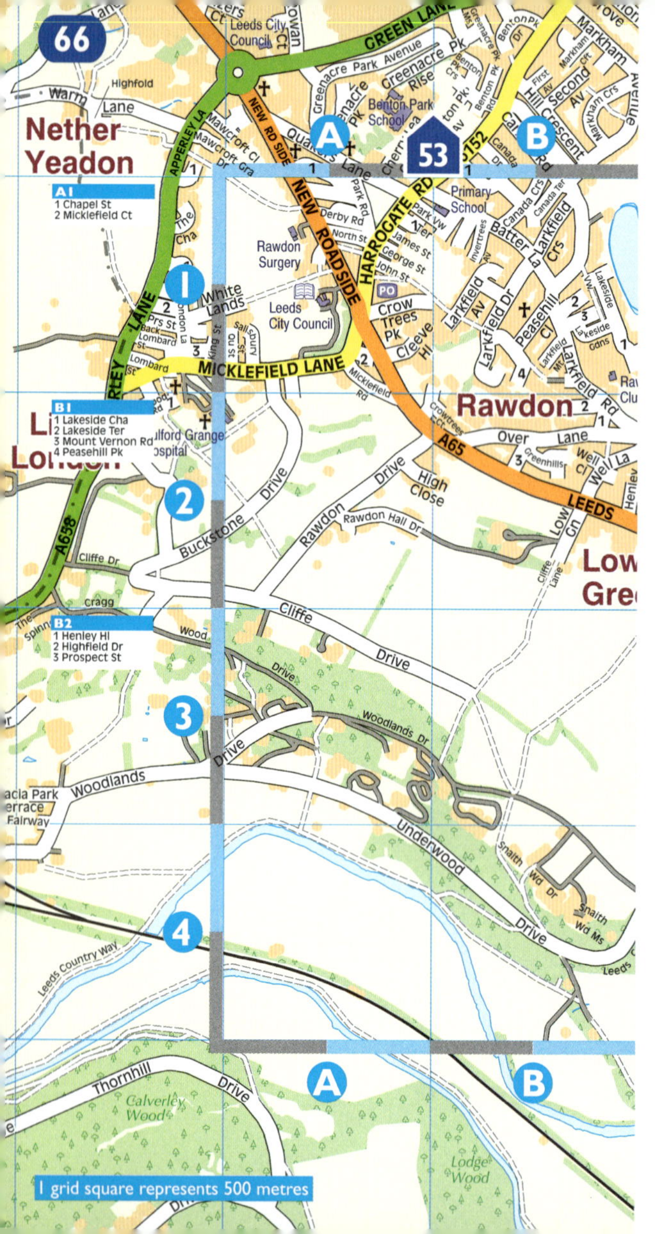
Nether Yeadon
A1
1 Chapel St
2 Micklefield Ct
B1
1 Lakeside Cha
2 Lakeside Ter
3 Mount Vernon Rd
4 Peasehill Pk
B2
1 Henley Hl
2 Highfield Dr
3 Prospect St
Rawdon
Leeds City Council
Rawdon Surgery
Benton Park School
Primary School
53
GREEN LANE
NEW ROADSIDE
HARROGATE RD
MICKLEFIELD LANE
APPERLEY LANE
A65
A658
LEEDS
Buckstone Drive
Rawdon Drive
Cliffe Drive
Woodlands Drive
Underwood Drive
Thornhill Drive
Calverley Wood
Lodge Wood
Leeds Country Way
A
B
1
2
3
4
1 grid square represents 500 metres

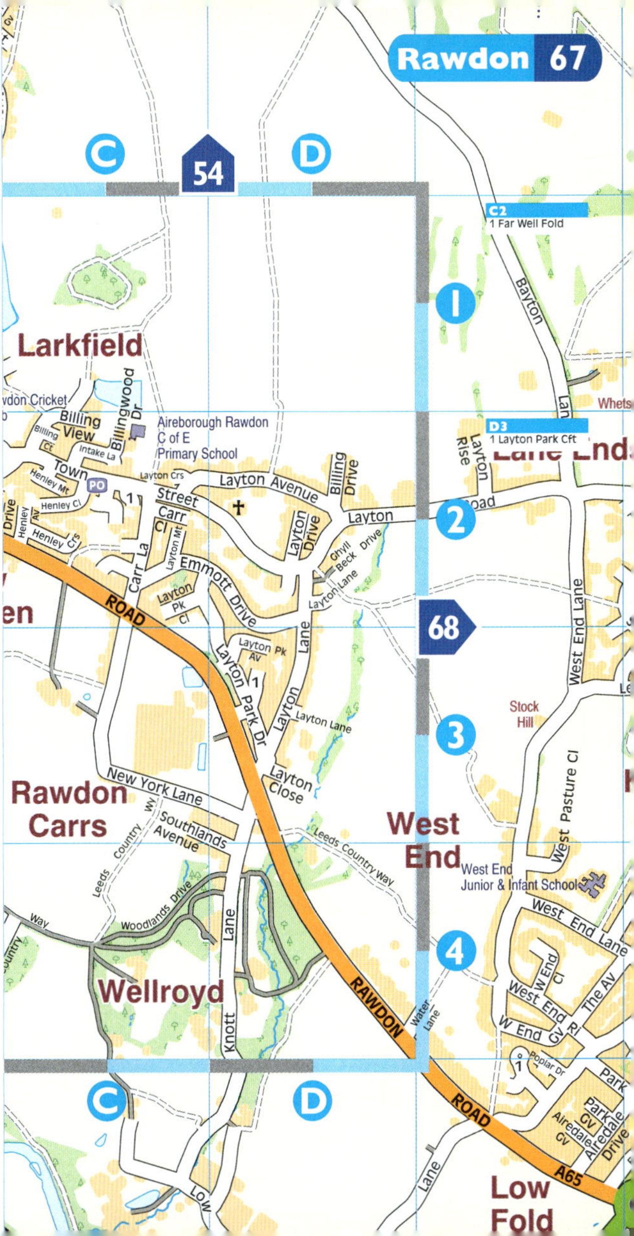
C
54
D
C2
1 Far Well Fold
Bayton
Larkfield
Billing View
Billing Ct
Billingwood Dr
Intake La
Aireborough Rawdon C of E Primary School
Town Street
Henley Mt
Henley Cl
Henley Av
Henley Crs
Henley Drive
PO
Layton Crs
Layton Avenue
Billing Drive
Carr Cl
Carr La
Layton Mt
Emmott Drive
Layton Drive
Ghyll Beck Drive
Layton Lane
Layton Road
Layton Pk Cl
Layton Pk Av
Layton Park Dr
Layton Close
D3
1 Layton Park Cft
Layton Rise
Lane End
Whets
68
West End Lane
Stock Hill
West Pasture Cl
ROAD
New York Lane
Rawdon Carrs
Southlands Avenue
Leeds Country Way
West End
West End Junior & Infant School
West End Lane
W End Cl
West End Ri
The Av
W End Gv
Poplar Dr
Park
Park Gv
Airedale Gv
Airedale Drive
Woodlands Drive
Knott Lane
Wellroyd
RAWDON ROAD
Water Lane
A65
Low Fold
Low
Lane
1
2
3
4

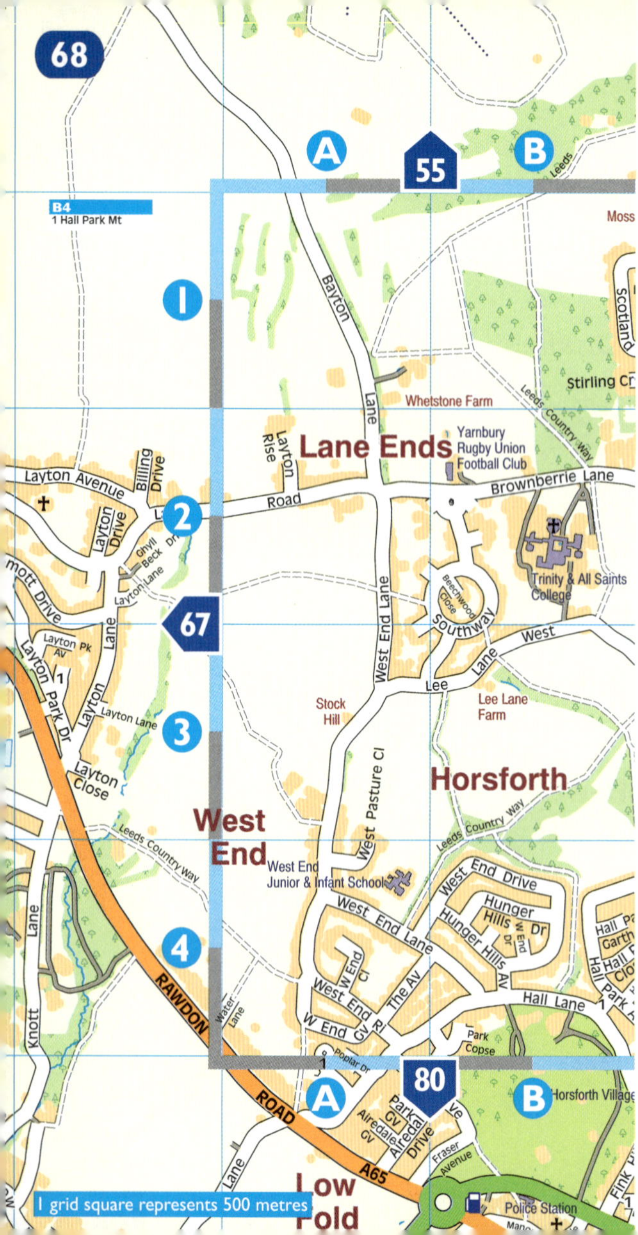
A
55
B
B4
1 Hall Park Mt
Moss
Bayton
Lane
Scotland
Stirling Cr
Whetstone Farm
Leeds Country Way
Layton Rise
Lane Ends
Yarnbury Rugby Union Football Club
Brownberrie Lane
Layton Avenue
Billing Drive
Road
Layton Drive
Ghyll Beck Dr
Layton Lane
Trinity & All Saints College
Beechwood Close
Southway
West End Lane
West
Lane
67
Layton Pk Av
Layton Park Dr
Lee
Lee Lane Farm
Stock Hill
Layton Lane
West Pasture Cl
Layton Close
Horsforth
West End
Leeds Country Way
West End Junior & Infant School
West End Drive
Hunger Hills Dr
W End Dr
Hunger Hills Av
West End Lane
Hall Pa
Garth
Hall Clo
Hall Park
W End Cl
West End Ri
The AV
Hall Lane
Lane
RAWDON
Water Lane
W End Gv
Park Copse
Knott
Poplar Dr
80
A
B
Horsforth Village
ROAD
Park Gv
Airedale Gv
Airedale Drive
Fraser Avenue
A65
Lane
Low Fold
Police Station
Fink
1 grid square represents 500 metres

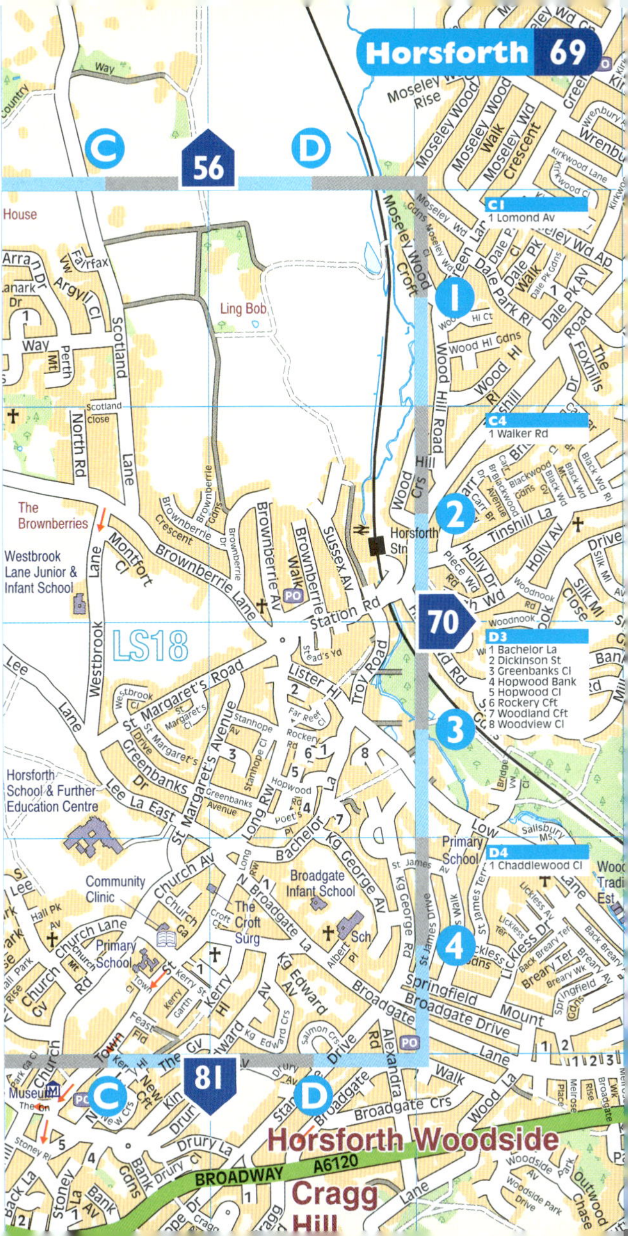
C
D
56
House
Way
Country
Arran Dr
Lanark Dr
Fairfax Vw
Argyll Cl
Way
Mt
Perth
Scotland
Scotland Close
North Rd
Lane
Ling Bob
Moseley Rise
Moseley Wood
Moseley Wood Walk
Moseley Wd Crescent
Kirkwood Lane
Kirkwood Cl
Wrenbury
C1
1 Lomond Av
Moseley Wd Gdns
Moseley Wood Croft
Dale Park Ri
Dale Pk Walk
Dale Pk Gdns
Dale Pk Av
Road
The Foxhills
1
Wood Hl Ct
Wood Hl Gdns
Wood Hill Road
Wood Hl Ri
Wood Hill Crs
C4
1 Walker Rd
Blackwood Gdns
Black Wd
Black Wd Ri
Tinshill La
Holly Av
Holly Dr
Silk Mill Close
Woodnook Rd
Drive
2
Horsforth Stn
The Brownberries
Westbrook Lane Junior & Infant School
Montfort Cl
Brownberrie Crescent
Brownberrie Gdns
Brownberrie Dr
Brownberrie Lane
Brownberrie Av
Brownberrie Walk
Sussex Av
Station Rd
PO
70
D3
1 Bachelor La
2 Dickinson St
3 Greenbanks Cl
4 Hopwood Bank
5 Hopwood Cl
6 Rockery Cft
7 Woodland Cft
8 Woodview Cl
LS18
Westbrook Lane
Lee Lane
Westbrook Cl
St Margaret's Road
St Margaret's Cl
St Margaret's Drive
St Margaret's Avenue
Stanhope Av
Stanhope Cl
Lister Hl
Stead's Yd
Troy Road
Far Reef Cl
Rockery Rd
Hopwood Rd
Poet's Pl
Long Rw
Greenbanks Dr
Greenbanks Avenue
Lee La East
3
Horsforth School & Further Education Centre
Bridge Vw
Low Lane
Salisbury Ms
Primary School
St James Av
D4
1 Chaddlewood Cl
Wood Tradi Est
Church Av
Church Ga
Bachelor La
Kg George Av
Kg George Rd
Long Rw
N Broadgate La
Broadgate Infant School
The Croft Surg
Croft Ct
Community Clinic
Hall Pk Av
Church Lane
Church Mt
Primary School
Church Rd
Church Gv
Hall Park Rise
Town St
Kerry St
Kerry Garth
Kerry Hl
Albert Pl
Sch
Kg Edward Av
St James Drive
St James Walk
St James Terr
Lickless Av
Lickless Dr
Lickless Gdns
Back Breary Ter
Breary Ter
Breary Wk
Breary Av
Springfield Gdns
Springfield Mount
Broadgate Drive
Broadgate Lane
Springfield
4
Feast Fld
Kg Edward Crs
Salmon Crs
Drive
Alexandra Rd
PO
81
Park Ga Cl
Church
Museum
The Gn
New Crs
New Cft
Kerry Hl
The Gv
Drury Av
Walk
Wood La
Broadgate Crs
Broadgate
Stoney Ri
Stoney La
Bank Gdns
Drury La
Drury Cl
Bank Av
Back La
BROADWAY A6120
Horsforth Woodside
Cragg Hill
Lane
Woodside Av
Woodside Park Drive
Woodside Park
Outwood Chase
Place
Melrose
Rise
Broadgate Wk

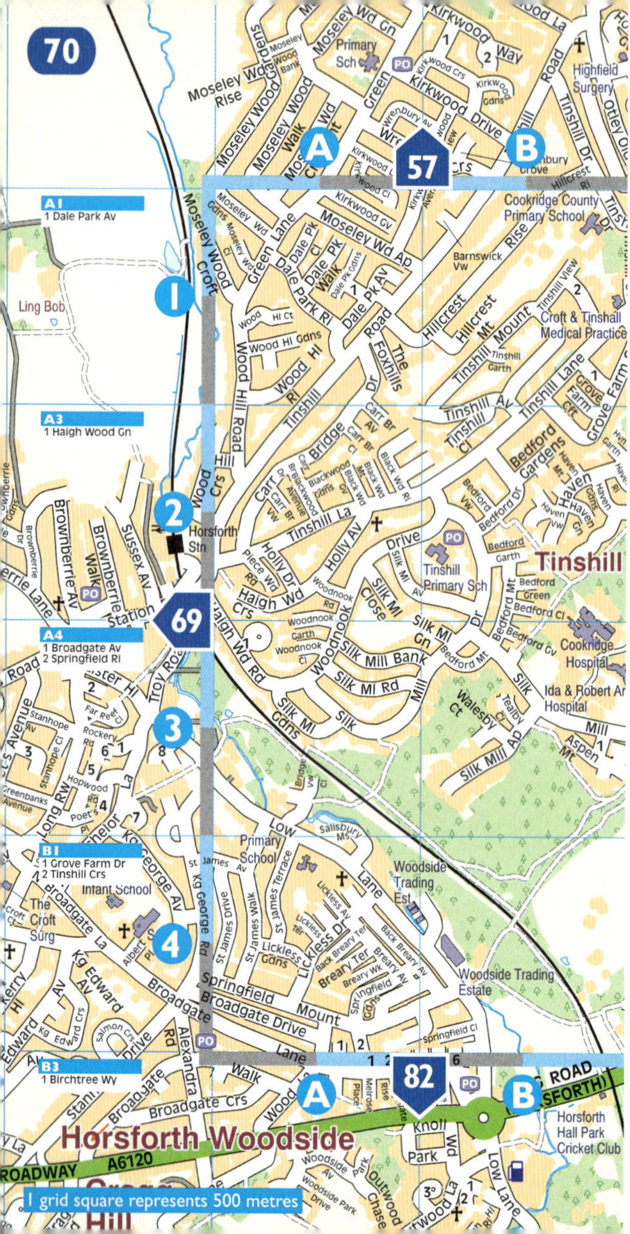

1 grid square represents 500 metres

Holt Park
Ireland Wood
Lawnswood
West Park
58
72
83
C2 1 Edale Wy
C3 1 Iveson Gv
D2 1 Raynel Garth
D4 1 Parkstone Pl
Holtdale Approach
Ralph Thoresby High School
Farrar Lane
Raynel Gdns
Primary School
Raynel Wy
Raynel Mount
Raynel Dr
Raynel Gn
Otley Old Rd
Shepcote Crs
Laith Rd
Laith Gdns
Holy Name RC School
Hospital La
Iveson Approach
Iveson House
Iveson Primary Sch
Iveson Drive
Luttrell Crs
Spennithorne Drive
Wynford Rise
Cemetery
Otley Road
A660(T)
Heathfield
Broomfield
Whinfield
Lawnswood Business Park
Wira Business Park
Clayton Wd Ri
Clayton Wd Bank
Ring Road
A6120 West Park
Latchmere Vw
Latchmere Drive
Moor Grange Rise
Oldfarm Dr
Lawnswood School
Abbey Grange School
Fillingfir Dr
West Park Dr
North Parade
North Parade Surgery
Weetwood Hall
Otley Rd A660
Woodlands Court
Grangewood Gdns
Wynford Gv
Silk Ml Ms
Beechwood

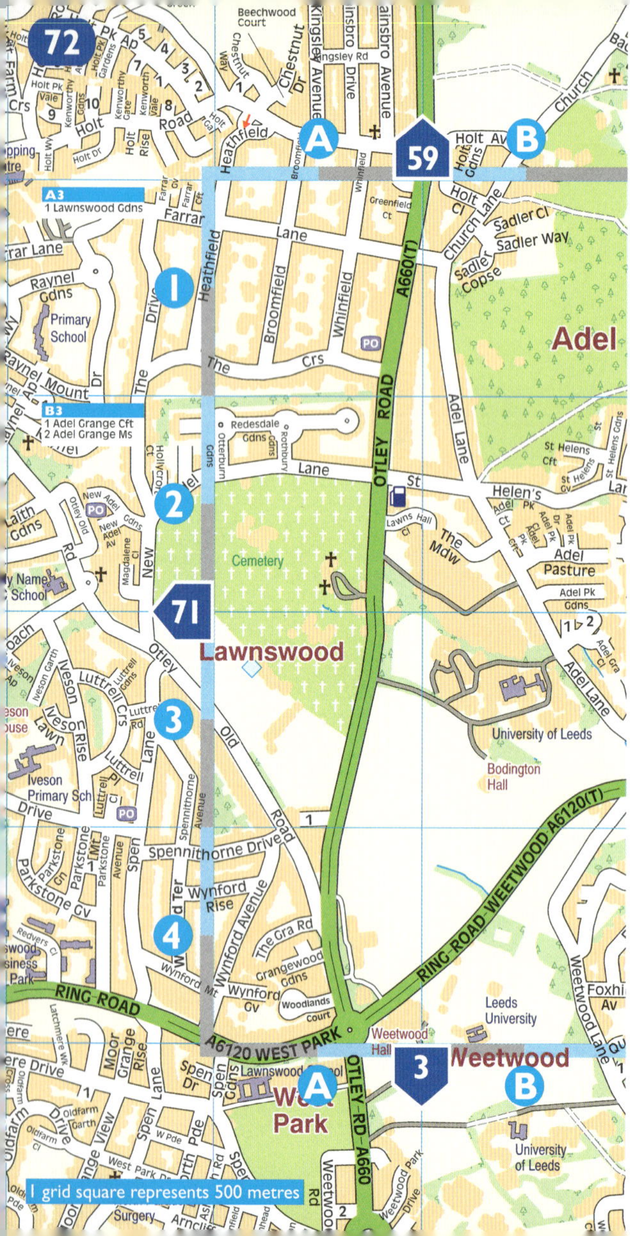
72
59
71
3
A
B
1
2
3
4
A3
1 Lawnswood Gdns
B3
1 Adel Grange Cft
2 Adel Grange Ms
Beechwood Court
Chestnut Way
Chestnut Dr
Kingsley Avenue
Kingsley Rd
Lainsbro Drive
Lainsbro Avenue
Holt Pk Vale
Holt Pk Gardens
Holt Pk Ap
Kenworthy Gate
Kenworthy Vale
Holt Road
Holt Rise
Holt Dr
Holt Gdns
Holt Av
Holt Cl
Heathfield
Broomfield
Whinfield
Greenfield Ct
Farrar Lane
Raynel Gdns
Raynel Mount
Primary School
The Drive
The Crs
Church Lane
Sadler Cl
Sadler Way
Sadler Copse
Adel
A660(T)
OTLEY ROAD
PO
Adel Lane
Redesdale Gdns
Otterburn Gdns
Rothbury Gdns
Hollycroft Ct
New Adel Lane
St Helen's Lane
St Helens Cft
St Helens Gv
St Helens Gdns
Lawns Hall Cl
The Mdw
Adel Pk Ct
Adel Pasture
Adel Pk Gdns
Adel Gra Cl
New Adel Gdns
New Adel Av
Magdalene Cl
Otley Old Rd
Laith Gdns
Cemetery
Lawnswood
Otley Old Road
Iveson Garth
Iveson Rise
Iveson Lawn
Luttrell Crs
Luttrell Gdns
Luttrell Rd
Luttrell Pl
Luttrell Cl
Iveson Primary Sch
Iveson Drive
University of Leeds
Bodington Hall
Spennithorne Avenue
Spennithorne Drive
Parkstone Gn
Parkstone Gv
Parkstone Mt
Parkstone Avenue
Spen Lane
Wynford Rise
Wynford Avenue
Wynford Ter
Wynford Mt
Wynford Gv
The Grange Rd
Grangewood Gdns
Woodlands Court
RING ROAD WEETWOOD A6120(T)
RING ROAD
A6120 WEST PARK
Weetwood Hall
Weetwood
Leeds University
Foxhill Av
Weetwood Lane
Redvers Cl
Latchmere Wk
Moor Grange Rise
Spen Dr
Spen Gdns
Lawnswood School
West Park
OTLEY RD A660
Oldfarm Drive
Oldfarm Garth
Oldfarm Cl
W Pde
West Park Dr
Surgery
Weetwood Park Drive
University of Leeds
1 grid square represents 500 metres

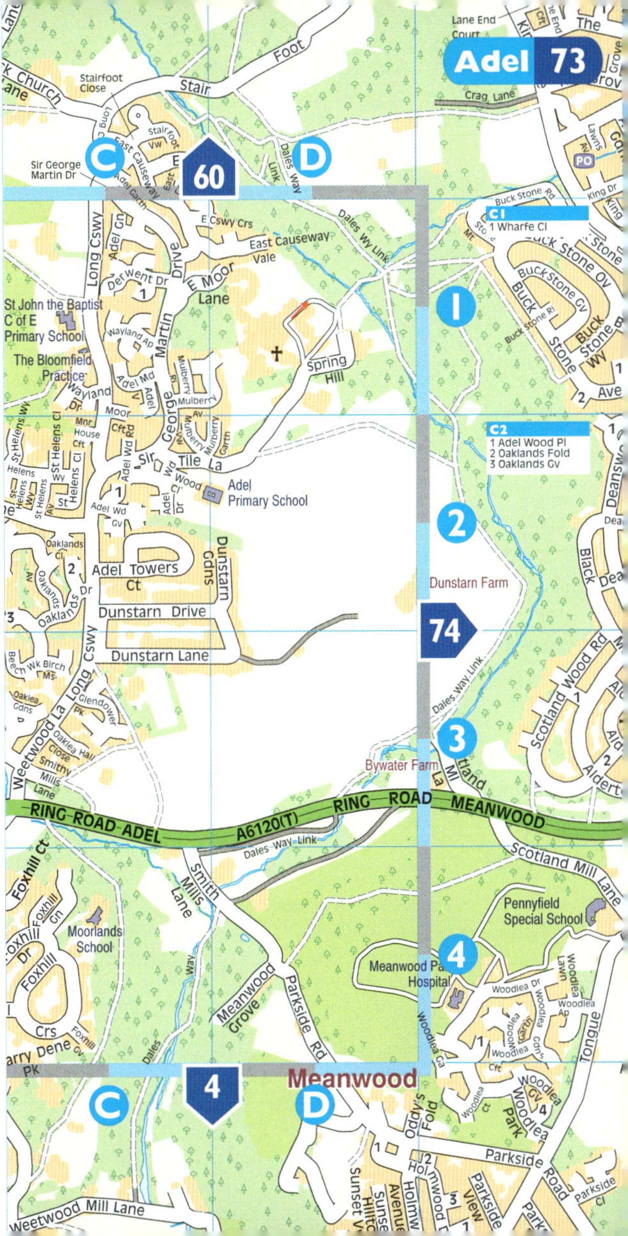
Lane End Court
Crag Lane
Stairfoot Close
Stair Foot
Church Lane
Stairfoot Vw
Long Cswy
East Causeway
Adel Garth
Sir George Martin Dr
60
Dales Way
Link
C
D
C1
1 Wharfe Cl
Buck Stone Rd
King Dr
PO
Lawns
E Cswy Crs
East Causeway Vale
Dales Wy Link
Adel Gn
Derwent Dr
E Moor Lane
Martin Drive
St John the Baptist C of E Primary School
The Bloomfield Practice
Wayland Ap
Wayland Dr
Adel Md
Mulberry Ri
Mulberry Av
Mulberry Garth
Spring Hill
Buck Stone Ov
Buck Stone Gv
Buck Stone Ri
Buck Stone Wy
Buck Stone Ave
Moor Cft
Mnr House Cft
George
Sir
Tile La
Adel Wd Rd
St Helens Wy
St Helens Cl
St Helens Av
Adel Wood Ct
Adel Wd Dr
Adel Primary School
C2
1 Adel Wood Pl
2 Oaklands Fold
3 Oaklands Gv
Adel Wd Gv
Oaklands Cl
Oaklands Av
Oaklands Dr
Adel Towers Ct
Dunstarn Gdns
Dunstarn Farm
Dunstarn Drive
Dunstarn Lane
74
Black
Dean
Deansw
Beech Wk
Birch Ms
Oaklea Gdns
Glendower Pk
Long Cswy
Weetwood La
Oaklea Hall Close
Smithy Mills Lane
Dales Way Link
Scotland Wood Rd
Scotland Mill La
Bywater Farm
RING ROAD ADEL
A6120(T)
RING ROAD MEANWOOD
Aldert
Scotland Mill Lane
Foxhill Ct
Foxhill Gn
Foxhill Dr
Foxhill Crs
Foxhill Gv
Moorlands School
Smith Mills Lane
Dales Way
Pennyfield Special School
Meanwood Park Hospital
Woodlea Dr
Woodlea Lawn
Woodlea Ap
Woodlea Garth
Woodlea Gdns
Woodlea Ga
Woodlea Cft
Woodlea Ct
Woodlea Gv
Woodlea Park
Tongue
Meanwood Grove
Parkside Rd
Parkside Road
Parkside Cl
Parkside View
Meanwood
Oddy's Fold
Holmwood
Avenue
Sunset
Hilltop
Weetwood Mill Lane
4

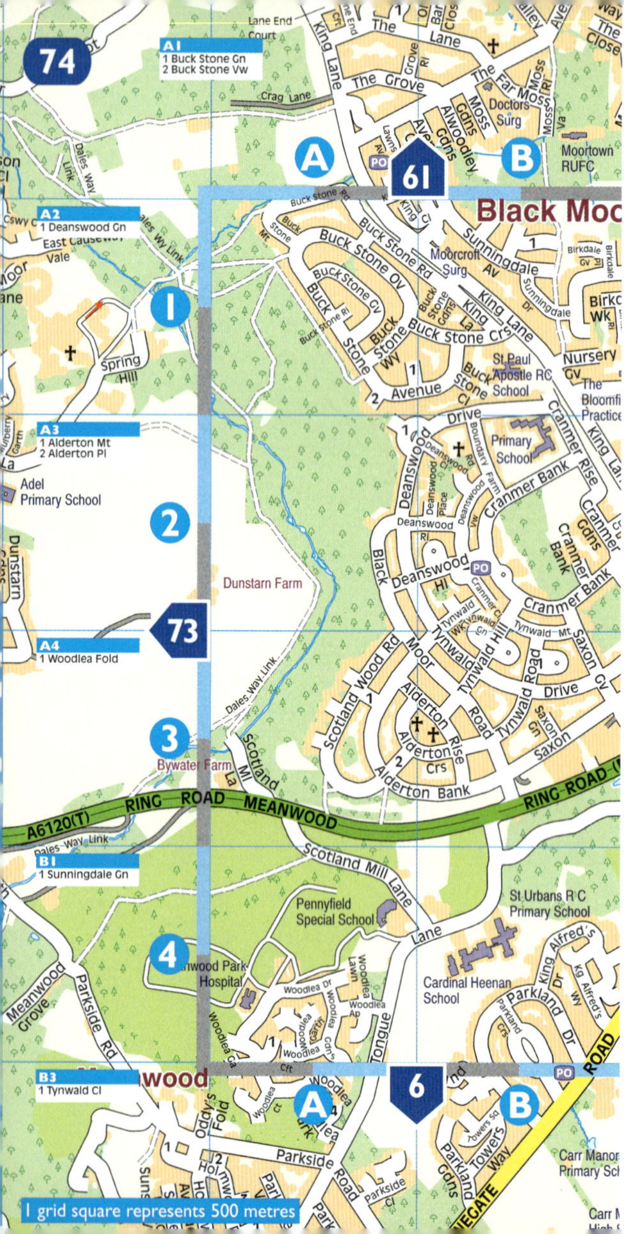
74
A1
1 Buck Stone Gn
2 Buck Stone Vw
A2
1 Deanswood Gn
A3
1 Alderton Mt
2 Alderton Pl
A4
1 Woodlea Fold
B1
1 Sunningdale Gn
B3
1 Tynwald Cl
Lane End Court
Crag Lane
King Lane
The Grove
The Lane
Far Moss
Doctors Surg
Moortown RUFC
61
Black Moor
Buck Stone Rd
Buck Stone Ov
Buck Stone Gv
Buck Stone Ri
Buck Stone Wy
Buck Stone Av
Buck Stone Crs
Buck Stone Cl
Buck Stone Gdns
Buck Stone Mt
Sunningdale Av
Sunningdale Dr
Moorcroft Surg
King Cl
King La
St Paul Apostle RC School
Nursery Gv
The Bloomfield Practice
Dales Way Link
Spring Hill
East Causeway Vale
Adel Primary School
Dunstarn Farm
73
Drive
Deanswood Cl
Deanswood Rd
Deanswood Place
Deanswood Vw
Deanswood Ri
Deanswood Hl
Boundary Farm Rd
Primary School
Cranmer Bank
Cranmer Rise
Cranmer Gdns
Cranmer Cl
Black Moor Rd
Tynwald Wk
Tynwald Gn
Tynwald Hill
Tynwald Mt
Tynwald Road
Tynwald Drive
Saxon Gv
Saxon Gn
Saxon
Scotland Wood Rd
Alderton Rise
Alderton Crs
Alderton Bank
Scotland Mill La
Bywater Farm
A6120(T)
RING ROAD MEANWOOD
RING ROAD
Scotland Mill Lane
Pennyfield Special School
St Urbans R C Primary School
Cardinal Heenan School
King Alfred's Dr
Kg Alfred's Wy
Parkland Dr
Parkland Crs
Meanwood Park Hospital
Woodlea Dr
Woodlea Lawn
Woodlea Ap
Woodlea Gdns
Woodlea Garth
Woodlea Ga
Woodlea Ct
Tongue Lane
Meanwood Grove
Parkside Rd
Meanwood
6
Oddy's Fold
Parkside Road
Parkside Cl
Towers Sq
Towers Way
Parkland Gdns
Carr Manor Primary School
ROAD
PO
A
B
1
2
3
4
1 grid square represents 500 metres

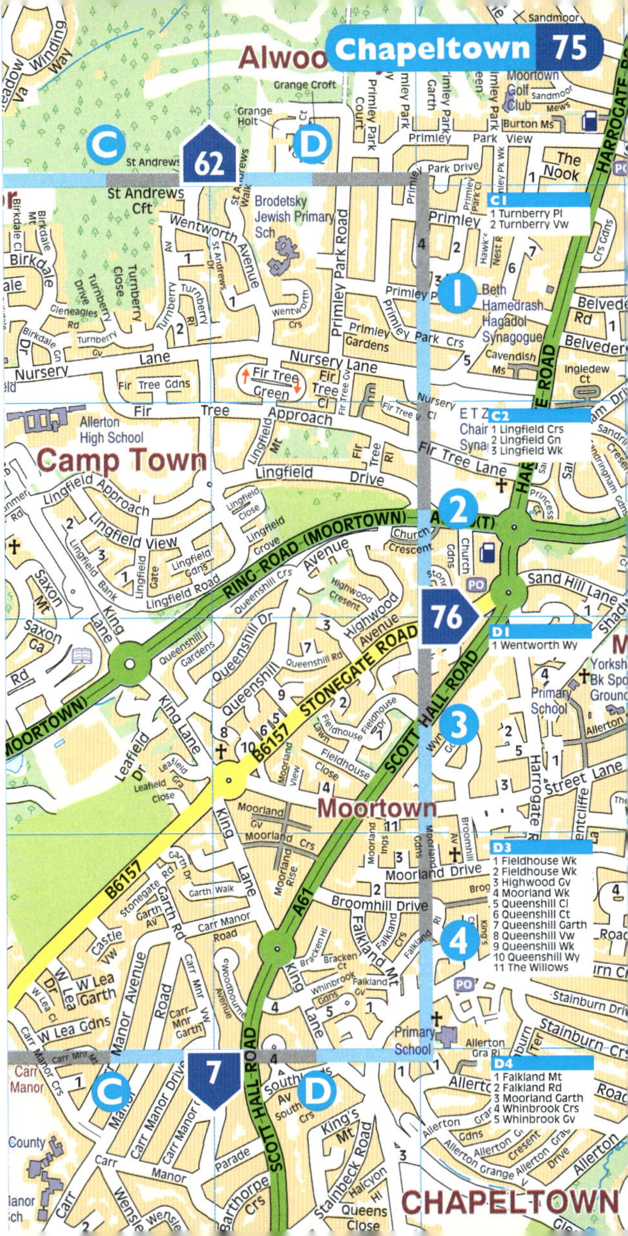
Alwoo
Sandmoor
Moortown Golf Club
Sandmoor Mews
Burton Ms
HARROGATE
The Nook
Grange Croft
Grange Holt
Primley Park Court
Primley Park View
Primley Park Drive
C
D
62
St Andrews
St Andrews Cft
St Andrews Walk
Winding Way
Brodetsky Jewish Primary Sch
Primley Park Road
C1
1 Turnberry Pl
2 Turnberry Vw
Wentworth Avenue
Wentworth Crs
Birkdale Cl
Birkdale Mt
Birkdale Dr
Birkdale Gn
Turnberry Drive
Turnberry Close
Turnberry Ri
Turnberry Gv
Turnberry Av
Gleneagles Rd
Primley Gardens
Primley Park Crs
Beth Hamedrash Hagadol Synagogue
Cavendish Ms
Belvedere Rd
Ingledew Ct
Nursery Lane
Fir Tree Gdns
Fir Tree Green
Fir Tree Cl
Fir Tree Gv
Fir Tree Approach
Fir Tree Lane
Fir Tree Ri
Nursery Cl
Allerton High School
Camp Town
C2
1 Lingfield Crs
2 Lingfield Gn
3 Lingfield Wk
Lingfield Mt
Lingfield Drive
Lingfield Approach
Lingfield View
Lingfield Close
Lingfield Grove
Lingfield Bank
Lingfield Gate
Lingfield Gdns
Lingfield Road
RING ROAD (MOORTOWN)
Church Crescent
Church Gdns
Sand Hill Lane
Saxon Mt
Saxon Ga
King Lane
Queenshill Crs
Queenshill Gardens
Queenshill Dr
Queenshill Rd
Queenshill Avenue
Highwood Crescent
Highwood Avenue
76
D1
1 Wentworth Wy
STONEGATE ROAD
B6157
SCOTT HALL ROAD
Fieldhouse Lawn
Fieldhouse Dr
Fieldhouse Close
Primary School
Allerton Street Lane
Harrogate Rd
Leafield Dr
Leafield Gra
Leafield Close
Moorland View
Moorland Gv
Moorland Crs
Moorland Rise
Moorland Ings
Moorland Gdns
Moorland Drive
Broomhill Av
Broomhill Drive
Moortown
D3
1 Fieldhouse Wk
2 Fieldhouse Wk
3 Highwood Gv
4 Moorland Wk
5 Queenshill Cl
6 Queenshill Ct
7 Queenshill Garth
8 Queenshill Vw
9 Queenshill Wk
10 Queenshill Wy
11 The Willows
Garth Dr
Garth Walk
Garth Rd
Garth Av
Stonegate Rd
Carr Manor Road
Castle Vw
A61
Falkland Mt
Falkland Crs
Falkland Ri
Falkland Gv
Bracken Hl
Bracken Ct
Whinbrook Gdns
W Lea Dr
W Lea Garth
W Lea Cl
W Lea Gdns
Carr Manor Avenue
Carr Mnr Vw
Carr Mnr Garth
Woodbourne Avenue
Stainburn Drive
Stainburn Crs
Stainburn Ter
Allerton Gra
D4
1 Falkland Mt
2 Falkland Rd
3 Moorland Garth
4 Whinbrook Crs
5 Whinbrook Gv
7
Carr Manor
Carr Manor Crs
Carr Manor Drive
Carr Manor Parade
Southwood Av
South Crs
King's Mt
Stainbeck Road
Halcyon Hl
Queens Close
Barthorpe Crs
Allerton Grange Gdns
Allerton Grange Crescent
Allerton Grange Drive
County
CHAPELTOWN

Moodley
A2
1 Sand Hill Lawns
A1
1 Belvedere Gv
2 Hawk's Nest Gd E
3 Hawk's Nest Gd S
4 Hawk's Nest Gd W
5 Primley Park Crs
6 Primley Park Mt
7 Primley Park Ri
A3
1 Allerton Pl
2 Arncliffe Gra
3 Broomhill Crs
4 Hadleigh Ct
5 Moor Al'ton Gdns
6 Stonegate Rd
7 Wycliffe Dr
A4
1 Back Nunroyd Rd
2 Moorland Dr
3 Nunroyd Gv
4 Nunroyd Lawn
5 Nunroyd St
6 Nunroyd Ter
B1
1 Sandringham Dr
B2
1 Chelwood Pl
2 Sandringham Ap
3 Sandringham Gn
B3
1 Green Pk
2 Moor Allerton Crs
3 Southfield Dr
4 Windsor Ct
B4
1 Bentcliffe Cl
63
75
8
Sandmoor Chase
High Ash Drive
Moortown Golf Club
Grange Croft
Grange Holt
Primley Park
The Nook
Sandhill Mt
Sandhill Grove
Linton Ri
Primley Park Lane
Primley Park Drive
Primley Park Av
Primley Park Crs
Primley Gardens
Beth Hamedrash Hagadol Synagogue
Cavendish Ms
Belvedere Rd
Belvedere Av
Highfield County Primary School
Sandhill Drive
Sandhill Crs
Brookhill Av
Nursery Lane
Fir Tree Green
Fir Tree Cl
Fir Tree Lane
Fir Tree Ri
Fir Tree Drive
ETZ Chaim Synagogue
HARROGATE ROAD
Ingledew Ct
Sandringham Drive
Sandringham Mount
Sandringham Crescent
Sandringham Way
Sandringham Gdns
Shadwell Medical Centre
Shadwell Walk
Lingfield Close
Lingfield Grove
RING ROAD (MOORTOWN)
A6120(T)
Church Crescent
Church Gdns
Stonegate Close
Sand Hill Lane
Shadwell Lane
Maple Croft
High Moor Cl
High Moor Dr
High Moor Crescent
Old Round
Queenshill Crs
Highwood Crescent
Moor Allerton
Yorkshire Bk Sports Ground
Primary School
Allerton Gv
Lime Tree Av
The Spinney
Southfield Av
STONEGATE ROAD
B6157
SCOTT HALL ROAD
Fieldhouse Lawn
Fieldhouse Close
Moorland View
Wyncliffe Gdns
Street Lane
The Green
The Beth Hamedrash Hagadol Synagogue
Bentcliffe Avenue
Moor Allerton Avenue
Moor Allerton Drive
Moortown
Moorland Gv
Moorland Drive
Moorland Ings
Broomhill Drive
Broomhill Dr
Harrogate Rd
Lidgett Lane
Bentcliffe Gdns
Moor Allerton Hall Primary School
Nunroyd Road
Stainburn Avenue
Stainburn Crs
Stainburn Drive
Stainburn View
Stainburn Gdns
Allerton Grange Lane
Larkhill Gn
Larkhill Wy
Larkhill Rd
Larkhill Wk
Larkhill Cl
Larkhill Vw
Falkland Mt
Falkland Gv
Falkland Ri
Woodbourne Avenue
King's Mt
Allerton Gra Ri
Allerton Grange Gdns
Allerton Grange Crescent
Allerton Grange Drive
Allerton Grange Way
Lincombe Mt
Lincombe Drive
Leeds Rugby Football Club
Chandos
Borrough Av
Queens Close
CHAPELTOWN
1 grid square represents 500 metres

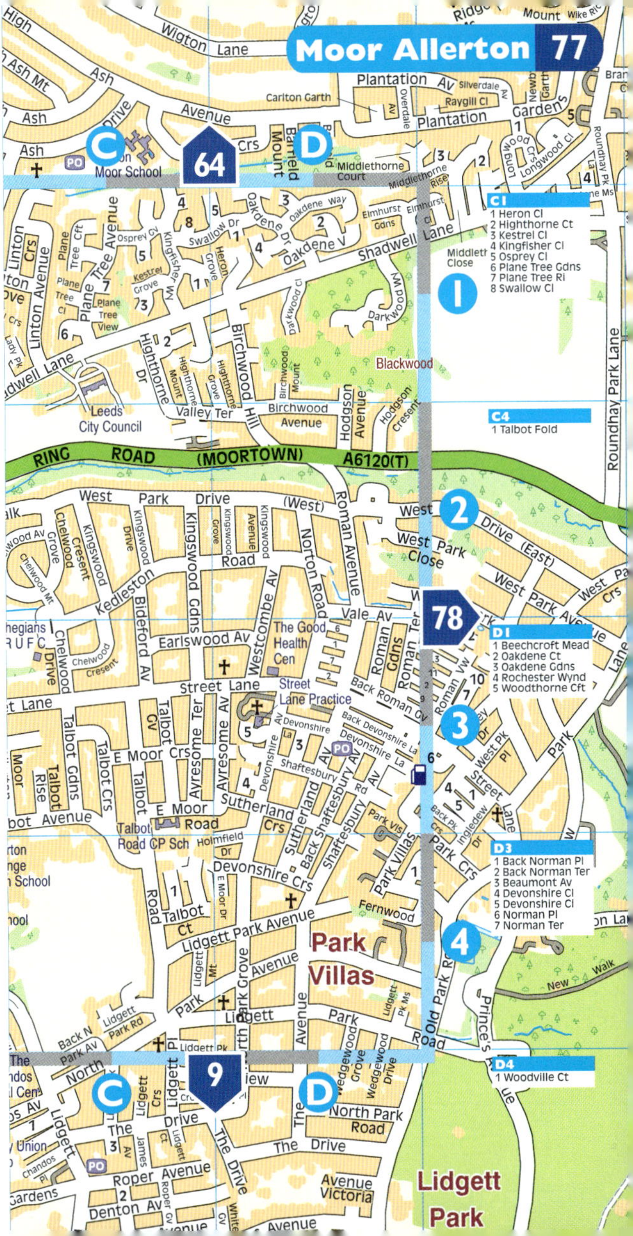
Wigton Lane
Ash Mt
Ash Avenue
Ash Drive
Ash Crs
Moor School
PO
64
C
D
Barfield Mount
Middlethorne Court
Middlethorne Rise
Carlton Garth
Plantation Av
Plantation Gardens
Silverdale Av
Raygill Cl
Overdale
Newby Garth
Longwood Crs
Longwood Cl
Roundhay Pk La
C1
1 Heron Cl
2 Highthorne Ct
3 Kestrel Cl
4 Kingfisher Cl
5 Osprey Cl
6 Plane Tree Gdns
7 Plane Tree Ri
8 Swallow Cl
Middlethorne Close
Oakdene Way
Oakdene Dr
Oakdene V
Elmhurst Gdns
Elmhurst Cl
Shadwell Lane
Swallow Dr
Heron Grove
Kingfisher Wy
Osprey Gv
Kestrel Grove
Plane Tree Avenue
Plane Tree Cft
Plane Tree Cl
Plane Tree View
Linton Crs
Linton Avenue
Darkwood Cl
Darkwood Wy
Blackwood
Highthorne Dr
Highthorne Mount
Highthorne Grove
Birchwood Hill
Birchwood Mount
Birchwood Avenue
Hodgson Avenue
Hodgson Cresent
Valley Ter
Leeds City Council
C4
1 Talbot Fold
Roundhay Park Lane
RING ROAD (MOORTOWN) A6120(T)
West Park Drive (West)
West Park Drive (East)
West Park Close
West Park Avenue
West Park Crs
Kingswood Drive
Kingswood Grove
Kingswood Avenue
Kingswood Crescent
Kingswood Gdns
Kingswood Road
Chelwood Grove
Chelwood Cresent
Chelwood Drive
Chelwood Mt
Kedleston Road
Bideford Av
Norton Road
Roman Avenue
Roman Gdns
Roman Ter
Roman Vw
Back Roman Gv
Vale Av
Westcombe Av
Earlswood Av
The Good Health Cen
Street Lane
Street Lane Practice
78
D1
1 Beechcroft Mead
2 Oakdene Ct
3 Oakdene Gdns
4 Rochester Wynd
5 Woodthorne Cft
Talbot Gv
Talbot Gdns
Talbot Crs
Talbot Rise
Talbot Avenue
Moor Rise
E Moor Crs
E Moor Road
Ayresome Ter
Ayresome Av
Devonshire Av
Devonshire La
Back Devonshire La
Devonshire Cl
Shaftesbury Av
Back Shaftesbury Rd
Sutherland Crs
Sutherland Av
Talbot Road CP Sch
Holmfield Dr
Devonshire Crs
E Moor Dr
Talbot Ct
Park Vls
Park Villas
Park Crs
Back Pk Crs
Ingledew Dr
West Pk Pl
Street Lane
D3
1 Back Norman Pl
2 Back Norman Ter
3 Beaumont Av
4 Devonshire Cl
5 Devonshire Cl
6 Norman Pl
7 Norman Ter
Fernwood
Lidgett Park Avenue
Lidgett Mt
Lidgett Park Grove
Lidgett Park Road
Park Villas
Old Park Road
Lidgett Pk Ms
New Walk
Prince's Avenue
D4
1 Woodville Ct
Back N Park Av
North Park Av
Lidgett Park Rd
Lidgett Pl
Lidgett Crs
Lidgett Pk
9
C
D
Wedgewood Grove
Wedgewood Drive
North Park Road
The Drive
The Avenue
James Av
Chandos Pl
Union
Roper Avenue
Roper Gv
Denton Av
Avenue Victoria
Lidgett Park

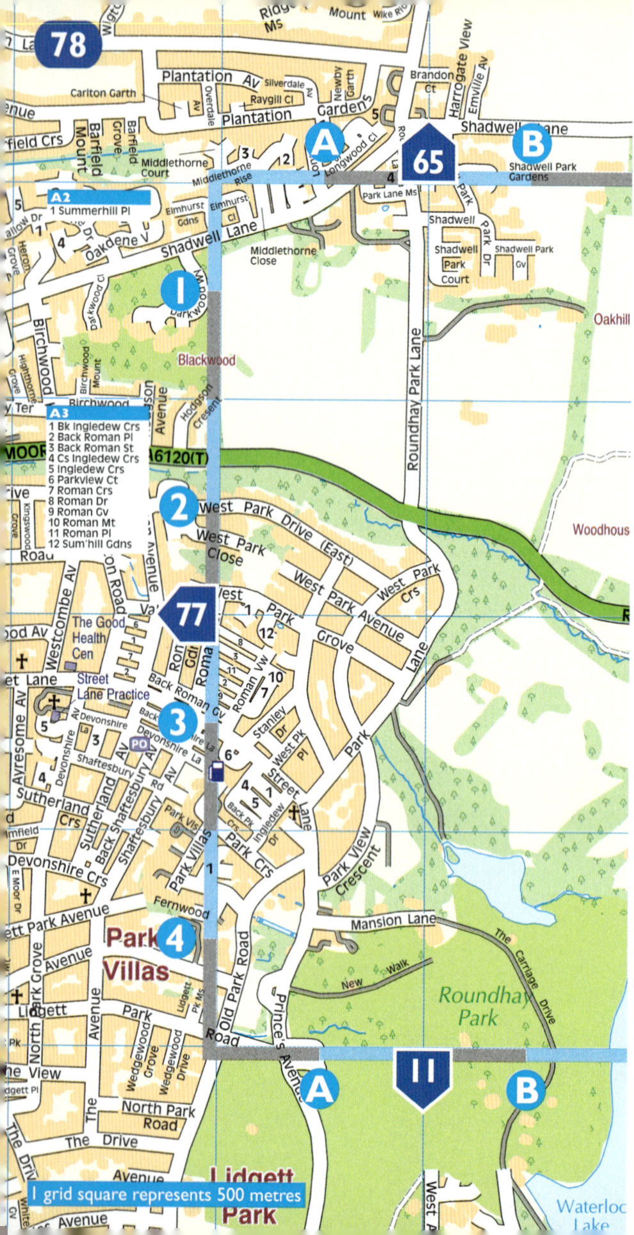

1 grid square represents 500 metres

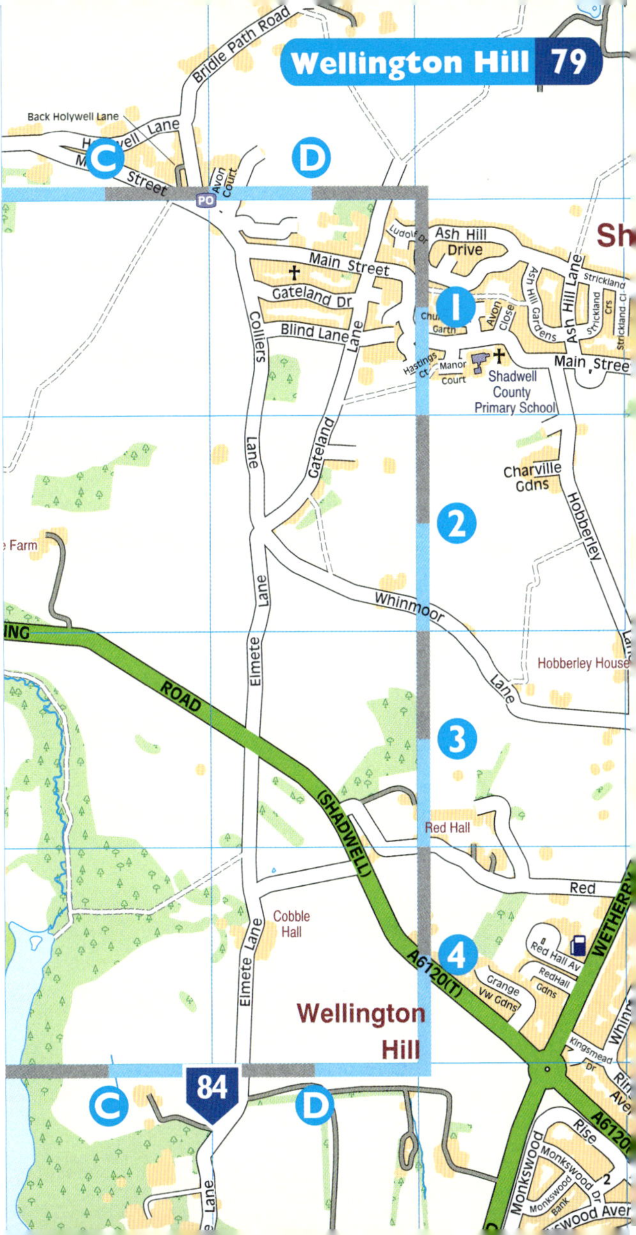
Wellington Hill
79
Bridle Path Road
Back Holywell Lane
Holywell Lane
Main Street
C
D
PO
Avon Court
Ludolf Dr
Ash Hill Drive
Sh
Main Street
Gateland Dr
Blind Lane
Colliers Lane
Gateland Lane
1
Church Garth
Avon Close
Ash Hill Gardens
Ash Hill Lane
Strickland
Strickland Crs
Strickland Cl
Main Street
Hastings Ct
Manor Court
Shadwell County Primary School
Charville Gdns
Hobberley
2
Farm
Whinmoor Lane
Elmete Lane
ING
ROAD
Hobberley House
3
(SHADWELL)
Red Hall
Red
WETHERBY
Cobble Hall
Elmete Lane
4
A6120(T)
Red Hall Av
RedHall Gdns
Grange Vw Gdns
Wellington Hill
Kingsmead Dr
84
C
D
Lane
Monkswood
Monkswood Rise
Monkswood Dr
Monkswood Bank
A6120

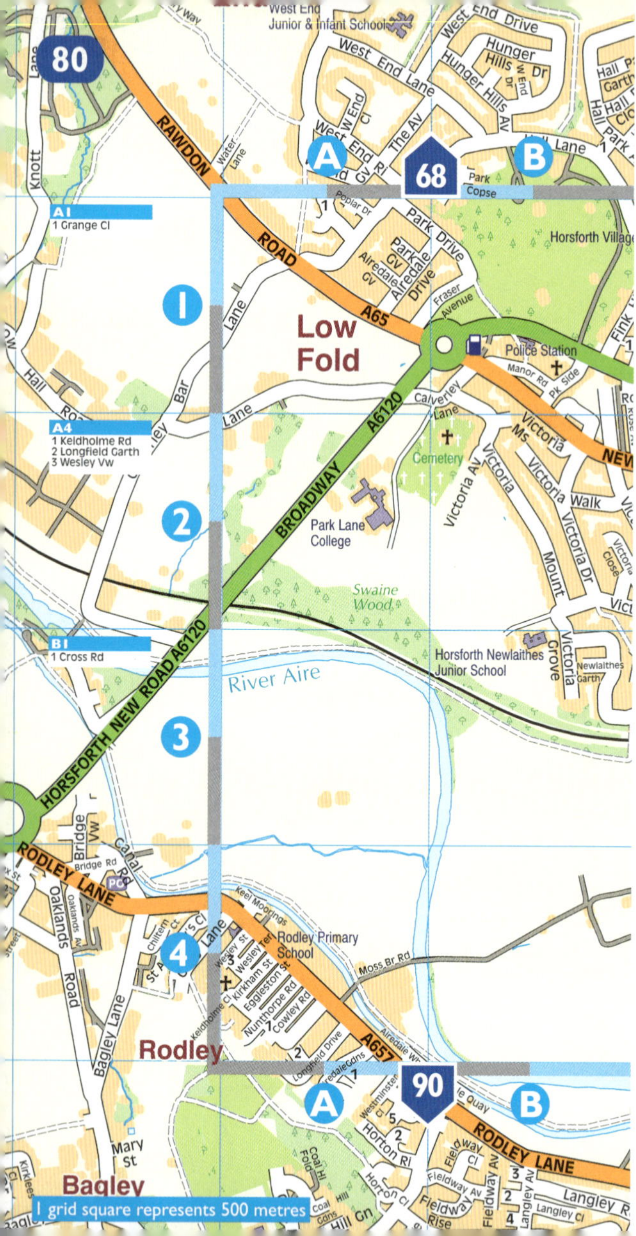
80
68
90
A
B
1
2
3
4
West End Junior & Infant School
West End Drive
West End Lane
W End Cl
West End Gv
West End Ri
The Av
Hunger Hills Dr
W End Dr
Hunger Hills Av
Hall Park Garth
Hall Park Cl
Hall Lane
Park Copse
Horsforth Village
Knott Lane
RAWDON ROAD
A65
Water Lane
A1
1 Grange Cl
Poplar Dr
Park Drive
Park Gv
Airedale Gv
Airedale Drive
Fraser Avenue
Low Fold
Police Station
Manor Rd
Pk Side
Bar Lane
Lane
Calverley Lane
Hall Road
A4
1 Keldholme Rd
2 Longfield Garth
3 Wesley Vw
BROADWAY A6120
Cemetery
Victoria Av
Victoria Ms
Victoria
Victoria Walk
Victoria Dr
Victoria Close
Mount
Park Lane College
Swaine Wood
B1
1 Cross Rd
HORSFORTH NEW ROAD A6120
River Aire
Horsforth Newlaithes Junior School
Victoria Grove
Newlaithes Garth
Bridge Vw
Bridge Rd
Canal Rd
RODLEY LANE
Oakiands Road
Oaklands Av
Chiltern Ct
Keel Moorings
Rodley Primary School
Wesley St
Wesley Ter
Kirkham St
Eggleston St
Nunthorpe Rd
Cowley Rd
Moss Br Rd
Keldholme Cl
Bagley Lane
Rodley
A657
Airedale Wf
Longfield Drive
Airedale Gdns
Westminster Cl
Horton Ri
Horton Cl
Coal Hill Fold
Coal Hill Gdns
Hill Gn
Fieldway Cl
Fieldway Av
Fieldway Rise
Langley Av
Langley Cl
Langley R
RODLEY LANE
Mary St
Kirklees Cl
Bagley
1 grid square represents 500 metres

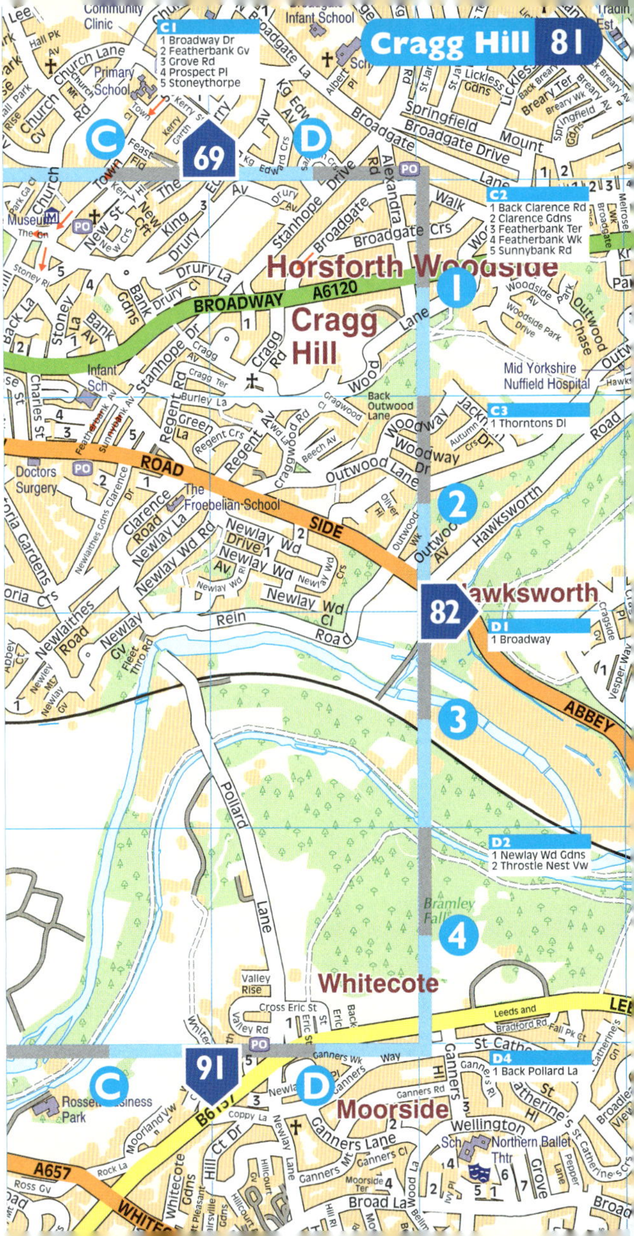
C1
1 Broadway Dr
2 Featherbank Gv
3 Grove Rd
4 Prospect Pl
5 Stoneythorpe
C2
1 Back Clarence Rd
2 Clarence Gdns
3 Featherbank Ter
4 Featherbank Wk
5 Sunnybank Rd
C3
1 Thorntons Dl
D1
1 Broadway
D2
1 Newlay Wd Gdns
2 Throstle Nest Vw
D4
1 Back Pollard La
69
82
91
Horsforth Woodside
Cragg Hill
Hawksworth
Whitecote
Moorside
Bramley Fall
BROADWAY A6120
RING ROAD SIDE
ABBEY
A657
B6157
Mid Yorkshire Nuffield Hospital
The Froebelian School
Northern Ballet Thtr
Rossett Business Park
Infant School
Primary School
Infant Sch
Doctors Surgery
Museum
Community Clinic
Leeds and Bradford Rd
Pollard Lane
Outwood Lane
Broadgate Drive
Broadgate Lane
Stanhope Drive
Newlay Wd Rd
Rein Road
Newlaithes Road
Ganners Lane
Wellington Grove
Springfield Mount
Woodway Dr
Hawksworth Road

Horsforth Woodside
Cragg Hill
Hawksworth
Whitecote
Sandford
Moorside
LS5
70
81
92
A
B
1
2
3
4
A1
1 Woodville Av
2 Woodville Gv
3 Woodville Ter
A3
1 Hawksworth Gv
B1
1 Tanhouse Hl
2 Woodside Ct
3 Woodside Hill Cl
4 Woodville Crs
5 Woodville Pl
6 Woodville St
RING ROAD (HORSFORTH)
BROADWAY A6120
ABBEY ROAD
LEEDS AND BRADFORD ROAD
Leeds and Bradford Rd
A6157
Woodside Trading Estate
Trading Est
Horsforth Hall Park Cricket Club
Mid Yorkshire Nuffield Hospital
Hawksworth CP School
Infant School
Sch
Northern Ballet Thtr
Bramley Fall
Broadgate Drive
Broadgate Lane
Broadgate Crs
Springfield
Lickless Dr
Lickless Gdns
Lickless Av
Lickless Ter
St James Walk
St James Drive
George Rd
Albert Pl
Kg Edward Av
Kg Edward Crs
Kerry Hl
Edward
Salmon Crs
Alexandra Rd
Breary Ter
Back Breary Ter
Breary Av
Back Breary Av
Breary Wk
Springfield Gdns
Wood Lane
Walk
Knoll Park
Knoll Wd
Woodside Av
Woodside Park Drive
Woodside Park
Outwood Chase
Outwood La
Outwood Lane
Outwood Av
Outwood Wk
Low Lane
Birch Rl Hl
Hawksworth Rd
Hawksworth Road
Back Outwood Lane
Woodway
Woodway Dr
Jackman Dr
Autumn Crs
Cragg Rd
Cragg Ter
Craggwood
Beech Av
Regent Crs
Newlay Wd
Newlay Wd Dr
Newlay Wd Av
Newlay Wd Ri
Newlay Wd Crs
Newlay Wd Cl
Cragside Walk
Cragside Cl
Cragside Crs
Cragside Gdns
Cragside Gv
Cragside Pl
Cragside Mt
Hawkswood Av
Hawkswood Gv
Hawkswood Mt
Broadway
Vesper Road
Vesper Way
Woodhall Av
Woodhall Dr
Abbeydale Gdns
Abbeydale Garth
Abbeydale Mt
Abbeydale Wy
Abbeydale Gv
Abbeydale Vale
Vesper Gate Dr
Vesper Ri
Vesper Court Dr
Pollard Lane
Valley Rise
Valley Rd
Cross Eric St
Eric St
Ganners Wk
Ganners Way
Ganners Rd
Ganners Ri
Ganners Hl
Ganners Lane
Ganners Mt
Ganners Cl
Newlay Lane Pl
Newlay Lane
St Catherine's Dr
St Catherine's Hl
St Catherine's Crs
Fall Pk Ct
Wellington Grove
Pepper Lane
Broad Lane
Broad La Cl
Broad View
Broadlea Hill
Broadlea Grove
Broadlea Av
Broadlea Gdns
Broadlea Cres
Coppy La
PO
1 grid square represents 500 metres

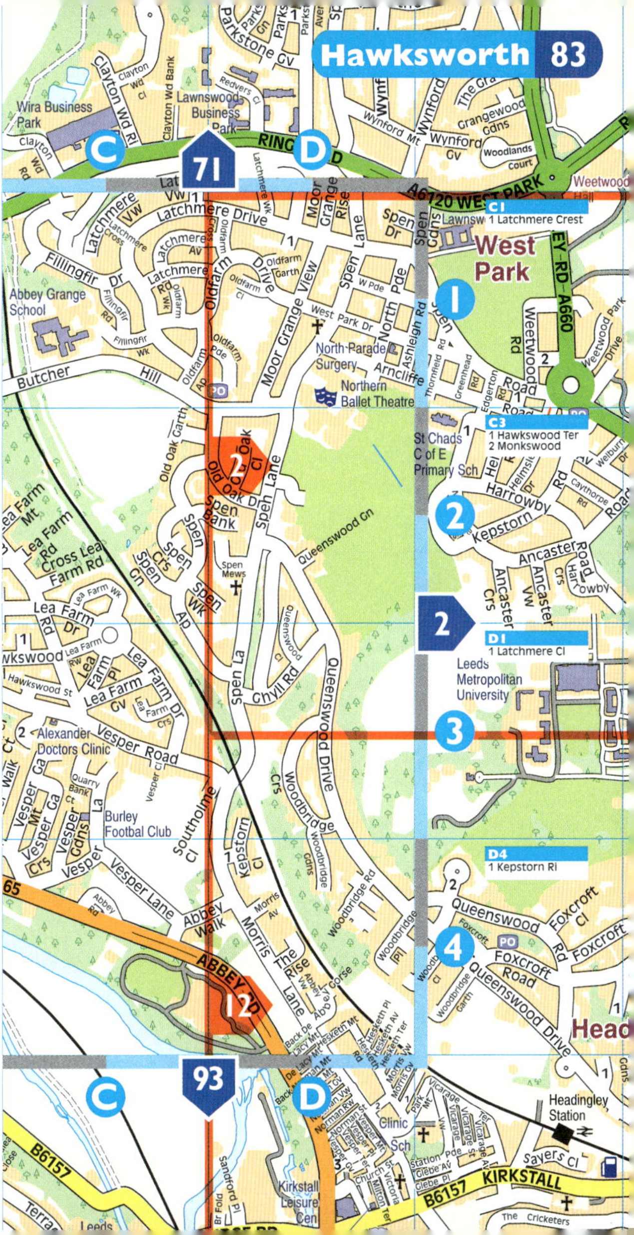
Wira Business Park
Clayton Wd Ri
Clayton Wd Bank
Lawnswood Business Park
Redvers Cl
Parkstone Gv
RING RD
71
Wynford Mt
Wynford Gv
Grangewood Gdns
Woodlands Court
A6720 WEST PARK
Weetwood
C1
1 Latchmere Crest
Latchmere Drive
Latchmere Vw
Latchmere Av
Latchmere Rd
Latchmere Cross
Fillingfir Dr
Fillingfir Rd
Fillingfir Wk
Abbey Grange School
Butcher Hill
Oldfarm Cross
Oldfarm Drive
Oldfarm Garth
Oldfarm Cl
Oldfarm Pde
Oldfarm Ap
Moor Grange Rise
Moor Grange View
Spen Lane
Spen Dr
Spen Gdns
West Park Dr
W Pde
North Pde
Ashleigh Rd
North Parade Surgery
Arncliffe
Northern Ballet Theatre
West Park
Weetwood Rd
Weetwood Park Drive
Thornfield Rd
Greenhead Rd
Edgerton Rd
C3
1 Hawkswood Ter
2 Monkswood
St Chads C of E Primary Sch
Harrowby Rd
Helmsley Dr
Kepstorn Rd
Caythorpe Rd
Welburn
Ancaster Road
Ancaster Crs
Ancaster Vw
Harrowby Crs
Old Oak Garth
Old Oak Cl
Old Oak Dr
Spen Bank
Spen Crs
Spen Gn
Spen Ap
Spen Wk
Spen Mews
Queenswood Gn
Lea Farm Mt
Lea Farm Rd
Cross Lea Farm Rd
Lea Farm Wk
Lea Farm Dr
Lea Farm Rw
Lea Farm Pl
Lea Farm Gv
Lea Farm Crs
Hawkswood St
Spen La
Chyll Rd
Queenswood Cl
Queenswood Drive
D1
1 Latchmere Cl
Leeds Metropolitan University
Alexander Doctors Clinic
Vesper Road
Vesper Cl
Vesper Ga Mt
Vesper Gdns
Vesper Crs
Vesper Lane
Quarry Bank Ct
Burley Football Club
Southolme Cl
Kepstorn Cl
Woodbridge Crs
Woodbridge Gdns
Woodbridge Rd
Woodbridge Pl
Woodbridge Cl
Woodbridge Garth
D4
1 Kepstorn Ri
Queenswood Rd
Foxcroft Cl
Foxcroft Road
Abbey Rd
Abbey Walk
ABBEY RD
Morris Av
Morris Lane
The Rise
Abbey Vw
Abbey Gorse
Hesketh Mt
Hesketh Pl
Hesketh Av
Hesketh Ter
Back De Lacy Mt
93
Headingley
Headingley Station
Sayers Cl
Vicarage Av
Vicarage St
Vicarage Ter
Clinic
Sch
Station Pde
Glebe Av
Glebe Pl
Church St
Victoria
Milton Ter
B6157 KIRKSTALL
B6157
Sandford Pl
Br Fold
Kirkstall Leisure Cen
The Cricketers
Leeds

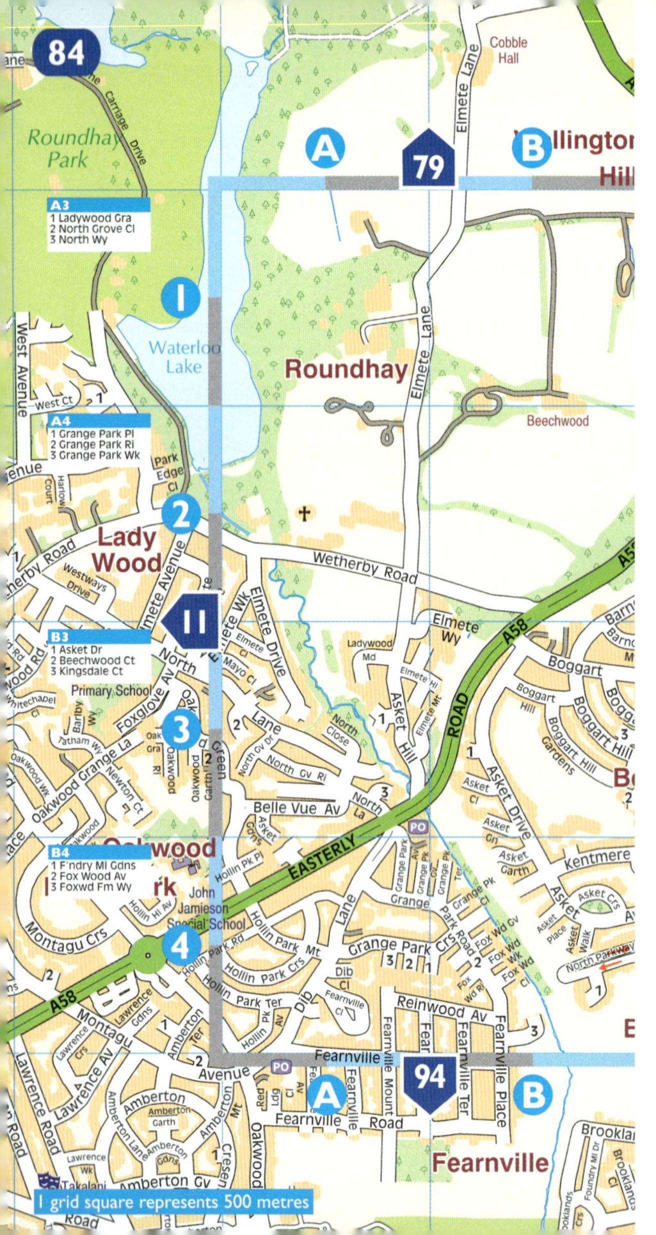
84
79
94
11
Roundhay Park
Carriage Drive
Cobble Hall
Elmete Lane
Wellington Hill
A
B
A3
1 Ladywood Gra
2 North Grove Cl
3 North Wy
Waterloo Lake
Roundhay
Beechwood
West Avenue
West Ct
A4
1 Grange Park Pl
2 Grange Park Ri
3 Grange Park Wk
Park Edge Cl
Harlow Court
Lady Wood
Wetherby Road
Westways Drive
Elmete Avenue
Elmete Wk
Elmete Drive
Elmete Wy
A58
B3
1 Asket Dr
2 Beechwood Ct
3 Kingsdale Ct
North Av
Primary School
Foxglove Av
Mayo Cl
Elmete Cl
Ladywood Md
Elmete Hl
Elmete Mt
Asket Hill
North Close
Boggart Hill
Boggart Hill Gardens
Whitechapel Cl
Barlby Wy
Tatham Wy
Oakwood Grange La
Newton Ct
Oak Gra Ri
Oakwood Garth
Green
Lane
North Gv Dr
North Gv Ri
North La
Belle Vue Av
Asket Gdns
EASTERLY ROAD
PO
Asket Cl
Asket Drive
Asket Gn
Asket Garth
Kentmere
Oakwood Wk
B4
1 F'ndry Ml Gdns
2 Fox Wood Av
3 Foxwd Fm Wy
Oakwood Park
Hollin Pk Pl
John Jamieson Special School
Grange Park Av
Grange Pk Gv
Grange Pk Ter
Grange Pk Cl
Grange
Asket Crs
Asket Place
Asket Walk
North Parkway
Hollin Hl Av
Montagu Crs
Hollin Park Rd
Hollin Park Mt
Hollin Park Crs
Grange Park Crs
Park Road
Fox Wd Gv
Fox Wd Wk
Fox Wd Cl
Fox Wd Ri
Dib Cl
Fearnville Cl
Hollin Park Ter
Hollin Pk Av
Dib
Reinwood Av
Fearnville Place
Montagu
Lawrence Gdns
Lawrence Crs
Lawrence Av
Lawrence Road
Amberton Ter
Avenue
Fearnville
Fearnville Mount
Fearnville Ter
Amberton
Amberton Garth
Amberton Lane
Amberton Gdns
Amberton Mt
Crescent
Oakwood
Fearnville Road
Fearnville
Brooklands
Foundry Ml Dr
Brooklands Cl
Lawrence Wk
Takalani
Amberton Gv
Road
1 grid square represents 500 metres

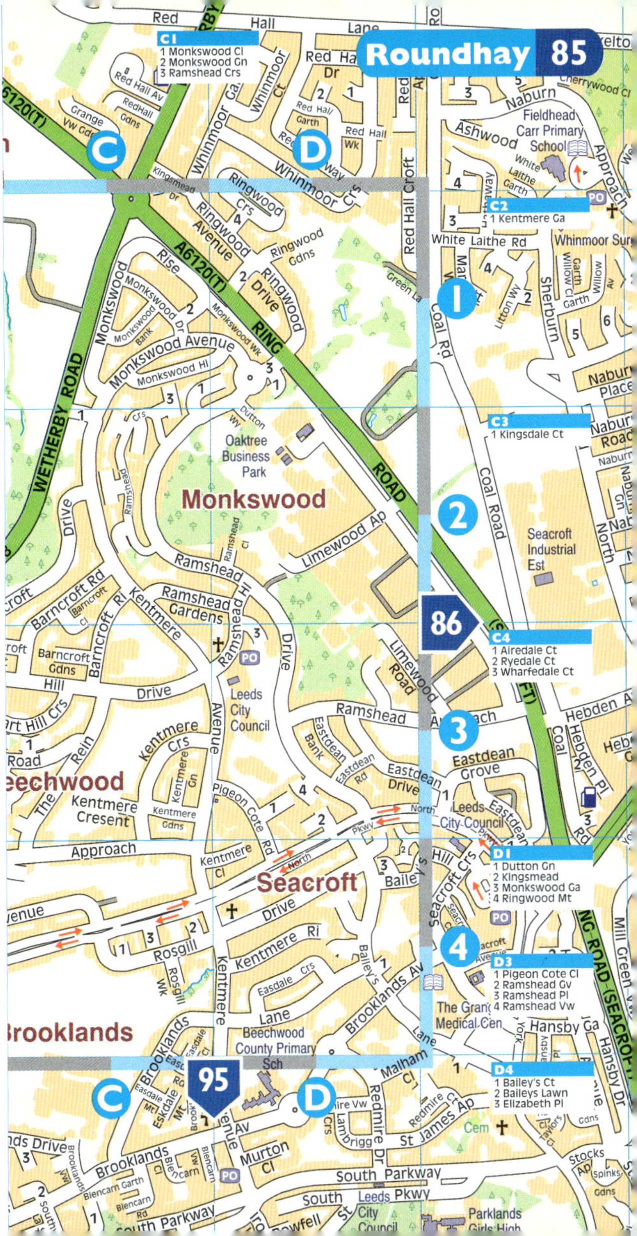
C1
1 Monkswood Cl
2 Monkswood Gn
3 Ramshead Crs
C2
1 Kentmere Ga
C3
1 Kingsdale Ct
C4
1 Airedale Ct
2 Ryedale Ct
3 Wharfedale Ct
D1
1 Dutton Gn
2 Kingsmead
3 Monkswood Ga
4 Ringwood Mt
D3
1 Pigeon Cote Cl
2 Ramshead Gv
3 Ramshead Pl
4 Ramshead Vw
D4
1 Bailey's Ct
2 Baileys Lawn
3 Elizabeth Pl
86
95
Monkswood
Seacroft
Brooklands
Oaktree Business Park
Seacroft Industrial Est
Leeds City Council
Fieldhead Carr Primary School
Beechwood County Primary Sch
The Grange Medical Cen
Parklands Girls High
WETHERBY ROAD
A6120(T)
RING ROAD
Red Hall Lane
Whinmoor Crs
Ringwood Avenue
Ringwood Drive
Ringwood Gdns
Monkswood Avenue
Monkswood Hl
Monkswood Bank
Monkswood Dr
Monkswood Rise
Ramshead Drive
Ramshead Gardens
Ramshead Hl
Limewood Ap
Limewood Road
Kentmere Avenue
Kentmere Crescent
Kentmere Crs
Kentmere Approach
Barncroft Rd
Barncroft Gdns
Pigeon Cote Rd
Eastdean Drive
Eastdean Grove
North Pkwy
Seacroft Crs
Bailey's Hill
Brooklands Av
Brooklands Drive
Rosgill Drive
Rosgill Wk
Easdale Crs
Malham Cl
Redmire Dr
St James Ap
South Parkway
Murton Cl
Coal Road
White Laithe Rd
Naburn Approach
Sherburn
Hebden Ap
Hansby Ga
Red Hall Croft
Green La
Cem

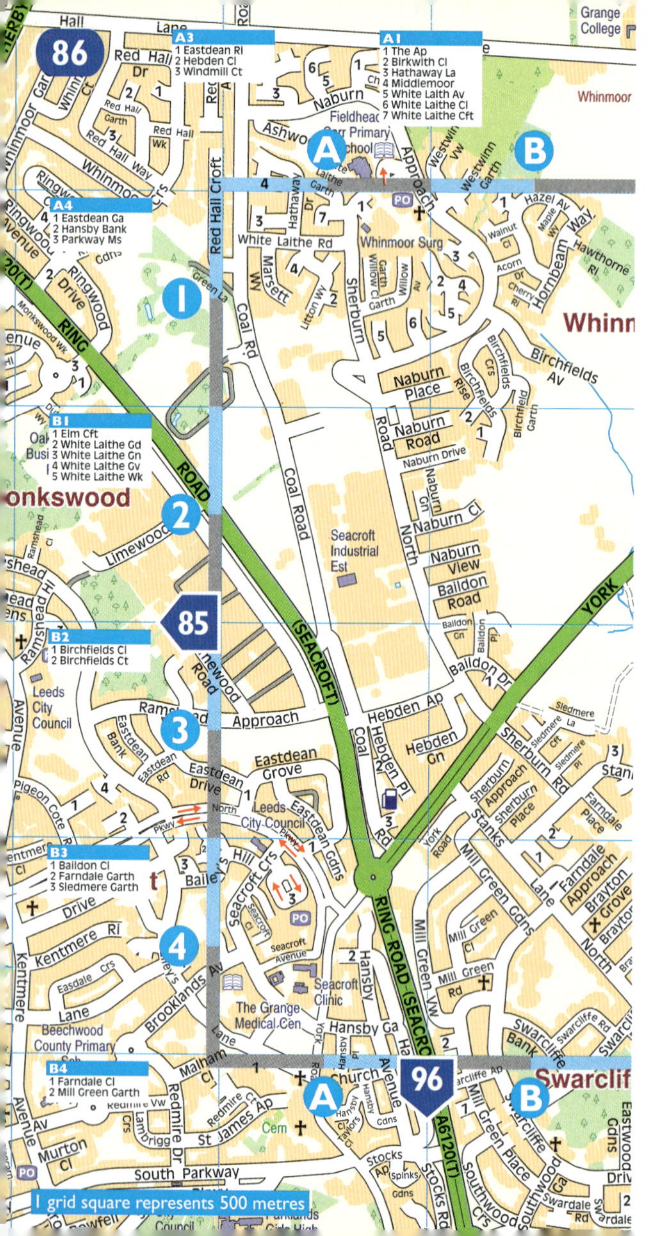

86
85
96
A
B
1
2
3
4
A3
1 Eastdean Ri
2 Hebden Cl
3 Windmill Ct
A1
1 The Ap
2 Birkwith Cl
3 Hathaway La
4 Middlemoor
5 White Laith Av
6 White Laithe Cl
7 White Laithe Cft
A4
1 Eastdean Ga
2 Hansby Bank
3 Parkway Ms
B1
1 Elm Cft
2 White Laithe Gd
3 White Laithe Gn
4 White Laithe Gv
5 White Laithe Wk
B2
1 Birchfields Cl
2 Birchfields Ct
B3
1 Baildon Cl
2 Farndale Garth
3 Sledmere Garth
B4
1 Farndale Cl
2 Mill Green Garth
Grange College
Whinmoor
Whinn
Hall Lane
Red Hall Dr
Red Hall Garth
Red Hall Wk
Red Hall Way
Whinmoor Crs
Ringwood Drive
Ringwood Avenue
Red Hall Croft
Naburn
Ashwood
Fieldhead Carr Primary School
White Laithe Garth
White Laithe Rd
Hathaway Dr
Marsett Wy
Litton Wy
Sherburn
Willow Garth
Willow Av
Whinmoor Surg
Approach
Westwinn Vw
Westwinn Garth
Hazel Av
Maple Wy
Walnut Cl
Acorn Dr
Cherry Rl
Hornbeam Way
Hawthorne Rl
Birchfields Av
Birchfields Crs
Birchfields Rise
Birchfield Garth
Naburn Place
Naburn Road
Naburn Drive
Naburn Gn
Naburn Cl
Naburn View
North Road
Baildon Road
Baildon Gn
Baildon Pl
Baildon Dr
Coal Road
Coal Rd
Seacroft Industrial Est
Green La
RING ROAD
Monkswood Wk
onkswood
Limewood
Limewood Road
Ramshead Cl
Ramshead Hl
Ramshead Approach
Leeds City Council
Avenue
(SEACROFT)
RING ROAD (SEACROFT)
YORK
Hebden Ap
Hebden Gn
Hebden Pl
Sledmere La
Sledmere Cft
Sledmere Pl
Sherburn Rd
Sherburn Approach
Sherburn Place
Stanks
Farndale Place
Farndale Approach
Brayton Grove
Brayton
North
Eastdean Bank
Eastdean Rd
Eastdean Drive
Eastdean Grove
Eastdean Gdns
North Pkwy
Pigeon Cote
Kentmere Cl
Kentmere Rl
Kentmere Avenue
Drive
Bailey's Hill
Bailey's Lane
Seacroft Crs
Seacroft Cl
Seacroft Avenue
Seacroft Clinic
The Grange Medical Cen
York Road
York Rd
Mill Green Gdns
Mill Green Cl
Mill Green Rd
Mill Green Vw
Lane
Easdale Crs
Lane
Brooklands Av
Beechwood County Primary Sch
Hansby Ga
Hansby Avenue
Hansby Pl
Hansby Cl
Hansby Gdns
Taylors Cl
Church
Swarcliffe Bank
Swarcliffe Rd
Swarcliffe Ap
Swarcliffe Av
Swarclif
Mill Green Place
Malham Cl
Redmire Vw
Redmire Dr
Redmire Ct
Lambrigg Crs
St James Ap
Cem
Murton Cl
South Parkway
Stocks Ap
Stocks Rd
Spinks Gdns
A6120(T)
Southwood Crs
Southwood Ga
Swardale Rd
Eastwood Gdns
Eastwood Drive
PO
1 grid square represents 500 metres

C
D
A64(T)
ROAD
C3
1 Langbar Garth
2 Langbar Gn
Arth
moor
Stockheld Lane
Road
Nook
Nook Gdns
The Avenue
Scholes
Lane
Arthursdale
C4
1 Ash Tree Bank
2 Ash Tree Cl
3 Ash Tree Gv
Arthursdale Gra
Morwick Hall
Rakehill R
Belle Vue Avenue
Milton Drive
Green Court
Station
Road
PO
Lyndhurst Close
Lyndhurst Crs
D4
1 Pennwell Fold
Lynnfield Gdns
Morwick Grove
Elmete Avenue
Scholes Elmete Junior School
Oaklea Rd
Belle Vue Road
Wood Lane
Main
Langbar Cl
Langbar Approach
Langbar Gv
Langbar Rd
Scholes Park
Brayton Green
Brayton Green Av
Pennwell Garth
Pennwell Gn
Pennwell Lawn
Stanks Drive
Ash Tree Gdns
Stanks
St Gregorys RC School
Eastwood Dr
Eastwood Lane
Eastwood Garth
Eastwood Crs
Eastwood Nook
Stanks Cl
Stanks Cross
Stanks Av
Stanks Wy
97
Leeds Road
Road
Adams Gv
The Fold
Swarcliffe Dr (East)
Swarcliffe Gn
Templar La
Barwick
Doctors

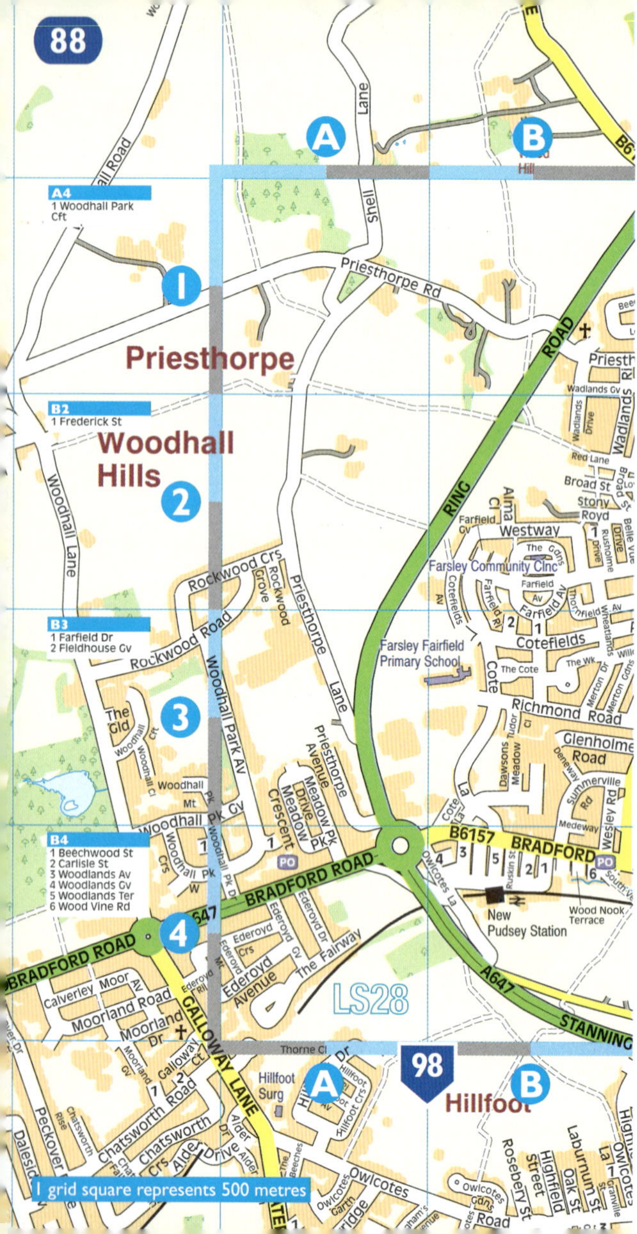

1 grid square represents 500 metres

C1
1 Kirklees Cft
2 Kirklees Ri
C2
1 Andrew St
2 Hainsworth Sq
3 Oakwell Ter
4 Turner St
C3
1 Armstrong St
2 Arncliffe Garth
3 Beckbury Cl
4 Beckbury St
5 Gilbert St
6 New Park Wk
7 Poplar Sq
8 Sunfield Gdns
9 Victoria Rd
C4
1 Dawson St
2 Hudson St
3 Laburnum St
4 Roberts St
5 Springfield Ter
6 West Grove St
7 William St
8 Wilsons Yd
D2
1 New Park Cl
D3
1 Bransby Ct
2 Grove St
D4
1 Ashfield Gv
2 Boocock St
3 Providence Pl
Rodley
Bagley
Farsley
Farsley Beck Bottom
A6120
A657
B6156
B6157
B6155
FARSLEY
CALVERLEY LANE B6156
TOWN ST
TOWN STREET
RICHARDSHAW LANE
STANNINGLEY BY-PASS
Bagley Lane
Coal Hill Lane
Coal Hill Gn
Coal Hl Dr
Half Mile Lane
Fernbank
Fernbank Gdns
Springbank Av
Springbank Road
Springbank Drive
Springbank
New Park Vw
New Pk Av
The Bvd
Newlands
Parkside Rd
Sunfield Pl
Sun St
Richardshaw Road
Grangefield Rd
Mount Pleasant Road
Westdale Drive
Standale Avenue
Cape Industrial Estate
Aireview Primary School
Farsley Springbank Junior Sch
Farsley Celtic A F C
Infant School
Sunfield Medical Cen
Stanningley Industrial Centre
Milestone Sch
Business Cen
Leeds City Council
Pudsey Grange Sch
College
Prim School
Moss Br Rd
Airedale Whf
Mary St
High St
Prospect St
Burton St
Croft St
South Dr
Merton Av
Westfield
Cavendish Pl
Varley St
Chapel St
Parkfield Ter
Richardshaw La
La End
Priestley Gdns
Rosemont

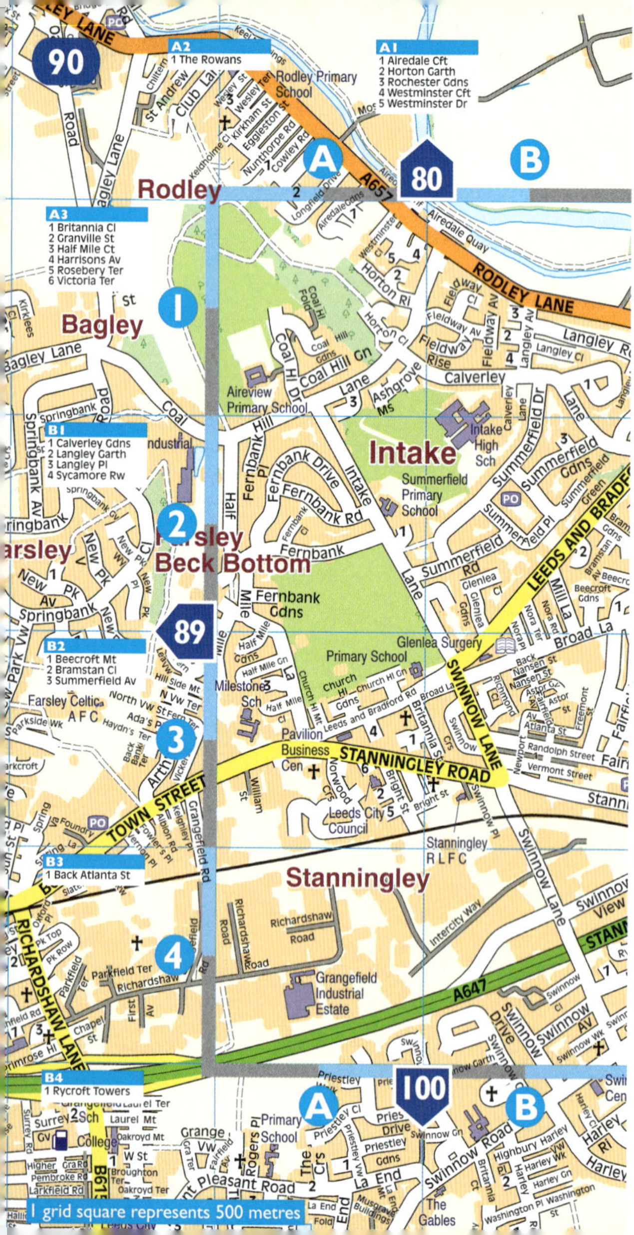
90
80
89
100
A
B
1
2
3
4
A1
1 Airedale Cft
2 Horton Garth
3 Rochester Gdns
4 Westminster Cft
5 Westminster Dr
A2
1 The Rowans
A3
1 Britannia Cl
2 Granville St
3 Half Mile Ct
4 Harrisons Av
5 Rosebery Ter
6 Victoria Ter
B1
1 Calverley Gdns
2 Langley Garth
3 Langley Pl
4 Sycamore Rw
B2
1 Beecroft Mt
2 Bramstan Cl
3 Summerfield Av
B3
1 Back Atlanta St
B4
1 Rycroft Towers
Rodley
Bagley
Intake
Farsley Beck Bottom
Stanningley
RODLEY LANE
A657
Rodley Primary School
Airedale Quay
Aireview Primary School
Intake High Sch
Summerfield Primary School
Glenlea Surgery
Primary School
Milestone Sch
Pavilion Business Cen
Leeds City Council
Stanningley RLFC
Grangefield Industrial Estate
Farsley Celtic AFC
STANNINGLEY ROAD
SWINNOW LANE
LEEDS AND BRADFORD
TOWN STREET
RICHARDSHAW LANE
A647
Swinnow Road
Pleasant Road
Grangefield Rd
Richardshaw Road
Intercity Way
Swinnow Lane
Swinnow View
Calverley Lane
Intake Lane
Half Mile Lane
Fernbank Drive
Fernbank Rd
Fernbank Gdns
Coal Hill Gn
Coal Hill Lane
Springbank Rd
Bagley Lane
Broad La
Britannia St
Bright St
Church Hl Gn
Summerfield Dr
Summerfield Gdns
Summerfield Rd
Fieldway Av
Fieldway Rise
Horton Ri
Horton Cl
Ashgrove Ms
Langley Rd
Langley Cl
Mill La
Randolph Street
Vermont Street
Atlanta St
Richardshaw Road
Parkfield Ter
Chapel St
Priestley Walk
Priestley Gdns
Priestley Drive
Harley Ri
Washington Pl
The Gables
Primary School
College
1 grid square represents 500 metres

C2
1 Calverley Ct
2 Calverley Gv
3 Calverley Ter
Whitecote
81
Moorside
Rossett Business Park
B6157
A657
WHITECOTE HL
A657 UPPER TOWN STREET
C3
1 Nansen Ter
Northern Ballet Thtr
Wellington Grove
Leeds and Bradford Rd
Ganners Lane
Broad La
D1
1 Blairsville Gv
2 Ganners Gn
3 Hillcourt Cft
4 Moorside St
5 Shirley Dr
Manor Park Surg
Bramley Health Cen
Bramley R U F C
Leeds City Council
LS13
Westmoor Rise
Calverley Dr
Broad Lane
Fairfield Hl
Fairfield Terrace
Fairfield Street
Fairfield Crescent
92
D2
1 Back Parkville Rd
2 Westover Gn
3 Westover Gv
4 Westover Mt
5 Westover Ter
6 Westover Vw
7 Woodbine Ter
Primary School
Rossefield
New Scarbro
The Highfields Medical Cen
Landseer Green
Out Gang
Stanningley Rd
Bramley Business Centre
Sunnyside Rd
Bramley Station
Bramley
Elder Road
D3
1 Ashdown St
2 Back Bath Rd
3 Bk Melbourne Gv
4 Bk Rosemont Wk
5 Bath Gv
6 Hough Ter
7 Melbourne Gv
8 Rosemont Av
9 Rosemont Wk
10 Warrel's Rw
Scarbro' Jct
Hough End La
STANNINGLEY-BY-PASS
Swinnow Road
Wellstone Dr
101
D4
1 Avondale St
2 Clarence St
3 Elder Mt
RING RD BRAMLEY
Park Spring CP School
Hough Side
Swinnow Lane
Gamble Close
Harley Ter

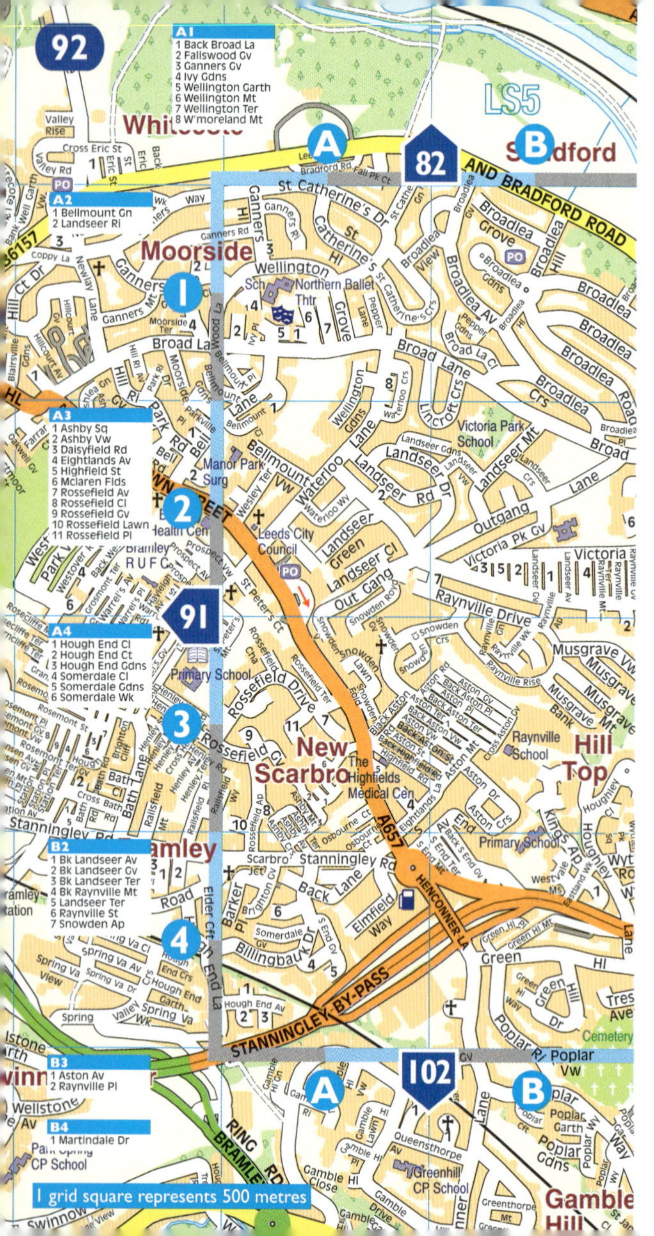

92
82
91
102
A1
1 Back Broad La
2 Fallswood Gv
3 Ganners Gv
4 Ivy Gdns
5 Wellington Garth
6 Wellington Mt
7 Wellington Ter
8 W'moreland Mt
A2
1 Bellmount Gn
2 Landseer Ri
A3
1 Ashby Sq
2 Ashby Vw
3 Daisyfield Rd
4 Eightlands Av
5 Highfield St
6 Mclaren Flds
7 Rossefield Av
8 Rossefield Cl
9 Rossefield Gv
10 Rossefield Lawn
11 Rossefield Pl
A4
1 Hough End Cl
2 Hough End Ct
3 Hough End Gdns
4 Somerdale Cl
5 Somerdale Gdns
6 Somerdale Wk
B2
1 Bk Landseer Av
2 Bk Landseer Gv
3 Bk Landseer Ter
4 Bk Raynville Mt
5 Landseer Ter
6 Raynville St
7 Snowden Ap
B3
1 Aston Av
2 Raynville Pl
B4
1 Martindale Dr
LS5
Moorside
New Scarbro
Hill Top
Gamble Hill
AND BRADFORD ROAD
STANNINGLEY-BY-PASS
STANNINGLEY
RING RD BRAMLEY
A657
HENCONNER LA
Broad Lane
Broadlea Road
Northern Ballet Thtr
Victoria Park School
Manor Park Surg
Leeds City Council
Primary School
Raynville School
The Highfields Medical Cen
Greenhill CP School
Cemetery
1 grid square represents 500 metres

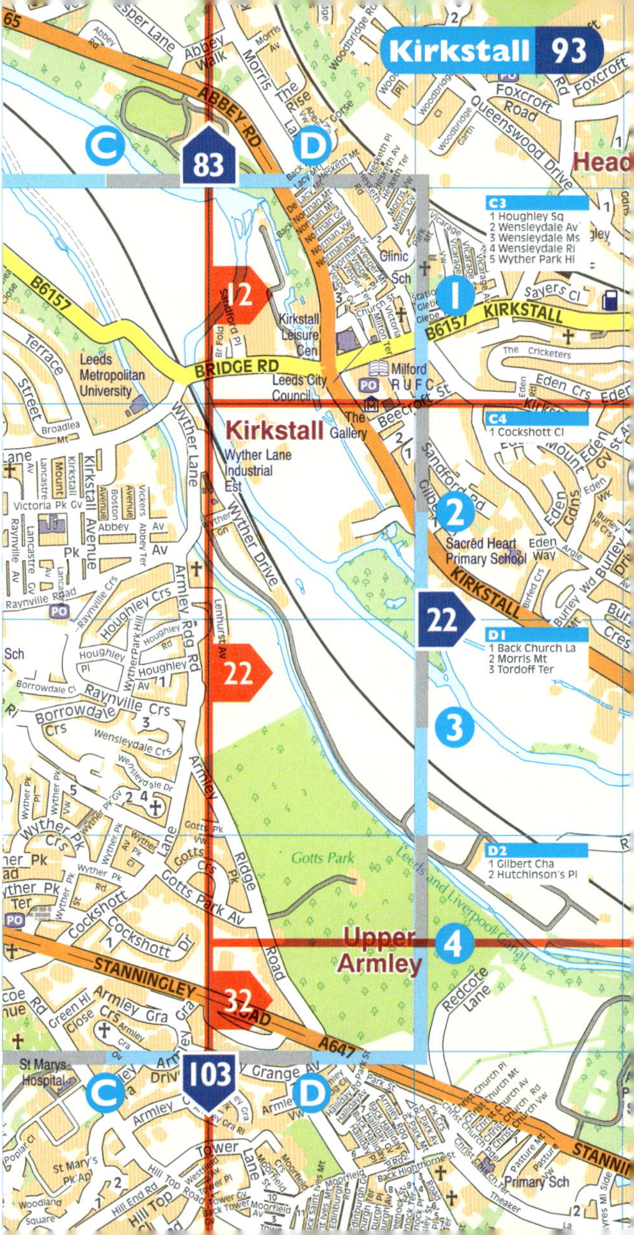
C3
1 Houghley Sq
2 Wensleydale Av
3 Wensleydale Ms
4 Wensleydale Ri
5 Wyther Park Hl
C4
1 Cockshott Cl
D1
1 Back Church La
2 Morris Mt
3 Tordoff Ter
D2
1 Gilbert Cha
2 Hutchinson's Pl
83
12
22
22
32
103
Kirkstall
Upper Armley
ABBEY RD
BRIDGE RD
B6157
KIRKSTALL
STANNINGLEY ROAD
A647
Leeds Metropolitan University
Kirkstall Leisure Cen
Leeds City Council
Milford RUFC
The Gallery
Wythe Lane Industrial Est
Sacred Heart Primary School
Gotts Park
Leeds and Liverpool Canal
St Marys Hospital
Primary Sch
Clinic
Sch
Head
Abbey Walk
Morris Av
The Rise
Woodbridge Rd
Foxcroft Road
Queenswood Drive
Vicarage Av
Sayers Cl
The Cricketers
Eden Crs
Beecroft St
Sandford Rd
Eden Way
Burley Wd
Terrace
Street
Broadlea Mt
Kirkstall Avenue
Victoria Pk Gv
Abbey Av
Raynville Road
Raynville Crs
Houghley Crs
Armley Rdg Rd
Wyther Lane
Wyther Drive
Lenhurst Av
Houghley Pl
Borrowdale Crs
Wensleydale Crs
Wensleydale Dr
Wyther Pk Crs
Cockshott Lane
Cockshott Dr
Gotts Park Av
Ridge Pk
Armley Ridge Road
Redcote Lane
Green Hl Close
Armley Gra Crs
Grange Av
Armley Drive
Tower Lane
Hill Top Road
Hill End Rd
Woodland Square
Poplar Cl
Park St
Christ Church Pl
Pasture Mt
Theaker La
Stanningley

Hollin Park
94
Montagu Crs
John Jamieson Special School
Hollin Park Rd
Hollin Park Mt
Hollin Park Crs
Hollin Park Ter
Hollin Pk Av
A58
Montagu Av
Lawrence Gdns
Lawrence Crs
Amberton Ter
Avenue
Grange
Grange Park Crs
Park Road
Grange Pk Cl
Fox Wd Gv
Fox Wd Wk
Fox Wd Cl
Fox Wd Ri
Asket Crs
Asket Place
Asket Walk
North Parkway
Dib Cl
Dib
A
B
84
Fearnville Dr
Fearnville Mount
Fearnville Gv
Fearnville Ter
Fearnville Place
Fearnville Vw
Fearnville Av
Fearnville Road
PO
A4
1 Brecon Ap
2 Selby Rd
Lawrence Road
Amberton Garth
Amberton Lane
Amberton Gv
Amberton Ap
Amberton Mt
Amberton Crescent
Lawrence Wk
Takalani Dance Theatre
Road
Thorn Ter
Thorn Walk
Oakwood
Oakwood Lane
Fearnville
Brooklands Cl
Foundry Mill Dr
Brooklands Crs
Fearnville Sports Centre
Gipton
Oak Tree Dr
Low Gipton Crs
Amberton Rd
B4
1 Chenies Cl
2 High Ways
3 Sutton Crs
4 Whitebridge Vw
Farm
Oak Tree Rd
Oak Tree Walk
Oak Tree Mount
Oak Tree Gv
Oak Tree Crs
Beech Mt
Beech Cl
Beech Wk
Beech Lane
St Nicholas RC School
South Pkwy Ap
South Parkway
Parkfield Way
Foundry Mill Dr
Foundry Lane
Neath Gardens
31
Foundry Ap
Coldcotes Dr
Coldcotes Vw
Coldcotes Crs
Coldcotes Garth
Coldcotes Gv
Coldcotes Wk
Greenview Cl
Denbigh Ap
Wykebeck Valley Road
Infant Sch
Primary Sch
Cemetery
Brander St
Farm Road
Greenview Mt
South
Brander Cl
Killingbeck
Acorn Business Park
Killingbeck Drive
Buller Ct
Buller Gv
Brander Grove
Brander Road
Brander Dr
Brander Ap
Gipton Approach
Gipton Sq
Harrison Crs
St Alban Mt
St Alban Crs
St Alban Vw
St Alban Road
B6159
Back Storey Pl
Storey Pl
Diadem Dr
Sutton
Killingbeck Br
Leeds City Council
Whitebridge Sp
Whitebridge Crs
Verity Vw
Verity Spur
Dunhill Rise
A64
YORK ROAD
Doctors Surgery
104
Rookwood Avenue
Rookwood Crs
Rookwood Vw
Rookwood Sq
Rookwood Road
Rookwood Mt
Osmondthorpe Lane
Wykebeck Mount
Wykebeck Ter
Wykebeck Rd
Wykebeck St
Wykebeck Avenue
Wykebeck Pl
Selby Av
A63
SELBY ROAD
William Rise
Appleby Pl
Corpus Christi High School
1 grid square represents 500 metres

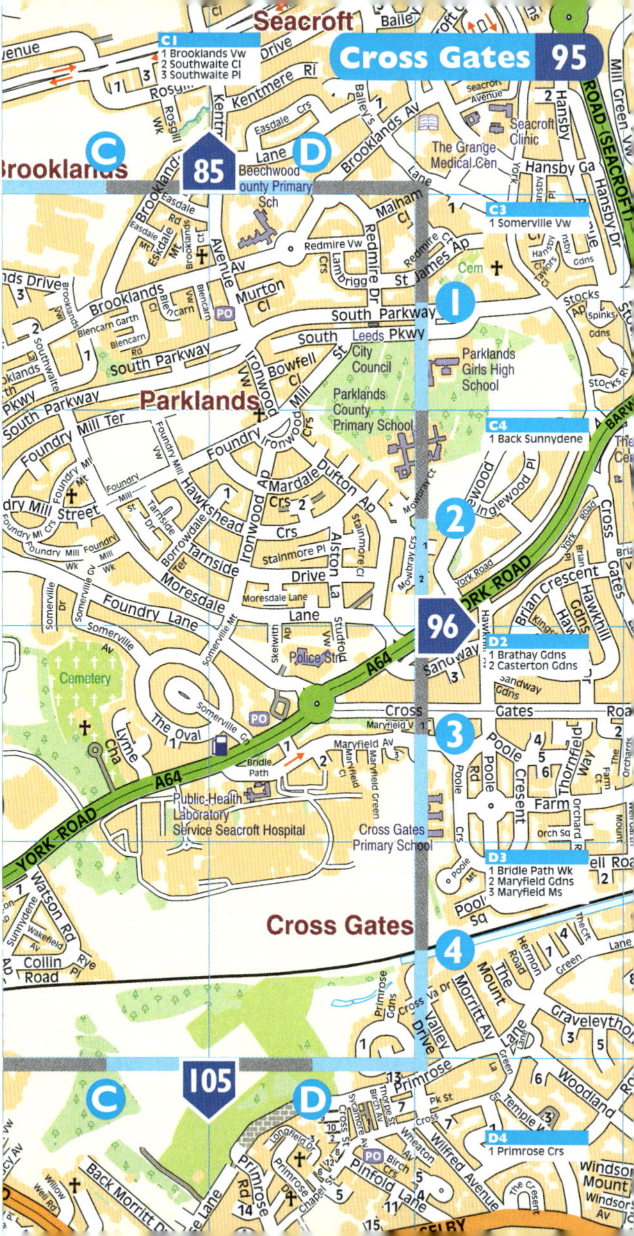
Seacroft
C1
1 Brooklands Vw
2 Southwaite Cl
3 Southwaite Pl
Brooklands
85
Beechwood County Primary Sch
The Grange Medical Cen
Seacroft Clinic
Hansby Ga
C3
1 Somerville Vw
South Parkway
Leeds City Council
Parklands Girls High School
Parklands
Parklands County Primary School
C4
1 Back Sunnydene
Foundry Mill Street
Foundry Lane
Moresdale Lane
96
D2
1 Brathay Gdns
2 Casterton Gdns
Brian Crescent
Cemetery
The Oval
Police Stn
A64
YORK ROAD
Cross Gates Road
Public Health Laboratory Service Seacroft Hospital
Cross Gates Primary School
D3
1 Bridle Path Wk
2 Maryfield Gdns
3 Maryfield Ms
Cross Gates
Collin Road
Watson Rd
Valley Drive
Morritt Av
105
D4
1 Primrose Crs
Wilfred Avenue
Back Morritt Dr
Pinfold Lane
Primrose Lane
SELBY

Seacroft
96
A2
1 Croftside Cl
2 Fairfax Cl
A1
1 Courtenays
Kentmere Ri
Kentmere Avenue
Easdale Crs
Bailey's Lane
Brooklands Av
Beechwood County Primary Sch
Seacroft Avenue
The Grange Medical Cen
Hansby Ga
Hansby Pl
Mill Green Gdns
Mill Green Cl
Mill Green Rd
Swarcliffe Rd
Swarcliffe Bank
Swarcliffe
86
A
B
A3
1 Maryfield Ct
2 Penarth Rd
3 Sandway Gv
4 Thornfield Ct
5 Thornfld Dr Dr
6 Thornfield Ms
Malham Cl
Redmire Ct
Redmire Vw
St James Ap
Church Cl
Church Avenue
Hansby Dr
Cem
Swarcliffe Ap
Mill Green Place
Eastwood Gdns
Southwood Ga
Southwood Crs
Swardale Rd
Murton Cl
PO
South Parkway
Leeds City Council
Stocks Ap
Spinks Gdns
Stocks Rd
Stocks Ri
A6120(T)
South Pkwy
Bowfell Cl
Ironwood Vw
Parklands County Primary School
Parklands Girls High School
Barwick Rd
St Theresas RC Primary School
Manston
A4
1 Clapham Dene Rd
2 Cold Well Sq
3 Gravelythpe Ri
4 Hermon St
5 Templestowe Hl
Mowbray Ct
Inglewood Drive
Inglewood Pl
The Medical Centre
Cross Gates Road
Cross Gates Lane
Cross Gates Avenue
Ring Road Cross Gates
Manston Av
Manston Way
Manston Approach
Ironwood Crs
Stainmore Pl
Stainmore Cl
Alston La
Mowbray Crs
York Road
Brian Crescent
Brian Vw
Hawkhill Gdns
Hawkhill Dr
Hawkhill Av
Kingston Gdns
Manston Ri
Manston Dr
Manston Grove
Manston Crs
Church Lane
Moresdale Lane
95
B1
1 Southwood Cl
2 Swardale Gn
A64
Sandway
Sandway Gdns
Ashfield Medical Centre
Somerville Gr
Cross Gates Road
Church View Surg
Maryfield Cl
Maryfield Green
Bridle Path
Poole Crescent
Poole Rd
Poole Crs
Thornfield Way
Farm Ct
The Orchards
Farm Road
Farm Mt
Orch Sq
Orchard Rd
Mount Well
Garth
Park Lane College
Back Marshall St
Marshall St
Seacroft Hospital
Cross Gates Primary School
E
Station Road
B3
1 Bk Austhorpe Rd
2 Bk Marshall Ter
3 East Vw
4 North Rd
5 North Ter
6 Orchard Mt
7 Station Rd
8 Tranquility
9 Tranquillity Ct
Cold Well Road
Poole Mt
Poole Road
Poole Sq
Station Vw
Cross Gates Stn
Kennerleigh Dr
Silkstone Wy
Silkstone Ct
Gates
4
Hermon Road
The Croft
Green Lane
The Mount
Primrose Gdns
Cross Va Dr
Valley Drive
Morritt Av
Lane
Graveleythorpe Road
Hollyshaw Walk
Carter Lane
Carter Av
Hollyshaw Crs
Knightsway
Ring Road
106
B4
1 Back Carter Ter
2 Bk Kennerl'gh Wk
3 Carter Ter
4 Greenway
5 Greenway Cl
6 Kennerleigh Gln
7 Kennerleigh Wk
8 Templestowe Crs
Primrose
Pk St
Birch Av
Sycamore Av
Wheaton Av
Wilfred Ave
Woodland
Woodland Close
Windsor Mount
Windsor Av
Queensway
Kingsway
Hollyshaw Gv
Hollyshaw Lane
Knights Close
Pinfold
Birch Crs
The Cresent
1 grid square represents 500 metres

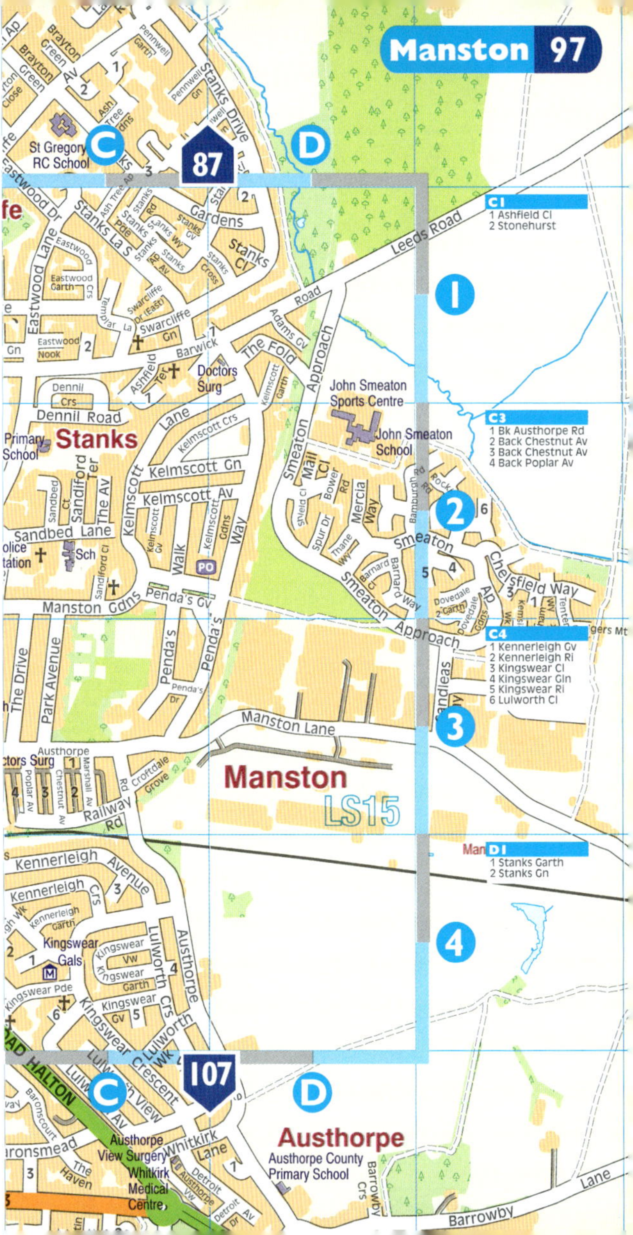
87
107
C
D
1
2
3
4
St Gregory RC School
Stanks Drive
Stanks Gardens
Stanks Cl
Leeds Road
Eastwood Lane
Eastwood Garth
Eastwood Nook
Swarcliffe Gn
Barwick Road
Ashfield Ter
Doctors Surg
Adams Gv
The Fold
Smeaton Approach
Kelmscott Garth
John Smeaton Sports Centre
John Smeaton School
Dennil Crs
Dennil Road
Primary School
Stanks
Kelmscott Lane
Kelmscott Crs
Kelmscott Gn
Kelmscott Av
Kelmscott Gdns
Kelmscott Walk
Sandiford Ter
Sandbed Lane
Sch
PO
Manston Gdns
Penda's Gv
Penda's Way
Penda's Dr
Mail Cl
Bower Rd
Mercia Way
Spur Dr
Thane Wy
Barnard Cl
Barnard Way
Bamburgh Rd
Rock
Chelsfield Way
Dovedale Garth
Dovedale Gdns
C1
1 Ashfield Cl
2 Stonehurst
C3
1 Bk Austhorpe Rd
2 Back Chestnut Av
3 Back Chestnut Av
4 Back Poplar Av
C4
1 Kennerleigh Gv
2 Kennerleigh Ri
3 Kingswear Cl
4 Kingswear Gln
5 Kingswear Ri
6 Lulworth Cl
D1
1 Stanks Garth
2 Stanks Gn
The Drive
Park Avenue
Manston Lane
Austhorpe
Poplar Av
Chestnut Av
Marshall Av
Croftdale Grove
Railway Rd
Manston
LS15
Kennerleigh Avenue
Kennerleigh Crs
Kennerleigh Garth
Kingswear Gals
Kingswear Vw
Kingswear Garth
Kingswear Gv
Kingswear Pde
Kingswear Crescent
Lulworth Crs
Austhorpe Road
Lulworth Wk
Lulworth View
Baronscourt
Baronsmead
The Haven
Austhorpe View Surgery
Whitkirk Medical Centre
Whitkirk Lane
Detroit Av
Detroit Dr
Austhorpe
Austhorpe County Primary School
Barrowby Crs
Barrowby Lane

98
Bradford University
BRADFORD ROAD
A647
New Pudsey Station
Wood Nook Terrace
Ruskin
South Vw
Ederoyd Crs
Ederoyd Gv
Ederoyd Dr
Ederoyd Mt
Ederoyd Ri
Ederoyd Avenue
The Fairway
Calverley Moor Av
Moorland Road
Moorland Dr
Galloway Ct
GALLOWAY LANE
A
LS28
88
B
STANNING
Thorne Cl
Hillfoot Surg
Hillfoot Dr
Hillfoot Ri
Hillfoot Av
Hillfoot Crs
Hillfoot
A1
1 Inghams Ter
2 Ingham's Vw
Peckover Dr
Peckover Drive
Dalesside Av
Chatsworth Rise
Chatsworth Road
Chatsworth Fall
Chatsworth Cr
Chatsworth Drive
Alder Dr
Alder Drive
Alder Carth
The Beeches
Owlcotes Carth
Owlcotes Road
Owlcotes Gdns
Owlcotes Ter
Owlcotes La
Rosebery St
Highfield Street
Oak St
Laburnum St
Granville St
Aspect
WATERLOO ROAD
Sunnyridge Avenue
Ingham's Avenue
Waterloo Mt
Waterloo Grove
St James Crs
B6154
Cromack Vw
Perseverance St
Marsh Ct
Marsh
Marsh Ter
Old Marsh
Victoria Ri
Victoria Crs
Victoria Rd
Victoria Gdns
Ambleside Gdns
Westover Gdns
Daleside Gv
B1
1 Highcroft Cl
2 Highfield Ter
3 Prospect St
Bradley Lane
Delph End Gallery
Gibraltar Road
Tyersal Beck
PO
Pudsey Waterloo Junior School
UPPER
Wellington Grove
Glenroyd Close
Occupation La
Heath Gv
Lynnwood Gdns
Alexandra Road
Wild Grove
Wild Grove Farm
Leeds Country Way
B2
1 Mount Tabor St
Smalewell Gdns
Smalewell La
Smalewell
New Occupation Road
Smalewell Dr
Windmill Hl
Tyersal Lane
Westroyd Gdns
Westroyd
Westroyd Av
Westroyd Crs
B3
1 Moorfield Gv
2 Smalewell Dr
Tyersal Lane
Black Hey Farm
Tyersal Hall
Leeds
Bradford
Black Carr
Leeds Country Way
Lane
1 grid square represents 500 metres

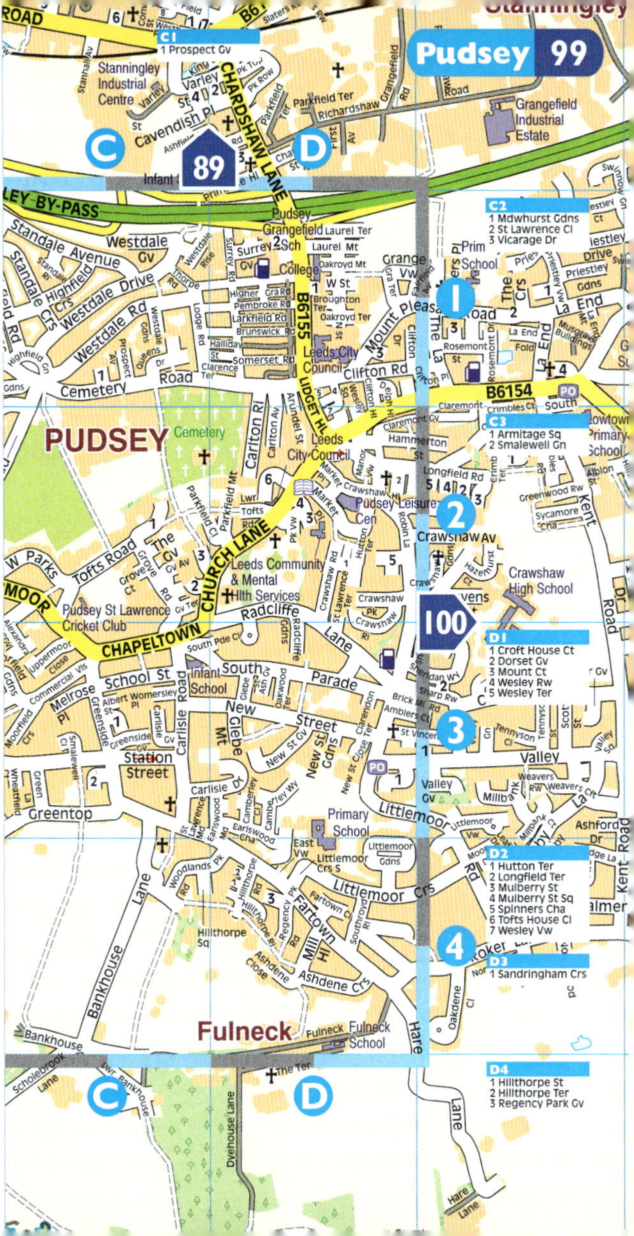
C1
1 Prospect Gv
C2
1 Mdwhurst Gdns
2 St Lawrence Cl
3 Vicarage Dr
C3
1 Armitage Sq
2 Smalewell Gn
D1
1 Croft House Ct
2 Dorset Gv
3 Mount Ct
4 Wesley Rw
5 Wesley Ter
D2
1 Hutton Ter
2 Longfield Ter
3 Mulberry St
4 Mulberry St Sq
5 Spinners Cha
6 Tofts House Cl
7 Wesley Vw
D3
1 Sandringham Crs
D4
1 Hillthorpe St
2 Hillthorpe Ter
3 Regency Park Gv
89
100
PUDSEY
Fulneck
Stanningley Industrial Centre
Grangefield Industrial Estate
Cemetery
Leeds City Council
Pudsey Leisure Cen
Leeds Community & Mental Hlth Services
Pudsey St Lawrence Cricket Club
Crawshaw High School
Primary School
Infant School
Fulneck School
CHAPELTOWN
CHURCH LANE
LIDGET HL
CHARDSHAW LANE
B6155
B6154
Cemetery Road
Radcliffe Lane
South Parade
New Street
Station Street
School St
Littlemoor Crs
Bankhouse Lane
Greentop
Tofts Road
Westdale Drive
Standale Avenue
Clifton Rd
Richardshaw Lane
Crawshaw Av
Dyehouse Lane
Hare Lane

Stanningley
100
90
99
A
B
1
2
3
4
A2
1 Hammerton Gv
2 Longfield Av
3 Longfield Ct
4 Longfield Gv
5 Longfield Mt
A1
1 Priestley Gdns
2 Rosemont Av
3 Rosemont Ter
4 Townend Pl
A3
1 Littlemoor Ct
2 Sheridan Ct
A4
1 Northwood Mt
B1
1 Montreal Ter
2 Washington Ter
B2
1 Cavendish Ri
2 Cavendish St
3 Hillside Gv
4 Portland St
5 Richmond Gdns
Richardshaw Lane
Richardshaw Road
Grangefield Industrial Estate
A647
B6155
B6154
Hough Side Road
Church Lane
Pleasant Road
Swinnow Road
Intake Rd
Hough Side La
Crawshaw High School
Lowtown Primary School
Primary School
The Gables Surgery
Leeds City Council
City Council
Leisure
Leeds Community & Mental Hlth Services
College
Clifton Rd
Crawshaw Av
Chaucer Avenue
Kent Road
Valley Road
Acres Hall Avenue
Acres Hall Crescent
Littlemoor
Roker Lane
Walmer Grove
Romney Mt
New Street
Parade
Radcliffe
Ashdene Crs
Fulneck
Fulneck School
Troydale
Hare Lane
Dyehouse Lane
The Ter
PO
1 grid square represents 500 metres

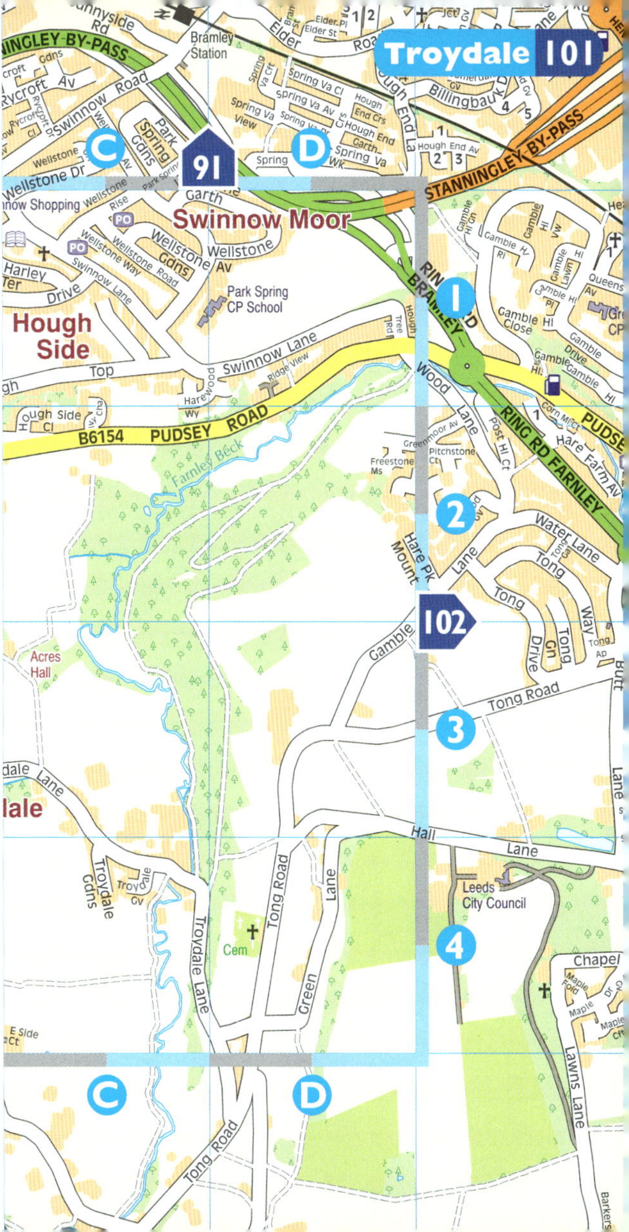
Bramley Station
STANNINGLEY-BY-PASS
Swinnow Road
Wellstone Dr
Swinnow Moor
Hough Side
Park Spring CP School
Swinnow Lane
B6154 PUDSEY ROAD
Farnley Beck
RING RD BRAMLEY
RING RD FARNLEY
Wood Lane
Water Lane
Tong Road
Hall Lane
Acres Hall
Troydale Lane
Cem
Leeds City Council
Lawns Lane
Chapel
Green Lane
Gamble Hl
91
102
C
D
1
2
3
4

102
92
101
108
A
B
1
2
3
4
A1
1 Queensthorpe Ri
A2
1 Hare Farm Cl
B1
1 Queensthorpe Cl
B3
1 Stonebridge Ap
B4
1 Butterbowl Lawn
2 Havercroft
Elder St
Back Lane
Elmfield Way
HENCONNER LA
Somerdale Gv
Billingbauk Dr
Spring Va Cl
Spring Va Av
Spring Va Dr
Spring Va View
Spring Valley Wk
Spring Va
Hough End Crs
Hough End Garth
Hough End La
Hough End Av
STANNINGLEY BY-PASS
Green Hl
Poplar Ri
Poplar Vw
Cemetery
Heather Gv
Gamble Hl Grn
Gamble Ri
Gamble Hl Vw
Gamble Lawn
Gamble Hl Pl
Queensthorpe Av
Greenhill CP School
Gamble Close
Gamble Drive
Gamble Hl
Poplar Garth
Poplar Gdns
Poplar Wy
Poplar Cft
Gamble Hill
Greenthorpe Mt
Greenthorpe Wk
Greenthorpe Hill
Greenthorpe Road
Greenthorpe St
Henconner Lane
Wellstone Av
Park Spring CP School
Swinnow Lane
Ridge View
RING RD BRAMLEY
RING RD FARNLEY
Wood Lane
Post Hl Ct
Corn Mill Ct
Hare Farm Av
PUDSEY ROAD
B6154
Marwood Rd
Butt Lane
Reservoir
Lakeside Industrial Estate
Farrow V
Farrow Bank
Garth Hts
Greenmoor Av
Pitchstone Ct
Freestone Ms
Wood Gv
Water Lane
Hare Pk Mount
Tong Way
Tong Drive
Tong Gn
Tong Ap
Tong Road
Surgery
Stonebridge Gv
Stonebridge Lane
Ryecroft Primary School
Stonecliffe Dr
Stonecliffe Gv
Stonecliffe Crs
Stonecliffe Garth
Stonecliffe Mt
Stonecliffe Ter
Stonecliffe Wy
Bawn Gardens
Bawn Drive
Bawn Lane
Bawn Ap
Hall Lane
Leeds City Council
Butterbowl Gv
Butterbowl Garth
Cross Lane
Farnley
Nutting Gv Terrace
Chapel La
Lawns Park Primary School
Maple Fold
Maple Dr
Maple Gv
Maple Cft
Lawns Lane
Farnley Park High School
Cem
Tong La
Green La
Barkers
1 grid square represents 500 metres

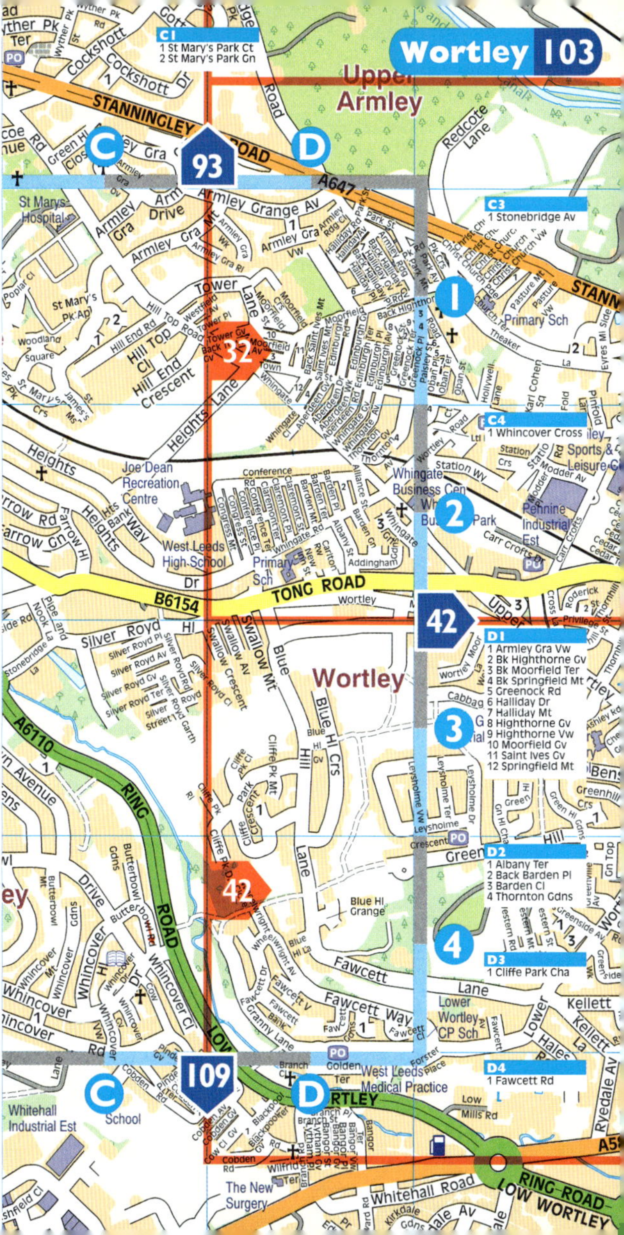
C1
1 St Mary's Park Ct
2 St Mary's Park Gn
Upper Armley
STANNINGLEY ROAD
A647
93
C
D
Redcote Lane
C3
1 Stonebridge Av
St Marys Hospital
Armley Grange Av
Armley Gra Vw
Tower Lane
Hill Top Rd
Hill End Crescent
Hill Top Cl
St Mary's Pk Ap
Woodland Square
32
1
Primary Sch
2
C4
1 Whincover Cross
Heights Lane
Joe Dean Recreation Centre
Whingate Business Cen
Pennine Industrial Est
Station Wy
Carr Crofts Dr
West Leeds High School
Primary Sch
B6154
TONG ROAD
Wortley
42
D1
1 Armley Gra Vw
2 Bk Highthorne Gv
3 Bk Moorfield Ter
4 Bk Springfield Mt
5 Greenock Rd
6 Halliday Dr
7 Halliday Mt
8 Highthorne Gv
9 Highthorne Vw
10 Moorfield Gv
11 Saint Ives Gv
12 Springfield Mt
Silver Royd Hl
Swallow Mt
Wortley
3
A6110
RING ROAD
Blue Hill Lane
Leysholme Vw
D2
1 Albany Ter
2 Back Barden Pl
3 Barden Cl
4 Thornton Gdns
42
Blue Hl Grange
4
D3
1 Cliffe Park Cha
Fawcett Lane
Fawcett Way
Lower Wortley CP Sch
Whincover Rd
109
C
D
West Leeds Medical Practice
D4
1 Fawcett Rd
Whitehall Industrial Est
School
The New Surgery
Whitehall Road
RING ROAD LOW WORTLEY
Low Mills Rd
A58
Ryedale Av

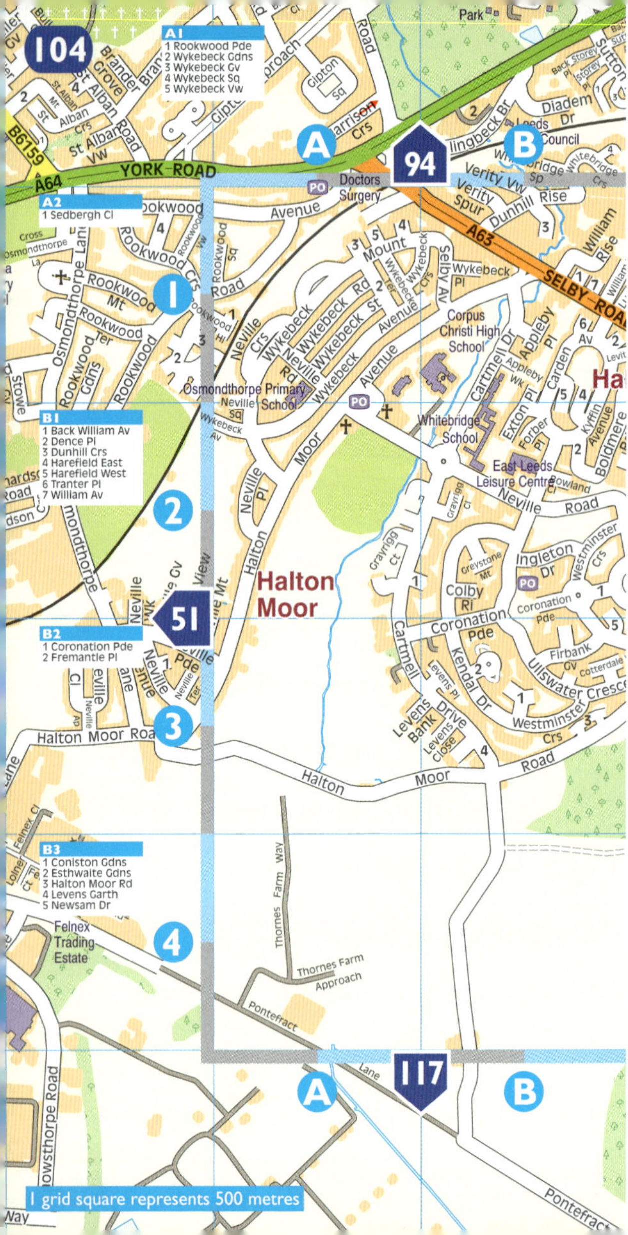
104
A1
1 Rookwood Pde
2 Wykebeck Gdns
3 Wykebeck Gv
4 Wykebeck Sq
5 Wykebeck Vw
A2
1 Sedbergh Cl
B1
1 Back William Av
2 Dence Pl
3 Dunhill Crs
4 Harefield East
5 Harefield West
6 Tranter Pl
7 William Av
B2
1 Coronation Pde
2 Fremantle Pl
B3
1 Coniston Gdns
2 Esthwaite Gdns
3 Halton Moor Rd
4 Levens Garth
5 Newsam Dr
A
B
94
51
117
1
2
3
4
YORK ROAD
A64
B6159
A63
SELBY ROAD
Doctors Surgery
Leeds Council
Corpus Christi High School
Osmondthorpe Primary School
Whitebridge School
East Leeds Leisure Centre
Halton Moor
Felnex Trading Estate
Gipton Sq
Diadem Dr
Dunhill Rise
Verity Vw
Verity Spur
Wykebeck Pl
Selby Av
Neville Road
Coronation Pde
Kendal Dr
Levens Bank
Levens Close
Westminster Crs
Ullswater Crescent
Firbank Gv
Ingleton Dr
Colby Ri
Halton Moor Road
Thornes Farm Way
Thornes Farm Approach
Pontefract Lane
Osmondthorpe Lane
Rookwood Road
Rookwood Crs
Rookwood Mt
Rookwood Ter
Rookwood Gdns
Neville Pl
Neville Sq
Cartmell Dr
Appleby Pl
Exton Pl
Forber Pl
Boldmere
Wykebeck Av
Wykebeck Mount
Wykebeck St
Wykebeck Rd
Wykebeck Avenue
Park
Halton
1 grid square represents 500 metres

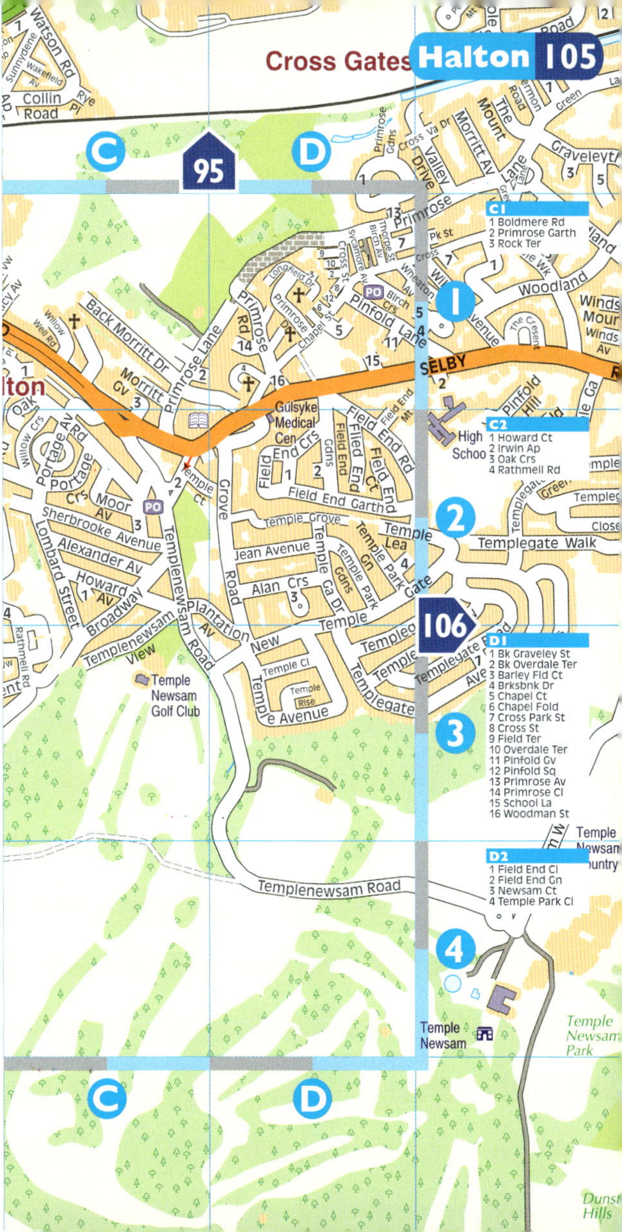

C1
1 Boldmere Rd
2 Primrose Garth
3 Rock Ter

C2
1 Howard Ct
2 Irwin Ap
3 Oak Crs
4 Rathmell Rd

D1
1 Bk Graveley St
2 Bk Overdale Ter
3 Barley Fld Ct
4 Brksbnk Dr
5 Chapel Ct
6 Chapel Fold
7 Cross Park St
8 Cross St
9 Field Ter
10 Overdale Ter
11 Pinfold Gv
12 Pinfold Sq
13 Primrose Av
14 Primrose Cl
15 School La
16 Woodman St

D2
1 Field End Cl
2 Field End Gn
3 Newsam Ct
4 Temple Park Cl

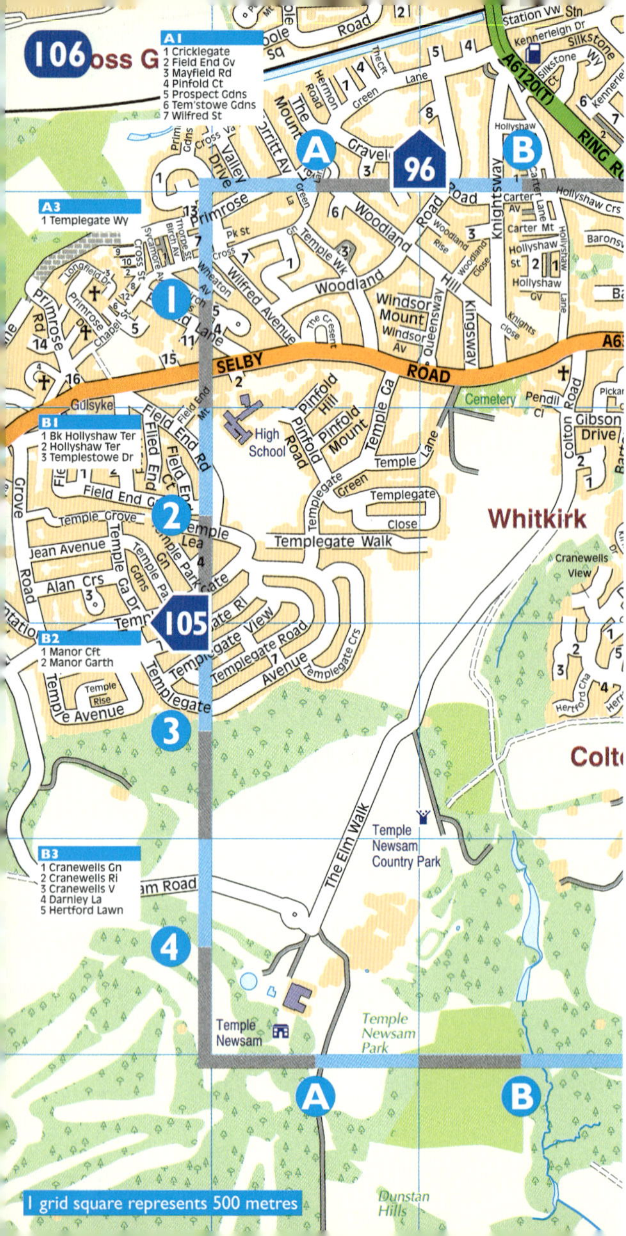
A1
1 Cricklegate
2 Field End Gv
3 Mayfield Rd
4 Pinfold Ct
5 Prospect Gdns
6 Tem'stowe Gdns
7 Wilfred St
A3
1 Templegate Wy
B1
1 Bk Hollyshaw Ter
2 Hollyshaw Ter
3 Templestowe Dr
B2
1 Manor Cft
2 Manor Garth
B3
1 Cranewells Gn
2 Cranewells Ri
3 Cranewells V
4 Darnley La
5 Hertford Lawn
96
105
Station Vw
Stn
Kennerleigh Dr
Silkstone Wy
Silkstone Ct
A6120(T)
RING R
Hollyshaw
Knightsway
Carter Lane
Carter Av
Carter Mt
Hollyshaw St
Hollyshaw Gv
Hollyshaw Lane
Hollyshaw Crs
Knights Close
Kingsway
Queensway
Windsor Mount
Windsor Av
Woodland Hill
Woodland Road
Woodland Rise
Woodland Close
Woodland Lane
Gravel
Green Lane
Hermon Road
The Mount
Temple Wk
Primrose
Pk St
Cross
Wilfred Avenue
Wheaton Av
Valley Drive
The Cresent
SELBY ROAD
A63
Gulsyke
Primrose Rd
Primrose Dr
Chapel St
Longfield Dr
Field End Rd
Field End Mt
Field End Ct
Field End Gr
Filed End
High School
Pinfold Hill
Pinfold Road
Pinfold Mount
Temple Ga
Temple Lane
Templegate Green
Templegate Close
Templegate Walk
Temple Grove
Temple Lea
Jean Avenue
Alan Crs
Temple Ga Dr
Temple Gn
Temple Park
Templegate Ri
Templegate View
Templegate Road
Templegate Avenue
Templegate Crs
Templegate
Temple Rise
Temple Avenue
Grove Road
Cemetery
Pendil Cl
Colton Road
Gibson Drive
Whitkirk
Cranewells View
Hertford Cha
Colt
The Elm Walk
Temple Newsam Country Park
am Road
Temple Newsam
Temple Newsam Park
Dunstan Hills
1 grid square represents 500 metres

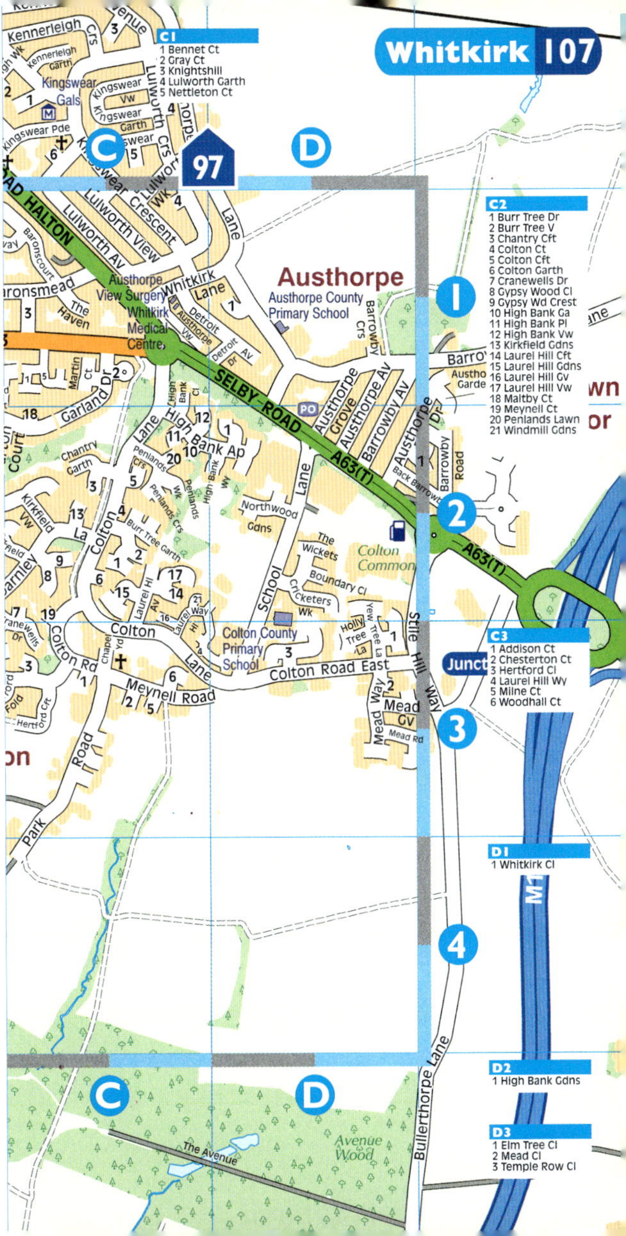
C1
1 Bennet Ct
2 Gray Ct
3 Knightshill
4 Lulworth Garth
5 Nettleton Ct
C2
1 Burr Tree Dr
2 Burr Tree V
3 Chantry Cft
4 Colton Ct
5 Colton Cft
6 Colton Garth
7 Cranewells Dr
8 Gypsy Wood Cl
9 Gypsy Wd Crest
10 High Bank Ga
11 High Bank Pl
12 High Bank Vw
13 Kirkfield Gdns
14 Laurel Hill Cft
15 Laurel Hill Gdns
16 Laurel Hill Gv
17 Laurel Hill Vw
18 Maltby Ct
19 Meynell Ct
20 Penlands Lawn
21 Windmill Gdns
C3
1 Addison Ct
2 Chesterton Ct
3 Hertford Cl
4 Laurel Hill Wy
5 Milne Ct
6 Woodhall Ct
D1
1 Whitkirk Cl
D2
1 High Bank Gdns
D3
1 Elm Tree Cl
2 Mead Cl
3 Temple Row Cl
97
Kennerleigh Crs
Kennerleigh Garth
Kingswear Gdns
Kingswear Vw
Kingswear Garth
Kingswear Pde
Kingswear Crescent
Lulworth Crs
Lulworth Wk
Lulworth Av
Lulworth View
HALTON ROAD
Baronscourt
Baronsmead
The Haven
Austhorpe View Surgery
Whitkirk Medical Centre
Whitkirk Lane
Austhorpe Vw
Detroit Av
Detroit Dr
Austhorpe
Austhorpe County Primary School
Barrowby Crs
Lane
Martin Ct
Garland Dr
High Bank Cl
High Bank Ap
High Bank Wy
SELBY ROAD
A63(T)
PO
Austhorpe Grove
Austhorpe Av
Barrowby Av
Austhorpe Dr
Back Barrowby
Barrowby Road
Chantry Garth
Penlands Crs
Penlands Wk
Burr Tree Garth
Northwood Gdns
School Lane
The Wickets
Colton Common
Boundary Cl
Cricketers Wk
Kirkfield Vw
Kirkfield La
Colton Lane
Laurel Hl Av
Laurel Hl Way
Colton
Colton Rd
Chapel Yd
Colton County Primary School
Holly Tree La
Yew Tree La
Colton Road East
Stile Hill Way
Meynell Road
Mead Way
Mead Gv
Mead Rd
Hertford Cft
Cranewells Dr
Park Road
M1
Bullerthorpe Lane
The Avenue
Avenue Wood
Junct

108
102
A
B
1
2
3
4
A2
1 Ashdene
2 Ennerdale Wy
3 Playground
B2
1 Low Moorside Cl
2 Stephenson Dr
Leeds City Council
Cem
Green Lane
Road
Back Lane
Chapel La
Maple Fold
Maple Dr
Mar Gv
Lawns Park Primary School
Cross Lane
PO
Farni
Nutting Gv
Terrace
Bawn Ap
Farnley Park High School
Lawns Lane
Barkers Well Fold
Barkers Well Lawn
Barkers Well Garth
Stephenson Dr
Stephenson Wy
Lodge Hl Cl
New Fa
Coach Rd
WHITEHALL ROAD
A58
Lawns Av
Lawns Cft
Lawns Dr
Lawns Cl
Lawns Dene
Lawns Crs
Lawns Gn
Lawns Sq
Lawns Ter
Lawns Mt
Beech
Doctors Surg
Forge Row
Well Holme Md
School Cl
Low Moor Side
Castle Ings Cl
Castle Ings Dr
Castle Ings Gdns
Ennerdale Rd
Wolley Avenue
Wolley Dr
Wolley Gdns
Wolley Ct
Walsh Lane
Low Moor Side
Burnt Side Rd
Moor Top
Cemetery
Moorland Close
Springbank Avenue
View
Gildersome
1 grid square represents 500 metres

103
110
C
D
1
2
3
4
Whincover
Whincover Dr
Whincover Gdns
Whincover Mt
Butterbowl Mt
Butterbowl Rd
Butterbowl Gdns
Drive
Whincover Rd
Whincover Cl
Whincover Gv
Cow Close
Ring Road
Wheelwright Av
Wheelwright Cl
Blue Hl La
Fawcett Lane
Fawcett Way
Fawcett Dr
Fawcett Bank
Granny Lane
Western Gv
Lower Wortley CP Sch
Kellett
Kellett La
Lower Hales Rd
Ryedale Av
C1
1 Cobden St
D1
1 Blackpool Pl
PO
Branch Cl
Golden Ter
West Leeds Medical Practice
Forster Place
Low Mills Rd
WORTLEY
42
Cobden
Cobden Av
Cobden Gv
Cobden Rd
Cobden Ter
Pinder Av
Pinder Gv
Pinder St
Blackpool Vw
Blackpool Gv
Blackpool Ter
Branch Pl
Bangor Gv
Bangor Pl
Bangor St
Bangor Ter
Bangor Vw
Wilfrid Ter
The New Surgery
Whitehall Road
Whitehall Industrial Est
School
A58
A62
RING ROAD LOW WORTLEY
Kirkdale Av
Kirkdale Vw
Kirkdale Gdns
Kirkdale Dr
Kirkdale Gv
Kirkdale Cl
Kirkdale Mt
Kirkdale Terrace
Edward Rd
Edward Pr
Ashfield Cl
Ashfield Way
Farnley
Harper Farm
Wood Lane
LS12
Beeston Royds
Cemetery
ELDERD
Rooms Lane
Hepworth

110
Blue Hl Grange
Fawcett Lane
Fawcett Way
Granny Lane
Lower Wortley CP Sch
Kellett Road
Green Side
Cemetery
Greenside
Dixon La Rd
Western Gv
Heaton Av
Walker's La
Lynwood Mt
Dragon Drive
B1
1 Kellett Mt
2 Kellett Pl
3 Kellett Ter
4 Lynwood Gv
West Leeds Medical Practice
Forster Place
Low Mills Rd
43
Kellett Crs
Kellett Dr
Kellett Gv
Ryedale Av
Dixon Lane Medical
WHITEHALL
A58
The New Surgery
Whitehall Road
RING ROAD LOW WORTLEY
Royds Close
Far Royds
Royds Hall Rd
Pav Business Park
Royds La
Philippa Way
Kirkdale Av
Kirkdale Vw
Kirkdale Dr
Kirkdale Crescent
Kirkdale Terrace
Kirkdale Gv
Edward Gv
Whitehall Road
Wood Lane
LS12
Beeston Royds
City Park Industrial Estate
Junction
A62
109
Royds Farm Rd
M621
Cemetery
GELDERD ROAD
Cemetery
Cottingley Station
Dulverton Gdns
Dulverton Place
Dulverton Gv
Primary School
Cottingley
Hepworth Avenue
Granny Av
William Street
Old Road
Manor Road
School St
A
B
1
2
3
4
1 grid square represents 500 metres

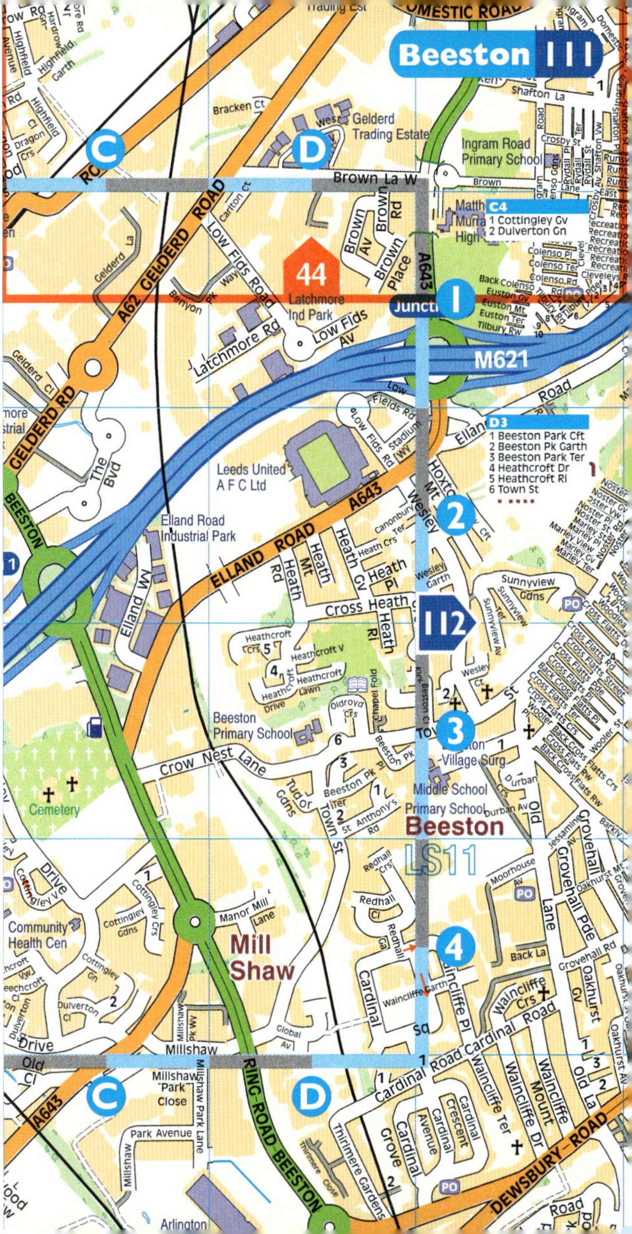

Gelderd Trading Estate
Ingram Road Primary School
Brown La W
A62 GELDERD ROAD
Low Flds Road
Latchmore Ind Park
44
Latchmore Rd
Low Flds Av
Junct 1
M621
A643
C4
1 Cottingley Gv
2 Dulverton Gn
D3
1 Beeston Park Cft
2 Beeston Pk Garth
3 Beeston Park Ter
4 Heathcroft Dr
5 Heathcroft Ri
6 Town St
GELDERD RD
The Bvd
Leeds United A F C Ltd
Elland Road Industrial Park
ELLAND ROAD
Elland Wy
Cross Heath
Heathcroft V
Heathcroft Lawn
Heathcroft Drive
112
Sunnyview Gdns
Beeston Primary School
Crow Nest Lane
Beeston Village Surg
Middle School
Primary School
Beeston
LS11
Cemetery
Community Health Cen
Mill Shaw
Manor Mill Lane
Redhall Crs
Redhall Cl
Waincliffe Crs
Grovehall Pde
Grovehall Rd
Cardinal Road
Millshaw
Millshaw Park Close
Park Avenue
Millshaw Park Lane
RING ROAD BEESTON
Thirlmere Gardens
Cardinal Grove
Cardinal Avenue
Cardinal Crescent
Waincliffe Ter
Waincliffe Dr
Waincliffe Mount
DEWSBURY ROAD
A643
Arlington
C
D
1
2
3
4

112
111
118
A2
1 Parkfield Rd
2 Woodlea Gv
A1
1 Cleveleys Ct
2 Cleveleys Mt
3 Cleveleys St
4 Cleveleys Ter
5 Elland Rd
6 Tilbury Av
7 Tilbury Gv
8 Tilbury Mt
9 Tilbury Ter
10 Tilbury Vw
A3
1 St Anthony's Dr
2 Wesley Ap
3 Wesley Gn
4 Wooler Rd
A4
1 Chatswood Dr
B1
1 Barton Hl
2 Barton Pl
3 Barton Vw
4 Buckton Cl
5 Malvern Vw
6 Moorville Ct
7 St Luke's Vw
B2
1 Back Park Vw
2 Back Tempest Rd
3 Back Temple Vw
4 Cad Beeston Ms
5 Tempest Pl
6 West Mount St
B3
1 Bk Cs Flatts Gv
2 Bk Cs Flatts Mt
3 Back Dalton Gv
B4
1 Back Barkly Pde
2 Back Mafeking Av
3 Barkly Dr
4 Mafeking Av
5 Mafeking Gv
6 Mafeking Mt
Gelderd Trading Estate
Ingram Primary School
Matthew Murray High School
Holbeck Moor
Junction 2a
Junction 2
Latchmore Ind Park
M621
Leeds United A F C Ltd
Elland Road
Beeston Hill
Cemetery
Doctors Surg
Beeston Village Surg
Middle School
Primary School
Beeston
LS11
Mill Shaw
Primary School
Leeds College of Technology
A643
A653
Dewsbury Road
Cardinal Road
Grovehall Pde
Old Lane
Allenby Road
Southleigh
Nineveh Road
Brown La W
Low Fields Road
Cross Flatts
Wesley St
Town St
Wainclifle Pl
Beeston Rd
1 grid square represents 500 metres

C1
1 Coupland Pl
2 Coupland Rd
3 Moorville Ct
C2
1 Bk Greenmnt Ter
2 Bk Stratford Ter
3 Back Trentham Pl
4 Brompton Rw
5 Buckley Av
6 Catherine Gv
7 Clovelly Av
8 Clovelly Gv
9 Clovelly Rw
10 Flaxton St
11 Francis Gv
12 Greenmount Pl
13 Ingleton Cl
14 Ingleton St
15 Linden Rd
16 Lodge La
17 Marian Gv
18 Sunbeam Gv
19 Westbourne Mt
20 Westbourne Pl
C3
1 Bk Burl'gtn Pl
2 Back Colwyn Pl
3 Back Colwyn Vw
4 Brompton Gv
5 Brompton Vw
6 Burlington Pl
7 Colwyn Ter
8 Harlech Av
9 Lodge Ter
10 Upr Wdview Pl
D1
1 Admiral St
2 Drayton Mnr Yd
3 Envoy St
4 Moor Crs
D2
1 Back Burton Ter
2 Bk Camberley St
3 Back Fairford Pl
4 Bk Longroyd Ter
5 Back Rowland Ter
6 Back Stratford St
7 Burton Ter
8 Camberley St
9 Carr Moor Side
10 Cockburn Cl
11 Cockburn Wy
12 Crossland Ter
13 Dobson Av
14 Dobson Ter
15 Dobson Vw
16 Garnet Av
17 Garnet Crs
18 Garnet Pde
19 Linden Gdns
20 Linden Gv
21 Linden Pl
22 Linden Rd
23 Longroyd Crs
24 Longroyd Crs N
25 Longroyd St N
26 Rawson Ter
27 Rowland Ter
28 Stratford St
D3
1 Back Oakley Ter
Junction 3
Junction 4
Junction 5
47
114
119
M621
A653
Dewsbury Road
Jack Lane
Pearson Street
Grape Street
Whitehouse St
Parkfield St
New Craven Ga
Northcote Dr
Northcote Crs
Hunslet Hall Rd
Lady Pit Lane
Folly La
Bismarck Street
Bismarck Dr
Disraeli Ter
Disraeli Gdns
Moor Road
St Francis RC School
Greenmount Lane
Greenmount Sch
Coupland St
Sycamore Fold
Waverley Garth
Linden Mt
Rowland Rd
Police Station
Tunstall Rd
Garnet Rd
Oakley Terrace Surg
Middleton Grove
Lockwood Close
Lockwood Way
Lockwood Ct
Lockwood Pk
Parkside Lane
Lenton Dr
Glover Wy
Bearing Av
Leeds City Council
Millenium Way
Westland Rd
Balm Road Industrial
Beza Street
Hunslet Carr
Royal Dr
Hunslet Road Doctors Surgery
Winrose Av
Middleton Rail

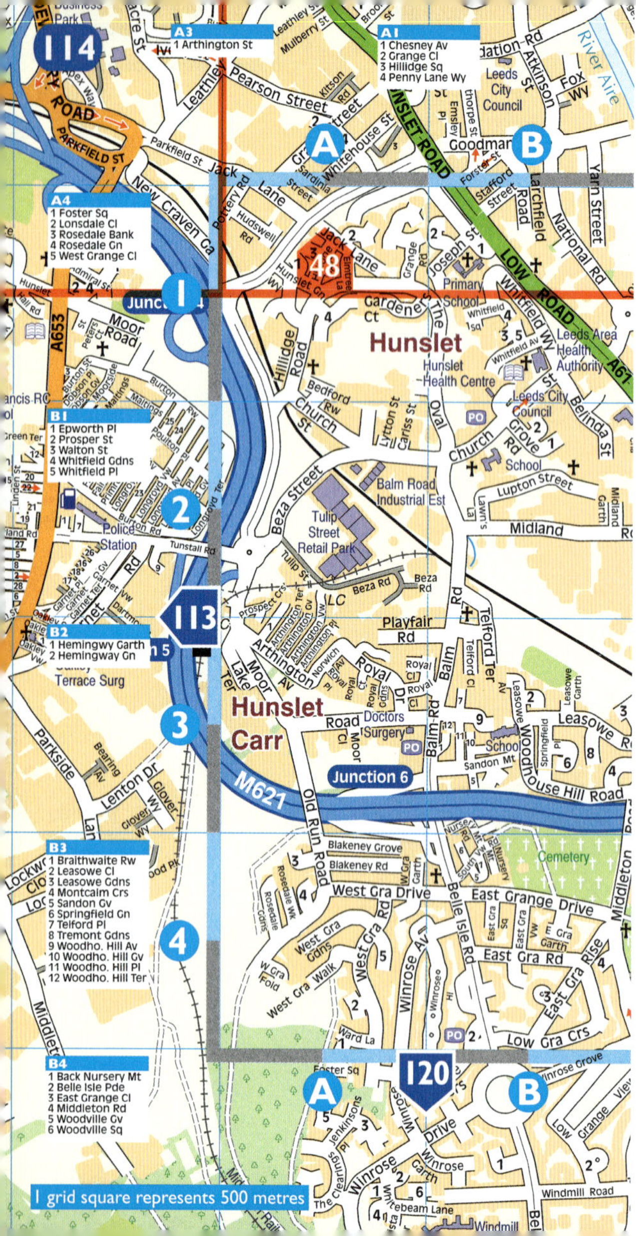
114
113
120
A3
1 Arthington St
A1
1 Chesney Av
2 Grange Cl
3 Hillidge Sq
4 Penny Lane Wy
A4
1 Foster Sq
2 Lonsdale Cl
3 Rosedale Bank
4 Rosedale Gn
5 West Grange Cl
B1
1 Epworth Pl
2 Prosper St
3 Walton St
4 Whitfield Gdns
5 Whitfield Pl
B2
1 Hemingwy Garth
2 Hemingway Gn
B3
1 Braithwaite Rw
2 Leasowe Cl
3 Leasowe Gdns
4 Montcaim Crs
5 Sandon Gv
6 Springfield Gn
7 Telford Pl
8 Tremont Gdns
9 Woodho. Hill Av
10 Woodho. Hill Gv
11 Woodho. Hill Pl
12 Woodho. Hill Ter
B4
1 Back Nursery Mt
2 Belle Isle Pde
3 East Grange Cl
4 Middleton Rd
5 Woodville Gv
6 Woodville Sq
Hunslet
Hunslet Carr
River Aire
Leeds City Council
Pearson Street
Parkfield St
Jack Lane
New Craven Ga
Hunslet Road
Low Road
A653
A61
M621
Junction 6
Moor Road
Church St
Beza Street
Tulip Street Retail Park
Balm Road Industrial Est
Hunslet Health Centre
Leeds Area Health Authority
Primary School
Police Station
Terrace Surg
Doctors Surgery
Midland Rd
Lupton Street
Playfair Rd
Telford Ter
Balm Rd
Woodhouse Hill Road
Leasowe Rd
Old Run Road
Blakeney Grove
Blakeney Rd
West Gra Drive
East Grange Drive
East Gra Rd
Low Gra Crs
Belle Isle Rd
Winrose Av
Winrose Drive
Winrose Grove
Windmill Road
Whitebeam Lane
Cemetery
Lenton Dr
Parkside
1 grid square represents 500 metres

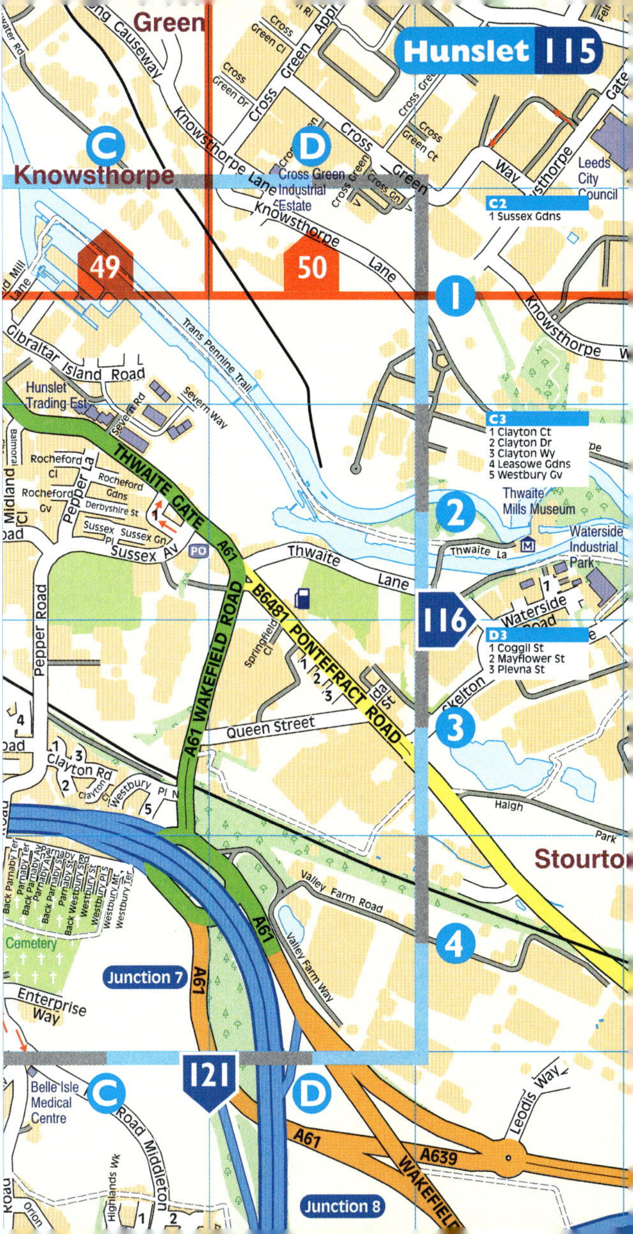
Green
Knowsthorpe
C
D
49
50
Cross Green Industrial Estate
Knowsthorpe Lane
Cross Green
Cross Green Cl
Cross Green Dr
Cross Green Ct
Leeds City Council
C2
1 Sussex Gdns
1
Trans Pennine Trail
Gibraltar Island Road
Hunslet Trading Est
Severn Rd
Severn Way
Knowsthorpe Way
C3
1 Clayton Ct
2 Clayton Dr
3 Clayton Wy
4 Leasowe Gdns
5 Westbury Gv
Thwaite Mills Museum
2
Waterside Industrial Park
Thwaite La
THWAITE GATE
Rocheford Cl
Rocheford Gdns
Rocheford Gv
Pepper La
Derbyshire St
Sussex Pl
Sussex Gn
Sussex Av
PO
Midland Cl
Balmoral
A61
Thwaite Lane
B6481 PONTEFRACT ROAD
A61 WAKEFIELD ROAD
Springfield Cl
116
Waterside Road
D3
1 Coggil St
2 Mayflower St
3 Plevna St
Skelton
3
Ida St
Queen Street
Pepper Road
Clayton Rd
Clayton Cl
Westbury Pl N
Haigh Park
Stourton
Valley Farm Road
Valley Farm Way
4
Back Parnaby Ter
Parnaby Ter
Back Parnaby Av
Parnaby Av
Back Parnaby St
Parnaby St
Parnaby Rd
Back Westbury St
Westbury St
Westbury Pl S
Westbury Mt
Westbury Ter
Cemetery
Junction 7
Enterprise Way
121
Belle Isle Medical Centre
Middleton Road
Highlands Wk
Orion
Leodis Way
A61
A639
WAKEFIELD
Junction 8

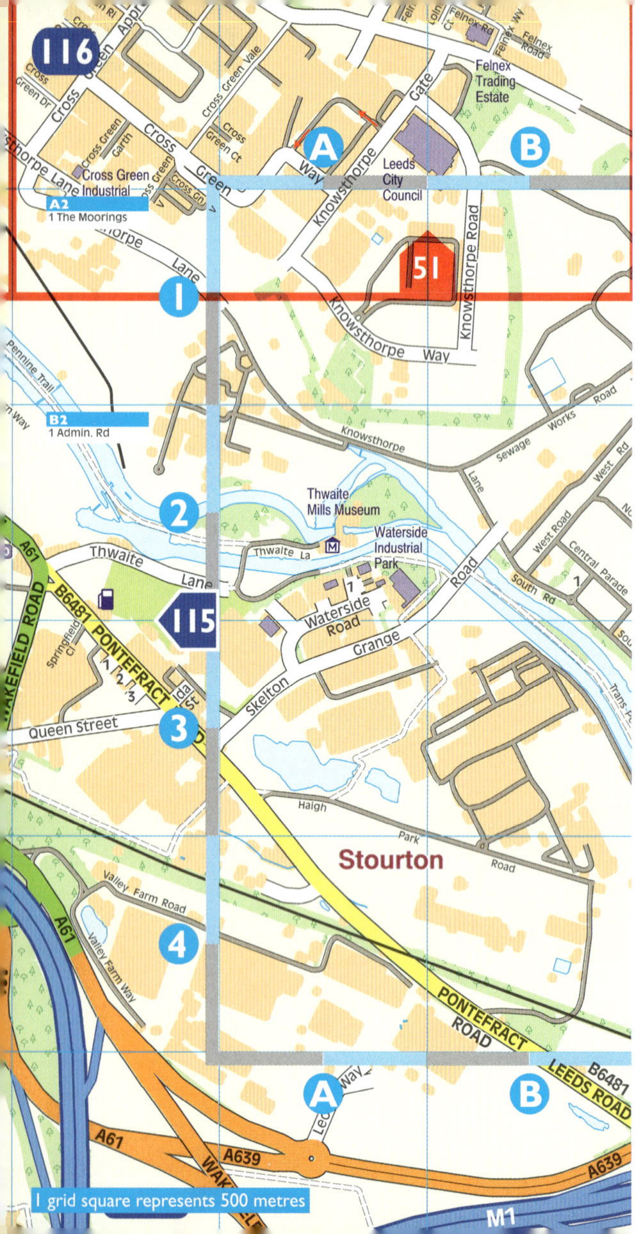
116
Cross Green Dr
Cross Green Appr
Cross Green Vale
Cross Green Garth
Cross Green Ct
Cross Green
Cross Gn
Cross Green Industrial
Knowsthorpe Lane
A2
1 The Moorings
Felnex Rd
Felnex Road
Felnex Trading Estate
Knowsthorpe Gate
Knowsthorpe Way
Knowsthorpe Road
Leeds City Council
51
Pennine Trail
B2
1 Admin. Rd
Knowsthorpe
Sewage Works Road
Lane
West Rd
West Road
Central Parade
South Rd
Thwaite Mills Museum
Waterside Industrial Park
Thwaite La
Thwaite Lane
Waterside Road
Skelton Grange Road
115
A61
B6481
PONTEFRACT ROAD
WAKEFIELD ROAD
Springfield Cl
Queen Street
Ida St
Haigh Park Road
Stourton
Valley Farm Road
Valley Farm Way
LEEDS ROAD
A639
M1
1 grid square represents 500 metres

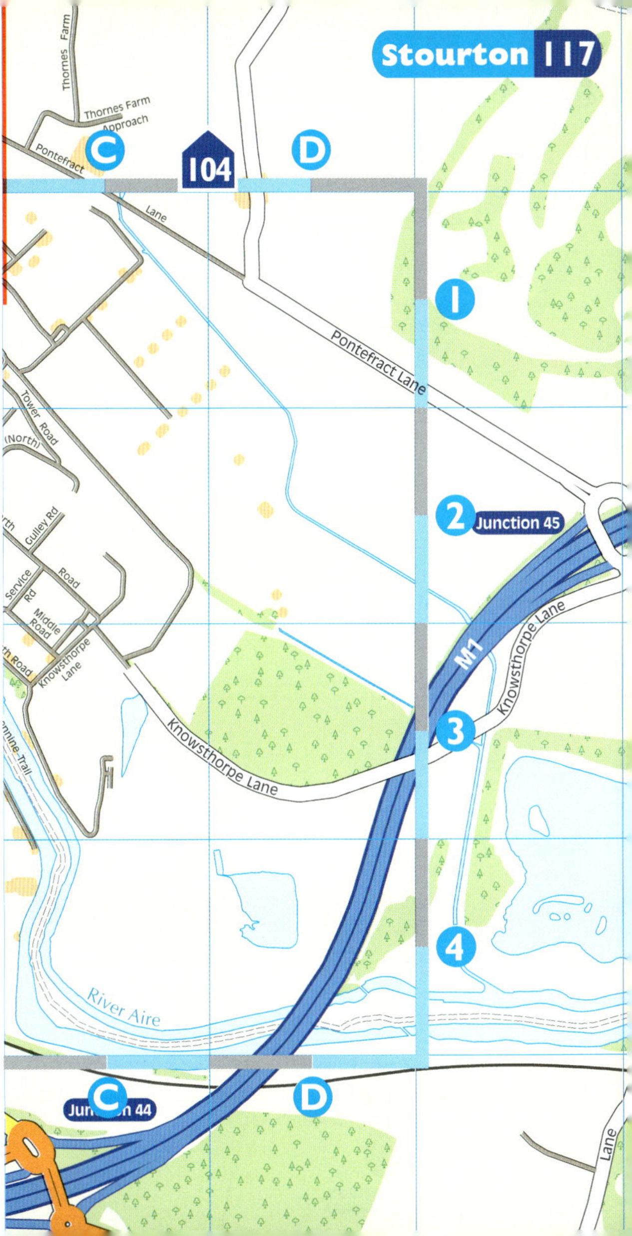
Thornes Farm
Thornes Farm Approach
Pontefract
Lane
C
104
D
1
Pontefract Lane
Tower Road
(North)
Gulley Rd
Road
Service Rd
Middle Road
Knowsthorpe Lane
2
Junction 45
M1
Knowsthorpe Lane
3
Knowsthorpe Lane
4
River Aire
C
Junction 44
D
Lane

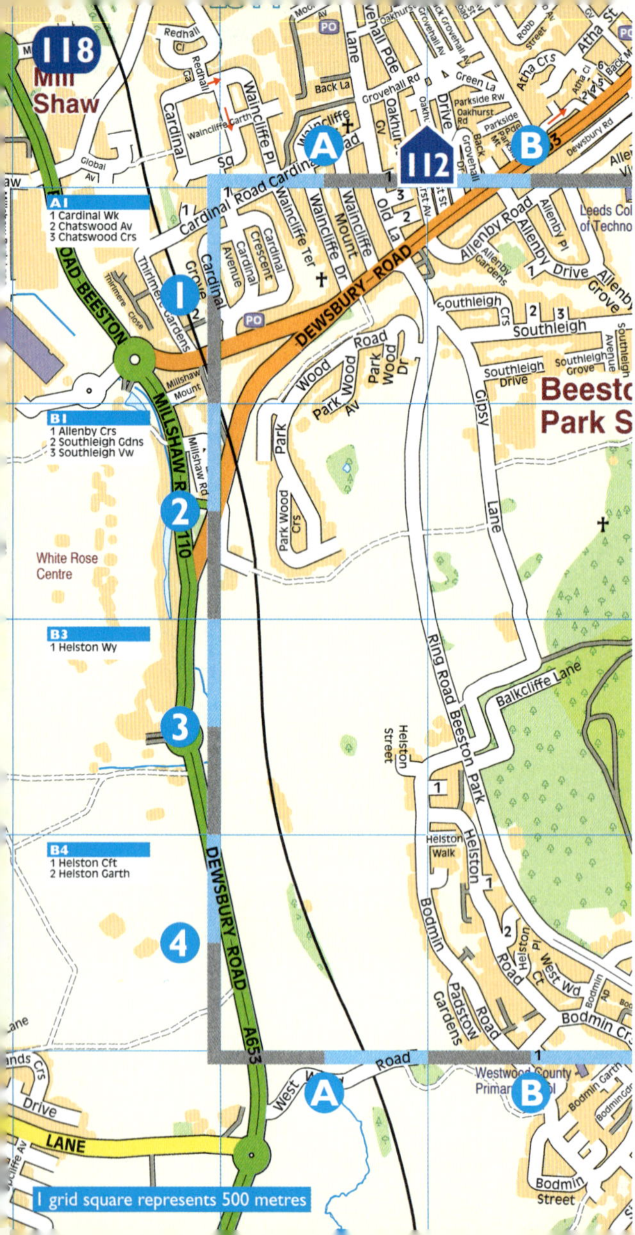
118
112
Mill Shaw
Beeston Park
White Rose Centre
A1
1 Cardinal Wk
2 Chatswood Av
3 Chatswood Crs
B1
1 Allenby Crs
2 Southleigh Gdns
3 Southleigh Vw
B3
1 Helston Wy
B4
1 Helston Cft
2 Helston Garth
DEWSBURY ROAD
MILLSHAW ROAD
RING ROAD BEESTON
Cardinal Road
Balkcliffe Lane
Ring Road Beeston Park
Gipsy Lane
Park Wood Road
Southleigh Drive
Allenby Road
Allenby Drive
Bodmin Road
Padstow Gardens
Helston Walk
Helston Street
Westwood County Primary School
Leeds College of Technology
A653
A6110
I grid square represents 500 metres

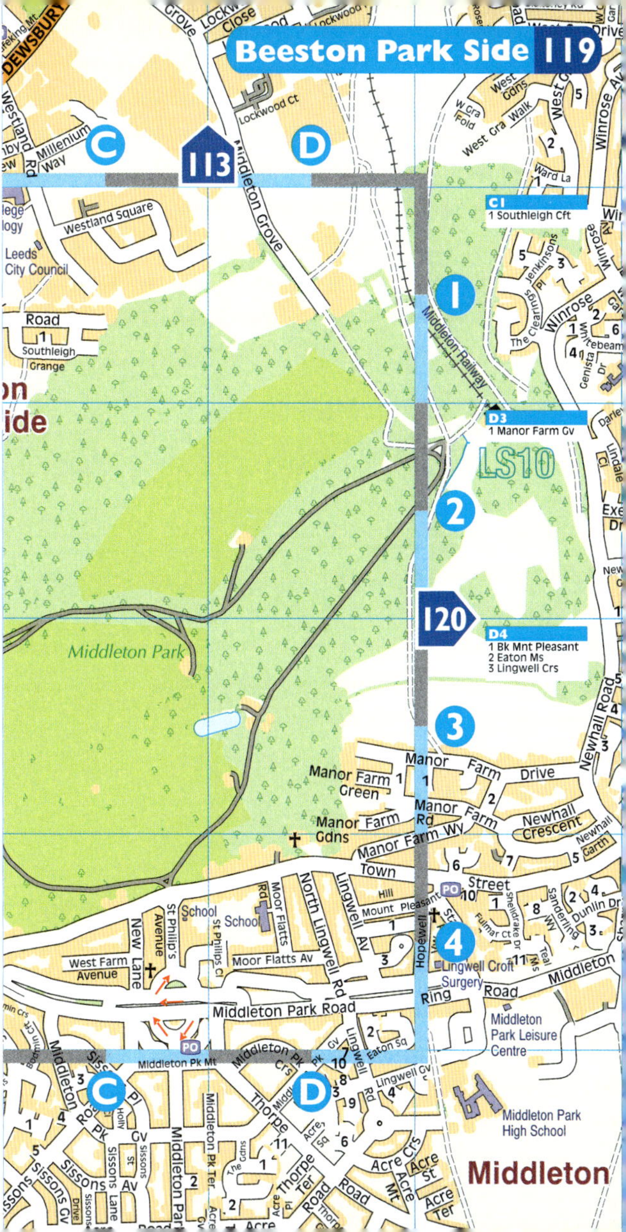
DEWSBURY
Mafeking Mt
Westland Rd
Millenium Way
Grove
Lockwood Close
Lockwood Ct
Middleton Grove
113
C
D
West Gra Walk
W Gra Fold
West Gra Gdns
Ward La
Winrose Av
C1
1 Southleigh Cft
Westland Square
Leeds City Council
Road
Southleigh Grange
Jenkinsons Pl
The Clearings
Winrose
Whitebeam
Genista Dr
Middleton Railway
D3
1 Manor Farm Gv
LS10
Lindale Cl
Exe Dr
1
2
3
4
120
D4
1 Bk Mnt Pleasant
2 Eaton Ms
3 Lingwell Crs
Middleton Park
Newhall Road
Manor Farm Drive
Manor Farm Green
Manor Farm Rd
Newhall Crescent
Manor Farm Gdns
Manor Farm Wy
Newhall Garth
Town Street
Hill
Mount Pleasant
PO
Sanderling Wy
Dunlin Dr
Fulmar Ct
Sheldrake Dr
Teal Ms
School
St Philip's Avenue
St Philips Cl
Moor Flatts Rd
Moor Flatts Av
North Lingwell Rd
Lingwell Av
Hopewell Vw
Lingwell Croft Surgery
Ring Road
Middleton
West Farm Avenue
New Lane
Middleton Park Road
Middleton Park Leisure Centre
Eaton Sq
Lingwell Rd
Lingwell Gv
Middleton Pk Mt
Middleton Pk Crs
Middleton Pk Gv
Middleton Park High School
Middleton Rd
Sissons Pl
Sissons Gv
Sissons Av
Sissons Lane
Sissons Drive
Holly St
Middleton Park Ter
Middleton Pk Ter
Thorpe Rd
Thorpe Ter
Acre Sq
Acre Crs
Acre St
Acre Mt
Acre Ter
Acre Road
The Gdns
Acre Pl
Middleton

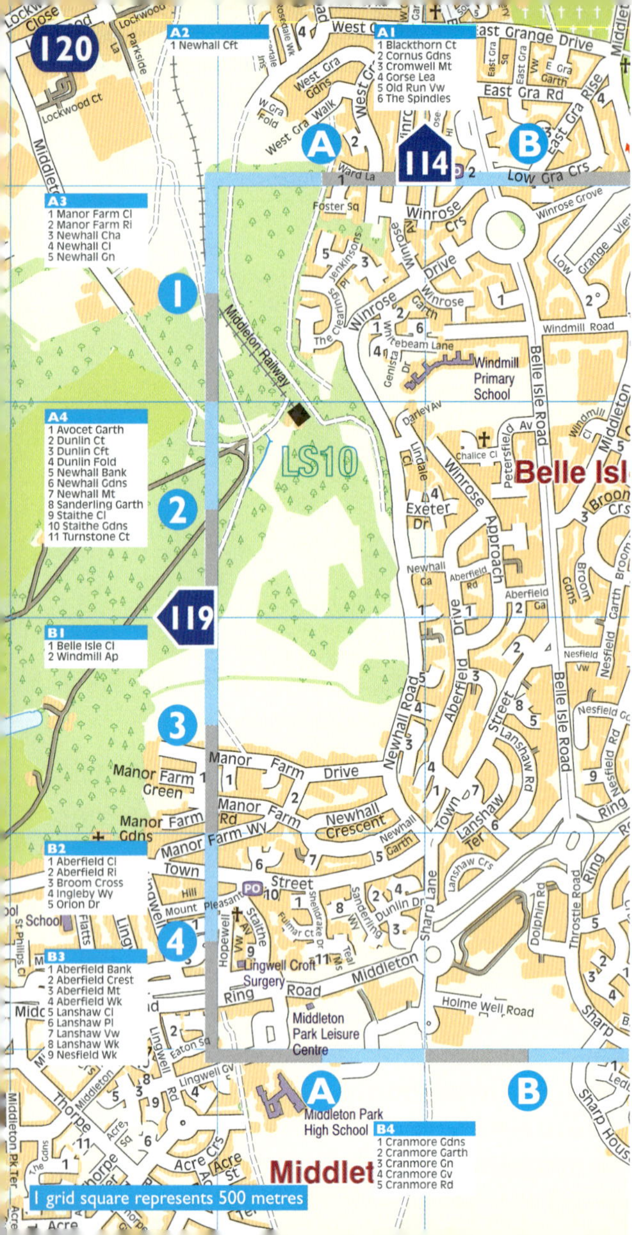
120
114
119
A2
1 Newhall Cft
A1
1 Blackthorn Ct
2 Cornus Gdns
3 Cromwell Mt
4 Gorse Lea
5 Old Run Vw
6 The Spindles
A3
1 Manor Farm Cl
2 Manor Farm Ri
3 Newhall Cha
4 Newhall Cl
5 Newhall Gn
A4
1 Avocet Garth
2 Dunlin Ct
3 Dunlin Cft
4 Dunlin Fold
5 Newhall Bank
6 Newhall Gdns
7 Newhall Mt
8 Sanderling Garth
9 Staithe Cl
10 Staithe Gdns
11 Turnstone Ct
B1
1 Belle Isle Cl
2 Windmill Ap
B2
1 Aberfield Cl
2 Aberfield Ri
3 Broom Cross
4 Ingleby Wy
5 Orion Dr
B3
1 Aberfield Bank
2 Aberfield Crest
3 Aberfield Mt
4 Aberfield Wk
5 Lanshaw Cl
6 Lanshaw Pl
7 Lanshaw Vw
8 Lanshaw Wk
9 Nesfield Wk
B4
1 Cranmore Gdns
2 Cranmore Garth
3 Cranmore Gn
4 Cranmore Gv
5 Cranmore Rd
A
B
1
2
3
4
Lockwood Close
Lockwood Ct
Parkside
West Gra Gdns
West Gra Walk
West Gra Fold
East Grange Drive
East Gra Rd
East Gra Garth
East Gra Rise
Low Gra Crs
Ward La
Foster Sq
Winrose Crs
Winrose Grove
Low Grange View
Winrose Drive
Winrose Garth
Jenkinsons Pl
The Clearings
Whitebeam Lane
Genista Dr
Windmill Road
Windmill Primary School
Middleton Railway
LS10
Darley Av
Lindale Cl
Chalice Cl
Petersfield Av
Windmill Cl
Belle Isle Road
Belle Isl
Broom Crs
Exeter Dr
Winrose Approach
Newhall Ga
Aberfield Rd
Aberfield Ga
Aberfield Drive
Broom Gdns
Broom Garth
Nesfield Vw
Nesfield Rd
Newhall Road
Town Street
Lanshaw Rd
Lanshaw Ter
Lanshaw Crs
Manor Farm Drive
Manor Farm Green
Manor Farm Rd
Manor Farm Gdns
Manor Farm Wy
Newhall Crescent
Newhall Garth
Town Street
Hill
Mount Pleasant
PO
Staithe Av
Hopewell Vw
Sheldrake Dr
Fulmar Ct
Sanderling Wy
Dunlin Dr
Teal Ms
Sharp Lane
Lingwell Croft
Surgery
Ring Road
Middleton
Holme Well Road
Dolphin Rd
Throstle Road
Sharp
Middleton Park Leisure Centre
Eaton Sq
Lingwell Gv
Lingwell Rd
Middleton Park High School
Thorpe
Acre Sq
Acre Crs
Acre St
Middlet
Sharp House
St Philips Cl
School
Flatts
Middleton Pk Ter
1 grid square represents 500 metres

Belle Isle 121
Back Parnaby
Parnaby
Back Westbury St
Westbury Pl S
Westbury Mt
Westbury Ter
Cemetery
Valley Farm Road
Valley Farm Way
A61
Junction 7
Enterprise Way
C
115
D
C1
1 Highlands Gv
2 Middlecroft Cl
Belle Isle Medical Centre
Belle Isle Ring Road
Middleton
Highlands Wk
Orion Walk
Highlands Dr
Highlands Cl
Middlecroft Road
A61
WAKEFIELD ROAD
Leod
1
Junction 8
Orion Gdns
Orion Crs
Orion View
Lea Park Drive
Lea Park View
Lea Park Way
M621
C2
1 Grange Fields Mt
2 Hill Gv South
3 Hopes Farm Mt
4 Hopes Farm Vw
5 Lea Park Cl
6 Lea Park Cft
7 Lea Park Gdns
8 Lea Park Garth
9 Lea Park Gv
10 South Hill Cft
11 South Hill Gdns
12 South Hill Ri
South Hill Cl
South Hill Way
Mallard Cl
Bewick Grove
Mandarin
2
Broom Terrace
Broom Garth
PO
Broom Vw
Broom Nook
Hopes Farm Rd
Junction 43
Broom Place
Nesfield Cl
Broom Gv
Middleton Ring Rd
Grange Fields Way
C3
1 Grange Fields Rd
2 Raylands Ct
3 Raylands Fold
4 Raylands Garth
Nesfield View
Nesfield Crs
Middleton Road
Middleton Way
Raylands Close
Raylands Pl
Raylands Lane
Raylands Way
Raylands Rd
3
ROAD
Cranmore Drive
Clapgate Primary School
Cranmore Rise
Cranmore Crs
Cranmore Lane
Middleton Lane
Middleton Avenue
4
M1
Kingsfield
Castlefields
WAKEFIELD
Carlton Moor Mews
Fairfield La
Hopefield Dr
Hopefield Cr
Newton
Northfield Pl
Newton Ct
Melton Av
Melton Garth
Worcester Av
Sharp Lane
A61

Adel ... 72 B1
Alwoodley ... 62 B4
Alwoodley Gates ... 63 D3
Alwoodley Park ... 61 C3
Armley ... 34 A3
Austhorpe ... 107 D1
Bagley ... 89 D1
Beechwood ... 84 B3
Beeston ... 111 D3
Beeston Hill ... 112 A2
Beeston Park Side ... 118 B1
Beeston Royds ... 110 A2
Belle Isle ... 120 B2
Black Moor ... 74 B1
Bramley ... 91 D4
Brooklands ... 84 B4
Burley ... 24 B3
Burmantofts ... 40 A1
Camp Town ... 75 C2
Chapel Allerton ... 7 E4
Chapeltown ... 8 A2
Colton ... 106 B3
Cookridge ... 57 C3
Cragg Hill ... 81 D1
Cross Gates ... 95 D4
Cross Green ... 50 A3
Farnley ... 102 B4
Far Royds ... 110 B1
Farsley ... 89 C2
Farsley Beck Bottom ... 89 D2
Fearnville ... 94 B1
Fulneck ... 99 C4
Gamble Hill ... 102 B1
Gipton ... 94 A2
Gipton Wood ... 20 C1
Gledhow ... 9 F3
Green Side ... 43 E4
Halton ... 104 B1
Halton Moor ... 104 A2
Harehills ... 31 D3
Hawksworth ... 82 A2
Headingley ... 12 C4
Henshaw ... 52 B4
Hillfoot ... 98 B1
Hill Top ... 92 B3
Holbeck ... 46 B2
Hollin Park ... 21 E2
Holt Park ... 58 A4
Horsforth ... 68 A3
Horsforth Woodside ... 81 D1
Hough Side ... 101 C1
Hunslet ... 114 A1
Hunslet Carr ... 114 A3
Intake ... 90 A2
Ireland Wood ... 71 C3
Killingbeck ... 94 B3
Kirkstall ... 12 A5
Knowsthorpe ... 49 D4
Lady Wood ... 11 E4
Lane Ends ... 68 A2
Larkfield ... 67 C1
Lawnswood ... 71 D3
Leeds ... 36 C1
Lidgett Park ... 10 B1
Low Fold ... 80 A1
Low Green ... 66 B2
Manston ... 97 D3
Miles Hill ... 16 B1
Mill Shaw ... 111 D4
Monkswood ... 85 C2
Moor Allerton ... 76 A3
Moorside ... 91 D1
Moortown ... 75 D3
Nether Yeadon ... 52 B4
New Farnley ... 108 B2
New Scarbro ... 92 A3
New Wortley ... 35 D5
Oakwood ... 21 D1
Osmondthorpe ... 40 C5
Parklands ... 95 C1
Park Villas ... 77 D4
Potternewton ... 18 C2
Pottery Field ... 48 A3
Pudsey ... 99 C2
Rawdon ... 66 B2
Rawdon Carrs ... 67 C3
Richmond Hill ... 39 E4
Roundhay ... 11 D2
Sandford ... 82 B4
Seacroft ... 85 D4
Sheepscar ... 28 B3
Stanks ... 97 C2
Stanningley ... 90 A4
Stourton ... 116 A4
Swarcliffe ... 96 B1
Swinnow Moor ... 101 C1
Tinshill ... 70 B2
Troydale ... 100 B3
Upper Armley ... 32 B1
Weetwood ... 3 E1
Wellington Hill ... 79 D4
Wellroyd ... 67 C4
West End ... 67 D3
West Park ... 2 C1
Whinmoor ... 86 B1
Whitecote ... 81 D4
Whitkirk ... 106 B2
Woodhouse ... 26 C1
Wortley ... 42 B1
Yeadon ... 53 C4

USING THE STREET INDEX

Street names are listed alphabetically. Each street name is followed by its postal town or area locality, the Postcode District, the page number, and the reference to the square in which the name is found.

Example: **Aberfield Bank** *MID* LS10 .... 120 B3 1

Some entries are followed by a number in a blue box. This number indicates the location of the street within the referenced grid square. The full street name is listed at the side of the map page.

GENERAL ABBREVIATIONS

ACC ACCESS
ALY ALLEY
AP APPROACH
AR ARCADE
ASS ASSOCIATION
AV AVENUE
BCH BEACH
BLDS BUILDINGS
BND BEND
BNK BANK
BR BRIDGE
BRK BROOK
BTM BOTTOM
BUS BUSINESS
BVD BOULEVARD
BY BYPASS
CATH CATHEDRAL
CEM CEMETERY
CEN CENTRE
CFT CROFT
CH CHURCH
CHA CHASE
CHYD CHURCHYARD
CIR CIRCLE
CIRC CIRCUS
CL CLOSE
CLFS CLIFFS
CMP CAMP
CNR CORNER
CO COUNTY
COLL COLLEGE
COM COMMON
COMM COMMISSION
CON CONVENT
COT COTTAGE
COTS COTTAGES
CP CAPE
CPS COPSE
CR CREEK
CREM CREMATORIUM
CRS CRESCENT
CSWY CAUSEWAY
CT COURT
CTRL CENTRAL
CTS COURTS
CTYD COURTYARD
CUTT CUTTINGS
CV COVE
CYN CANYON
DEPT DEPARTMENT
DL DALE
DM DAM
DR DRIVE
DRO DROVE
DRY DRIVEWAY
DWGS DWELLINGS
E EAST
EMB EMBANKMENT
EMBY EMBASSY
ESP ESPLANADE
EST ESTATE
EX EXCHANGE
EXPY EXPRESSWAY
EXT EXTENSION
F/O FLYOVER
FC FOOTBALL CLUB
FK FORK
FLD FIELD
FLDS FIELDS
FLS FALLS
FLS FLATS
FM FARM
FT FORT
FWY FREEWAY
FY FERRY
GA GATE
GAL GALLERY
GDN GARDEN
GDNS GARDENS
GLD GLADE
GLN GLEN
GN GREEN
GND GROUND
GRA GRANGE
GRG GARAGE
GT GREAT
GTWY GATEWAY
GV GROVE
HGR HIGHER
HL HILL
HLS HILLS
HO HOUSE
HOL HOLLOW
HOSP HOSPITAL
HRB HARBOUR
HTH HEATH
HTS HEIGHTS
HVN HAVEN
HWY HIGHWAY
IMP IMPERIAL
IN INLET
IND EST INDUSTRIAL ESTATE
INF INFIRMARY
INFO INFORMATION
INT INTERCHANGE
IS ISLAND
JCT JUNCTION
JTY JETTY
KG KING
KNL KNOLL
L LAKE
LA LANE
LDG LODGE
LGT LIGHT
LK LOCK
LKS LAKES
LNDG LANDING
LTL LITTLE
LWR LOWER
MAG MAGISTRATE
MAN MANSIONS
MD MEAD
MDW MEADOWS
MEM MEMORIAL
MKT MARKET
MKTS MARKETS
ML MALL
ML MILL
MNR MANOR
MS MEWS
MSN MISSION
MT MOUNT
MTN MOUNTAIN
MTS MOUNTAINS
MUS MUSEUM
MWY MOTORWAY
N NORTH
NE NORTH EAST
NW NORTH WEST
O/P OVERPASS
OFF OFFICE
ORCH ORCHARD

OV	OVAL
PAL	PALACE
PAS	PASSAGE
PAV	PAVILION
PDE	PARADE
PH	PUBLIC HOUSE
PK	PARK
PKWY	PARKWAY
PL	PLACE
PLN	PLAIN
PLNS	PLAINS
PLZ	PLAZA
POL	POLICE STATION
PR	PRINCE
PREC	PRECINCT
PREP	PREPARATORY
PRIM	PRIMARY
PROM	PROMENADE
PRS	PRINCESS
PRT	PORT
PT	POINT
PTH	PATH
PZ	PIAZZA
QD	QUADRANT
QU	QUEEN
QY	QUAY
R	RIVER
RBT	ROUNDABOUT
RD	ROAD
RDG	RIDGE
REP	REPUBLIC
RES	RESERVOIR
RFC	RUGBY FOOTBALL CLUB
RI	RISE
RP	RAMP
RW	ROW
S	SOUTH
SCH	SCHOOL
SE	SOUTH EAST
SER	SERVICE AREA
SH	SHORE
SHOP	SHOPPING
SKWY	SKYWAY
SMT	SUMMIT
SOC	SOCIETY
SP	SPUR
SPR	SPRING
SQ	SQUARE
ST	STREET
STN	STATION
STR	STREAM
STRD	STRAND
SW	SOUTH WEST
TDG	TRADING
TER	TERRACE
THWY	THROUGHWAY
TNL	TUNNEL
TOLL	TOLLWAY
TPK	TURNPIKE
TR	TRACK
TRL	TRAIL
TWR	TOWER
U/P	UNDERPASS
UNI	UNIVERSITY
UPR	UPPER
V	VALE
VA	VALLEY
VIAD	VIADUCT
VIL	VILLA
VIS	VISTA
VLG	VILLAGE
VLS	VILLAS
VW	VIEW
W	WEST
WD	WOOD
WHF	WHARF
WK	WALK
WKS	WALKS
WLS	WELLS
WY	WAY
YD	YARD
YHA	YOUTH HOSTEL

POSTCODE TOWNS AND AREA ABBREVIATIONS

AL/HA/HU	Alwoodley/Harewood/Huby
BEE/HOL	Beeston/Holbeck
BHP/TINH	Bramhope/Tinshill
BOW	Bowling
BRAM	Bramley
BULY	Burley
BVRD	Belle Vue Road
CHAL	Chapel Allerton
EARD/LOFT	East Ardsley/Lofthouse
GSLY	Guiseley
HDGY	Headingley
HORS	Horsforth
KSTL	Kirkstall
LDS	Leeds
LDSU	Leeds University
MID	Middleton (W.Yorks)
MOR	Morley
MSTN/BAR	Manston/Barwick in Elmet
OSM	Osmandthorpe
PDSY/CALV	Pudsey/Calverley
RHAY	Roundhay
RTHW	Rothwell
SCFT	Seacroft
WOR/ARM	Wortley/Armley
YEA	Yeadon

Index - streets

A

Abbey Av *KSTL* LS5 **93** C2
Abbey Ct *HORS* LS18 **81** C3
Abbeydale Gdns *KSTL* LS5 **82** B3
Abbeydale Garth *KSTL* LS5 **82** B3
Abbeydale Gv *KSTL* LS5 **82** B3
Abbeydale Mt *KSTL* LS5 **82** B3
Abbeydale V *KSTL* LS5 **82** B3
Abbeydale Wy *KSTL* LS5 **82** B3
Abbey Gorse *KSTL* LS5 **12** B3
Abbey Rd *KSTL* LS5 **12** A3

Abbey St *BVRD* LS3 35 F2
Abbey Ter *KSTL* LS5 93 C2
Abbey Vw *KSTL* LS5 12 A3
Abbey Wk *KSTL* LS5 83 C4
Abbott Ct *WOR/ARM* LS12 34 B3
Abbott Rd *WOR/ARM* LS12 34 B3
Abbott Vw *WOR/ARM* LS12 34 B3
Aberdeen Dr *WOR/ARM* LS12 32 B4
Aberdeen Gv *WOR/ARM* LS12 32 B4
Aberdeen Rd *WOR/ARM* LS12 32 B4
Aberdeen Wk *WOR/ARM* LS12 32 B4
Aberfield Bank *MID* LS10 120 B3 1
Aberfield Cl *MID* LS10 120 B2 1
Aberfield Crest *MID* LS10 120 B3 2
Aberfield Dr *MID* LS10 120 B3
Aberfield Ga *MID* LS10 120 B2
Aberfield Mt *MID* LS10 120 B3 3
Aberfield Ri *MID* LS10 120 B2 2
Aberfield Rd *MID* LS10 120 B2
Aberfield Wk *MID* LS10 120 B3 4
Accommodation Rd *OSM* LS9 39 D1
Ackworth Av *YEA* LS19 53 D3 1
Ackworth Crs *YEA* LS19 53 D3 2
Ackworth Dr *YEA* LS19 54 A3 1
Acorn Dr *SCFT* LS14 86 B1
Acres Hall Av *PDSY/CALV* LS28 100 B3
Acres Hall Crs *PDSY/CALV* LS28 100 B3
Acres Hall Dr *PDSY/CALV* LS28 100 B3
Adams Gv *MSTN/BAR* LS15 97 D1
Ada's Pl *PDSY/CALV* LS28 89 D3
Addingham Gdns *WOR/ARM* LS12 32 B5
Addison Ct *MSTN/BAR* LS15 107 C3 1
Adel Garth *BHP/TINH* LS16 60 A4
Adel Grange Cl *BHP/TINH* LS16 72 B3
Adel Grange Cft *BHP/TINH* LS16 72 B3 1
Adel Grange Ms *BHP/TINH* LS16 72 B3 2
Adel Gn *BHP/TINH* LS16 73 C1
Adel La *BHP/TINH* LS16 72 B1
Adel Md *BHP/TINH* LS16 73 C1
Adel Ml *BHP/TINH* LS16 60 A3
Adel Park Cl *BHP/TINH* LS16 72 B2
Adel Park Ct *BHP/TINH* LS16 72 B2
Adel Park Cft *BHP/TINH* LS16 72 B2
Adel Park Dr *BHP/TINH* LS16 72 B2
Adel Park Gdns *BHP/TINH* LS16 72 B2
Adel Pasture *BHP/TINH* LS16 72 B2
Adel Towers Ct *BHP/TINH* LS16 73 C2
Adel V *BHP/TINH* LS16 73 C1
Adel Wood Dr *BHP/TINH* LS16 73 C2
Adel Wood Gv *BHP/TINH* LS16 73 C2
Adel Wood Pl *BHP/TINH* LS16 73 C2 1
Adel Wood Rd *BHP/TINH* LS16 73 C2
Administration Rd *OSM* LS9 116 B2 1
Admiral St *BEE/HOL* LS11 47 E5
Adwick Pl *BULY* LS4 23 F3
Airedale Ct *SCFT* LS14 85 C4 1
Airedale Cft *BRAM* LS13 90 A1 1
Airedale Dr *HORS* LS18 80 A1
Airedale Gdns *BRAM* LS13 90 A1
Airedale Gv *HORS* LS18 80 A1
Airedale Quay *BRAM* LS13 90 B1
Airedale Whf *BRAM* LS13 80 A4
Aire Gv *YEA* LS19 53 D3
Aire Pl *BVRD* LS3 35 D1
Aire St *LDS* LS1 36 C4
Aire Vw *YEA* LS19 53 D3
Airlie Av *RHAY* LS8 19 E4
Airlie Pl *RHAY* LS8 19 E5
Alan Crs *MSTN/BAR* LS15 105 D2
Alaska Pl *CHAL* LS7 8 C5
Albany St *WOR/ARM* LS12 32 B5
Albany Ter *WOR/ARM* LS12 32 A5
Alberta Av *CHAL* LS7 8 C5
Albert Gv *HDGY* LS6 4 B5
Albert Pl *HORS* LS18 69 D4
Albert St *PDSY/CALV* LS28 99 C3
Albion Av *WOR/ARM* LS12 34 A4
Albion Pl *LDS* LS1 37 E3
Albion Rd *PDSY/CALV* LS28 89 D3
Albion St *LDS* LS1 37 E4
PDSY/CALV LS28 100 A2
Albion Wy *WOR/ARM* LS12 35 D3
Alcester Pl *RHAY* LS8 19 E5 1
Alcester Rd *RHAY* LS8 19 E5 2
Alcester St *RHAY* LS8 19 E5 3
Alcester Ter *RHAY* LS8 19 E5 4
Alder Dr *PDSY/CALV* LS28 98 A1
Alder Garth *PDSY/CALV* LS28 98 A1
Alder Hill Av *CHAL* LS7 5 F3
Alder Hill Gv *CHAL* LS7 6 A3
Alderton Bank *AL/HA/HU* LS17 74 A3
Alderton Crs *AL/HA/HU* LS17 74 A3
Alderton Mt *AL/HA/HU* LS17 74 A3 1
Alderton Pl *AL/HA/HU* LS17 74 A3 2
Alderton Ri *AL/HA/HU* LS17 74 A3
Alexander Av *MSTN/BAR* LS15 105 C2
Alexander St *LDS* LS1 37 D2 1
Alexandra Gv *HDGY* LS6 25 D4
PDSY/CALV LS28 98 B2
Alexandra Rd *HDGY* LS6 24 C4
HORS LS18 69 D4
PDSY/CALV LS28 98 B3
Alexandra Ter *YEA* LS19 53 D2 1
Allenby Crs *BEE/HOL* LS11 118 B1 1
Allenby Dr *BEE/HOL* LS11 118 B1
Allenby Gdns *BEE/HOL* LS11 118 B1
Allenby Gv *BEE/HOL* LS11 118 B1
Allenby Pl *BEE/HOL* LS11 118 B1
Allenby Rd *BEE/HOL* LS11 118 B1
Allenby Vw *BEE/HOL* LS11 112 B4
Allerton Grange Av *AL/HA/HU* LS17 76 B4
Allerton Grange Cl *AL/HA/HU* LS17 7 F1
Allerton Grange Crs *AL/HA/HU* LS17 8 A1
Allerton Grange Cft *RHAY* LS8 8 C1
Allerton Grange Dr *AL/HA/HU* LS17 8 A2
Allerton Grange Gdns *AL/HA/HU* LS17 8 A1
Allerton Grange Ri *AL/HA/HU* LS17 8 A1
Allerton Grange V *AL/HA/HU* LS17 8 A1
Allerton Grange Wy *RHAY* LS8 8 B2
Allerton Gv *AL/HA/HU* LS17 76 A3
Allerton Hl *CHAL* LS7 7 F3
Allerton Pk *CHAL* LS7 8 B4
Allerton Pl *AL/HA/HU* LS17 76 A3 1
Allerton St *BULY* LS4 24 A4
Alliance St *WOR/ARM* LS12 32 B4
Allinson St *WOR/ARM* LS12 44 C1 1
Alma Cl *PDSY/CALV* LS28 88 B2
Alma Cottages *HDGY* LS6 14 B2
Alma Gv *OSM* LS9 29 D4
Alma Pl *OSM* LS9 29 D4
Alma Rd *HDGY* LS6 14 B2
Alma St *OSM* LS9 29 D5
YEA LS19 53 D2 2
Alston La *SCFT* LS14 95 D2
Alwoodley Cha *AL/HA/HU* LS17 63 D4
Alwoodley Court Gdns
AL/HA/HU LS17 61 D3
Alwoodley Gdns *AL/HA/HU* LS17 61 D4
Alwoodley La *AL/HA/HU* LS17 61 C3
Amberley Gdns *WOR/ARM* LS12 43 F2
Amberley Rd *WOR/ARM* LS12 43 F1
Amberley St *WOR/ARM* LS12 43 F2
Amberton Ap *RHAY* LS8 21 F5
Amberton Cl *RHAY* LS8 21 F3
Amberton Crs *RHAY* LS8 21 E4
Amberton Gdns *RHAY* LS8 21 F4

Amberton Garth *RHAY* LS8 .... **21** F4
Amberton Gv *RHAY* LS8 .... **21** F5
Amberton La *RHAY* LS8 .... **21** E4
Amberton Mt *RHAY* LS8 .... **21** F4
Amberton Pl *RHAY* LS8 .... **21** D4
Amberton Rd *OSM* LS9 .... **31** F1
RHAY LS8 .... **20** C4
Amberton St *RHAY* LS8 .... **21** F5
Amberton Ter *RHAY* LS8 .... **21** F4
Amblers Ct *PDSY/CALV* LS28 .... **99** D3
Ambleside Gdns *PDSY/CALV* LS28 .... **98** B2
Ancaster Crs *BHP/TINH* LS16 .... **2** C4
Ancaster Rd *BHP/TINH* LS16 .... **3** D4
Ancaster Vw *BHP/TINH* LS16 .... **3** D4
Anderson Av *RHAY* LS8 .... **29** D3
Anderson Mt *RHAY* LS8 .... **29** D3
Andrew St *PDSY/CALV* LS28 .... **89** C2 1
Apex Vw *BEE/HOL* LS11 .... **47** D3
Apex Wy *BEE/HOL* LS11 .... **47** E4
Appleby Pl *MSTN/BAR* LS15 .... **104** B1
Appleby Wk *MSTN/BAR* LS15 .... **104** B1
Appleton Gv *OSM* LS9 .... **41** D3
Appleton Wy *OSM* LS9 .... **40** A2
The Approach *SCFT* LS14 .... **86** A1 1
Archery Pl *LDSU* LS2 .... **26** C4
Archery Rd *LDSU* LS2 .... **26** C3 1
Archery St *LDSU* LS2 .... **27** D4
Archery Ter *LDSU* LS2 .... **26** C4
Argie Av *BULY* LS4 .... **22** C1
Argie Gdns *BULY* LS4 .... **23** F3
Argie Rd *BULY* LS4 .... **23** F3
Argie Ter *BULY* LS4 .... **23** F3
Argyle Rd *OSM* LS9 .... **38** B2
Argyll Cl *HORS* LS18 .... **69** C1
Arksey Pl *WOR/ARM* LS12 .... **33** F2
Arksey Ter *WOR/ARM* LS12 .... **33** F2
Ark St *OSM* LS9 .... **49** D2
Arley Gv *WOR/ARM* LS12 .... **33** F2
Arley Pl *WOR/ARM* LS12 .... **33** F2
Arley St *WOR/ARM* LS12 .... **33** F1
Arley Ter *WOR/ARM* LS12 .... **33** F2
Arlington Gv *RHAY* LS8 .... **20** C4
Arlington Rd *RHAY* LS8 .... **20** C4
Armitage Sq *PDSY/CALV* LS28 .... **99** C3 1
Armley Gra *WOR/ARM* LS12 .... **103** C1
Armley Grange Av *WOR/ARM* LS12 .... **103** C1
Armley Grange Crs *WOR/ARM* LS12 .... **93** C4
Armley Grange Dr *WOR/ARM* LS12 .... **103** C1
Armley Grange Mt *WOR/ARM* LS12 .... **103** C1
Armley Grange Ov *WOR/ARM* LS12 .... **93** C4
Armley Grange Ri *WOR/ARM* LS12 .... **103** C1
Armley Grange Vw *WOR/ARM* LS12 .... **32** A2
Armley Grange Wk *WOR/ARM* LS12 .... **32** A2
Armley Grove Pl *WOR/ARM* LS12 .... **34** A5
Armley Lodge Rd *WOR/ARM* LS12 .... **33** E2
Armley Park Rd *WOR/ARM* LS12 .... **33** E1
Armley Ridge Cl *WOR/ARM* LS12 .... **32** B2
Armley Ridge Rd *WOR/ARM* LS12 .... **22** A4
Armley Rd *WOR/ARM* LS12 .... **34** A3
Armouries Dr *MID* LS10 .... **48** B2
Armouries Wy *MID* LS10 .... **38** A5
Armstrong St *PDSY/CALV* LS28 .... **89** C3 1
Arncliffe Garth *PDSY/CALV* LS28 .... **89** C3 2
Arncliffe Gra *AL/HA/HU* LS17 .... **76** A3 2
Arncliffe Rd *BHP/TINH* LS16 .... **2** B2
Arncliffe St *PDSY/CALV* LS28 .... **89** C3
Arran Dr *HORS* LS18 .... **69** C1
Arthington Av *MID* LS10 .... **114** A3
Arthington Gv *MID* LS10 .... **114** A3
Arthington Pl *MID* LS10 .... **114** A3
Arthington St *MID* LS10 .... **114** A3 1
Arthington Ter *MID* LS10 .... **114** A3
Arthington Vw *MID* LS10 .... **114** A3
Arthur St *PDSY/CALV* LS28 .... **89** C3
Artist St *WOR/ARM* LS12 .... **35** D4
Arundel St *PDSY/CALV* LS28 .... **99** D1
Ascot Ter *OSM* LS9 .... **39** F4
Ash Av *HDGY* LS6 .... **14** A2
Ashby Av *BRAM* LS13 .... **92** A3
Ashby Crs *BRAM* LS13 .... **92** A3
Ashby Mt *BRAM* LS13 .... **92** A3
Ashby Sq *BRAM* LS13 .... **92** A3 1
Ashby Ter *BRAM* LS13 .... **92** A3
Ashby Vw *BRAM* LS13 .... **92** A3 2
Ash Crs *HDGY* LS6 .... **13** F3
Ashdene *WOR/ARM* LS12 .... **108** A2 1
Ashdene Cl *PDSY/CALV* LS28 .... **99** D4
Ashdene Crs *PDSY/CALV* LS28 .... **99** D4
Ashdown St *BRAM* LS13 .... **91** D3 1
Ashfield Cl *MSTN/BAR* LS15 .... **97** C1 1
WOR/ARM LS12 .... **108** B1
Ashfield Crs *PDSY/CALV* LS28 .... **89** C4
Ashfield Gv *PDSY/CALV* LS28 .... **89** D4 1
Ashfield Rd *PDSY/CALV* LS28 .... **89** C4
Ashfield Ter *MSTN/BAR* LS15 .... **97** C1
Ashfield Wy *WOR/ARM* LS12 .... **109** C2
Ashford Dr *PDSY/CALV* LS28 .... **100** A3
Ash Gdns *HDGY* LS6 .... **14** A3
Ash Gv *HDGY* LS6 .... **25** E1
PDSY/CALV LS28 .... **99** D3
Ashgrove Ms *BRAM* LS13 .... **90** A1
Ashlea Ga *BRAM* LS13 .... **91** D1
Ashlea Gn *BRAM* LS13 .... **91** D2
Ashleigh Rd *BHP/TINH* LS16 .... **2** B2
Ashley Av *OSM* LS9 .... **30** A3
Ashley Rd *OSM* LS9 .... **29** F3
WOR/ARM LS12 .... **43** D1
Ashley Ter *OSM* LS9 .... **30** A3
Ash Rd *HDGY* LS6 .... **13** E4
Ash Ter *HDGY* LS6 .... **14** A2
Ashton Av *RHAY* LS8 .... **29** F3
Ashton Ct *RHAY* LS8 .... **30** A1
Ashton Gv *OSM* LS9 .... **29** F3
Ashton Mt *OSM* LS9 .... **29** F3
Ashton Pl *OSM* LS9 .... **29** F3
Ashton Rd *RHAY* LS8 .... **30** A1
Ashton St *RHAY* LS8 .... **29** F2
Ashton Ter *RHAY* LS8 .... **29** F3
Ashton Vw *OSM* LS9 .... **29** F3
Ash Tree Ap *SCFT* LS14 .... **97** C1
Ash Tree Bank *SCFT* LS14 .... **87** C4 1
Ash Tree Cl *SCFT* LS14 .... **87** C4 2
Ash Tree Gdns *SCFT* LS14 .... **87** C4
Ash Tree Gv *SCFT* LS14 .... **87** C4 3
Ashville Av *HDGY* LS6 .... **24** B2
Ashville Gv *HDGY* LS6 .... **24** B2
Ashville Rd *BULY* LS4 .... **24** B2
Ashville Ter *HDGY* LS6 .... **24** B2
Ashville Vw *HDGY* LS6 .... **24** B3
Ashwood Ter *HDGY* LS6 .... **15** E4
Ashwood Vls *HDGY* LS6 .... **15** E5
Asket Av *SCFT* LS14 .... **84** B4
Asket Cl *SCFT* LS14 .... **84** B3
Asket Crs *SCFT* LS14 .... **84** B4
Asket Dr *SCFT* LS14 .... **84** B3 1
Asket Gdns *RHAY* LS8 .... **84** A3
Asket Garth *SCFT* LS14 .... **84** B4
Asket Gn *SCFT* LS14 .... **84** B3
Asket Hl *RHAY* LS8 .... **84** A3
Asket Pl *SCFT* LS14 .... **84** B4
Asket Wk *SCFT* LS14 .... **84** B4
Aspect Gdns *PDSY/CALV* LS28 .... **98** B1
Aspen Mt *BHP/TINH* LS16 .... **70** B3
Assembly St *LDSU* LS2 .... **37** F4
Aston Av *BRAM* LS13 .... **92** B3 1
Aston Crs *BRAM* LS13 .... **92** B3

Aston Dr *BRAM* LS13 ..... 92 B3
Aston Gv *BRAM* LS13 ..... 92 B3
Aston Mt *BRAM* LS13 ..... 92 B3
Aston Pl *BRAM* LS13 ..... 92 B3
Aston Rd *BRAM* LS13 ..... 92 A3
Aston St *BRAM* LS13 ..... 92 A3
Aston Ter *BRAM* LS13 ..... 92 A3
Aston Vw *BRAM* LS13 ..... 92 A3
Astor Gv *BRAM* LS13 ..... 90 B3
Astor St *BRAM* LS13 ..... 90 B3
Atha Cl *BEE/HOL* LS11 ..... 112 B4
Atha Crs *BEE/HOL* LS11 ..... 112 B4
Atha St *BEE/HOL* LS11 ..... 112 B4
Athlone Gv *WOR/ARM* LS12 ..... 33 E4
Athlone St *WOR/ARM* LS12 ..... 33 E4
Athlone Ter *WOR/ARM* LS12 ..... 33 E4
Atkinson St *MID* LS10 ..... 48 C3
Atlanta St *BRAM* LS13 ..... 90 B3
Austhorpe Av *MSTN/BAR* LS15 ..... 107 D2
Austhorpe Dr *MSTN/BAR* LS15 ..... 107 D2
Austhorpe Gv *MSTN/BAR* LS15 ..... 107 D2
Austhorpe La *MSTN/BAR* LS15 ..... 97 C4
Austhorpe Rd *MSTN/BAR* LS15 ..... 97 C3
Austhorpe Vw *MSTN/BAR* LS15 ..... 107 C1
Authorpe Rd *HDGY* LS6 ..... 5 E5
Autumn Av *HDGY* LS6 ..... 25 D4
Autumn Crs *HORS* LS18 ..... 82 A2
Autumn Gv *HDGY* LS6 ..... 25 D4
Autumn Pl *HDGY* LS6 ..... 25 D4
Autumn St *HDGY* LS6 ..... 25 D4
Autumn Ter *HDGY* LS6 ..... 25 D4
Avenue Crs *RHAY* LS8 ..... 19 E4
Avenue Gdns *AL/HA/HU* LS17 ..... 61 C4
Avenue Hl *RHAY* LS8 ..... 19 D4
The Avenue *AL/HA/HU* LS17 ..... 61 D4
HORS LS18 ..... 68 A4
MSTN/BAR LS15 ..... 97 C2
OSM LS9 ..... 38 C4
RHAY LS8 ..... 10 A1
Avenue Victoria *RHAY* LS8 ..... 10 B2
Aviary Gv *WOR/ARM* LS12 ..... 33 F2
Aviary Mt *WOR/ARM* LS12 ..... 33 F2
Aviary Pl *WOR/ARM* LS12 ..... 33 F2
Aviary Rd *WOR/ARM* LS12 ..... 33 F2
Aviary Rw *WOR/ARM* LS12 ..... 33 F2
Aviary St *WOR/ARM* LS12 ..... 33 F2
Aviary Ter *WOR/ARM* LS12 ..... 33 F2
Aviary Vw *WOR/ARM* LS12 ..... 33 F2
Avocet Garth *MID* LS10 ..... 120 A4 1
Avondale St *BRAM* LS13 ..... 91 D4 1
Ayresome Av *RHAY* LS8 ..... 77 D3
Ayresome Ter *RHAY* LS8 ..... 77 C3
Aysgarth Cl *OSM* LS9 ..... 39 F4
Aysgarth Dr *OSM* LS9 ..... 39 F4
Aysgarth Pl *OSM* LS9 ..... 39 F4
Aysgarth Wk *OSM* LS9 ..... 39 F4

B

Bachelor La *HORS* LS18 ..... 69 D3 1
Back Airlie Av *RHAY* LS8 ..... 19 E4
Back Airlie Pl *RHAY* LS8 ..... 19 E4
Back Albert Gv *HDGY* LS6 ..... 4 B5
Back Albert Ter *HDGY* LS6 ..... 24 C4
Back Alcester Pl *RHAY* LS8 ..... 19 E5 5
Back Alcester Rd *RHAY* LS8 ..... 19 E5 6
Back Alcester Ter *RHAY* LS8 ..... 19 E5 7
Back Allerton Ter *CHAL* LS7 ..... 7 F3
Back Archery Pl *LDSU* LS2 ..... 26 C3
Back Archery Rd *LDSU* LS2 ..... 27 D4
Back Archery St *LDSU* LS2 ..... 27 D4
Back Archery Ter *LDSU* LS2 ..... 26 C4
Back Ash Gv *HDGY* LS6 ..... 25 E1
Back Ashville Av *HDGY* LS6 ..... 24 B3
Back Ashville Gv *HDGY* LS6 ..... 24 B2
Back Ashville Rd *HDGY* LS6 ..... 24 B2
Back Ashville Ter *HDGY* LS6 ..... 24 B2
Back Ashwood Ter *HDGY* LS6 ..... 15 E4
Back Aston Pl *BRAM* LS13 ..... 92 B3
Back Aston St *BRAM* LS13 ..... 92 A3
Back Aston Ter *BRAM* LS13 ..... 92 A3
Back Aston Vw *BRAM* LS13 ..... 92 A3
Back Athlone Av *WOR/ARM* LS12 ..... 33 E4 1
Back Athlone Gv *WOR/ARM* LS12 ..... 33 E4 2
Back Athlone Ter *WOR/ARM* LS12 ..... 33 E4 3
Back Atlanta St *BRAM* LS13 ..... 90 B3 1
Back Austhorpe Rd
MSTN/BAR LS15 ..... 96 B3 1
MSTN/BAR LS15 ..... 97 C3 1
Back Autumn Rd *HDGY* LS6 ..... 24 C4
Back Autumn Ter *HDGY* LS6 ..... 24 C4
Back Aviary Rd *WOR/ARM* LS12 ..... 33 F2 1
Back Baldovan Ter *RHAY* LS8 ..... 19 E4 1
Back Bank Ter *PDSY/CALV* LS28 ..... 89 D3
Back Banstead St *RHAY* LS8 ..... 29 F1
Back Barden Pl *WOR/ARM* LS12 ..... 32 B4
Back Barkly Gv *BEE/HOL* LS11 ..... 112 B3
Back Barkly Pde *BEE/HOL* LS11 ..... 112 B4 1
Back Barkly Ter *BEE/HOL* LS11 ..... 112 B3
Back Barrowby Vw
MSTN/BAR LS15 ..... 107 D2
Back Bath Rd *BRAM* LS13 ..... 91 D3 2
Back Beamsley Gv *HDGY* LS6 ..... 24 C3 1
Back Beamsley Mt *HDGY* LS6 ..... 24 C3
Back Beamsley Ter *HDGY* LS6 ..... 24 C3 2
Back Beechwood Gv *BULY* LS4 ..... 24 B2
Back Beechwood Rd *BULY* LS4 ..... 24 B2 1
Back Bellbrooke Gv *OSM* LS9 ..... 30 C3 1
Back Bellbrooke Pl *OSM* LS9 ..... 30 C3 2
Back Bellbrooke Ter *OSM* LS9 ..... 30 C3 3
Back Belvedere Av *BEE/HOL* LS11 ..... 113 C3
Back Belvedere Mt *BEE/HOL* LS11 ..... 113 C3
Back Bentley Av *HDGY* LS6 ..... 15 E1
Back Bentley Gv *HDGY* LS6 ..... 15 E1
Back Berkeley Av *RHAY* LS8 ..... 30 B2
Back Berkeley Ter *RHAY* LS8 ..... 30 B1
Back Beverley Ter *BEE/HOL* LS11 ..... 113 C2
Back Blenheim Av *LDSU* LS2 ..... 27 D3 1
Back Blenheim Ter *LDSU* LS2 ..... 26 C4
Back Boundary Ter *BVRD* LS3 ..... 25 D5
Back Breary Av *HORS* LS18 ..... 70 A4
Back Breary Ter *HORS* LS18 ..... 70 A4
Back Broad La *BRAM* LS13 ..... 92 A1 1
Back Broomfield Crs *HDGY* LS6 ..... 14 A5
Back Broomfield Pl *HDGY* LS6 ..... 24 B1
Back Broomfield Rd *HDGY* LS6 ..... 24 B1
Back Broughton Av *OSM* LS9 ..... 30 B3
Back Broughton Ter *OSM* LS9 ..... 30 B3
Back Brudenell Gv *HDGY* LS6 ..... 25 E3
Back Brudenell Mt *HDGY* LS6 ..... 25 D2
Back Brudenell Rd *HDGY* LS6 ..... 24 C3
Back Brunswick St *LDSU* LS2 ..... 37 F1
Back Burchett Gv *HDGY* LS6 ..... 16 B5
Back Burchett Pl *HDGY* LS6 ..... 16 B5
Back Burley Hl *BULY* LS4 ..... 23 F3
Back Burley Lodge Rd *HDGY* LS6 ..... 25 D4
Back Burley Lodge Ter *HDGY* LS6 ..... 24 C5
Back Burley St *BVRD* LS3 ..... 36 A2 1
Back Burlington Pl
BEE/HOL LS11 ..... 113 C3 1
Back Burlington Rd *BEE/HOL* LS11 ..... 113 C3
Back Burton Crs *HDGY* LS6 ..... 14 A1
Back Burton Ter *BEE/HOL* LS11 ..... 113 D2 1

Back Camberley St
BEE/HOL LS11 .... **113** D2 2
Back Carberry Pl *HDGY* LS6 .... **24** C4
Back Carberry Rd *HDGY* LS6 .... **24** C4 1
Back Carberry Ter *BULY* LS4 .... **24** C5
Back Carter Ter *MSTN/BAR* LS15 .... **96** B4 1
Back Chapel La *HDGY* LS6 .... **14** B5
Back Charlton Rd *OSM* LS9 .... **40** A4 1
Back Chatsworth Rd *RHAY* LS8 .... **30** A1
Back Chestnut Av *MSTN/BAR* LS15 **97** C3 3
MSTN/BAR LS15 .... **97** C3 2
Back Chiswick Ter *HDGY* LS6 .... **24** C5
Back Christ Church Vw
WOR/ARM LS12 .... **32** C2 1
Back Church La *BHP/TINH* LS16 .... **59** D4
KSTL LS5 .... **12** B4 1
Back Claremont Av *BVRD* LS3 .... **36** A1 1
Back Clarence Rd *HORS* LS18 .... **81** C2 1
Back Clarkson Vw *HDGY* LS6 .... **16** B5
Back Cliff Mt *HDGY* LS6 .... **16** A5
Back Clifton Ter *OSM* LS9 .... **30** C4
Back Clipston Av *HDGY* LS6 .... **15** E1
Back Coldcotes Av *OSM* LS9 .... **30** C4
Back Colenso Mt *BEE/HOL* LS11 .... **45** F5
Back Colenso Rd *BEE/HOL* LS11 .... **45** E5
Back Colton Rd *WOR/ARM* LS12 .... **33** E5
Back Colwyn Pl *BEE/HOL* LS11 .... **113** C3 2
Back Colwyn Vw *BEE/HOL* LS11 .. **113** C3 3
Back Conway St *RHAY* LS8 .... **29** F1
Back Cowper Gv *OSM* LS9 .... **30** A2 1
Back Cowper St *CHAL* LS7 .... **28** B1
Back Cranbrook Av *BEE/HOL* LS11 .. **112** B2
Back Cranbrook Ter *BEE/HOL* LS11 .. **112** B2
Back Cromer Ter *LDSU* LS2 .... **26** B4
Back Cross Flats Rw *BEE/HOL* LS11.. **112** A3
Back Cross Flatts Av *BEE/HOL* LS11 **112** B3
Back Cross Flatts Crs *BEE/HOL* LS11 **112** A3
Back Cross Flatts Gv
BEE/HOL LS11 .... **112** B3 1
Back Cross Flatts Mt
BEE/HOL LS11 .... **112** B3 2
Back Cross Flatts Pl *BEE/HOL* LS11 .. **112** A3
Back Cross Green Crs *OSM* LS9 .... **49** E2
Back Cross Green La *OSM* LS9 .... **49** E2 1
OSM LS9 .... **49** F2 1
Back Dalton Av *BEE/HOL* LS11 .... **112** B3
Back Dalton Gv *BEE/HOL* LS11 .... **112** B3 3
Back Dalton Rd *BEE/HOL* LS11 .... **112** B3
Back Dargai St *CHAL* LS7 .... **27** E1
Back Dawlish Av *OSM* LS9 .... **40** C3 1
Back Dawlish Mt *OSM* LS9 .... **40** C3 2
Back Dawlish Rd *OSM* LS9 .... **40** C3 3
Back De Lacy Mt *KSTL* LS5 .... **12** A3
Back Delph Mt *HDGY* LS6 .... **16** B5
Back Dent St *OSM* LS9 .... **39** E5
Back Devonshire La *RHAY* LS8 .... **77** D3
Back Dorset Mt *RHAY* LS8 .... **20** A5 1
Back Dorset Rd *RHAY* LS8 .... **20** A5
Back Dorset Ter *RHAY* LS8 .... **30** A1
Back East Park Rd *OSM* LS9 .... **40** A5 1
Back Ecclesburn Gv *OSM* LS9 .... **40** C4 1
Back Ecclesburn St *OSM* LS9 .... **40** B4
Back Edinburgh Rd *WOR/ARM* LS12 .. **32** B3
Back Elford Pl *RHAY* LS8 .... **29** E2
Back Ellers Gv *RHAY* LS8 .... **19** E5
Back Ellers Rd *RHAY* LS8 .... **19** E4
Back Elsworth St *WOR/ARM* LS12 .... **34** B4
Back Eric St *BRAM* LS13 .... **81** D4
Back Esmond Ter *WOR/ARM* LS12 .... **33** D4
Back Estcourt Av *HDGY* LS6 .... **13** F3
Back Estcourt Ter *HDGY* LS6 .... **13** F4
Back Fairford Pl *BEE/HOL* LS11 .... **113** D2 3
Back Garton Rd *OSM* LS9 .... **50** A1
Back Garton Ter *OSM* LS9 .... **40** A5
Back Gathorne St *RHAY* LS8 .... **29** D2
Back Glebe Ter *HDGY* LS6 .... **4** A4
Back Glenthorpe Ter *OSM* LS9 .... **40** A3 1
Back Glossop St *HDGY* LS6 .... **16** C5
Back Gordon Ter *HDGY* LS6 .... **5** E5 1
Back Graham Gv *BULY* LS4 .... **24** A1
Back Granby Gv *HDGY* LS6 .... **14** A4
Back Grange Av *CHAL* LS7 .... **18** B5
Back Grange Crs *CHAL* LS7 .... **18** C5
Back Grange Ter *CHAL* LS7 .... **18** B5
Back Grange Vw *CHAL* LS7 .... **18** B5
Back Graveley St *MSTN/BAR* LS15 .. **105** D1 1
Back Greenhow Wk *BULY* LS4 .... **24** A4 1
Back Greenmount Ter
BEE/HOL LS11 .... **113** C2 1
Back Greenwood Mt *HDGY* LS6 .... **5** D3
Back Grosvenor Ter *HDGY* LS6 .... **15** F4
Back Grove Gdns *HDGY* LS6 .... **15** D1
Back Grovehall Av *BEE/HOL* LS11 .... **112** B4
Back Grovehall Dr *BEE/HOL* LS11...... **112** B4
Back Halliday Gv *WOR/ARM* LS12 .... **32** B2
Back Halliday Pl *WOR/ARM* LS12 .... **32** B2
Back Hamilton Av *CHAL* LS7 .... **18** C5
Back Hamilton Vw *CHAL* LS7 .... **18** C5
Back Harehills Av *CHAL* LS7 .... **18** C4
Back Harehills Pl *RHAY* LS8 .... **29** F1
Back Hares Av *RHAY* LS8 .... **19** E5
Back Hares Mt *RHAY* LS8 .... **19** D5
Back Hares Ter *RHAY* LS8 .... **19** E4
Back Hares Vw *RHAY* LS8 .... **19** E5
Back Hartley Av *HDGY* LS6 .... **16** C5
Back Hartley Gv *HDGY* LS6 .... **16** B5
Back Headingley Av *HDGY* LS6 .... **13** F3
Back Headingley Mt *HDGY* LS6 .... **13** F3
Back Heathfield Ter *HDGY* LS6 .... **4** A5
Back Heddon Pl *HDGY* LS6 .... **15** D1
Back Heddon St *HDGY* LS6 .... **15** D1
Back Hessle Av *HDGY* LS6 .... **25** D2
Back Hessle Mt *HDGY* LS6 .... **25** D2
Back Hessle Ter *HDGY* LS6 .... **25** D2
Back Hessle Vw *HDGY* LS6 .... **25** D1
Back Highbury Ter *HDGY* LS6 .... **5** D5
Back Highfield Rd *BRAM* LS13 .... **92** A3
Back Highthorne Gv
WOR/ARM LS12 .... **32** B3 1
Back Highthorne St *WOR/ARM* LS12.. **32** B3
Back Hillcrest Av *CHAL* LS7 .... **19** D5
Back Hillcrest Vw *CHAL* LS7 .... **19** D5
Back Hill Top Av *RHAY* LS8 .... **19** E5
Back Hill Top Mt *RHAY* LS8 .... **19** F5
Back Hilton Gv *RHAY* LS8 .... **19** E4 2
Back Hilton Pl *RHAY* LS8 .... **19** E4
Back Hilton Rd *RHAY* LS8 .... **19** E4
Back Hollyshaw Ter
MSTN/BAR LS15 .... **106** B1 1
Back Hovingham Gv *RHAY* LS8 .... **20** B5
Back Hovingham Mt *RHAY* LS8 .... **20** A5
Back Hovingham Ter *RHAY* LS8 .... **20** A5 2
Back Hyde Ter *LDSU* LS2 .... **26** A5
Back Ibbetson Pl *LDSU* LS2 .... **26** C5
Back Ingledew Crs *RHAY* LS8 .... **78** A3 1
Back Ivy Av *OSM* LS9 .... **40** B3
Back Ivy Gv *OSM* LS9 .... **40** C4
Back Ivy Mt *OSM* LS9 .... **40** B3
Back Ivy St *OSM* LS9 .... **40** B3
Back Karnac Rd *RHAY* LS8 .... **19** F5
Back Kelso Rd *LDSU* LS2 .... **25** F4
Back Kendal La *BVRD* LS3 .... **36** A1 2
Back Kennerleigh Wk
MSTN/BAR LS15 .... **96** B4 2
Back Kensington Ter *HDGY* LS6 .... **25** E1
Back King's Av *HDGY* LS6 .... **25** D4 1

Back Kitson St *OSM* LS9 .... 39 E5
Back Knowle Mt *BULY* LS4 .... 24 A2
Back Lambton Gv *RHAY* LS8 .... 19 F5
Back Landseer Av *BRAM* LS13 .... 92 B2 1
Back Landseer Gv *BRAM* LS13 .... 92 B2 2
Back Landseer Ter *BRAM* LS13 .... 92 B2 3
Back La *BEE/HOL* LS11 .... 112 A4
BRAM LS13 .... 92 A4
HORS LS18 .... 81 C1
PDSY/CALV LS28 .... 89 C2
YEA LS19 .... 52 B4
Back Langdale Gdns *HDGY* LS6 .... 13 E4
Back Langdale Ter *HDGY* LS6 .... 13 E4
Back Laurel Mt *CHAL* LS7 .... 18 A3
Back Lodge La *BEE/HOL* LS11 .... 113 C2
Back Longroyd Ter *MID* LS10 .... 113 D2 4
Back Lucas St *HDGY* LS6 .... 16 B5
Back Lunan Pl *RHAY* LS8 .... 19 F4
Back Lunan Ter *RHAY* LS8 .... 19 F5 1
Back Mafeking Av
BEE/HOL LS11 .... 112 B4 2
Back Mafeking Mt *BEE/HOL* LS11 .... 112 B4
Back Manor Dr *HDGY* LS6 .... 24 C1
Back Manor Gv *CHAL* LS7 .... 18 A1
Back Manor Ter *HDGY* LS6 .... 14 C4
Back Markham Av *RHAY* LS8 .... 19 F4
Back Marshall St *MSTN/BAR* LS15 .... 96 B3
Back Marshall Ter
MSTN/BAR LS15 .... 96 B3 2
Back Masham St *WOR/ARM* LS12 .... 34 A5 1
Back Maud Av *BEE/HOL* LS11 .... 112 B3
Back Mayville Av *HDGY* LS6 .... 24 C2
Back Mayville Pl *HDGY* LS6 .... 24 C1
Back Mayville St *HDGY* LS6 .... 24 C2
Back Mayville Ter *HDGY* LS6 .... 24 C2
Back Meadow Vw *HDGY* LS6 .... 25 D2
Back Melbourne Gv *BRAM* LS13 .... 91 D3 3
Back Methley Dr *CHAL* LS7 .... 8 A5
Back Mexborough Av *CHAL* LS7 .... 18 A5
Back Mexborough Dr *CHAL* LS7 .... 18 A5
Back Mexborough Gv *CHAL* LS7 .... 18 A5
Back Mexborough St *CHAL* LS7 .... 18 A5
Back Middleton Vw *BEE/HOL* LS11 .... 112 B2
Back Midland Rd *HDGY* LS6 .... 25 E1
Back Milan Av *RHAY* LS8 .... 29 F1
Back Milan Rd *RHAY* LS8 .... 29 F1
Back Milan St *RHAY* LS8 .... 30 A1
Back Mitford Rd *WOR/ARM* LS12 .... 34 B5
Back Model Rd *WOR/ARM* LS12 .... 34 A4
Back Model Ter *WOR/ARM* LS12 .... 34 A4
Back Model Vw *WOR/ARM* LS12 .... 34 A4
Back Monk Bridge Dr *HDGY* LS6 .... 15 E1
Back Monk Bridge St *HDGY* LS6 .... 5 E5
Back Montpelier Ter *HDGY* LS6 .... 15 F4
Back Moorfield Ter
WOR/ARM LS12 .... 32 A3 1
Back Moorland Ter *LDSU* LS2 .... 26 A3
Back Morritt Dr *MSTN/BAR* LS15 .... 105 C1
Back Mount Pleasant *MID* LS10 .... 119 D4 1
Back Mount Vw *HDGY* LS6 .... 15 F5
Back Nansen St *BRAM* LS13 .... 90 B3
Back Newport Gdns *HDGY* LS6 .... 24 A1
Back Newport Mt *HDGY* LS6 .... 24 A1
Back Newport Pl *HDGY* LS6 .... 24 B1
Back Newton Gv *CHAL* LS7 .... 18 B4
Back New York St *LDSU* LS2 .... 37 F4
Back Nice Vw *RHAY* LS8 .... 19 F5
Back Norman Mt *KSTL* LS5 .... 12 A4
Back Norman Pl *RHAY* LS8 .... 77 D3 1
Back Norman Ter *RHAY* LS8 .... 77 D3 2
Back Northbrook St *CHAL* LS7 .... 8 A3
Back North Park Av *RHAY* LS8 .... 9 E1
Back Norwood Gv *HDGY* LS6 .... 24 C1
Back Norwood Pl *HDGY* LS6 .... 24 C1
Back Norwood Rd *HDGY* LS6 .... 24 C1
Back Nowell Crs *OSM* LS9 .... 41 D1
Back Nowell Mt *OSM* LS9 .... 41 D1
Back Nowell Pl *OSM* LS9 .... 41 D1
Back Nowell Ter *OSM* LS9 .... 40 C1
Back Nunington St
WOR/ARM LS12 .... 34 A2 1
Back Nunington Vw
WOR/ARM LS12 .... 33 E1
Back Nunroyd Rd *AL/HA/HU* LS17 .... 76 A4 1
Back Nursery Mt *MID* LS10 .... 114 B4 1
Back Oakfield Ter *HDGY* LS6 .... 15 D1
Back Oakley Ter *BEE/HOL* LS11 .... 113 D3 1
Back Oak Rd *CHAL* LS7 .... 18 A3
Back Oakwood Av *RHAY* LS8 .... 10 C5
Back Oakwood Dr *RHAY* LS8 .... 20 C1
Back Osmondthorpe La *OSM* LS9 .... 41 E1
Back Outwood La *HORS* LS18 .... 81 D2
Back Overdale Ter
MSTN/BAR LS15 .... 105 D1 2
Back Oxford Pl *LDS* LS1 .... 36 C2
Back Park Crs *RHAY* LS8 .... 78 A3
Back Parkfield Pl *BEE/HOL* LS11 .... 112 B2
Back Parkfield Rd *BEE/HOL* LS11 .... 112 B2
Back Park Vw *BEE/HOL* LS11 .... 112 B2 1
Back Park View Av *HDGY* LS6 .... 24 B2
Back Parkville Rd *BRAM* LS13 .... 91 D2 1
Back Parnaby Av *MID* LS10 .... 115 C4
Back Parnaby St *MID* LS10 .... 115 C4
Back Parnaby Ter *MID* LS10 .... 115 C4
Back Pasture Gv *CHAL* LS7 .... 8 B3
Back Pasture Rd *RHAY* LS8 .... 19 D4
Back Pollard La *BRAM* LS13 .... 81 D4 1
Back Poplar Av *MSTN/BAR* LS15 .... 97 C3 4
Back Potternewton La *CHAL* LS7 .... 17 F1
Back Potters St *CHAL* LS7 .... 18 A1
Back Prospect Ter *OSM* LS9 .... 39 E4 1
Back Providence Av *HDGY* LS6 .... 16 B5 1
Back Quarry Mount Ter *HDGY* LS6 .... 16 B5 2
Back Ravenscar Av *RHAY* LS8 .... 20 B1
Back Raynville Mt *BRAM* LS13 .... 92 B2 4
Back Regent Park Ter *HDGY* LS6 .... 15 F5
Back Regent Ter *HDGY* LS6 .... 25 E3
Back Reginald Mt *CHAL* LS7 .... 18 A4
Back Reginald Pl *CHAL* LS7 .... 18 A4
Back Reginald St *CHAL* LS7 .... 18 A4
Back Richmond Mt *HDGY* LS6 .... 24 C1
Back Ridge Mount Ter *HDGY* LS6 .... 16 A4
Back Ridge Vw *CHAL* LS7 .... 16 B3
Back Rochester Ter *HDGY* LS6 .... 14 B5
Back Rokeby Gdns *HDGY* LS6 .... 13 F3
Back Roman Gv *RHAY* LS8 .... 77 D3
Back Roman Pl *RHAY* LS8 .... 78 A3 2
Back Roman St *RHAY* LS8 .... 78 A3 3
Back Rosebank Crs *HDGY* LS6 .... 25 E4
Back Rosemont Wk *BRAM* LS13 .... 91 D3 4
Back Rossall Rd *RHAY* LS8 .... 20 A5
Back Rossington Gv *RHAY* LS8 .... 19 D5
Back Rossington Pl *RHAY* LS8 .... 19 D5
Back Rossington Rd *RHAY* LS8 .... 29 D1
Back Roundhay Av *RHAY* LS8 .... 19 F3
Back Roundhay Crs *RHAY* LS8 .... 19 F3
Back Roundhay Gv *RHAY* LS8 .... 19 F3
Back Roundhay Pl *RHAY* LS8 .... 19 E3
Back Roundhay Vw *RHAY* LS8 .... 19 E3
Back Rw *BEE/HOL* LS11 .... 47 D1
Back Rowland Ter *BEE/HOL* LS11 .... 113 D2 5
Back Ruthven Vw *RHAY* LS8 .... 30 A2
Back St Alban Crs *OSM* LS9 .... 41 E1
Back Saint Ives Mt *WOR/ARM* LS12 .... 32 B3
Back St Luke's Crs *BEE/HOL* LS11 .... 112 B1
Back St Mary's Rd *CHAL* LS7 .... 18 A3

Back Salisbury Gv *WOR/ARM* LS12 .... **33** E2
Back Salisbury Ter *WOR/ARM* LS12 .... **33** E2
Back Salisbury Vw *WOR/ARM* LS12 .... **33** E2
Back Sandhurst Gv *RHAY* LS8 .... **30** A1
Back Sandhurst Pl *RHAY* LS8 .... **30** A1
Back Sandhurst Rd *RHAY* LS8 .... **30** A1
Back Savile Pl *CHAL* LS7 .... **28** A1
Back Savile Rd *CHAL* LS7 .... **28** A1
Back School Vw *HDGY* LS6 .... **25** D1
Back Seaforth Av *OSM* LS9 .... **30** C3
Back Seaforth Pl *OSM* LS9 .... **30** B2
Back Seaforth Ter *OSM* LS9 .... **30** B2
Back Sefton Av *BEE/HOL* LS11 .... **112** B2
Back Sefton Ter *BEE/HOL* LS11 .... **112** B3
Back Shaftesbury Av *RHAY* LS8 .... **77** D4
Back Shepherd's La *CHAL* LS7 .... **19** D4
Back Shepherd's Pl *RHAY* LS8 .... **19** E5
Back Sholebroke Av *CHAL* LS7 .... **18** A3
Back Sholebroke Mt *CHAL* LS7 .... **18** A4
Back Sholebroke Pl *CHAL* LS7 .... **18** A4
Back Sholebroke Rw *CHAL* LS7 .... **18** A4
Back Sholebroke Ter *CHAL* LS7 .... **17** F3
Back Sholebroke Vw *CHAL* LS7 .... **18** A4
Back Sidlaw Ter *RHAY* LS8 .... **19** E5 8
Back South End Gv *BRAM* LS13 .... **92** B3
Back Spencer Mt *RHAY* LS8 .... **29** D1
Back Springfield Mt
WOR/ARM LS12 .... **32** A3 2
Back Spring Grove Wk *HDGY* LS6 .... **24** C4
Back Stanley St *OSM* LS9 .... **29** F3
Back Stanmore Pl *BULY* LS4 .... **23** F1
Back Stanmore St *BULY* LS4 .... **23** F1
Back Storey Pl *SCFT* LS14 .... **94** B4
Back Stratford Av *BEE/HOL* LS11 .... **112** B3
Back Stratford St *BEE/HOL* LS11 .. **113** D2 6
Back Stratford Ter
BEE/HOL LS11 .... **113** C2 2
Back Strathmore Dr *OSM* LS9 .... **30** B2
Back Sunnydene *SCFT* LS14 .... **95** C4 1
Back Sutton Ap *SCFT* LS14 .... **94** B4
Back Tempest Rd *BEE/HOL* LS11 .. **112** B2 2
Back Temple Vw *BEE/HOL* LS11 .... **112** B2 3
Back Thornville Rw *HDGY* LS6 .... **25** D2
Back Tower Gv *WOR/ARM* LS12 .... **32** A3 3
Back Trafford Av *OSM* LS9 .... **30** C3
Back Trentham Pl *BEE/HOL* LS11 .. **113** C2 3
Back Vicars Rd *RHAY* LS8 .... **29** E1
Back Victoria Av *OSM* LS9 .... **40** C3 4
Back Victoria Gv *OSM* LS9 .... **40** C3 5
Back Walmsley Rd *HDGY* LS6 .... **24** C2
Back Welburn Av *BHP/TINH* LS16 .... **3** D3 1
Back Welton Av *HDGY* LS6 .... **25** D1
Back Welton Gv *HDGY* LS6 .... **25** D1
Back Welton Mt *HDGY* LS6 .... **25** D1
Back Welton Pl *HDGY* LS6 .... **25** D1
Back Wesley Rd *WOR/ARM* LS12 .... **33** E4
Back Westbourne Ter *LDSU* LS2 .... **26** A4
Back Westbury St *MID* LS10 .... **115** C4
Back Westlock Av *OSM* LS9 .... **30** A5 1
Back Westover Rd *BRAM* LS13 .... **91** D2
Back Wetherby Gv *BULY* LS4 .... **23** F3 1
Back Wetherby Rd *RHAY* LS8 .... **11** D5
Back Wickham St *BEE/HOL* LS11 .... **112** B2
Back William Av *MSTN/BAR* LS15 .. **104** B1 1
Back Wilton Gv *HDGY* LS6 .... **4** C5
Back Winfield Gv *LDSU* LS2 .... **27** D3 2
Back Winston Gdns *HDGY* LS6 .... **13** F3
Back Woodbine Ter *HDGY* LS6 .... **14** C1
Back Woodland Park Rd *HDGY* LS6 .... **15** D2
Back York Pl *LDS* LS1 .... **36** C4
Back York St *LDSU* LS2 .... **38** A4
Bacon St *GSLY* LS20 .... **52** A1
Bagley La *PDSY/CALV* LS28 .... **89** C1
Baildon Cl *SCFT* LS14 .... **86** B3 1
Baildon Dr *SCFT* LS14 .... **86** B3
Baildon Gn *SCFT* LS14 .... **86** B3
Baildon Pl *SCFT* LS14 .... **86** B3
Baildon Rd *SCFT* LS14 .... **86** B2
Bailes Rd *CHAL* LS7 .... **16** B3
Bailey's Ct *SCFT* LS14 .... **85** D4 1
Bailey's Hl *SCFT* LS14 .... **85** D4
Bailey's La *SCFT* LS14 .... **85** D4
Baileys Lawn *SCFT* LS14 .... **85** D4 2
Bainbrigge Rd *HDGY* LS6 .... **14** B4
Balbec Av *HDGY* LS6 .... **15** D2
Balbec St *HDGY* LS6 .... **15** D2
Baldovan Mt *RHAY* LS8 .... **19** E4
Baldovan Pl *RHAY* LS8 .... **19** F4 1
Baldovan Ter *RHAY* LS8 .... **19** E4
Balkcliffe La *MID* LS10 .... **118** B3
Balmoral Cha *MID* LS10 .... **115** C2
Balmoral Wy *YEA* LS19 .... **54** A3
Balm Pl *BEE/HOL* LS11 .... **46** A3
Balm Rd *MID* LS10 .... **114** B3
Balm Wk *BEE/HOL* LS11 .... **45** F3
Bamburgh Rd *MSTN/BAR* LS15 .... **97** D2
Bangor Gv *WOR/ARM* LS12 .... **42** B5
Bangor Pl *WOR/ARM* LS12 .... **42** B5
Bangor St *WOR/ARM* LS12 .... **42** B5
Bangor Ter *WOR/ARM* LS12 .... **42** B5
Bangor Vw *WOR/ARM* LS12 .... **42** B5
Bank Av *HORS* LS18 .... **81** C1
Banker St *BULY* LS4 .... **24** A5
Bankfield Gv *BULY* LS4 .... **23** E2
Bankfield Rd *BULY* LS4 .... **23** E3
Bankfield Ter *BULY* LS4 .... **23** F4
Bank Gdns *HORS* LS18 .... **81** C1
Bankhouse *PDSY/CALV* LS28 .... **99** C4
Bankhouse La *PDSY/CALV* LS28 .... **99** C4
Banksfield Av *YEA* LS19 .... **53** C1
Banksfield Cl *YEA* LS19 .... **53** C1
Banksfield Crs *YEA* LS19 .... **53** C1
Banksfield Gv *YEA* LS19 .... **53** C1
Banksfield Mt *YEA* LS19 .... **53** C1
Banksfield Ri *YEA* LS19 .... **53** C1 1
Bank Side St *RHAY* LS8 .... **29** E2
Bank St *LDS* LS1 .... **37** E4
Bank View Ter *CHAL* LS7 .... **6** C5
Banstead St East *RHAY* LS8 .... **29** F1
Banstead St West *RHAY* LS8 .... **29** E1
Banstead Ter East *RHAY* LS8 .... **29** F1
Banstead Ter West *RHAY* LS8 .... **29** E1
Barclay St *CHAL* LS7 .... **28** A5
Barcroft Gv *YEA* LS19 .... **52** B3
Barden Cl *WOR/ARM* LS12 .... **32** B5
Barden Gn *WOR/ARM* LS12 .... **32** B5 1
Barden Mt *WOR/ARM* LS12 .... **32** B4
Barden Pl *WOR/ARM* LS12 .... **32** B4
Barden Ter *WOR/ARM* LS12 .... **32** B4
Barfield Av *YEA* LS19 .... **52** B3
Barfield Crs *AL/HA/HU* LS17 .... **64** A4
Barfield Dr *YEA* LS19 .... **52** B3
Barfield Gv *AL/HA/HU* LS17 .... **64** B4
Barfield Mt *AL/HA/HU* LS17 .... **64** B4
Barker Pl *BRAM* LS13 .... **92** A4
Barkers Well Fold *WOR/ARM* LS12.... **108** A1
Barkers Well Garth *WOR/ARM* LS12 .. **108** B2
Barkers Well Lawn *WOR/ARM* LS12.. **108** B2
Barkly Av *BEE/HOL* LS11 .... **112** B4
Barkly Dr *BEE/HOL* LS11 .... **112** B4 3
Barkly Gv *BEE/HOL* LS11 .... **112** B3
Barkly Pde *BEE/HOL* LS11 .... **112** B3
Barkly Pl *BEE/HOL* LS11 .... **112** B4
Barkly Rd *BEE/HOL* LS11 .... **112** A3
Barkly St *BEE/HOL* LS11 .... **112** B4
Barkly Ter *BEE/HOL* LS11 .... **112** B3

Barlby Wy RHAY LS8 21 E1
Barley Field Ct MSTN/BAR LS15 105 D1 3
Barnard Cl MSTN/BAR LS15 97 D2
Barnard Wy MSTN/BAR LS15 97 D2
Barnbrough St BULY LS4 23 E3
Barncroft Cl SCFT LS14 85 C2
Barncroft Dr SCFT LS14 84 B3
Barncroft Gdns SCFT LS14 85 C3
Barncroft Mt SCFT LS14 84 B3
Barncroft Ri SCFT LS14 85 C3
Barncroft Rd SCFT LS14 85 C3
Barnet Rd WOR/ARM LS12 34 A5
Barnswick Vw BHP/TINH LS16 70 B1
Baron Cl BEE/HOL LS11 112 B1
Baronscourt MSTN/BAR LS15 107 C1
Baronsmead MSTN/BAR LS15 106 B1
Baronsway MSTN/BAR LS15 106 B1
Barrack Rd CHAL LS7 28 B2
Barrack St CHAL LS7 28 A3
Barran Ct RHAY LS8 29 E2
Barras Garth Pl WOR/ARM LS12 43 D1
Barras Garth Rd WOR/ARM LS12 43 D2
Barras Pl WOR/ARM LS12 43 D1
Barras St WOR/ARM LS12 43 D1
Barras Ter WOR/ARM LS12 43 D1
Barrowby Av MSTN/BAR LS15 107 D2
Barrowby Crs MSTN/BAR LS15 107 D1
Barthorpe Av CHAL LS7 7 D2
Barthorpe Crs CHAL LS7 7 E2
Barton Ct MSTN/BAR LS15 106 B2
Barton Gv BEE/HOL LS11 112 B1
Barton Hl BEE/HOL LS11 112 B1 1
Barton Mt BEE/HOL LS11 112 B1
Barton Pl BEE/HOL LS11 112 B1 2
Barton Rd BEE/HOL LS11 112 B1
Barton Ter BEE/HOL LS11 112 B1
Barton Vw BEE/HOL LS11 112 B1 3
Barwick Rd MSTN/BAR LS15 97 C1
SCFT LS14 96 A2
Batcliffe Dr HDGY LS6 13 E1
Batcliffe Mt HDGY LS6 13 E2
Bath Cl BRAM LS13 91 D3
Bath Gv BRAM LS13 91 D3 5
Bath La BRAM LS13 91 D3
Bath Rd BEE/HOL LS11 46 B2
BRAM LS13 91 D3
Batter La YEA LS19 66 B1
Bawn Ap WOR/ARM LS12 102 B4
Bawn Av WOR/ARM LS12 102 B3
Bawn Dr WOR/ARM LS12 102 B3
Bawn Gdns WOR/ARM LS12 102 B3
Bawn La WOR/ARM LS12 102 B3
Bayswater Crs RHAY LS8 29 E2
Bayswater Gv RHAY LS8 29 E2
Bayswater Mt RHAY LS8 29 E2
Bayswater Pl RHAY LS8 29 E2
Bayswater Rd RHAY LS8 29 E3
Bayswater Rw RHAY LS8 29 E2
Bayswater Ter RHAY LS8 29 E2
Bayton La HORS LS18 68 A1
YEA LS19 54 B3
Beamsley Gv HDGY LS6 24 C3 3
Beamsley Mt HDGY LS6 24 C3
Beamsley Pl HDGY LS6 24 C3 4
Beamsley Ter HDGY LS6 24 C3 5
Bearing Av BEE/HOL LS11 113 D3
Beaumont Av RHAY LS8 77 D3 3
Beckbury Cl PDSY/CALV LS28 89 C3 3
Beckbury St PDSY/CALV LS28 89 C3 4
Beckett's Park Crs HDGY LS6 13 F2
Beckett's Park Dr HDGY LS6 13 F1
Beckett St OSM LS9 39 D1
Beckett Ter OSM LS9 29 E5
Beckhill Ap CHAL LS7 6 A5
Beckhill Av CHAL LS7 6 B5
Beckhill Cl CHAL LS7 6 B5
Beckhill Dr CHAL LS7 6 B4
Beckhill Gdns CHAL LS7 6 B5
Beckhill Garth CHAL LS7 6 A5
Beckhill Ga CHAL LS7 16 A1
Beckhill Gn CHAL LS7 6 B5
Beckhill Gv CHAL LS7 16 B1
Beckhill Lawn CHAL LS7 6 B5
Beckhill Pl CHAL LS7 6 B4
Beckhill Rw CHAL LS7 6 B4
Beckhill Vw CHAL LS7 6 B5
Beck Rd RHAY LS8 19 F4
Bedford Cl BHP/TINH LS16 70 B2
Bedford Dr BHP/TINH LS16 70 B2
Bedford Gdns BHP/TINH LS16 70 B2
Bedford Garth BHP/TINH LS16 70 B2
Bedford Gn BHP/TINH LS16 70 B2
Bedford Gv BHP/TINH LS16 70 B3
Bedford Mt BHP/TINH LS16 70 B3
Bedford Rw MID LS10 114 A1
Bedford St LDS LS1 37 D3
Bedford Vw BHP/TINH LS16 70 B2
Beech Av HORS LS18 81 D2
Beech Cl OSM LS9 94 A2
Beech Crs OSM LS9 31 F2
Beechcroft Cl BEE/HOL LS11 110 B4
Beechcroft Md AL/HA/HU LS17 77 D1 1
Beechcroft Vw BEE/HOL LS11 110 B4
Beech Dr WOR/ARM LS12 33 E3
The Beeches PDSY/CALV LS28 98 A1
Beechfield WOR/ARM LS12 108 A2
Beech La OSM LS9 31 F2
Beech Lees PDSY/CALV LS28 88 B1
Beech Mt OSM LS9 94 A2
Beech Wk BHP/TINH LS16 73 C3
OSM LS9 94 A2
Beechwood Av BULY LS4 24 B1
Beechwood Cl HORS LS18 68 B2
Beechwood Ct BHP/TINH LS16 59 C4
SCFT LS14 84 B3 2
Beechwood Crs BULY LS4 24 A1
Beechwood Gv HDGY LS6 24 B2 2
Beechwood Mt BULY LS4 24 A2
Beechwood Pl BULY LS4 24 B2
Beechwood Rd BULY LS4 24 B2 3
Beechwood Rw BULY LS4 24 B2 4
Beechwood St BULY LS4 24 B2 5
PDSY/CALV LS28 88 B4 1
Beechwood Ter BULY LS4 24 A2
Beechwood Vw BULY LS4 24 A2
Beechwood Wk BULY LS4 24 B2
Beecroft Cl BRAM LS13 90 B2
Beecroft Crs BRAM LS13 91 C2
Beecroft Gdns BRAM LS13 90 B2
Beecroft Mt BRAM LS13 90 B2 1
Beecroft St KSTL LS5 22 B1
Beeston Park Cft BEE/HOL LS11 111 D3 1
Beeston Park Garth
BEE/HOL LS11 111 D3 2
Beeston Park Pl BEE/HOL LS11 111 D3
Beeston Park Ter BEE/HOL LS11 111 D3 3
Beeston Rd BEE/HOL LS11 112 B2
The Belfry YEA LS19 53 D3
Belgrave St LDSU LS2 37 F1
Belinda St MID LS10 114 B1
Bellbrooke Av OSM LS9 30 C3
Bellbrooke Gv OSM LS9 30 C3 4
Bellbrooke Pl OSM LS9 30 C3 5
Bellbrooke St OSM LS9 30 B3
Belle Isle Cl MID LS10 120 B1 1
Belle Isle Pde MID LS10 114 B4 2

Belle Isle Rd *MID* LS10 .... 114 B4
Belle Vue Av *RHAY* LS8 .... 84 A3
Belle Vue Dr *PDSY/CALV* LS28 .... 88 B2
Belle Vue Rd *BVRD* LS3 .... 35 F1
LDSU LS2 .... 25 F4
Bell La *BRAM* LS13 .... 91 D2
Bellmount Cl *BRAM* LS13 .... 92 A2
Bellmount Gdns *BRAM* LS13 .... 91 D1
Bellmount Gn *BRAM* LS13 .... 92 A2 1
Bellmount Pl *BRAM* LS13 .... 91 D1
Bellmount Vw *BRAM* LS13 .... 92 A2
Bell Rd *BRAM* LS13 .... 91 D2
Bell St *OSM* LS9 .... 38 B2
Belmont Gv *LDSU* LS2 .... 36 B1
YEA LS19 .... 53 D4
Belvedere Av *AL/HA/HU* LS17 .... 76 A1
BEE/HOL LS11 .... 113 C3
Belvedere Gv *AL/HA/HU* LS17 .... 76 A1 1
Belvedere Mt *BEE/HOL* LS11 .... 113 C3
Belvedere Rd *AL/HA/HU* LS17 .... 76 A1
Belvedere Ter *BEE/HOL* LS11 .... 113 C4
Belvedere Vw *AL/HA/HU* LS17 .... 76 B1
Bennet Ct *MSTN/BAR* LS15 .... 107 C1 1
Bennett Rd *HDGY* LS6 .... 14 B3
Benson Gdns *WOR/ARM* LS12 .... 43 D2
Benson St *CHAL* LS7 .... 28 B4
Bentcliffe Av *AL/HA/HU* LS17 .... 76 B3
Bentcliffe Cl *AL/HA/HU* LS17 .... 76 B4 1
Bentcliffe Dr *AL/HA/HU* LS17 .... 76 B3
Bentcliffe Gdns *AL/HA/HU* LS17 .... 76 B4
Bentcliffe Gv *AL/HA/HU* LS17 .... 76 B4
Bentcliffe La *AL/HA/HU* LS17 .... 76 A4
Bentcliffe Mt *AL/HA/HU* LS17 .... 76 B4
Bentley Gdns *CHAL* LS7 .... 5 E5
Bentley Gv *HDGY* LS6 .... 15 E1
Bentley La *HDGY* LS6 .... 15 E1
Bentley Mt *HDGY* LS6 .... 15 E1
Bentley Pde *HDGY* LS6 .... 5 E5
Benton Park Av *YEA* LS19 .... 53 D4
Benton Park Crs *YEA* LS19 .... 53 D4
Benton Park Dr *YEA* LS19 .... 53 D4
Benton Park Rd *YEA* LS19 .... 53 D4
Benyon Park Wy *WOR/ARM* LS12 .... 44 B5
Berkeley Av *RHAY* LS8 .... 30 B2
Berkeley Crs *RHAY* LS8 .... 30 B2
Berkeley Gv *RHAY* LS8 .... 30 B2
Berkeley Mt *RHAY* LS8 .... 30 B1
Berkeley Rd *RHAY* LS8 .... 30 B2
Berkeley St *RHAY* LS8 .... 30 B1
Berkeley Ter *RHAY* LS8 .... 30 B2
Berkeley Vw *RHAY* LS8 .... 30 B1
Berking Av *OSM* LS9 .... 39 F3
Bertha St *PDSY/CALV* LS28 .... 89 C3
Bertrand St *BEE/HOL* LS11 .... 46 A4
Beulah Gv *HDGY* LS6 .... 26 C1
Beulah Mt *HDGY* LS6 .... 26 C1 1
Beulah St *HDGY* LS6 .... 26 C1
Beulah Ter *HDGY* LS6 .... 16 C5
Beulah Vw *HDGY* LS6 .... 26 C1 2
Bevedere Gdns *AL/HA/HU* LS17 .... 76 B1
Beverley Av *BEE/HOL* LS11 .... 113 C2
Beverley Mt *BEE/HOL* LS11 .... 113 C2
Beverley Ter *BEE/HOL* LS11 .... 113 C2
Beverley Vw *BEE/HOL* LS11 .... 113 C2
Bewick Gv *RTHW* LS26 .... 121 C2
Bexley Av *RHAY* LS8 .... 29 E3
Bexley Gv *OSM* LS9 .... 29 F3
Bexley Mt *OSM* LS9 .... 29 E3
Bexley Pl *RHAY* LS8 .... 29 E3
Bexley Rd *OSM* LS9 .... 29 F3
Bexley Ter *OSM* LS9 .... 29 F3
Bexley Vw *OSM* LS9 .... 29 F3
Beza Rd *MID* LS10 .... 114 A2
Beza St *MID* LS10 .... 114 A2
Bideford Av *RHAY* LS8 .... 77 C2
Billey La *WOR/ARM* LS12 .... 108 B1
Billingbauk Dr *BRAM* LS13 .... 92 A4
Billing Ct *YEA* LS19 .... 67 C2
Billing Dr *YEA* LS19 .... 67 D2
Billing Vw *YEA* LS19 .... 67 C2
Billingwood Dr *YEA* LS19 .... 67 C2
Bingley St *BVRD* LS3 .... 35 F3
Birch Av *MSTN/BAR* LS15 .... 105 D1
Birch Crs *MSTN/BAR* LS15 .... 105 D1
Birchfield Garth *SCFT* LS14 .... 86 B2
Birchfields Av *SCFT* LS14 .... 86 B1
Birchfields Cl *SCFT* LS14 .... 86 B2 1
Birchfields Ct *SCFT* LS14 .... 86 B2 2
Birchfields Crs *SCFT* LS14 .... 86 B1
Birchfields Ri *SCFT* LS14 .... 86 B1
Birch Hill Ri *HORS* LS18 .... 82 B1
Birch Ms *BHP/TINH* LS16 .... 73 C3
Birchtree Wy *BHP/TINH* LS16 .... 70 B3 1
Birchwood Av *AL/HA/HU* LS17 .... 77 D2
Birchwood Hl *AL/HA/HU* LS17 .... 77 D1
Birchwood Mt *AL/HA/HU* LS17 .... 77 D1
Birfed Crs *BULY* LS4 .... 23 D2
Birkdale Cl *AL/HA/HU* LS17 .... 75 C1
Birkdale Dr *AL/HA/HU* LS17 .... 75 C1
Birkdale Gn *AL/HA/HU* LS17 .... 75 C1
Birkdale Gv *AL/HA/HU* LS17 .... 74 B1
Birkdale Mt *AL/HA/HU* LS17 .... 75 C1
Birkdale Pl *AL/HA/HU* LS17 .... 74 B1
Birkdale Ri *AL/HA/HU* LS17 .... 74 B1
Birkdale Wk *AL/HA/HU* LS17 .... 74 B1
Birkwith Cl *SCFT* LS14 .... 86 A1 2
Bishopgate St *LDS* LS1 .... 37 D4
Bismarck Dr *BEE/HOL* LS11 .... 113 C1
Bismarck St *BEE/HOL* LS11 .... 113 C1
Black Aston Rd *BRAM* LS13 .... 92 A3
Black Bull St *MID* LS10 .... 48 A2
Blackman La *LDSU* LS2 .... 27 D4
Black Moor Rd *AL/HA/HU* LS17 .... 74 A2
Blackpool Gv *WOR/ARM* LS12 .... 42 A5 1
Blackpool Ter *WOR/ARM* LS12 .... 42 A5
Blackpool Vw *WOR/ARM* LS12 .... 109 C1
Blackthorn Ct *MID* LS10 .... 120 A1 1
Blackwood Av *BHP/TINH* LS16 .... 70 A2
Blackwood Gdns *BHP/TINH* LS16 .... 70 A2
Black Wood Gv *BHP/TINH* LS16 .... 70 A2
Black Wood Mt *BHP/TINH* LS16 .... 70 A2
Black Wood Ri *BHP/TINH* LS16 .... 70 A2
Blairsville Gdns *BRAM* LS13 .... 91 C1
Blairsville Gv *BRAM* LS13 .... 91 D1 1
Blake Crs *GSLY* LS20 .... 52 A1
Blake Gv *CHAL* LS7 .... 18 A1
Blakeney Gv *MID* LS10 .... 114 A4
Blakeney Rd *MID* LS10 .... 114 A4
Blandford Gdns *LDSU* LS2 .... 26 C4
Blandford Gv *LDSU* LS2 .... 26 C4
Blayd's Ms *LDS* LS1 .... 37 E5 1
Blayds St *OSM* LS9 .... 39 E4
Blayd's Yd *LDS* LS1 .... 37 E5
Blencarn Cl *SCFT* LS14 .... 95 C1
Blencarn Garth *SCFT* LS14 .... 95 C1
Blencarn Rd *SCFT* LS14 .... 95 C1
Blencarn Vw *SCFT* LS14 .... 95 C1
Blenheim Av *LDSU* LS2 .... 27 D3 3
Blenheim Gv *LDSU* LS2 .... 27 D4
Blenheim Sq *LDSU* LS2 .... 27 D3
Blenheim Vw *LDSU* LS2 .... 26 C3
Blenheim Wk *LDSU* LS2 .... 26 C4
Blind La *AL/HA/HU* LS17 .... 79 D1
Blue Hill Crs *WOR/ARM* LS12 .... 42 B1
Blue Hill Gra *WOR/ARM* LS12 .... 42 B3
Blue Hill Gv *WOR/ARM* LS12 .... 42 A2

Blue Hill La WOR/ARM LS12 42 A3
Blundell St LDS LS1 36 C1
Boar La LDS LS1 37 E4
Bodley Ter BULY LS4 24 B5
Bodmin Ap MID LS10 118 B4
Bodmin Crs MID LS10 118 B4
Bodmin Rd MID LS10 118 A4
Boggart Hl SCFT LS14 84 B3
Boggart Hill Crs SCFT LS14 84 B3
Boggart Hill Dr SCFT LS14 84 B3
Boggart Hill Gdns SCFT LS14 84 B3
Boggart Hill Rd SCFT LS14 84 B3
Boldmere Rd MSTN/BAR LS15 105 C1 1
Bolton Gra YEA LS19 53 D3
Bolton Rd YEA LS19 53 D3
Bond St LDS LS1 37 E3
Boocock St PDSY/CALV LS28 89 D4 2
Boothroyd Dr HDGY LS6 15 F3
Borrough Av RHAY LS8 9 D2
Borrough Vw RHAY LS8 9 D2
Borrowdale Cl WOR/ARM LS12 93 C3
Borrowdale Crs WOR/ARM LS12 93 C3
Borrowdale Cft YEA LS19 53 C2 1
Borrowdale Ter SCFT LS14 95 C2
Boston Av KSTL LS5 93 C2
The Boulevard BEE/HOL LS11 111 C2
PDSY/CALV LS28 89 C3
Boundary Cl MSTN/BAR LS15 107 D2
Boundary Farm Rd AL/HA/HU LS17 74 B2
Boundary Pl CHAL LS7 28 C3
Boundary St CHAL LS7 28 C3 1
Bower Rd MSTN/BAR LS15 97 D2
Bowfell Cl SCFT LS14 95 D1
Bowland Cl MSTN/BAR LS15 104 B2
Bowling Green Ter BEE/HOL LS11 46 C3
Bowman La MID LS10 38 A5
Bowood Av CHAL LS7 6 A3
Bowood Crs CHAL LS7 6 A4
Bowood Gv CHAL LS7 6 A4
Bow St OSM LS9 38 C5
Bracken Ct AL/HA/HU LS17 75 D4
WOR/ARM LS12 44 B4
Bracken Edge RHAY LS8 19 E2
Bracken Hl AL/HA/HU LS17 75 D4
Brackenwood Cl RHAY LS8 9 D3
Brackenwood Dr RHAY LS8 8 C1
Brackenwood Gn RHAY LS8 8 C2
Bradford Rd PDSY/CALV LS28 88 B4
Bradley La PDSY/CALV LS28 98 A2
Braithwaite Rw MID LS10 114 B3 1
Braithwaite St BEE/HOL LS11 45 F2
Bramley St BRAM LS13 91 D4
Bramstan Av BRAM LS13 90 B2
Bramstan Cl BRAM LS13 90 B2 2
Bramstan Gdns BRAM LS13 90 B2
Brancepeth Pl WOR/ARM LS12 35 D4
Branch Cl WOR/ARM LS12 42 A5
Branch Pl WOR/ARM LS12 42 B5
Branch Rd WOR/ARM LS12 33 E3
WOR/ARM LS12 42 A5
Branch St WOR/ARM LS12 42 A5
Brander Ap OSM LS9 31 F5
Brander Cl OSM LS9 94 A4
Brander Dr OSM LS9 31 F5
Brander Gv OSM LS9 31 F5
Brander Rd OSM LS9 31 F5
Brander St OSM LS9 94 A3
Brandon Ct AL/HA/HU LS17 65 C4
Brandon Rd BVRD LS3 36 A1
Brandon St WOR/ARM LS12 35 E4
Brandon Wy CHAL LS7 18 B3
Branksome Pl HDGY LS6 25 D4
Branksome St HDGY LS6 25 D4
Branksome Ter HDGY LS6 25 D4
Bransby Ct PDSY/CALV LS28 89 D3 1
Bransby Ri PDSY/CALV LS28 89 D3
Brantford St CHAL LS7 8 A5
Brathay Gdns SCFT LS14 95 D2 1
Brayton Ap SCFT LS14 86 B4
Brayton Cl SCFT LS14 86 B4
Brayton Gn SCFT LS14 87 C4
Brayton Gv SCFT LS14 86 B4
Breary Av HORS LS18 70 A4
Breary Ter HORS LS18 70 A4
Breary Wk HORS LS18 70 A4
Brecon Ap OSM LS9 94 A4 1
Brentford Gv WOR/ARM LS12 33 F4 1
Brentwood St WOR/ARM LS12 33 F4 2
Brentwood Ter WOR/ARM LS12 33 F4 3
Brian Crs MSTN/BAR LS15 96 A3
Brian Pl MSTN/BAR LS15 96 A2
Brian Vw MSTN/BAR LS15 96 A2
Briar Cl PDSY/CALV LS28 89 C3
Briarlea Cl YEA LS19 52 A3
Briarsdale Garth RHAY LS8 31 D2
Brick Mill Rd PDSY/CALV LS28 99 D3
Brick St OSM LS9 38 B4
Bridge End LDS LS1 37 F5
Bridge Rd BEE/HOL LS11 46 A2
KSTL LS5 12 A5
Bridge St LDSU LS2 38 A2
Bridge View Cl HORS LS18 70 A3
Bridgewater HDGY LS6 15 D1
Bridgewater Rd OSM LS9 49 D3
Bridle Pth MSTN/BAR LS15 95 D3
Bridle Path Wk MSTN/BAR LS15 95 D3 1
Briggate LDS LS1 37 E4
Brighton Cliff BRAM LS13 91 D3
Brighton Gv BRAM LS13 92 A4
Bright St PDSY/CALV LS28 90 A3
Brignall Garth OSM LS9 39 F1
Bristol St CHAL LS7 28 B5
Britannia Cl PDSY/CALV LS28 90 A3 1
Britannia Ct BRAM LS13 100 B1
Britannia St LDS LS1 36 C4
PDSY/CALV LS28 90 A3
Broadgate Av HORS LS18 70 A4 1
Broadgate Crs HORS LS18 81 D1
Broadgate Dr HORS LS18 69 D4
Broadgate La HORS LS18 69 D4
Broadgate Ri HORS LS18 82 A1
Broadgate Wk HORS LS18 81 D1
Broad La BRAM LS13 90 B3
PDSY/CALV LS28 90 A3
Broad Lane Cl BRAM LS13 92 B1
Broadlea Av BRAM LS13 92 B1
Broadlea Cl BRAM LS13 92 B1
Broadlea Crs BRAM LS13 92 B1
Broadlea Gdns BRAM LS13 92 B1
Broadlea Gv BRAM LS13 92 B1
Broadlea Hl BRAM LS13 92 B1
Broadlea Mt BRAM LS13 93 C2
Broadlea Pl BRAM LS13 92 B2
Broadlea Rd BRAM LS13 92 B1
Broadlea St BRAM LS13 92 B1
Broadlea Ter BRAM LS13 92 B1
Broadlea Vw BRAM LS13 92 A1
Broad St PDSY/CALV LS28 88 B2
Broadway HORS LS18 80 A2
HORS LS18 81 D1 1
KSTL LS5 82 B2
MSTN/BAR LS15 105 C3
Broadway Dr HORS LS18 81 C1 1
Brodrick Ct HDGY LS6 14 B2
Brompton Gv BEE/HOL LS11 113 C3 4
Brompton Mt BEE/HOL LS11 113 C3

Brompton Rw *BEE/HOL* LS11 ... 113 C2 4
Brompton Ter *BEE/HOL* LS11 ... 113 C3
Brompton Vw *BEE/HOL* LS11 ... 113 C3 5
Brookfield Av *RHAY* LS8 ... 19 F4
Brookfield Pl *HDGY* LS6 ... 15 D1
Brookfield Rd *HDGY* LS6 ... 15 D1
Brookfield St *MID* LS10 ... 48 B3
Brookfield Ter *MID* LS10 ... 48 B3 1
Brookhill Av *AL/HA/HU* LS17 ... 76 B1
Brookhill Cl *AL/HA/HU* LS17 ... 76 B1
Brookhill Crs *AL/HA/HU* LS17 ... 76 B1
Brookhill Dr *AL/HA/HU* LS17 ... 76 B1
Brookhill Gv *AL/HA/HU* LS17 ... 76 B1
Brooklands Av *SCFT* LS14 ... 95 C1
Brooklands Cl *SCFT* LS14 ... 94 B1
Brooklands Ct *SCFT* LS14 ... 95 C1
Brooklands Crs *SCFT* LS14 ... 94 B1
YEA LS19 ... 53 C3
Brooklands Dr *SCFT* LS14 ... 94 B1
YEA LS19 ... 53 C3
Brooklands Garth *SCFT* LS14 ... 94 B1
Brooklands La *SCFT* LS14 ... 95 C1
Brooklands Vw *SCFT* LS14 ... 95 C1 1
Brooklyn Av *WOR/ARM* LS12 ... 33 F4
Brooklyn Pl *WOR/ARM* LS12 ... 33 F4
Brooklyn St *WOR/ARM* LS12 ... 33 F4
Brooklyn Ter *WOR/ARM* LS12 ... 33 F4
Brooksbank Dr *MSTN/BAR* LS15 ... 105 D1 4
Brookside *AL/HA/HU* LS17 ... 63 D4
Broom Crs *MID* LS10 ... 120 B2
Broom Cross *MID* LS10 ... 120 B2 3
Broomfield *BHP/TINH* LS16 ... 72 A1
Broomfield Crs *HDGY* LS6 ... 14 B5
Broomfield Pl *HDGY* LS6 ... 24 B1
Broomfield Rd *HDGY* LS6 ... 14 B5
Broomfield St *HDGY* LS6 ... 24 B1 1
Broomfield Ter *HDGY* LS6 ... 24 B1
Broomfield Vw *HDGY* LS6 ... 24 B1 2
Broom Gdns *MID* LS10 ... 120 B2
Broom Garth *MID* LS10 ... 121 C2
Broom Gv *MID* LS10 ... 121 C3
Broomhill Av *AL/HA/HU* LS17 ... 76 A3
Broomhill Crs *AL/HA/HU* LS17 ... 76 A3 3
Broomhill Dr *AL/HA/HU* LS17 ... 75 D4
Broom Nook *MID* LS10 ... 121 C2
Broom Pl *MID* LS10 ... 120 B2
Broom Rd *MID* LS10 ... 120 B2
Broom Ter *MID* LS10 ... 121 C2
Broom Vw *MID* LS10 ... 121 C2
Broughton Av *OSM* LS9 ... 30 B3
Broughton Ter *OSM* LS9 ... 30 B3
PDSY/CALV LS28 ... 99 D1
Brown Av *BEE/HOL* LS11 ... 45 D5
Brownberrie Av *HORS* LS18 ... 69 D2
Brownberrie Crs *HORS* LS18 ... 69 C2
Brownberrie Dr *HORS* LS18 ... 69 D2
Brownberrie Gdns *HORS* LS18 ... 69 C2
Brownberrie La *HORS* LS18 ... 68 B2
Brownberrie Wk *HORS* LS18 ... 69 D2
Brown Hill Av *OSM* LS9 ... 30 B4
Brown Hill Crs *OSM* LS9 ... 30 B4
Brown Hill Ter *OSM* LS9 ... 30 B4
Brown La East *BEE/HOL* LS11 ... 45 E4
Brown La West *WOR/ARM* LS12 ... 44 C4
Brown Pl *BEE/HOL* LS11 ... 45 D5
Brown Rd *BEE/HOL* LS11 ... 45 D5
Bruce Gdns *WOR/ARM* LS12 ... 45 D1
Bruce Lawn *WOR/ARM* LS12 ... 35 D5
Brudenell Av *HDGY* LS6 ... 25 E2
Brudenell Gv *HDGY* LS6 ... 25 E2
Brudenell Mt *HDGY* LS6 ... 25 D2
Brudenell Rd *HDGY* LS6 ... 24 C2
Brudenell St *HDGY* LS6 ... 25 E2
Brudenell Vw *HDGY* LS6 ... 25 E2 1
Brunswick Ct *LDSU* LS2 ... 38 A1
Brunswick Rd *PDSY/CALV* LS28 ... 99 D1
Brunswick Rw *LDSU* LS2 ... 38 A1 1
Brunswick Ter *LDSU* LS2 ... 37 E1
Brussels St *OSM* LS9 ... 38 B4
Bryan St *PDSY/CALV* LS28 ... 89 C1
Bryan St North *PDSY/CALV* LS28 ... 89 C1
Bryony Ct *EARD/LOFT* WF3 ... 120 B4
Buckingham Av *HDGY* LS6 ... 15 D5
Buckingham Dr *HDGY* LS6 ... 15 D5
Buckingham Gv *HDGY* LS6 ... 15 D5
Buckingham Mt *HDGY* LS6 ... 25 D1
Buckingham Rd *HDGY* LS6 ... 15 D5
Buckley Av *BEE/HOL* LS11 ... 113 C2 5
Buck Stone Av *AL/HA/HU* LS17 ... 74 A1
Buck Stone Cl *AL/HA/HU* LS17 ... 74 B1
Buck Stone Crs *AL/HA/HU* LS17 ... 74 A1
Buck Stone Gdns *AL/HA/HU* LS17 ... 74 B1
Buck Stone Gn *AL/HA/HU* LS17 ... 74 A1 1
Buck Stone Gv *AL/HA/HU* LS17 ... 74 A1
Buck Stone Mt *AL/HA/HU* LS17 ... 74 A1
Buck Stone Ov *AL/HA/HU* LS17 ... 74 A1
Buck Stone Ri *AL/HA/HU* LS17 ... 74 A1
Buck Stone Rd *AL/HA/HU* LS17 ... 74 A1
Buck Stone Vw *AL/HA/HU* LS17 ... 74 A1 2
Buck Stone Wy *AL/HA/HU* LS17 ... 74 A1
Buckton Cl *BEE/HOL* LS11 ... 112 B1 4
Buckton Mt *BEE/HOL* LS11 ... 112 B1
Buckton Vw *BEE/HOL* LS11 ... 112 B1
Bude Rd *BEE/HOL* LS11 ... 113 C3
Buller Cl *OSM* LS9 ... 31 D5
Buller Ct *OSM* LS9 ... 31 E5
Buller Gv *OSM* LS9 ... 31 D5
Burchett Gv *HDGY* LS6 ... 16 B5
Burchett Pl *HDGY* LS6 ... 16 B5
Burchett Ter *HDGY* LS6 ... 16 B5
Burdett Ter *BULY* LS4 ... 23 F3
Burley Grange Rd *BULY* LS4 ... 23 F3
Burley Hill Crs *BULY* LS4 ... 23 D1
Burley Hill Dr *BULY* LS4 ... 23 D2
Burley La *HORS* LS18 ... 81 C2
Burley Lodge Pl *BVRD* LS3 ... 25 D5
Burley Lodge Rd *HDGY* LS6 ... 24 C4
Burley Lodge St *HDGY* LS6 ... 25 D5
Burley Lodge Ter *HDGY* LS6 ... 24 C4
Burley Rd *BULY* LS4 ... 23 E2
BVRD LS3 ... 35 E1
Burley St *BVRD* LS3 ... 35 F2
Burley Wood Crs *BULY* LS4 ... 23 D2
Burley Wood La *BULY* LS4 ... 23 E2
Burley Wood Mt *BULY* LS4 ... 23 D3
Burley Wood Vw *BULY* LS4 ... 23 E2
Burlington Pl *BEE/HOL* LS11 ... 113 C3 6
Burlington Rd *BEE/HOL* LS11 ... 113 C3
Burmantofts St *OSM* LS9 ... 38 C2
Burnsall Gdns *WOR/ARM* LS12 ... 33 D3 1
Burr Tree Dr *MSTN/BAR* LS15 ... 107 C2 1
Burr Tree Garth *MSTN/BAR* LS15 ... 107 C2
Burr Tree V *MSTN/BAR* LS15 ... 107 C2 2
Burton Av *BEE/HOL* LS11 ... 113 D2
Burton Crs *HDGY* LS6 ... 14 A1
Burton Ms *AL/HA/HU* LS17 ... 63 C4
Burton Rd *BEE/HOL* LS11 ... 113 D2
Burton Rw *BEE/HOL* LS11 ... 113 D1
Burton St *BEE/HOL* LS11 ... 113 D1
PDSY/CALV LS28 ... 89 C2
Burton Ter *BEE/HOL* LS11 ... 113 D2 7
Burton Wy *OSM* LS9 ... 30 A5
Buslingthorpe Gn *CHAL* LS7 ... 27 E1
Buslingthorpe La *CHAL* LS7 ... 27 F1
Bussey Ct *HDGY* LS6 ... 26 B1
Butcher Hl *BHP/TINH* LS16 ... 83 C1

Butcher St *BEE/HOL* LS11 .... **46** C1
Butterbowl Dr *WOR/ARM* LS12 .... **102** B4
Butterbowl Gdns *WOR/ARM* LS12 .... **103** C4
Butterbowl Garth *WOR/ARM* LS12 .. **102** B4
Butterbowl Gv *WOR/ARM* LS12 .... **102** B4
Butterbowl Lawn
WOR/ARM LS12 .... **102** B4 1
Butterbowl Mt *WOR/ARM* LS12 .... **103** C4
Butterbowl Rd *WOR/ARM* LS12 .... **103** C4
Butterfield St *OSM* LS9 .... **39** E4
Butterley St *MID* LS10 .... **47** F3
Butt La *WOR/ARM* LS12 .... **102** A3
Button Hl *CHAL* LS7 .... **18** A4
Butts Ct *LDS* LS1 .... **37** D3
Butts Mt *WOR/ARM* LS12...................... **34** A5
Byron St *LDSU* LS2 .... **38** A1

C

Cabbage Hl *WOR/ARM* LS12 .... **42** C1
Cad Beeston Ms *BEE/HOL* LS11 .... **112** B2 4
Calgary Pl *CHAL* LS7 .... **8** B5
Call La *LDS* LS1....................................... **37** F4
The Calls *LDSU* LS2 .... **38** A4
Calverley Av *BRAM* LS13 .... **91** C2
Calverley Ct *BRAM* LS13 .... **91** C2 1
Calverley Dr *BRAM* LS13 .... **91** C2
Calverley Gdns *BRAM* LS13 .... **90** B1 1
Calverley Garth *BRAM* LS13 .... **91** C2
Calverley Gv *BRAM* LS13 .... **91** C2 2
Calverley La *BRAM* LS13 .... **90** B2
HORS LS18... **80** A1
PDSY/CALV LS28.................................... **89** C1
Calverley St *LDS* LS1.............................. **37** D1
Calverley Ter *BRAM* LS13 .... **91** C2 3
Camberley Cl *PDSY/CALV* LS28 .... **99** D3
Camberley St *BEE/HOL* LS11 .... **113** D2 3
Cambrian St *BEE/HOL* LS11.................. **46** B5
Cambridge Dr *BRAM* LS13..................... **91** C2
Cambridge Gdns *BRAM* LS13 .... **91** C2
Cambridge Rd *CHAL* LS7 .... **27** D2
Canada Crs *YEA* LS19 .... **66** B1
Canada Dr *YEA* LS19 .... **53** D4 1
Canada Rd *YEA* LS19.............................. **53** D4
Canada Ter *YEA* LS19 .... **66** B1
Canal Pl *WOR/ARM* LS12 .... **35** F4
Canal Rd *WOR/ARM* LS12....................... **34** A2
Canal St *WOR/ARM* LS12 .... **34** C4
Canal Whf *BEE/HOL* LS11 .... **36** C5
Cancel St *MID* LS10................................. **48** A4
Canonbury Ter *BEE/HOL* LS11 .... **111** D2
Canterbury Dr *HDGY* LS6....................... **13** E4
Canterbury Rd *HDGY* LS6 .... **13** F4
Carberry Pl *HDGY* LS6 .... **24** C4
Carberry Rd *HDGY* LS6 .... **24** C4 2
Carberry Ter *HDGY* LS6 .... **24** C4
Carden Av *MSTN/BAR* LS15 .... **104** B1
Cardigan Ct *HDGY* LS6 .... **14** C5
Cardigan La *BULY* LS4 .... **24** A3
HDGY LS6... **24** B2
Cardigan Rd *HDGY* LS6.......................... **14** A4
Cardinal Av *BEE/HOL* LS11.................. **118** A1
Cardinal Crs *BEE/HOL* LS11 .... **118** A1
Cardinal Rd *BEE/HOL* LS11 .... **118** A1
Cardinal Sq *BEE/HOL* LS11.................. **111** D4
Cardinal Wk *BEE/HOL* LS11 .... **118** A1 1
Cariss St *MID* LS10 .... **114** A2
Carlisle Av *YEA* LS19 .... **53** D3
Carlisle Dr *PDSY/CALV* LS28 .... **99** C3
Carlisle Gv *PDSY/CALV* LS28.................. **99** C3
Carlisle Rd *MID* LS10............................. **48** B2
PDSY/CALV LS28..................................... **99** C3
Carlisle St *PDSY/CALV* LS28 .... **88** B4 2
Carlton Av *PDSY/CALV* LS28.................. **99** D2
Carlton Carr *CHAL* LS7 .... **27** F4
Carlton Ct *WOR/ARM* LS12 .... **44** C5
Carlton Gdns *CHAL* LS7 .... **27** F3
Carlton Garth *AL/HA/HU* LS17 .... **64** B4
Carlton Ga *CHAL* LS7.............................. **27** E4
Carlton Gv *CHAL* LS7.............................. **27** E3
Carlton Hl *CHAL* LS7 .... **27** E4
Carlton Moor Ms *EARD/LOFT* WF3 .... **121** C4
Carlton Mt *YEA* LS19.............................. **53** D1
Carlton Pl *CHAL* LS7 .... **27** E3
Carlton Ri *CHAL* LS7 .... **27** E4
PDSY/CALV LS28..................................... **99** D2
Carlton Rw *WOR/ARM* LS12 .... **32** A5
Carlton Vw *CHAL* LS7 .... **27** E3
Carr Bridge Av *BHP/TINH* LS16............ **70** A2
Carr Bridge Cl *BHP/TINH* LS16 .... **70** A2
Carr Bridge Dr *BHP/TINH* LS16............ **70** A2
Carr Bridge Vw *BHP/TINH* LS16 .... **70** A2
Carr Cl *YEA* LS19 .... **67** C2
Carr Crofts *WOR/ARM* LS12.................. **33** D5
Carr Crofts Dr *WOR/ARM* LS12 .... **32** C5
Carrholm Crs *CHAL* LS7 .... **7** D4
Carrholm Dr *CHAL* LS7 .... **6** C4
Carrholm Gv *CHAL* LS7 .... **6** C3
Carrholm Mt *CHAL* LS7............................ **6** C4
Carrholm Rd *CHAL* LS7............................ **7** D4
Carrholm Vw *CHAL* LS7 .... **7** D4
The Carriage Dr *RHAY* LS8.................... **78** B4
Carr La *YEA* LS19 .... **67** C2
Carr Manor Av *AL/HA/HU* LS17.............. **6** C1
Carr Manor Crs *AL/HA/HU* LS17 .... **6** C1
Carr Manor Cft *CHAL* LS7........................ **6** C3
Carr Manor Dr *AL/HA/HU* LS17 .... **7** D1
Carr Manor Gdns *AL/HA/HU* LS17.......... **6** C1
Carr Manor Garth *AL/HA/HU* LS17 ...... **75** C4
Carr Manor Gv *AL/HA/HU* LS17 .... **7** D2
Carr Manor Mt *AL/HA/HU* LS17.............. **6** C1
Carr Manor Pde *AL/HA/HU* LS17............ **7** D2
CHAL LS7 .... **6** C2
Carr Manor Pl *AL/HA/HU* LS17 .... **6** C2
Carr Manor Rd *AL/HA/HU* LS17.............. **6** C2
Carr Manor Vw *AL/HA/HU* LS17 .... **75** C4
Carr Manor Wk *AL/HA/HU* LS17 .... **6** C2
Carr Moor Side *BEE/HOL* LS11 ...... **113** D2 9
Carter Av *MSTN/BAR* LS15................. **106** B1
Carter La *MSTN/BAR* LS15 .... **96** B4
Carter Mt *MSTN/BAR* LS15................. **106** B1
Carter Ter *MSTN/BAR* LS15 .... **96** B4 3
Cartmell Dr *MSTN/BAR* LS15 .... **104** A3
Casterton Gdns *SCFT* LS14 .... **95** D2 2
Castle Grove Av *HDGY* LS6 .... **4** B5
Castle Grove Dr *HDGY* LS6...................... **4** B5
Castle Ings Cl *WOR/ARM* LS12........... **108** A2
Castle Ings Dr *WOR/ARM* LS12 .... **108** A2
Castle Ings Gdns *WOR/ARM* LS12...... **108** A3
Castle St *LDS* LS1................................... **36** B3
Castleton Cl *WOR/ARM* LS12................ **35** E4
Castleton Rd *WOR/ARM* LS12 .... **34** C3
Castle Vw *AL/HA/HU* LS17 .... **75** C4
Cathcart St *HDGY* LS6 .... **26** A1
Catherine Gv *BEE/HOL* LS11 .... **113** C2 6
Cautley Rd *OSM* LS9.............................. **49** F2
Cavalier Ap *OSM* LS9 .... **49** E2
Cavalier Cl *OSM* LS9 .... **49** E2
Cavalier Ct *OSM* LS9 .... **49** E1
Cavalier Gdns *OSM* LS9 .... **49** E1
Cavalier Ga *OSM* LS9 .... **49** E2
Cavalier Ms *OSM* LS9 .... **49** E2
Cavalier Vw *OSM* LS9 .... **49** E1
Cavendish Ms *AL/HA/HU* LS17 .... **76** A1

Cavendish Pl *PDSY/CALV* LS28 .... **89** C4
Cavendish Ri *PDSY/CALV* LS28 ...... **100** B2 1
Cavendish Rd *LDS* LS1 .... **26** C4
Cavendish St *BVRD* LS3 .... **35** D1 1
PDSY/CALV LS28 .... **100** B2 2
YEA LS19 .... **53** D2
Caythorpe Rd *BHP/TINH* LS16 .... **3** D3
Cecil Gv *WOR/ARM* LS12 .... **33** E3
Cecil Mt *WOR/ARM* LS12 .... **33** E2
Cecil Rd *WOR/ARM* LS12 .... **33** F3
Cecil St *WOR/ARM* LS12 .... **33** E3
Cedar Av *WOR/ARM* LS12 .... **33** E4
Cedar Cl *WOR/ARM* LS12 .... **33** E5
Cedar Mt *WOR/ARM* LS12 .... **33** D5
Cedar Pl *WOR/ARM* LS12 .... **33** D5
Cedar Rd *WOR/ARM* LS12 .... **33** E4
Cedar St *WOR/ARM* LS12 .... **33** D5
Cedar Ter *WOR/ARM* LS12 .... **33** D5
Cemetery Rd *PDSY/CALV* LS28 .... **99** C1
YEA LS19 .... **53** D2
Central Pde *OSM* LS9 .... **116** B2
Central Rd *LDS* LS1 .... **37** F4
Central St *LDS* LS1 .... **36** C3
Chaddlewood Cl *HORS* LS18 .... **69** D4 1
Chadwick St *MID* LS10 .... **48** B1
Chadwick St South *MID* LS10 .... **48** B2
Chalfont Rd *BHP/TINH* LS16 .... **2** C3
Chalice Cl *MID* LS10 .... **120** B2
Chancellor St *HDGY* LS6 .... **27** E1
The Chandlers *MID* LS10 .... **38** A5
Chandos Av *RHAY* LS8 .... **9** D1
Chandos Gdns *RHAY* LS8 .... **9** D2
Chandos Garth *RHAY* LS8 .... **9** D1
Chandos Gn *RHAY* LS8 .... **9** D2
Chandos Pl *RHAY* LS8 .... **9** E2
Chandos Ter *RHAY* LS8 .... **9** D1
Chantry Cft *MSTN/BAR* LS15 .... **107** C2 3
Chantry Garth *MSTN/BAR* LS15 .... **107** C2
Chapel Ct *MSTN/BAR* LS15 .... **105** D1 5
Chapel Fold *BEE/HOL* LS11 .... **111** D3
HDGY LS6 .... **24** B2
MSTN/BAR LS15 .... **105** D1 6
Chapel Hl *YEA* LS19 .... **53** C2 2
Chapel La *HDGY* LS6 .... **24** B1
WOR/ARM LS12 .... **33** F4
WOR/ARM LS12 .... **102** A4
YEA LS19 .... **53** C2
Chapel Pl *HDGY* LS6 .... **14** B3
Chapel Rd *CHAL* LS7 .... **18** B3
Chapel St *HDGY* LS6 .... **14** B3
MSTN/BAR LS15 .... **105** D1
PDSY/CALV LS28 .... **89** D4
YEA LS19 .... **66** A1 1
Chapel Ter *HDGY* LS6 .... **14** B2
Chapeltown *PDSY/CALV* LS28 .... **99** C3
Chapeltown Rd *CHAL* LS7 .... **28** A2
Chapel Yd *MSTN/BAR* LS15 .... **107** C3
Chapman St *OSM* LS9 .... **29** D5
Chariot St *LDS* LS1 .... **36** C2
Charles Av *OSM* LS9 .... **49** F1
Charles Gdns *BEE/HOL* LS11 .... **46** A4
Charles St *HORS* LS18 .... **81** C1
PDSY/CALV LS28 .... **89** C2
Charlton Gv *OSM* LS9 .... **40** A5
Charlton Mt *OSM* LS9 .... **39** F5
Charlton Pl *OSM* LS9 .... **40** A5
Charlton Rd *OSM* LS9 .... **39** F5
Charlton St *OSM* LS9 .... **40** A5
Chatswood Av *BEE/HOL* LS11 .... **118** A1 2
Chatswood Crs *BEE/HOL* LS11 ...... **118** A1 3
Chatswood Dr *BEE/HOL* LS11 .... **112** A4 1
Chatsworth Cl *RHAY* LS8 .... **30** B1
Chatsworth Rd *RHAY* LS8 .... **30** A1
Chaucer Av *PDSY/CALV* LS28 .... **100** A3
Chaucer Gdns *PDSY/CALV* LS28 .... **100** A3
Chaucer Gv *PDSY/CALV* LS28 .... **100** A3
Chelsea Cl *WOR/ARM* LS12 .... **43** F1
Cheltenham St *WOR/ARM* LS12 .... **44** A1
Chelwood Av *RHAY* LS8 .... **76** B2
Chelwood Crs *RHAY* LS8 .... **77** C3
Chelwood Dr *RHAY* LS8 .... **77** C3
Chelwood Gv *RHAY* LS8 .... **77** C2
Chelwood Mt *RHAY* LS8 .... **77** C2
Chelwood Pl *RHAY* LS8 .... **76** B2 1
Chenies Cl *SCFT* LS14 .... **94** B4 1
Cherry Lea Ct *YEA* LS19 .... **53** C4
Cherry Pl *OSM* LS9 .... **38** C1
Cherry Ri *SCFT* LS14 .... **86** B1
Cherry Rw *OSM* LS9 .... **28** C5
Cherry Tree Crs *PDSY/CALV* LS28 .... **89** C2
Cherry Tree Dr *PDSY/CALV* LS28 .... **89** C2
Chesney Av *MID* LS10 .... **48** A5 1
Chester St *WOR/ARM* LS12 .... **33** F2
Chesterton Ct *MSTN/BAR* LS15 .... **107** C3 2
Chestnut Av *HDGY* LS6 .... **25** D1
MSTN/BAR LS15 .... **97** C3
Chestnut Dr *BHP/TINH* LS16 .... **59** C4
Chestnut Gdns *WOR/ARM* LS12 .... **43** E1
Chestnut Gv *HDGY* LS6 .... **25** D1
Chestnut Pl *HDGY* LS6 .... **25** D1
Chestnut Rd *HDGY* LS6 .... **25** D2
Chestnut St *HDGY* LS6 .... **25** D1
Chestnut Wy *BHP/TINH* LS16 .... **59** C4
Chichester St *WOR/ARM* LS12 .... **33** F2
Chirton Gv *RHAY* LS8 .... **20** A3
Chiswick St *HDGY* LS6 .... **24** C5
Chiswick Ter *HDGY* LS6 .... **24** C4
Chorley La *BVRD* LS3 .... **36** B2
LDSU LS2 .... **36** B1
Christ Church Av *WOR/ARM* LS12 .. **32** C2 2
Christ Church Mt *WOR/ARM* LS12 .. **32** C2 3
Christ Church Pde *WOR/ARM* LS12 .... **32** C2
Christ Church Pl *WOR/ARM* LS12 .... **32** C2 4
Christ Church Rd *WOR/ARM* LS12 ...... **32** C2
Christ Church Ter *WOR/ARM* LS12 .. **32** C2 5
Christ Church Vw *WOR/ARM* LS12 .. **32** C2 6
Christopher Rd *HDGY* LS6 .... **26** B1
Church Av *HDGY* LS6 .... **5** E4
HORS LS18 .... **69** C4
Church Cl *SCFT* LS14 .... **96** A1
Church Ct *YEA* LS19 .... **53** C3
Church Crs *AL/HA/HU* LS17 .... **75** D2
YEA LS19 .... **52** B3
Church Gdns *AL/HA/HU* LS17 .... **76** A2
Church Ga *HORS* LS18 .... **69** C4
Church Gv *HORS* LS18 .... **69** C4
Church Hill Gdns *PDSY/CALV* LS28 ...... **90** A3
Church Hill Gn *PDSY/CALV* LS28 .... **90** A3
Church Hill Mt *PDSY/CALV* LS28 .... **90** A3
Churchill Gdns *LDSU* LS2 .... **26** C4
Church La *BHP/TINH* LS16 .... **72** B1
CHAL LS7 .... **8** A5
HDGY LS6 .... **5** D4
HORS LS18 .... **69** C4
MSTN/BAR LS15 .... **96** B3
PDSY/CALV LS28 .... **99** D2
Church Mt *HORS* LS18 .... **69** C4
Church Rd *HORS* LS18 .... **81** C1
OSM LS9 .... **38** C5
WOR/ARM LS12 .... **33** E4
Church Rw *LDSU* LS2 .... **38** A4
Church St *KSTL* LS5 .... **12** B5
MID LS10 .... **114** B2
YEA LS19 .... **52** B3
Church Wk *LDSU* LS2 .... **38** A4
Church Wood Av *HDGY* LS6 .... **3** E5

Church Wood Mt *BHP/TINH* LS16 .... 3 E4
Church Wood Rd *BHP/TINH* LS16 .... 3 E5
City Sq *LDS* LS1 .... 37 D4
Clapham Dene Rd *MSTN/BAR* LS15 .. 96 A4 1
Clara St *PDSY/CALV* LS28 .... 89 C3
Claremont *PDSY/CALV* LS28 .... 100 A2
Claremont Av *BVRD* LS3 .... 36 A1
Claremont Ct *HDGY* LS6 .... 14 C1
Claremont Crs *HDGY* LS6 .... 15 F2
Claremont Dr *HDGY* LS6 .... 14 C1
Claremont Gv *BVRD* LS3 .... 36 A1 3
PDSY/CALV LS28 .... 99 D2
Claremont Pl *WOR/ARM* LS12 .... 32 A4
Claremont Rd *HDGY* LS6 .... 14 C1
Claremont St *WOR/ARM* LS12 .... 32 A4
Claremont Ter *WOR/ARM* LS12 .... 32 A4
Claremont Vw *BVRD* LS3 .... 36 A1 4
Clarence Dr *HORS* LS18 .... 81 C2
Clarence Gdns *HORS* LS18 .... 81 C2 2
Clarence Rd *HORS* LS18 .... 81 C2
MID LS10 .... 48 C2
Clarence St *BRAM* LS13 .... 91 D4 2
Clarence Ter *PDSY/CALV* LS28 .... 99 C1
Clarendon Pl *LDSU* LS2 .... 26 A4
Clarendon Rd *BVRD* LS3 .... 36 A1
LDSU LS2 .... 26 A3
Clarendon Ter *PDSY/CALV* LS28 .... 99 D3
Clarendon Wy *LDSU* LS2 .... 36 B1
Clark Av *OSM* LS9 .... 39 F5
Clark Crs *OSM* LS9 .... 39 F5
Clark Gv *OSM* LS9 .... 49 F1
Clark La *OSM* LS9 .... 39 E5
Clark Mt *OSM* LS9 .... 39 F5
Clark Rd *OSM* LS9 .... 49 F1
Clark Rw *OSM* LS9 .... 49 F1
Clarkson Vw *HDGY* LS6 .... 16 B5
Clark Ter *OSM* LS9 .... 39 F5
Clark Vw *OSM* LS9 .... 49 F1
Clay Pit La *LDSU* LS2 .... 27 F5
Clayton Cl *MID* LS10 .... 115 C3
Clayton Ct *MID* LS10 .... 115 C3 1
Clayton Dr *MID* LS10 .... 115 C3 2
Clayton Gv *YEA* LS19 .... 53 C2
Clayton Rd *MID* LS10 .... 115 C3
Clayton Wy *MID* LS10 .... 115 C3 3
Clayton Wood Cl *BHP/TINH* LS16 .... 71 C4
Clayton Wood Ct *BHP/TINH* LS16 .... 71 C4
Clayton Wood Ri *BHP/TINH* LS16 .... 71 C4
Clayton Wood Rd *BHP/TINH* LS16 .... 71 C4
The Clearings *MID* LS10 .... 120 A1
Cleeve Hl *YEA* LS19 .... 66 A1
Cleveleys Av *BEE/HOL* LS11 .... 45 F5
Cleveleys Ct *BEE/HOL* LS11 .... 112 A1 1
Cleveleys Mt *BEE/HOL* LS11 .... 45 F5 1
Cleveleys Rd *BEE/HOL* LS11 .... 45 F5
Cleveleys St *BEE/HOL* LS11 .... 45 F5 2
Cleveleys Ter *BEE/HOL* LS11 .... 45 F5 3
Cliffdale Rd *CHAL* LS7 .... 16 C4
Cliffe Dr *YEA* LS19 .... 66 A3
Cliffe La *YEA* LS19 .... 66 B2
Cliffe Park Cha *WOR/ARM* LS12 .... 42 A2
Cliffe Park Cl *WOR/ARM* LS12 .... 42 A2
Cliffe Park Crs *WOR/ARM* LS12 .... 42 A3
Cliffe Park Dr *WOR/ARM* LS12 .... 42 A3
Cliffe Park Mt *WOR/ARM* LS12 .... 42 A2
Cliffe Park Ri *WOR/ARM* LS12 .... 103 C3
Cliff La *HDGY* LS6 .... 15 F5
Cliff Mt *HDGY* LS6 .... 16 A5
Cliff Mount St *HDGY* LS6 .... 16 A5
Cliff Mount Ter *HDGY* LS6 .... 16 A5
Cliff Rd *HDGY* LS6 .... 16 A5
Cliff Road Gdns *HDGY* LS6 .... 15 F4
Cliff Side Gdns *HDGY* LS6 .... 16 A4
Cliff Ter *HDGY* LS6 .... 16 A5
Clifton Av *OSM* LS9 .... 30 B5
Clifton Dr *PDSY/CALV* LS28 .... 99 D1
Clifton Gv *OSM* LS9 .... 30 B5
Clifton Hl *PDSY/CALV* LS28 .... 99 D1
Clifton Mt *OSM* LS9 .... 30 B5
Clifton Pl *PDSY/CALV* LS28 .... 99 D1
Clifton Rd *PDSY/CALV* LS28 .... 99 D1
Clifton Ter *OSM* LS9 .... 30 B5
Clipston Av *HDGY* LS6 .... 15 E1
Clipston Mt *HDGY* LS6 .... 15 E1
Clipston St *HDGY* LS6 .... 15 F1
Clipston Ter *HDGY* LS6 .... 15 E1
Cloberry St *LDSU* LS2 .... 26 A4
The Close *AL/HA/HU* LS17 .... 61 D4
OSM LS9 .... 38 C4
Cloth Hall St *LDS* LS1 .... 37 F4
Clovelly Av *BEE/HOL* LS11 .... 113 C2 7
Clovelly Gv *BEE/HOL* LS11 .... 113 C2 8
Clovelly Pl *BEE/HOL* LS11 .... 113 C2
Clovelly Rw *BEE/HOL* LS11 .... 113 C2 9
Clovelly Ter *BEE/HOL* LS11 .... 113 C2
Club Rw *CHAL* LS7 .... 7 F4
YEA LS19 .... 53 D2
Clyde Gdns *WOR/ARM* LS12 .... 34 C5
Clyde Vw *WOR/ARM* LS12 .... 44 C1
Coach Rd *WOR/ARM* LS12 .... 108 B2
Coal Hill Dr *BRAM* LS13 .... 90 A1
Coal Hill Fold *BRAM* LS13 .... 90 A1
Coal Hill Gdns *BRAM* LS13 .... 90 A1
Coal Hill Gn *BRAM* LS13 .... 90 A1
Coal Hill La *PDSY/CALV* LS28 .... 89 D1
Coal Rd *SCFT* LS14 .... 86 A3
Cobden Av *WOR/ARM* LS12 .... 109 C1
Cobden Gv *WOR/ARM* LS12 .... 42 A5
Cobden Pl *WOR/ARM* LS12 .... 109 C1
Cobden Rd *WOR/ARM* LS12 .... 42 A5
Cobden St *WOR/ARM* LS12 .... 109 C1 1
Cobden Ter *WOR/ARM* LS12 .... 109 C1
Cockburn Cl *BEE/HOL* LS11 .... 113 D2 10
Cockburn Wy *BEE/HOL* LS11 .... 113 D2 11
Cockshott Cl *WOR/ARM* LS12 .... 93 C4 1
Cockshott Dr *WOR/ARM* LS12 .... 93 C4
Cockshott La *WOR/ARM* LS12 .... 93 C4
Coggil St *MID* LS10 .... 115 D3 1
Colby Ri *MSTN/BAR* LS15 .... 104 B2
Coldcotes Av *OSM* LS9 .... 30 C3
Coldcotes Circ *OSM* LS9 .... 31 F3
Coldcotes Cl *OSM* LS9 .... 31 F3
Coldcotes Crs *OSM* LS9 .... 94 A3
Coldcotes Dr *OSM* LS9 .... 31 E3
Coldcotes Garth *OSM* LS9 .... 94 A3
Coldcotes Gv *OSM* LS9 .... 94 A3
Coldcotes Vw *OSM* LS9 .... 31 F3
Coldcotes Wk *OSM* LS9 .... 94 A3
Cold Well Rd *MSTN/BAR* LS15 .... 96 A4
Cold Well Sq *MSTN/BAR* LS15 .... 96 A4 2
Coleman St *WOR/ARM* LS12 .... 45 E1
Colenso Gdns *BEE/HOL* LS11 .... 45 F5
Colenso Gv *BEE/HOL* LS11 .... 45 F5
Colenso Mt *BEE/HOL* LS11 .... 45 F5
Colenso Pl *BEE/HOL* LS11 .... 45 F5
Colenso Rd *BEE/HOL* LS11 .... 45 F5
Colenso Ter *BEE/HOL* LS11 .... 45 F5
Coleridge La *PDSY/CALV* LS28 .... 100 A4
Colliers La *AL/HA/HU* LS17 .... 79 D1
Collin Rd *SCFT* LS14 .... 95 C4
Colmore Gv *WOR/ARM* LS12 .... 44 A3
Colmore Rd *WOR/ARM* LS12 .... 44 A2
Colton Ct *MSTN/BAR* LS15 .... 107 C2 4
Colton Cft *MSTN/BAR* LS15 .... 107 C2 5
Colton Garth *MSTN/BAR* LS15 .... 107 C2 6
Colton La *MSTN/BAR* LS15 .... 107 C3

Colton Rd *MSTN/BAR* LS15 .... **106** B2
WOR/ARM LS12 .... **33** E5
Colton Rd East *MSTN/BAR* LS15 .... **107** D3
Colton St *WOR/ARM* LS12 .... **33** E4
Colville Ter *BEE/HOL* LS11 .... **46** C5
Colwyn Av *BEE/HOL* LS11 .... **113** C3
Colwyn Mt *BEE/HOL* LS11 .... **113** C3
Colwyn Pl *BEE/HOL* LS11 .... **113** C3
Colwyn Rd *BEE/HOL* LS11 .... **113** C3
Colwyn Ter *BEE/HOL* LS11 .... **113** C3 7
Colwyn Vw *BEE/HOL* LS11 .... **113** C3
Commercial Rd *KSTL* LS5 .... **12** B5
Commercial St *LDS* LS1 .... **37** E3
Commercial Vls *PDSY/CALV* LS28 .... **99** C3
Compton Av *OSM* LS9 .... **30** A4 1
Compton Crs *OSM* LS9 .... **30** B4
Compton Gv *OSM* LS9 .... **30** A3
Compton Mt *OSM* LS9 .... **30** A3
Compton Pl *OSM* LS9 .... **30** A4
Compton Rd *OSM* LS9 .... **30** A4
Compton Rw *OSM* LS9 .... **30** B4
Compton St *OSM* LS9 .... **30** A3
Compton Ter *OSM* LS9 .... **30** A4
Compton Vw *OSM* LS9 .... **30** A4
Concordia St *LDS* LS1 .... **37** E5
Concord St *LDSU* LS2 .... **38** A1
Conference Gv *WOR/ARM* LS12 .... **32** A5 1
Conference Pl *WOR/ARM* LS12 .... **32** A4
Conference Rd *WOR/ARM* LS12 .... **32** A4
Conference Ter *WOR/ARM* LS12 .... **32** A4 1
Congress Mt *WOR/ARM* LS12 .... **32** A4
Congress St *WOR/ARM* LS12 .... **32** A4
Coniston Av *HDGY* LS6 .... **15** D2
Coniston Gdns *MSTN/BAR* LS15 .... **104** B3 1
Consort St *BVRD* LS3 .... **35** F1
Consort Ter *BVRD* LS3 .... **35** F1
Consort Vw *BVRD* LS3 .... **25** F5
Consort Wk *BVRD* LS3 .... **35** F1
Constance Gdns *CHAL* LS7 .... **27** D3
Constance Wy *CHAL* LS7 .... **27** D3
Conway Av *RHAY* LS8 .... **29** F2
Conway Dr *RHAY* LS8 .... **29** F1
Conway Gv *RHAY* LS8 .... **29** F2
Conway Mt *RHAY* LS8 .... **29** F2
Conway Pl *RHAY* LS8 .... **29** F2
Conway Rd *RHAY* LS8 .... **29** F1
Conway St *PDSY/CALV* LS28 .... **89** C4
RHAY LS8 .... **29** F2
Conway Ter *RHAY* LS8 .... **29** F2
Conway Vw *RHAY* LS8 .... **29** F2
Cookridge Av *BHP/TINH* LS16 .... **57** D3
Cookridge Dr *BHP/TINH* LS16 .... **57** C3
Cookridge Gv *BHP/TINH* LS16 .... **57** D3
Cookridge La *BHP/TINH* LS16 .... **57** D2
Cookridge St *LDSU* LS2 .... **37** D1
Co-operation St *WOR/ARM* LS12 .... **42** B5 1
Copgrove Rd *RHAY* LS8 .... **20** A3
Copley Hl *WOR/ARM* LS12 .... **44** C2
Copley Hill Wy *WOR/ARM* LS12 .... **44** C3
Copley St *WOR/ARM* LS12 .... **44** C1
Copley Yd *WOR/ARM* LS12 .... **44** C1 2
Copperfield Av *OSM* LS9 .... **49** F2
Copperfield Crs *OSM* LS9 .... **49** F2
Copperfield Dr *OSM* LS9 .... **49** F2
Copperfield Gv *OSM* LS9 .... **50** A2
Copperfield Mt *OSM* LS9 .... **50** A1
Copperfield Pl *OSM* LS9 .... **49** F2 2
Copperfield Rw *OSM* LS9 .... **49** F2 3
Copperfield Ter *OSM* LS9 .... **49** F1
Copperfield Vw *OSM* LS9 .... **50** A2
Copperfield Wk *OSM* LS9 .... **49** F2 4
The Coppice *YEA* LS19 .... **52** A4
YEA LS19 .... **53** C1 2
Coppice Wy *RHAY* LS8 .... **20** A1
Coppice Wood Crs *YEA* LS19 .... **52** B1
Coppice Wood Gv *GSLY* LS20 .... **52** B1
Coppice Wood Ri *YEA* LS19 .... **53** C1 3
Coppy La *BRAM* LS13 .... **91** D1
Copt Royd Gv *YEA* LS19 .... **52** B2
Corn Mill Ct *WOR/ARM* LS12 .... **102** A2
Cornus Gdns *MID* LS10 .... **120** A1 2
Coronation Pde *MSTN/BAR* LS15 .... **104** B2 1
Cotefields Av *PDSY/CALV* LS28 .... **88** B3
Cote La *PDSY/CALV* LS28 .... **88** B3
The Cote *PDSY/CALV* LS28 .... **88** B3
Cottage Rd *HDGY* LS6 .... **4** A5
Cotterdale Vw *MSTN/BAR* LS15 .... **104** B3
Cottingley Cha *BEE/HOL* LS11 .... **110** B3
Cottingley Crs *BEE/HOL* LS11 .... **111** C4
Cottingley Dr *BEE/HOL* LS11 .... **110** B4
Cottingley Fold *BEE/HOL* LS11 .... **110** B3
Cottingley Gdns *BEE/HOL* LS11 .... **111** C4
Cottingley Gn *BEE/HOL* LS11 .... **111** C4
Cottingley Gv *BEE/HOL* LS11 .... **111** C4 1
Cottingley Rd *BEE/HOL* LS11 .... **110** B3
Cottingley V *BEE/HOL* LS11 .... **111** C4
Cotton St *OSM* LS9 .... **38** B5
Coupland Pl *BEE/HOL* LS11 .... **113** C1 1
Coupland Rd *BEE/HOL* LS11 .... **113** C1 2
Coupland St *BEE/HOL* LS11 .... **113** C2
Court Dr *KSTL* LS5 .... **82** B3
Courtenays *SCFT* LS14 .... **96** A1 1
The Court *AL/HA/HU* LS17 .... **61** C4 1
Coverley Ri *YEA* LS19 .... **52** A2
Cow Close Gv *WOR/ARM* LS12 .... **42** A5
Cow Close Rd *WOR/ARM* LS12 .... **103** C4
Cowley Rd *BRAM* LS13 .... **80** A4
Cowper Av *OSM* LS9 .... **30** A2
Cowper Crs *OSM* LS9 .... **30** A3
Cowper Gv *OSM* LS9 .... **30** A2 2
Cowper Mt *OSM* LS9 .... **30** B3
Cowper Rd *OSM* LS9 .... **30** A3
Cowper St *CHAL* LS7 .... **28** C1
Cowper Ter *OSM* LS9 .... **30** B3
Crab La *WOR/ARM* LS12 .... **33** F3
Cragg Av *HORS* LS18 .... **81** C1
Cragg Rd *HORS* LS18 .... **81** D1
Cragg Ter *HORS* LS18 .... **81** C1
Craggwood Rd *HORS* LS18 .... **81** D2
Crag Hill Av *BHP/TINH* LS16 .... **57** D2
Crag Hill Vw *BHP/TINH* LS16 .... **57** D3
Crag La *AL/HA/HU* LS17 .... **61** C4
Cragside Cl *KSTL* LS5 .... **82** B2
Cragside Crs *KSTL* LS5 .... **82** B2
Cragside Gdns *KSTL* LS5 .... **82** B2
Cragside Gv *KSTL* LS5 .... **82** A2
Cragside Mt *KSTL* LS5 .... **82** B2
Cragside Pl *KSTL* LS5 .... **82** A2
Cragside Wk *KSTL* LS5 .... **82** B2
Cranbrook Av *BEE/HOL* LS11 .... **112** B2
Cranbrook Vw *PDSY/CALV* LS28 .... **100** B4
Cranewells Dr *MSTN/BAR* LS15 .... **107** C2 7
Cranewells Gn *MSTN/BAR* LS15 .... **106** B3 1
Cranewells Ri *MSTN/BAR* LS15 .... **106** B3 2
Cranewells V *MSTN/BAR* LS15 .... **106** B3 3
Cranewells Vw *MSTN/BAR* LS15 .... **106** B2
Cranmer Bank *AL/HA/HU* LS17 .... **74** B2
Cranmer Cl *AL/HA/HU* LS17 .... **74** B2
Cranmer Gdns *AL/HA/HU* LS17 .... **74** B2
Cranmer Ri *AL/HA/HU* LS17 .... **74** B1
Cranmer Rd *AL/HA/HU* LS17 .... **74** B2
Cranmore Crs *MID* LS10 .... **120** B4
Cranmore Dr *MID* LS10 .... **121** C4
Cranmore Gdns *EARD/LOFT* WF3 .... **120** B4 1
Cranmore Garth *MID* LS10 .... **120** B4 2
Cranmore Gn *MID* LS10 .... **120** B4 3

Cranmore Gv *EARD/LOFT* WF3 ...... 120 B4 4
Cranmore La *MID* LS10 ...... 121 C4
Cranmore Ri *MID* LS10 ...... 121 C4
Cranmore Rd *MID* LS10 ...... 120 B4 5
Craven Rd *HDGY* LS6 ...... 27 D2
Crawshaw Av *PDSY/CALV* LS28 ...... 100 A2
Crawshaw Gdns *PDSY/CALV* LS28 ...... 99 D2
Crawshaw Hl *PDSY/CALV* LS28 ...... 99 D2
Crawshaw Pk *PDSY/CALV* LS28 ...... 99 D2
Crawshaw Ri *PDSY/CALV* LS28 ...... 99 D3
Crawshaw Rd *PDSY/CALV* LS28 ...... 99 D2
Crescent Gdns *AL/HA/HU* LS17 ...... 76 A1
The Crescent *AL/HA/HU* LS17 ...... 61 C3
BHP/TINH LS16 ...... 71 D1
MSTN/BAR LS15 ...... 106 A1
PDSY/CALV LS28 ...... 100 A1
Crescent Vw *AL/HA/HU* LS17 ...... 61 C3
Creskell Rd *BEE/HOL* LS11 ...... 46 C4
Cricketers Gn *YEA* LS19 ...... 53 C3
Cricketers Ter *WOR/ARM* LS12 ...... 33 E5
The Cricketers *KSTL* LS5 ...... 12 C5
Cricketers Wk *MSTN/BAR* LS15 ...... 107 D2
Cricklegate *MSTN/BAR* LS15 ...... 106 A1 1
Crimbles Ct *PDSY/CALV* LS28 ...... 100 A2
Crimbles Pl *PDSY/CALV* LS28 ...... 100 A2
Crimbles Rd *PDSY/CALV* LS28 ...... 100 A2
Crimbles Ter *PDSY/CALV* LS28 ...... 100 A2
Croft Av *PDSY/CALV* LS28 ...... 89 C2
Croft Ct *HORS* LS18 ...... 69 C4
Croftdale Gv *MSTN/BAR* LS15 ...... 97 C3
Crofters Lea *YEA* LS19 ...... 52 A2
Croft House Ct *PDSY/CALV* LS28 ...... 99 D1 1
Croft's Ct *LDS* LS1 ...... 37 D3
Croftside Cl *SCFT* LS14 ...... 96 A2 1
Croft St *PDSY/CALV* LS28 ...... 89 C2
The Croft *MSTN/BAR* LS15 ...... 96 A4
Cromack Vw *PDSY/CALV* LS28 ...... 98 B2
Cromer Pl *LDSU* LS2 ...... 26 A4
Cromer Rd *LDSU* LS2 ...... 26 A4
Cromer St *LDSU* LS2 ...... 26 A4
Cromer Ter *LDSU* LS2 ...... 26 A4
Cromwell Mt *MID* LS10 ...... 120 A1 3
OSM LS9 ...... 38 C1
Cromwell St *OSM* LS9 ...... 38 C2
Cropper Ga *LDS* LS1 ...... 36 A3
Crosby Av *BEE/HOL* LS11 ...... 45 F5
Crosby Pl *BEE/HOL* LS11 ...... 46 A4
Crosby Rd *BEE/HOL* LS11 ...... 46 A4
Crosby St *BEE/HOL* LS11 ...... 45 F4
Crosby Ter *BEE/HOL* LS11 ...... 46 A4
Crosby Vw *BEE/HOL* LS11 ...... 46 A4
Cross Albert Pl *WOR/ARM* LS12 ...... 44 B1 1
Cross Alcester Rd *RHAY* LS8 ...... 19 E5
Cross Alma St *OSM* LS9 ...... 29 E5
Cross Aston Gv *BRAM* LS13 ...... 92 B3
Cross Banstead St *RHAY* LS8 ...... 29 F1 1
Cross Barstow St *BEE/HOL* LS11 ...... 47 E2
Cross Bath Rd *BRAM* LS13 ...... 91 D3
Cross Beck Rd *RHAY* LS8 ...... 19 F4 2
Cross Belgrave St *LDSU* LS2 ...... 37 F2 1
Cross Bellbrooke Av *OSM* LS9 ...... 30 C3 6
Cross Bell St *OSM* LS9 ...... 38 B2 1
Cross Bentley La *HDGY* LS6 ...... 15 E1
Cross Burley Lodge Rd *HDGY* LS6 ...... 24 C4
Cross Cardigan Mt *BULY* LS4 ...... 23 F5
Cross Cardigan Ter *BULY* LS4 ...... 23 F5
Cross Catherine St *OSM* LS9 ...... 39 D4
Cross Chancellor St *HDGY* LS6 ...... 27 D1
Cross Chapel St *HDGY* LS6 ...... 14 A3
Cross Cliff Rd *HDGY* LS6 ...... 15 F5
Cross Cowper St *CHAL* LS7 ...... 28 B1
Cross Dawlish Gv *OSM* LS9 ...... 40 C3 6
Cross Easy Rd *OSM* LS9 ...... 49 F1
Cross Elford St *RHAY* LS8 ...... 29 E2 1
Cross Eric St *BRAM* LS13 ...... 81 D4
Cross Evanston Av *BULY* LS4 ...... 23 F4
Crossfield St *LDSU* LS2 ...... 26 B2
Cross Flats Rw *BEE/HOL* LS11 ...... 112 A3
Cross Flatts *BEE/HOL* LS11 ...... 112 B2
Cross Flatts Av *BEE/HOL* LS11 ...... 112 B3
Cross Flatts Crs *BEE/HOL* LS11 ...... 112 A3
Cross Flatts Dr *BEE/HOL* LS11 ...... 112 A2
Cross Flatts Gv *BEE/HOL* LS11 ...... 112 B3
Cross Flatts Mt *BEE/HOL* LS11 ...... 112 B3
Cross Flatts Pde *BEE/HOL* LS11 ...... 112 A3
Cross Flatts Pl *BEE/HOL* LS11 ...... 112 A3
Cross Flatts Rd *BEE/HOL* LS11 ...... 112 A3
Cross Flatts St *BEE/HOL* LS11 ...... 112 A3
Cross Flatts Ter *BEE/HOL* LS11 ...... 112 A3
Cross Fountaine St *LDS* LS1 ...... 37 D3 1
Cross Francis St *CHAL* LS7 ...... 28 B1
Cross Gates Av *MSTN/BAR* LS15 ...... 96 B2
Cross Gates La *MSTN/BAR* LS15 ...... 96 A2
Cross Gates Rd *MSTN/BAR* LS15 ...... 95 D3
Cross Glen Rd *BHP/TINH* LS16 ...... 3 F3
Cross Granby Ter *HDGY* LS6 ...... 14 B3
Cross Grange Av *RHAY* LS8 ...... 29 D1
Cross Grasmere St *WOR/ARM* LS12 ...... 34 A5
Cross Green Ap *OSM* LS9 ...... 50 A4
Cross Green Av *OSM* LS9 ...... 49 E2
Cross Green Ct *OSM* LS9 ...... 50 B4
Cross Green Crs *OSM* LS9 ...... 49 E2
Cross Green Garth *OSM* LS9 ...... 50 A4
Cross Green Gv *OSM* LS9 ...... 49 E2 2
Cross Green La *MSTN/BAR* LS15 ...... 106 A1
OSM LS9 ...... 48 C1
Cross Green Rd *OSM* LS9 ...... 49 F2 5
Cross Green Rw *HDGY* LS6 ...... 5 D3
Cross Green V *OSM* LS9 ...... 50 B4
Cross Green Wy *OSM* LS9 ...... 50 C5
Cross Greenwood Mt *HDGY* LS6 ...... 5 D3 1
Cross Hartley Av *HDGY* LS6 ...... 16 B5
Cross Heath Gv *BEE/HOL* LS11 ...... 111 D2
Cross Henley Rd *BRAM* LS13 ...... 91 D3
Cross Hilton Gv *RHAY* LS8 ...... 19 E4
Cross Ingledew Crs *RHAY* LS8 ...... 78 A3 4
Cross Ingram Rd *BEE/HOL* LS11 ...... 45 F3
Cross Ivy Mt *OSM* LS9 ...... 40 B3
Cross Kelso Rd *LDSU* LS2 ...... 25 F5
Crossland Ter *BEE/HOL* LS11 ...... 113 D2 12
Cross La *WOR/ARM* LS12 ...... 33 D5
WOR/ARM LS12 ...... 102 B4
Cross Lea Farm Rd *KSTL* LS5 ...... 83 C2
Cross Lidgett Pl *RHAY* LS8 ...... 9 F1
Cross Louis St *CHAL* LS7 ...... 28 B2
Cross Maude St *LDSU* LS2 ...... 38 A4 1
Cross Milan Rd *RHAY* LS8 ...... 30 A1
Cross Mitford Rd *WOR/ARM* LS12 ...... 34 B4
Cross Osmondthorpe La *OSM* LS9 ...... 41 D2
Cross Park St *MSTN/BAR* LS15 ...... 105 D1 7
Cross Pasture Rd *RHAY* LS8 ...... 19 D4
Cross Quarry St *HDGY* LS6 ...... 16 B5
Cross Reginald Mt *CHAL* LS7 ...... 18 A5 1
Cross Rd *HORS* LS18 ...... 80 B1 1
Cross Roseville Rd *RHAY* LS8 ...... 29 D2
Cross Roundhay Av *RHAY* LS8 ...... 19 E3
Cross St Michael's La *HDGY* LS6 ...... 14 B4
Cross Speedwell St *HDGY* LS6 ...... 27 D1
Cross Stamford St *CHAL* LS7 ...... 28 B5
Cross St *MSTN/BAR* LS15 ...... 105 D1 8
Cross Union St *LDSU* LS2 ...... 38 A3
Cross Valley Dr *MSTN/BAR* LS15 ...... 95 D4
Cross Westfield Rd *BVRD* LS3 ...... 35 F1 1
Cross Wingham St *CHAL* LS7 ...... 28 B3 1
Cross Woodstock St *LDSU* LS2 ...... 26 C3 2
Cross York St *LDSU* LS2 ...... 38 A4

Crow Nest La *BEE/HOL* LS11 .... 111 C3
Crown Point Rd *MID* LS10 .... 48 A1
OSM LS9 .... 38 B5
Crown St *LDS* LS1 .... 37 F4
Crowther Pl *HDGY* LS6 .... 27 D1
Crowtrees Ct *YEA* LS19 .... 66 A2
Crow Trees Pk *YEA* LS19 .... 66 A1
Croydon St *BEE/HOL* LS11 .... 45 E2
Cudbear St *MID* LS10 .... 48 A1
Cumberland Rd *HDGY* LS6 .... 15 F3 1

D

Daisyfield Rd *BRAM* LS13 .... 92 A3 3
Dale Park Av *BHP/TINH* LS16 .... 70 A1 1
Dale Park Cl *BHP/TINH* LS16 .... 70 A1
Dale Park Gdns *BHP/TINH* LS16 .... 70 A1
Dale Park Ri *BHP/TINH* LS16 .... 70 A1
Dale Park Wk *BHP/TINH* LS16 .... 70 A1
Dales Wy *BHP/TINH* LS16 .... 4 B1
BHP/TINH LS16 .... 60 B3
Dales Way Link *BHP/TINH* LS16 .... 60 B4
HDGY LS6 .... 15 D1
Dalton Av *BEE/HOL* LS11 .... 112 B3
Dalton Gv *BEE/HOL* LS11 .... 112 B3
Dalton Rd *BEE/HOL* LS11 .... 112 B3
Dam La *YEA* LS19 .... 53 D2
Danby Wk *OSM* LS9 .... 39 E4
Darfield Av *RHAY* LS8 .... 30 A2
Darfield Crs *RHAY* LS8 .... 30 A2
Darfield Gv *RHAY* LS8 .... 29 F1
Darfield Pl *RHAY* LS8 .... 30 A2
Darfield Rd *RHAY* LS8 .... 30 A2
Darfield St *RHAY* LS8 .... 30 A2
Darkwood Cl *AL/HA/HU* LS17 .... 77 D1
Darkwood Wy *AL/HA/HU* LS17 .... 77 D1
Darley Av *MID* LS10 .... 120 A2
Darnell Ter *BEE/HOL* LS11 .... 47 E1
Darnley La *MSTN/BAR* LS15 .... 106 B3 4
Darnley Rd *BHP/TINH* LS16 .... 3 D3
Dartmouth Wy *BEE/HOL* LS11 .... 113 D2
David St *BEE/HOL* LS11 .... 46 C1
Davies Av *RHAY* LS8 .... 10 B2
Dawlish Av *OSM* LS9 .... 40 C3 7
Dawlish Crs *OSM* LS9 .... 40 C3
Dawlish Gv *OSM* LS9 .... 40 C4
Dawlish Mt *OSM* LS9 .... 40 C3 8
Dawlish Pl *OSM* LS9 .... 40 C2
Dawlish Rd *OSM* LS9 .... 40 C3
Dawlish Rw *OSM* LS9 .... 40 C2
Dawlish St *OSM* LS9 .... 41 D2
Dawlish Ter *OSM* LS9 .... 40 C2
Dawson Rd *BEE/HOL* LS11 .... 112 B2
Dawsons Meadow *PDSY/CALV* LS28 .. 88 B3
Dawson St *PDSY/CALV* LS28 .... 89 C4 1
Dean Av *RHAY* LS8 .... 20 A1
Dean Ct *RHAY* LS8 .... 20 A1
Dean Head *HORS* LS18 .... 55 D1
Dean La *HORS* LS18 .... 55 D1
Deanswood Cl *AL/HA/HU* LS17 .... 74 B2
Deanswood Dr *AL/HA/HU* LS17 .... 74 A2
Deanswood Gn *AL/HA/HU* LS17 ...... 74 A2 1
Deanswood Hl *AL/HA/HU* LS17 .... 74 A2
Deanswood Pl *AL/HA/HU* LS17 .... 74 B2
Deanswood Ri *AL/HA/HU* LS17 .... 74 A2
Deanswood Vw *AL/HA/HU* LS17 .... 74 B2
De Lacy Mt *KSTL* LS5 .... 12 A4
Delph Ct *HDGY* LS6 .... 16 B4
Delph Hl *PDSY/CALV* LS28 .... 99 D1
Delph La *HDGY* LS6 .... 16 B5
Delph Mt *HDGY* LS6 .... 16 B5
Delph Vw *HDGY* LS6 .... 26 A1
Denbigh Ap *OSM* LS9 .... 94 A3
Dence Pl *MSTN/BAR* LS15 .... 104 B1 2
Dene House Ct *LDSU* LS2 .... 27 D3
Deneway *PDSY/CALV* LS28 .... 88 B3
Denison Rd *BVRD* LS3 .... 36 A2 2
Denison St *YEA* LS19 .... 53 C2 3
Dennil Crs *MSTN/BAR* LS15 .... 97 C1
Dennil Rd *MSTN/BAR* LS15 .... 97 C2
Dennistead Crs *HDGY* LS6 .... 14 A2
Denton Av *RHAY* LS8 .... 9 F2
Denton Gv *RHAY* LS8 .... 9 F2
Dent St *OSM* LS9 .... 39 E5
Derby Rd *YEA* LS19 .... 66 A1
Derbyshire St *MID* LS10 .... 115 C2
Derwent Dr *BHP/TINH* LS16 .... 73 C1
Derwent Pl *BEE/HOL* LS11 .... 46 B2
Derwentwater Gv *HDGY* LS6 .... 13 F4
Derwentwater Ter *HDGY* LS6 .... 14 A3
Detroit Av *MSTN/BAR* LS15 .... 107 C1
Detroit Dr *MSTN/BAR* LS15 .... 107 D1
Devon Cl *LDSU* LS2 .... 26 C3
Devon Rd *CHAL* LS7 .... 27 D3
LDSU LS2 .... 26 C3
Devonshire Av *RHAY* LS8 .... 77 D3
Devonshire Cl *RHAY* LS8 .... 77 D3 5
RHAY LS8 .... 77 D3 4
Devonshire Crs *RHAY* LS8 .... 77 C4
Devonshire Gdns *LDSU* LS2 .... 26 C2
Devonshire La *RHAY* LS8 .... 77 D3
Dewsbury Rd *BEE/HOL* LS11 .... 47 E5
Diadem Dr *SCFT* LS14 .... 94 B4
Dial St *OSM* LS9 .... 49 E1
Dibb La *YEA* LS19 .... 52 A2
Dib Cl *RHAY* LS8 .... 84 A4
Dib La *RHAY* LS8 .... 84 A4
Dickinson St *HORS* LS18 .... 69 D3 2
Disraeli Gdns *BEE/HOL* LS11 .... 113 C1
Disraeli Ter *BEE/HOL* LS11 .... 113 C1
Dixon La *WOR/ARM* LS12 .... 43 E3
Dixon Lane Rd *WOR/ARM* LS12 .... 43 E3
Dobson Av *BEE/HOL* LS11 .... 113 D2 13
Dobson Gv *BEE/HOL* LS11 .... 113 D2
Dobson Pl *BEE/HOL* LS11 .... 113 D2
Dobson Ter *BEE/HOL* LS11 .... 113 D2 14
Dobson Vw *BEE/HOL* LS11 .... 113 D2 15
Dock St *MID* LS10 .... 37 F5
Dodgson Av *CHAL* LS7 .... 28 C1
Dolly La *OSM* LS9 .... 28 C5
Dolphin Ct *OSM* LS9 .... 39 D4
Dolphin Rd *MID* LS10 .... 120 B4
Dolphin St *OSM* LS9 .... 39 D4
Dolphin Ct *BRAM* LS13 .... 91 C4
Domestic Rd *BEE/HOL* LS11 .... 45 D3
Domestic St *BEE/HOL* LS11 .... 45 F3
Dominion Av *CHAL* LS7 .... 8 B5
Donald St *PDSY/CALV* LS28 .... 89 C3
Donisthorpe St *MID* LS10 .... 48 C3
Dorchester Dr *YEA* LS19 .... 53 D3
Dorset Av *RHAY* LS8 .... 20 A5
Dorset Gv *PDSY/CALV* LS28 .... 99 D1 2
Dorset Mt *RHAY* LS8 .... 30 A1
Dorset Rd *RHAY* LS8 .... 20 A5
Dorset St *RHAY* LS8 .... 20 A5 3
Dorset Ter *RHAY* LS8 .... 30 A1
Dragon Crs *WOR/ARM* LS12 .... 44 A4
Dragon Dr *WOR/ARM* LS12 .... 43 F4
Dragon Rd *WOR/ARM* LS12 .... 43 F4
Drayton Manor Yd *BEE/HOL* LS11 .. 47 E5 1
Driver Pl *WOR/ARM* LS12 .... 45 D1
Driver St *WOR/ARM* LS12 .... 45 D1
Driver Ter *WOR/ARM* LS12 .... 45 D1 1
The Drive *AL/HA/HU* LS17 .... 61 D3

BHP/TINH LS16 ... 71 D1
MSTN/BAR LS15 ... 97 C3
OSM LS9 ... 38 C5
RHAY LS8 ... 9 F1
Drummond Av *BHP/TINH* LS16 ... 3 F4
Drummond Ct *BHP/TINH* LS16 ... 3 E5
Drummond Rd *BHP/TINH* LS16 ... 3 F5
Drury Av *HORS* LS18 ... 81 C1
Drury Cl *HORS* LS18 ... 81 C1
Drury La *HORS* LS18 ... 81 C1
Dufton Ap *SCFT* LS14 ... 95 D2
Duke St *OSM* LS9 ... 38 B4
Dulverton Cl *BEE/HOL* LS11 ... 111 C4
Dulverton Gdns *BEE/HOL* LS11 ... 110 B3
Dulverton Garth *BEE/HOL* LS11 ... 110 B4
Dulverton Gn *BEE/HOL* LS11 ... 111 C4 2
Dulverton Gv *BEE/HOL* LS11 ... 110 B4
Dulverton Pl *BEE/HOL* LS11 ... 110 B4
Dulverton Sq *BEE/HOL* LS11 ... 111 C4
Duncan St *LDS* LS1 ... 37 E4
Duncombe St *LDS* LS1 ... 36 A2
Dunhill Crs *OSM* LS9 ... 104 B1 3
Dunhill Ri *OSM* LS9 ... 104 B1
Dunlin Ct *MID* LS10 ... 120 A4 2
Dunlin Cft *MID* LS10 ... 120 A4 3
Dunlin Dr *MID* LS10 ... 120 A4
Dunlin Fold *MID* LS10 ... 120 A4 4
Dunstarn Dr *BHP/TINH* LS16 ... 73 C2
Dunstarn Gdns *BHP/TINH* LS16 ... 73 D2
Dunstarn La *BHP/TINH* LS16 ... 73 C3
Durban Av *BEE/HOL* LS11 ... 112 A3
Durban Crs *BEE/HOL* LS11 ... 112 A3
Dutton Gn *SCFT* LS14 ... 85 D1 1
Dutton Wy *SCFT* LS14 ... 85 D2
Duxbury Ri *CHAL* LS7 ... 27 D3
Dyer St *LDSU* LS2 ... 38 A3

E

Earlswood Av *RHAY* LS8 ... 77 C3
Earlswood Cha *PDSY/CALV* LS28 ... 99 D3
Earlswood Md *PDSY/CALV* LS28 ... 99 D4
Easdale Cl *SCFT* LS14 ... 95 C1
Easdale Crs *SCFT* LS14 ... 85 D4
Easdale Mt *SCFT* LS14 ... 95 C1
Easdale Rd *SCFT* LS14 ... 95 C1
East Cswy *BHP/TINH* LS16 ... 60 A4
East Causeway Cl *BHP/TINH* LS16 ... 60 A4
East Causeway Crs
BHP/TINH LS16 ... 60 A4 1
East Causeway V *BHP/TINH* LS16 ... 73 D1
Eastdean Bank *SCFT* LS14 ... 85 D3
Eastdean Dr *SCFT* LS14 ... 85 D3
Eastdean Gdns *SCFT* LS14 ... 86 A3
Eastdean Ga *SCFT* LS14 ... 86 A4 1
Eastdean Gv *SCFT* LS14 ... 86 A3
Eastdean Ri *SCFT* LS14 ... 86 A3 1
Eastdean Rd *SCFT* LS14 ... 85 D3
Easterly Av *RHAY* LS8 ... 20 B4
Easterly Cl *RHAY* LS8 ... 30 C1
Easterly Crs *RHAY* LS8 ... 20 B4
Easterly Cross *RHAY* LS8 ... 20 C5
Easterly Garth *RHAY* LS8 ... 20 C5
Easterly Gv *RHAY* LS8 ... 20 A4
Easterly Mt *RHAY* LS8 ... 20 C5
Easterly Rd *RHAY* LS8 ... 84 A4
Easterly Sq *RHAY* LS8 ... 20 C5
Easterly Vw *RHAY* LS8 ... 21 D5
East Field St *OSM* LS9 ... 39 D4
Eastgate *LDSU* LS2 ... 37 F3
OSM LS9 ... 38 A3
East Grange Cl *MID* LS10 ... 114 B4 3
East Grange Dr *MID* LS10 ... 114 B4
East Grange Garth *MID* LS10 ... 114 B4
East Grange Ri *MID* LS10 ... 114 B4
East Grange Rd *MID* LS10 ... 114 B4
East Grange Sq *MID* LS10 ... 114 B4
East Grange Vw *MID* LS10 ... 114 B4
East King St *OSM* LS9 ... 38 C5
Eastland Wk *BRAM* LS13 ... 92 B4
East Moor Crs *RHAY* LS8 ... 77 C3
East Moor Dr *RHAY* LS8 ... 77 D4
East Moor La *BHP/TINH* LS16 ... 73 C1
East Moor Rd *RHAY* LS8 ... 77 C3
East Pde *LDS* LS1 ... 37 D3
East Parade Wk *LDS* LS1 ... 37 D3
East Park Dr *OSM* LS9 ... 39 F4
East Park Gv *OSM* LS9 ... 40 A5
East Park Mt *OSM* LS9 ... 40 A5
East Park Pde *OSM* LS9 ... 40 A5
East Park Pl *OSM* LS9 ... 40 A5
East Park Rd *OSM* LS9 ... 39 F5
East Park St *OSM* LS9 ... 40 A5
East Park Ter *OSM* LS9 ... 40 A5
East Park Vw *OSM* LS9 ... 40 A4
East Side Ct *PDSY/CALV* LS28 ... 101 C4
East St *OSM* LS9 ... 38 B5
East Vw *MSTN/BAR* LS15 ... 96 B3 3
PDSY/CALV LS28 ... 99 D4
YEA LS19 ... 53 D3
East View Rd *YEA* LS19 ... 53 D3
Eastwood Crs *SCFT* LS14 ... 97 C1
Eastwood Dr *SCFT* LS14 ... 86 B4
Eastwood Gdns *SCFT* LS14 ... 96 B1
Eastwood Garth *SCFT* LS14 ... 97 C1
Eastwood La *SCFT* LS14 ... 97 C1
Eastwood Nook *SCFT* LS14 ... 97 C1
Easy Rd *OSM* LS9 ... 49 E1
Eaton Hl *BHP/TINH* LS16 ... 71 C2
Eaton Ms *MID* LS10 ... 119 D4 2
Ebberston Gv *HDGY* LS6 ... 25 E1
Ebberston Pl *HDGY* LS6 ... 25 E1
Ebberston Ter *HDGY* LS6 ... 25 E1
Ebenezer St *PDSY/CALV* LS28 ... 89 C2
Ebor Mt *HDGY* LS6 ... 25 E3
Ebor Pl *HDGY* LS6 ... 25 E3
Ebor St *HDGY* LS6 ... 25 E3
Ecclesburn Av *OSM* LS9 ... 40 B4
Ecclesburn Rd *OSM* LS9 ... 40 B4
Ecclesburn St *OSM* LS9 ... 40 B4
Ecclesburn Ter *OSM* LS9 ... 40 B4 1
Eccup La *BHP/TINH* LS16 ... 60 A2
Eccup Moor Rd *BHP/TINH* LS16 ... 61 C1
Edale Wy *BHP/TINH* LS16 ... 71 C2 1
Eddison Cl *BHP/TINH* LS16 ... 60 A4
Eddison St *PDSY/CALV* LS28 ... 89 C3
Eden Crs *BULY* LS4 ... 12 C5
Eden Dr *BULY* LS4 ... 13 D5
Eden Gdns *BULY* LS4 ... 23 D2
Eden Gv *BULY* LS4 ... 23 D1
Eden Mt *BULY* LS4 ... 22 C1
Eden Rd *BULY* LS4 ... 13 D5
Eden Wk *BULY* LS4 ... 23 D1
Eden Wy *BULY* LS4 ... 22 C2
Ederoyd Av *PDSY/CALV* LS28 ... 88 A4
Ederoyd Crs *PDSY/CALV* LS28 ... 88 A4
Ederoyd Dr *PDSY/CALV* LS28 ... 88 A4
Ederoyd Gv *PDSY/CALV* LS28 ... 88 A4
Edgbaston Cl *AL/HA/HU* LS17 ... 61 D3
Edgbaston Wk *AL/HA/HU* LS17 ... 61 D3
Edgerton Rd *BHP/TINH* LS16 ... 2 C3
Edgware Av *RHAY* LS8 ... 29 E3
Edgware Gv *RHAY* LS8 ... 29 E3
Edgware Mt *RHAY* LS8 ... 29 E3

Edgware Pl *RHAY* LS8 29 E3
Edgware Rw *RHAY* LS8 29 E3
Edgware St *RHAY* LS8 29 D3
Edgware Ter *RHAY* LS8 29 E3
Edgware Vw *RHAY* LS8 29 E3
Edinburgh Av *WOR/ARM* LS12 32 B3 2
Edinburgh Gv *WOR/ARM* LS12 32 B3
Edinburgh Pl *WOR/ARM* LS12 32 B3 3
Edinburgh Rd *WOR/ARM* LS12 32 B3
Edinburgh Ter *WOR/ARM* LS12 32 B3 4
Edmonton Pl *CHAL* LS7 8 B5
Edroyd Pl *PDSY/CALV* LS28 89 C2
Edroyd St *PDSY/CALV* LS28 89 C2
Education Rd *CHAL* LS7 27 F2
Edward St *LDSU* LS2 37 F3
Edwin Rd *HDGY* LS6 25 E3
Eggleston St *BRAM* LS13 80 A4
Eighth Av *WOR/ARM* LS12 44 B1
Eightlands Av *BRAM* LS13 92 A3 4
Eightlands La *BRAM* LS13 92 A3
Ekota Pl *RHAY* LS8 19 E5
Elder Cft *BRAM* LS13 91 D4
Elder Mt *BRAM* LS13 91 D4 3
Elder Pl *BRAM* LS13 91 D4
Elder Rd *BRAM* LS13 91 D4
Elder St *BRAM* LS13 91 D4
Elford Gv *RHAY* LS8 29 E2
Elford Pl East *RHAY* LS8 29 F2
Elford Pl West *RHAY* LS8 29 E2
Elford Rd *RHAY* LS8 29 E2
Eliot Gv *GSLY* LS20 52 A1
Elizabeth Pl *SCFT* LS14 85 D4 3
Elizabeth St *HDGY* LS6 25 D2
Elland Rd *BEE/HOL* LS11 112 A1 5
Elland Wy *BEE/HOL* LS11 111 C3
Ellerby La *OSM* LS9 49 D1
Ellerby Rd *OSM* LS9 38 C5
Ellers Gv *RHAY* LS8 19 E5
Ellers Rd *RHAY* LS8 19 E4
Ellis Fold *WOR/ARM* LS12 33 D4
Ellis Pl *BEE/HOL* LS11 112 B2
Ellwood Cl *CHAL* LS7 5 F4
Elm Cft *SCFT* LS14 86 B1 1
Elmete Av *RHAY* LS8 11 F5
Elmete Cl *RHAY* LS8 84 A3
Elmete Ct *RHAY* LS8 11 E5
Elmete Dr *RHAY* LS8 84 A2
Elmete Gv *RHAY* LS8 11 F4
Elmete Hl *RHAY* LS8 84 A3
Elmete La *AL/HA/HU* LS17 79 D3
RHAY LS8 84 A1
Elmete Mt *RHAY* LS8 84 A3
Elmete Wk *RHAY* LS8 11 F5
Elmete Wy *RHAY* LS8 84 B3
Elmfield Gv *WOR/ARM* LS12 44 A2
Elmfield Pl *WOR/ARM* LS12 44 A2
Elmfield Rd *WOR/ARM* LS12 44 A2 1
Elmfield Wy *BRAM* LS13 92 A4
Elmhurst Cl *AL/HA/HU* LS17 77 D1
Elmhurst Gdns *AL/HA/HU* LS17 77 D1
Elm St *HDGY* LS6 16 C5
Elm Tree Cl *MSTN/BAR* LS15 107 D3 1
Elmtree La *MID* LS10 48 B5
The Elm Wk *MSTN/BAR* LS15 106 A4
Elmwood La *LDSU* LS2 27 F5
Elmwood Rd *LDSU* LS2 27 E5
Elsham Ter *BULY* LS4 23 F3
Elsworth St *WOR/ARM* LS12 34 B4
Elsworth Ter *WOR/ARM* LS12 34 A4
Eltham Cl *HDGY* LS6 26 C1
Eltham Dr *HDGY* LS6 26 C1
Eltham Gdns *HDGY* LS6 26 C1
Eltham Ri *HDGY* LS6 27 D1
Ely St *WOR/ARM* LS12 33 F2
Emmott Dr *YEA* LS19 67 C2
Emsley Pl *MID* LS10 48 C4
Emville Av *AL/HA/HU* LS17 65 D4
Enfield *YEA* LS19 53 C3
Enfield Av *CHAL* LS7 28 C3
Enfield St *CHAL* LS7 28 B4
Enfield Ter *CHAL* LS7 28 C3
Ennerdale Rd *WOR/ARM* LS12 108 A3
Ennerdale Wy *WOR/ARM* LS12 108 A2 2
Enterprise Wy *MID* LS10 115 C4
Envoy St *BEE/HOL* LS11 113 D1 3
Epworth Pl *MID* LS10 48 C5
Eric St *BRAM* LS13 81 D4
Eskdale Mt *SCFT* LS14 95 C1
Esmond St *WOR/ARM* LS12 33 E4 4
Estcourt Av *HDGY* LS6 13 F3
Estcourt Ter *HDGY* LS6 13 F3
Esthwaite Gdns *MSTN/BAR* LS15 104 B3 2
Euston Gv *BEE/HOL* LS11 45 E5
Euston Mt *BEE/HOL* LS11 112 A1
Euston Ter *BEE/HOL* LS11 112 A1
Evanston Av *BULY* LS4 23 F5
Evelyn Pl *WOR/ARM* LS12 43 F1
Everleigh St *OSM* LS9 40 A4
Exeter Dr *MID* LS10 120 A2
Exton Pl *MSTN/BAR* LS15 104 B2
Eyres Av *WOR/ARM* LS12 33 E3
Eyres Gv *WOR/ARM* LS12 33 E3
Eyres Mill Side *WOR/ARM* LS12 33 D3
Eyres St *WOR/ARM* LS12 33 E3
Eyres Ter *WOR/ARM* LS12 33 E3

F

Fairfax Cl *SCFT* LS14 96 A2 2
Fairfax Gv *YEA* LS19 52 A2
Fairfax Rd *BEE/HOL* LS11 112 B2
Fairfax Vw *HORS* LS18 69 C1
Fairfield Av *BRAM* LS13 90 B3
PDSY/CALV LS28 100 A1
Fairfield Cl *BRAM* LS13 91 C3
Fairfield Crs *BRAM* LS13 90 B3
Fairfield Gv *BRAM* LS13 91 C3
Fairfield Hl *BRAM* LS13 91 C3
Fairfield Mt *BRAM* LS13 91 C3
Fairfield Rd *BRAM* LS13 90 B3
Fairfield Sq *BRAM* LS13 91 C2
Fairfield St *BRAM* LS13 91 C3
Fairfield Ter *BRAM* LS13 91 C3
Fairford Av *BEE/HOL* LS11 113 D2
Fairford Ter *BEE/HOL* LS11 113 D2
The Fairway *AL/HA/HU* LS17 62 A3
PDSY/CALV LS28 88 A4
Falkland Crs *AL/HA/HU* LS17 75 D4
Falkland Gv *AL/HA/HU* LS17 75 D4
Falkland Mt *AL/HA/HU* LS17 75 D4 1
Falkland Ri *AL/HA/HU* LS17 75 D4
Falkland Rd *AL/HA/HU* LS17 75 D4 2
Fall Park Ct *BRAM* LS13 82 A4
Fallswood Gv *BRAM* LS13 92 A1 2
Far Croft Ter *WOR/ARM* LS12 44 B1 2
Farfield Av *PDSY/CALV* LS28 88 B2
Farfield Ct *AL/HA/HU* LS17 63 D4
Farfield Dr *PDSY/CALV* LS28 88 B3 1
Farfield Gv *PDSY/CALV* LS28 88 B2
Farfield Ri *PDSY/CALV* LS28 88 B2
Farm Ct *MSTN/BAR* LS15 96 A3
Farm Hill Crs *CHAL* LS7 16 A2
Farm Hl North *CHAL* LS7 16 A1
Farm Hill Ri *CHAL* LS7 16 A2

Farm Hl South *CHAL* LS7 .... **16** A2
Farm Hill Wy *CHAL* LS7 .... **16** A2
Farm Mt *MSTN/BAR* LS15 .... **96** B3
Far Moss *AL/HA/HU* LS17 .... **61** D4
Farm Rd *MSTN/BAR* LS15 .... **96** A3
Farndale Ap *SCFT* LS14 .... **86** B4
Farndale Cl *SCFT* LS14 .... **86** B4 1
Farndale Garth *SCFT* LS14 .... **86** B3 2
Farndale Pl *SCFT* LS14 .... **86** B3
Farrar Ct *BRAM* LS13 .... **91** D2
Farrar Cft *BHP/TINH* LS16 .... **71** D1
Farrar Gv *BHP/TINH* LS16 .... **71** D1
Farrar La *BHP/TINH* LS16 .... **71** D1
Far Reef Cl *HORS* LS18 .... **69** D3
Farrow Bank *WOR/ARM* LS12 .... **102** B2
Farrow Gn *WOR/ARM* LS12 .... **102** B2
Farrow Hl *WOR/ARM* LS12 .... **103** C2
Farrow Rd *WOR/ARM* LS12 .... **102** B2
Farrow V *WOR/ARM* LS12 .... **102** B2
Fartown *PDSY/CALV* LS28 .... **99** D4
Fartown Cl *PDSY/CALV* LS28 .... **99** D4
Far Well Fold *YEA* LS19 .... **67** C2 1
Fawcett Av *WOR/ARM* LS12 .... **42** C4
Fawcett Bank *WOR/ARM* LS12 .... **42** A4
Fawcett Cl *WOR/ARM* LS12 .... **42** B4
Fawcett Dr *WOR/ARM* LS12 .... **42** A4
Fawcett Gdns *WOR/ARM* LS12 .... **42** A4
Fawcett La *WOR/ARM* LS12 .... **42** B4
Fawcett Rd *WOR/ARM* LS12 .... **42** B4
Fawcett V *WOR/ARM* LS12 .... **42** A4
Fawcett Wy *WOR/ARM* LS12 .... **42** B4
Fearnley Cl *WOR/ARM* LS12 .... **34** A5
Fearnley Pl *WOR/ARM* LS12 .... **34** A5
Fearnville Av *RHAY* LS8 .... **94** A1
Fearnville Cl *RHAY* LS8 .... **84** A4
Fearnville Dr *RHAY* LS8 .... **94** A1
Fearnville Gv *RHAY* LS8 .... **84** A4
Fearnville Mt *RHAY* LS8 .... **84** A4
Fearnville Pl *RHAY* LS8 .... **84** B4
Fearnville Rd *RHAY* LS8 .... **94** A1
Fearnville Ter *RHAY* LS8 .... **84** B4
Fearnville Vw *RHAY* LS8 .... **94** A1
Feast Fld *HORS* LS18 .... **69** C4
Featherbank Av *HORS* LS18 .... **81** C2
Featherbank Gv *HORS* LS18 .... **81** C1 2
Featherbank Ter *HORS* LS18 .... **81** C2 3
Featherbank Wk *HORS* LS18 .... **81** C2 4
Felnex Cl *OSM* LS9 .... **51** E3
Felnex Crs *OSM* LS9 .... **51** E3
Felnex Rd *OSM* LS9 .... **51** E3
Felnex Sq *OSM* LS9 .... **51** D3
Fenton St *LDSU* LS2 .... **27** D5
Fernbank *BRAM* LS13 .... **90** A2
Fernbank Cl *BRAM* LS13 .... **90** A2
Fernbank Dr *BRAM* LS13 .... **90** A2
Fernbank Gdns *BRAM* LS13 .... **90** A2
Fernbank Pl *BRAM* LS13 .... **90** A2
Fernbank Rd *BRAM* LS13 .... **90** A2
Ferncliffe Ter *BRAM* LS13 .... **91** C3
Fern Lea Vw *PDSY/CALV* LS28 .... **89** D3
Fern Ter *PDSY/CALV* LS28 .... **89** D3
Fernwood *RHAY* LS8 .... **77** D4
Fewston Av *OSM* LS9 .... **49** E2
Fewston Ct *OSM* LS9 .... **49** F1
Field End *MSTN/BAR* LS15 .... **105** D2
Field End Cl *MSTN/BAR* LS15 .... **105** D2 1
Field End Ct *MSTN/BAR* LS15 .... **105** D2
Field End Crs *MSTN/BAR* LS15 .... **105** D2
Field End Gdns *MSTN/BAR* LS15 .... **105** D2
Field End Garth *MSTN/BAR* LS15 .... **105** D2
Field End Gn *MSTN/BAR* LS15 .... **105** D2 2
Field End Gv *MSTN/BAR* LS15 .... **106** A1 2
Field End Mt *MSTN/BAR* LS15 .... **105** D2
Field End Rd *MSTN/BAR* LS15 .... **105** D2
Fieldhouse Cl *AL/HA/HU* LS17 .... **75** D3
Fieldhouse Dr *AL/HA/HU* LS17 .... **75** D3
Fieldhouse Gv *PDSY/CALV* LS28 .... **88** B3 2
Fieldhouse Lawn *AL/HA/HU* LS17 .... **75** D3
Fieldhouse Wk *AL/HA/HU* LS17 .... **75** D3 2
AL/HA/HU LS17 .... **75** D3 1
Fielding Ga *WOR/ARM* LS12 .... **34** A3
Fielding Gate Ms *WOR/ARM* LS12 .... **33** F3
Field Ter *MSTN/BAR* LS15 .... **105** D1 9
Fieldway Av *BRAM* LS13 .... **90** B1
Fieldway Cl *BRAM* LS13 .... **90** B1
Fieldway Ri *BRAM* LS13 .... **90** A1
Fillingfir Dr *BHP/TINH* LS16 .... **83** C1
Fillingfir Rd *BHP/TINH* LS16 .... **83** C1
Fillingfir Wk *BHP/TINH* LS16 .... **83** C1
Fink Hl *HORS* LS18 .... **80** B1
Finsbury Rd *LDS* LS1 .... **26** C5
Firbank Gv *MSTN/BAR* LS15 .... **104** B3
First Av *PDSY/CALV* LS28 .... **89** D4
WOR/ARM LS12 .... **34** B5
YEA LS19 .... **53** D4
Firth Av *BEE/HOL* LS11 .... **112** B3
Firth Gv *BEE/HOL* LS11 .... **112** B3
Firth Mt *BEE/HOL* LS11 .... **112** B3
Firth Rd *BEE/HOL* LS11 .... **112** B3
Firth St *CHAL* LS7 .... **28** B5
Firth Ter *OSM* LS9 .... **28** C5
Firth Vw *BEE/HOL* LS11 .... **112** B3
Fir Tree Ap *AL/HA/HU* LS17 .... **75** C2
Fir Tree Cl *AL/HA/HU* LS17 .... **75** D1
Fir Tree Gdns *AL/HA/HU* LS17 .... **75** C1
Fir Tree Gn *AL/HA/HU* LS17 .... **75** D1
Fir Tree Gv *AL/HA/HU* LS17 .... **75** D2
Fir Tree La *AL/HA/HU* LS17 .... **75** D2
Fir Tree Ri *AL/HA/HU* LS17 .... **75** D2
Fir Tree V *AL/HA/HU* LS17 .... **75** D2
Fish St *LDS* LS1 .... **37** F3
Fitzroy Dr *RHAY* LS8 .... **10** A5
Flax Pl *OSM* LS9 .... **38** C5
Flaxton St *BEE/HOL* LS11 .... **113** C2 10
Flaxton Vw *BEE/HOL* LS11 .... **113** C2
Fleet Thro Rd *HORS* LS18 .... **81** C3
Floral Av *CHAL* LS7 .... **17** E1
Florence Av *OSM* LS9 .... **30** A3
Florence Gv *OSM* LS9 .... **30** A3
Florence Mt *OSM* LS9 .... **30** A3
Florence Pl *OSM* LS9 .... **30** A3
Florence St *OSM* LS9 .... **30** A4
Flower Cl *YEA* LS19 .... **52** B2
The Fold *MSTN/BAR* LS15 .... **97** D1
Folly La *BEE/HOL* LS11 .... **113** C1
Football *YEA* LS19 .... **53** D3
Forber Pl *MSTN/BAR* LS15 .... **104** B2
Forge La *WOR/ARM* LS12 .... **34** A2
Forge Rw *WOR/ARM* LS12 .... **108** A2
Forster Pl *WOR/ARM* LS12 .... **42** B5
Forster St *MID* LS10 .... **48** C4
Foster Sq *MID* LS10 .... **114** A4 1
Foundry Ap *OSM* LS9 .... **30** C3
Foundry Av *RHAY* LS8 .... **31** D1
Foundry Dr *OSM* LS9 .... **30** C2
Foundry La *OSM* LS9 .... **94** B2
PDSY/CALV LS28 .... **89** D3
Foundry Mill Crs *SCFT* LS14 .... **94** B2
Foundry Mill Dr *SCFT* LS14 .... **94** B1
Foundry Mill Gdns *SCFT* LS14 .... **84** B4 1
Foundry Mill Mt *SCFT* LS14 .... **95** C2
Foundry Mill St *SCFT* LS14 .... **94** B2
Foundry Mill Ter *SCFT* LS14 .... **95** C2
Foundry Mill Vw *SCFT* LS14 .... **95** C2
Foundry Mill Wk *SCFT* LS14 .... **95** C2
Foundry Pl *OSM* LS9 .... **30** C2

Foundry St *BEE/HOL* LS11 .... 46 C1
OSM LS9 .... 38 C4 1
Foundry Wk *RHAY* LS8 .... 30 C1
Fountain St *LDS* LS1 .... 36 B3
Fourteenth Av *WOR/ARM* LS12 .... 44 B1
Fourth Ct *BEE/HOL* LS11 .... 46 A2
Fowler's Pl *PDSY/CALV* LS28 .... 89 D3
Foxcroft Cl *HDGY* LS6 .... 13 D2
Foxcroft Gn *HDGY* LS6 .... 13 D3
Foxcroft Mt *HDGY* LS6 .... 13 D3
Foxcroft Rd *HDGY* LS6 .... 12 C3
Foxcroft Wy *HDGY* LS6 .... 12 C2
Foxglove Av *RHAY* LS8 .... 21 F1
Foxhill Av *BHP/TINH* LS16 .... 72 B4
Foxhill Ct *BHP/TINH* LS16 .... 73 C4
Foxhill Crs *BHP/TINH* LS16 .... 73 C4
Foxhill Dr *BHP/TINH* LS16 .... 73 C4
Foxhill Gn *BHP/TINH* LS16 .... 73 C4
Foxhill Gv *BHP/TINH* LS16 .... 73 C4
The Foxhills *BHP/TINH* LS16 .... 70 A1
Fox Wy *MID* LS10 .... 49 D4
Fox Wood Av *RHAY* LS8 .... 84 B4 2
Fox Wood Cl *RHAY* LS8 .... 84 B4
Foxwood Farm Wy *RHAY* LS8 .... 84 B4 3
Fox Wood Gv *RHAY* LS8 .... 84 B4
Fox Wood Ri *RHAY* LS8 .... 84 B4
Fox Wood Wk *RHAY* LS8 .... 84 B4
Frances St *PDSY/CALV* LS28 .... 89 C3
Francis Gv *BEE/HOL* LS11 .... 113 C2 11
Francis St *CHAL* LS7 .... 28 B1
Frankland Gv *CHAL* LS7 .... 28 C1
Frankland Pl *CHAL* LS7 .... 28 C2
Fraser Av *HORS* LS18 .... 80 B1
Fraser St *OSM* LS9 .... 39 F1
Frederick Av *OSM* LS9 .... 50 A1
Frederick St *PDSY/CALV* LS28 .... 88 B2 1
Freemont St *BRAM* LS13 .... 90 B3
Freestone Ms *WOR/ARM* LS12 .... 101 D2
Fremantle Pl *MSTN/BAR* LS15 .... 104 B2 2
Front Rw *BEE/HOL* LS11 .... 46 C1
Front St *BEE/HOL* LS11 .... 46 C1
Fulham St *BEE/HOL* LS11 .... 113 C2
Fulmar Ct *MID* LS10 .... 120 A4
Fulneck *PDSY/CALV* LS28 .... 99 D4

G

Gainsbro Av *BHP/TINH* LS16 .... 59 C4
Gainsbro Dr *BHP/TINH* LS16 .... 59 C4
Gamble Hl *BRAM* LS13 .... 102 A1
Gamble Hill Cl *BRAM* LS13 .... 102 A1
Gamble Hill Dr *BRAM* LS13 .... 102 A1
Gamble Hill Gn *BRAM* LS13 .... 102 A1
Gamble Hill Lawn *BRAM* LS13 .... 102 A1
Gamble Hill Pl *BRAM* LS13 .... 102 A1
Gamble Hill Ri *BRAM* LS13 .... 102 A1
Gamble Hill Vw *BRAM* LS13 .... 102 A1
Gamble La *WOR/ARM* LS12 .... 101 D3
The Gang *WOR/ARM* LS12 .... 33 E4 5
Ganners Cl *BRAM* LS13 .... 91 D1
Ganners Gn *BRAM* LS13 .... 91 D1 2
Ganners Gv *BRAM* LS13 .... 92 A1 3
Ganners Hl *BRAM* LS13 .... 92 A1
Ganners La *BRAM* LS13 .... 91 D1
Ganners Mt *BRAM* LS13 .... 91 D1
Ganners Ri *BRAM* LS13 .... 92 A1
Ganners Rd *BRAM* LS13 .... 91 D1
Ganners Wk *BRAM* LS13 .... 91 D1
Ganners Wy *BRAM* LS13 .... 91 D1
Ganton Cl *HDGY* LS6 .... 16 C5
Gardeners Ct *MID* LS10 .... 114 A1
The Gardens *PDSY/CALV* LS28 .... 88 B2
Gargrave Ap *OSM* LS9 .... 39 E2
Gargrave Pl *OSM* LS9 .... 39 E1
Garland Dr *MSTN/BAR* LS15 .... 107 C2
Garmont Ms *CHAL* LS7 .... 18 B1
Garmont Rd *CHAL* LS7 .... 18 A1
Garnet Av *BEE/HOL* LS11 .... 113 D2 16
Garnet Crs *BEE/HOL* LS11 .... 113 D2 17
Garnet Gv *BEE/HOL* LS11 .... 113 D2
Garnet Pde *BEE/HOL* LS11 .... 113 D2 18
Garnet Pl *BEE/HOL* LS11 .... 113 D2
Garnet Rd *BEE/HOL* LS11 .... 113 D3
Garnet Ter *BEE/HOL* LS11 .... 113 D3
Garnet Vw *BEE/HOL* LS11 .... 113 D2
Garth Av *AL/HA/HU* LS17 .... 75 C4
Garth Dr *AL/HA/HU* LS17 .... 75 C4
Garth Rd *AL/HA/HU* LS17 .... 75 C4
The Garth *OSM* LS9 .... 38 C4
Garth Wk *AL/HA/HU* LS17 .... 75 C4
Garth Willow *BULY* LS4 .... 24 C5
Garth Willow Av *SCFT* LS14 .... 86 A1
Garth Willow Cl *SCFT* LS14 .... 86 A1
Garton Av *OSM* LS9 .... 40 A5
Garton Gv *OSM* LS9 .... 40 A5
Garton Rd *OSM* LS9 .... 40 A5
Garton Ter *OSM* LS9 .... 40 A5
Garton Vw *OSM* LS9 .... 40 A5
Gascoigne St *LDS* LS1 .... 37 E4
Gateland Dr *AL/HA/HU* LS17 .... 79 D1
Gateland La *AL/HA/HU* LS17 .... 79 D2
Gate Way Dr *YEA* LS19 .... 52 B3
Gathorne Cl *RHAY* LS8 .... 29 E1
Gathorne St *RHAY* LS8 .... 29 D2
Gathorne Ter *RHAY* LS8 .... 29 D2
Gelderd Cl *WOR/ARM* LS12 .... 111 C1
Gelderd La *WOR/ARM* LS12 .... 44 A5
Gelderd Pl *BEE/HOL* LS11 .... 45 E2
Gelderd Rd *BEE/HOL* LS11 .... 45 D2
MOR LS27 .... 110 A4
WOR/ARM LS12 .... 44 B5
Gelder Rd *WOR/ARM* LS12 .... 33 D4
Genista Dr *MID* LS10 .... 120 A1
George St *LDS* LS1 .... 37 F3
YEA LS19 .... 66 A1
Ghyll Beck Dr *YEA* LS19 .... 67 D2
Ghyll Mt *YEA* LS19 .... 52 A3
Ghyll Rd *HDGY* LS6 .... 2 A5
Gibraltar Island Rd *MID* LS10 .... 115 C1
Gibraltar Rd *PDSY/CALV* LS28 .... 98 A2
Gibson Dr *MSTN/BAR* LS15 .... 106 B2
Gilbert Cha *KSTL* LS5 .... 22 B1
Gilbert Cl *KSTL* LS5 .... 22 C1
Gilbert Mt *BULY* LS4 .... 22 C2
Gilbert St *PDSY/CALV* LS28 .... 89 C3 5
Gill La *YEA* LS19 .... 52 B4
Gilpin Pl *WOR/ARM* LS12 .... 44 B1
Gilpin St *WOR/ARM* LS12 .... 44 B1
Gilpin Ter *WOR/ARM* LS12 .... 44 B1
Gilpin Vw *WOR/ARM* LS12 .... 44 B1
Gipsy La *BEE/HOL* LS11 .... 118 B1
Gipton Ap *OSM* LS9 .... 94 A4
Gipton Av *RHAY* LS8 .... 29 D2
Gipton Sq *OSM* LS9 .... 94 A4
Gipton St *RHAY* LS8 .... 29 D1
Gipton Wood Av *RHAY* LS8 .... 20 C2
Gipton Wood Crs *RHAY* LS8 .... 20 C3
Gipton Wood Gv *RHAY* LS8 .... 20 B3
Gipton Wood Pl *RHAY* LS8 .... 20 C2
Gipton Wood Rd *RHAY* LS8 .... 20 C3
Gladstone Crs *YEA* LS19 .... 53 C4 1
Gladstone St *PDSY/CALV* LS28 .... 88 B2
Glasshouse St *MID* LS10 .... 48 B4
Glebe Av *KSTL* LS5 .... 12 B5

Glebelands Dr *HDGY* LS6 ...... 14 A1
Glebe Mt *PDSY/CALV* LS28 ...... 99 D3
Glebe Pl *KSTL* LS5 ...... 12 C5
Glebe St *PDSY/CALV* LS28 ...... 99 D3
Glebe Ter *HDGY* LS6 ...... 4 A5
Gledhow Av *RHAY* LS8 ...... 9 E2
Gledhow Grange Vw *RHAY* LS8 ...... 9 E3
Gledhow Grange Wk *RHAY* LS8 ...... 9 E3
Gledhow La *CHAL* LS7 ...... 8 B4
RHAY LS8 ...... 9 E4
Gledhow Mt *RHAY* LS8 ...... 29 D3
Gledhow Park Av *CHAL* LS7 ...... 8 C5
Gledhow Park Crs *CHAL* LS7 ...... 8 C5
Gledhow Park Dr *CHAL* LS7 ...... 18 B1
Gledhow Park Gv *CHAL* LS7 ...... 19 D1
Gledhow Park Rd *CHAL* LS7 ...... 8 C5
Gledhow Park Vw *CHAL* LS7 ...... 18 C1
Gledhow Pl *RHAY* LS8 ...... 29 D3
Gledhow Ri *RHAY* LS8 ...... 10 C5
Gledhow Rd *RHAY* LS8 ...... 29 D3
Gledhow Ter *RHAY* LS8 ...... 29 D3
Gledhow Vale Rd *CHAL* LS7 ...... 7 F2
Gledhow Valley Rd *CHAL* LS7 ...... 7 F1
Gledhow Wood Av *RHAY* LS8 ...... 9 F4
Gledhow Wood Cl *RHAY* LS8 ...... 9 E4
Gledhow Wood Ct *RHAY* LS8 ...... 20 A2
Gledhow Wood Gv *RHAY* LS8 ...... 9 E4
Gledmow Lane End *CHAL* LS7 ...... 8 A4
Glencoe Vw *OSM* LS9 ...... 49 F2
Glendower Pk *BHP/TINH* LS16 ...... 73 C3
Gleneagles Rd *AL/HA/HU* LS17 ...... 75 C1
Glenholme Rd *PDSY/CALV* LS28 ...... 88 B3
Glenlea Cl *BRAM* LS13 ...... 90 B2
Glenlea Gdns *BRAM* LS13 ...... 90 B2
Glenmere Mt *YEA* LS19 ...... 54 A2
Glen Rd *BHP/TINH* LS16 ...... 3 F4
Glenroyd Cl *PDSY/CALV* LS28 ...... 98 B2
Glensdale Gv *OSM* LS9 ...... 39 F5
Glensdale Mt *OSM* LS9 ...... 39 F5
Glensdale Rd *OSM* LS9 ...... 39 F5
Glensdale St *OSM* LS9 ...... 39 F4
Glensdale Ter *OSM* LS9 ...... 40 A5
Glenthorpe Av *OSM* LS9 ...... 40 A3
Glenthorpe Crs *OSM* LS9 ...... 40 A3
Glenthorpe Ter *OSM* LS9 ...... 40 A3
Global Av *BEE/HOL* LS11 ...... 111 D4
Globe Rd *WOR/ARM* LS12 ...... 36 A5
Glossop Gv *HDGY* LS6 ...... 16 C5
Glossop Mt *HDGY* LS6 ...... 16 C5
Glossop St *HDGY* LS6 ...... 16 C5
Glossop Vw *HDGY* LS6 ...... 16 C5
Gloucester Ter *WOR/ARM* LS12 ...... 34 C4
Glover Wy *BEE/HOL* LS11 ...... 113 D3
Golden Ter *WOR/ARM* LS12 ...... 42 B5
Goodman St *MID* LS10 ...... 49 D4
Goodrick La *AL/HA/HU* LS17 ...... 62 A2
Goodwin Rd *WOR/ARM* LS12 ...... 43 E1
Gordon Dr *HDGY* LS6 ...... 5 D5
Gordon Pl *HDGY* LS6 ...... 5 E5
Gordon Ter *HDGY* LS6 ...... 5 E5
Gordon Vw *HDGY* LS6 ...... 5 E5
Gorse Lea *MID* LS10 ...... 120 A1 4
Gotts Park Av *WOR/ARM* LS12 ...... 93 C4
Gotts Park Crs *WOR/ARM* LS12 ...... 93 C4
Gotts Park Vw *WOR/ARM* LS12 ...... 93 C3
Gotts Rd *WOR/ARM* LS12 ...... 35 F4
Gower St *LDSU* LS2 ...... 38 A2
Grace St *LDS* LS1 ...... 36 B3
Grafton St *CHAL* LS7 ...... 37 F1
Gragwood Cl *HORS* LS18 ...... 81 D1
Graham Av *BULY* LS4 ...... 24 B2
Graham Gv *BULY* LS4 ...... 24 A1
Graham Mt *BULY* LS4 ...... 24 B2 6
Graham St *BULY* LS4 ...... 24 A1
Graham Ter *BULY* LS4 ...... 24 A1
Graham Vw *BULY* LS4 ...... 24 A1
Granby Av *HDGY* LS6 ...... 14 B3
Granby Cl *HDGY* LS6 ...... 14 B4
Granby Gv *HDGY* LS6 ...... 14 B4
Granby Mt *HDGY* LS6 ...... 14 B3
Granby Pl *HDGY* LS6 ...... 14 B3
Granby Rd *HDGY* LS6 ...... 14 B4
Granby St *HDGY* LS6 ...... 14 B3
Granby Ter *HDGY* LS6 ...... 14 B3
Granby Vw *HDGY* LS6 ...... 14 B4
Grange Av *CHAL* LS7 ...... 18 C5
YEA LS19 ...... 53 D3
Grange Castle *YEA* LS19 ...... 54 A3 2
Grange Cl *HORS* LS18 ...... 80 A1 1
MID LS10 ...... 48 B5
Grange Ct *AL/HA/HU* LS17 ...... 62 B4
Grange Crs *CHAL* LS7 ...... 18 C5
YEA LS19 ...... 53 D3 3
Grange Cft *AL/HA/HU* LS17 ...... 62 B4
Grangefield Rd *PDSY/CALV* LS28 ...... 89 D3
Grange Fields Mt *RTHW* LS26 ...... 121 C2 1
Grange Fields Rd *RTHW* LS26 ...... 121 C3 1
Grange Fields Wy *RTHW* LS26 ...... 121 C3
Grange Holt *AL/HA/HU* LS17 ...... 62 B4
Grange Mt *YEA* LS19 ...... 53 D3
Grange Park Av *RHAY* LS8 ...... 84 A4
Grange Park Cl *RHAY* LS8 ...... 84 B4
Grange Park Crs *RHAY* LS8 ...... 84 A4
Grange Park Gv *RHAY* LS8 ...... 84 A4
Grange Park Pl *RHAY* LS8 ...... 84 A4 1
Grange Park Ri *RHAY* LS8 ...... 84 A4 2
Grange Park Rd *RHAY* LS8 ...... 84 A4
Grange Park Ter *RHAY* LS8 ...... 84 B4
Grange Park Wk *RHAY* LS8 ...... 84 A4 3
Grange Rd *MID* LS10 ...... 48 B5
YEA LS19 ...... 53 D3
The Grange Rd *BHP/TINH* LS16 ...... 72 A4
Grange Ter *CHAL* LS7 ...... 18 B5
PDSY/CALV LS28 ...... 99 D1
Grange Vw *CHAL* LS7 ...... 18 B5
PDSY/CALV LS28 ...... 99 D1
Grangewood Gdns *BHP/TINH* LS16 ...... 72 A4
Granhamthorpe *BRAM* LS13 ...... 91 D3
Granny La *WOR/ARM* LS12 ...... 42 A4
Grant Av *RHAY* LS8 ...... 28 C3
Granton Rd *CHAL* LS7 ...... 18 B2
Granville Rd *OSM* LS9 ...... 29 D5
Granville St *PDSY/CALV* LS28 ...... 90 A3 2
PDSY/CALV LS28 ...... 98 B1
Granville Ter *YEA* LS19 ...... 53 D2
Grape St *MID* LS10 ...... 48 A4
Grasmere Cl *WOR/ARM* LS12 ...... 44 B1
Grasmere Ct *WOR/ARM* LS12 ...... 44 A1
Grasmere Rd *WOR/ARM* LS12 ...... 44 B1
Graveleythorpe Ri
MSTN/BAR LS15 ...... 96 A4 3
Graveleythorpe Rd
MSTN/BAR LS15 ...... 96 A4
Gray Ct *MSTN/BAR* LS15 ...... 107 C1 2
Grayrigg Cl *MSTN/BAR* LS15 ...... 104 B2
Grayrigg Ct *MSTN/BAR* LS15 ...... 104 A2
Great George St *LDS* LS1 ...... 36 B2
Great Wilson St *BEE/HOL* LS11 ...... 47 D1
Greek St *LDS* LS1 ...... 37 D3
Greenacre Pk *YEA* LS19 ...... 53 C4
Greenacre Park Av *YEA* LS19 ...... 53 C4
Greenacre Park Ms *YEA* LS19 ...... 53 D4
Greenacre Park Ri *YEA* LS19 ...... 53 C4
Greenbanks Av *HORS* LS18 ...... 69 C3
Greenbanks Cl *HORS* LS18 ...... 69 D3 3
Greenbanks Dr *HORS* LS18 ...... 69 C3

Green Cha *HDGY* LS6 .... 5 D3 2
Green Cl *HDGY* LS6 .... 5 D4
Green Ct *MSTN/BAR* LS15 .... 87 D2
Green Crs *HDGY* LS6 .... 5 D4
Greenfield Ct *BHP/TINH* LS16 .... 72 A1
Greenfield Rd *OSM* LS9 .... 39 D4
Greenhead Rd *BHP/TINH* LS16 .... 2 C2
Green Hill Cha *WOR/ARM* LS12 .... 42 C2
Green Hill Cl *WOR/ARM* LS12 .... 93 C4
Greenhill Crs *WOR/ARM* LS12 .... 43 D2
Green Hill Cft *WOR/ARM* LS12 .... 42 C2
Green Hill Dr *BRAM* LS13 .... 92 B4
Green Hill Gdns *WOR/ARM* LS12 .... 43 D2
Green Hill Holt *WOR/ARM* LS12 .... 43 D2
Green Hill La *WOR/ARM* LS12 .... 42 B3
Green Hill Mt *BRAM* LS13 .... 92 B4
Green Hill Pl *BRAM* LS13 .... 92 B4
Green Hill Rd *BRAM* LS13 .... 92 B4
Greenhills *YEA* LS19 .... 66 B2
Green Hill Wy *BRAM* LS13 .... 92 B4
Greenhow Cl *BULY* LS4 .... 24 A4
Greenhow Gdns *BULY* LS4 .... 24 A4
Greenhow Rd *BULY* LS4 .... 24 A4
Greenhow Wk *BULY* LS4 .... 23 F4
Green La *BEE/HOL* LS11 .... 112 B4
BHP/TINH LS16 .... 70 A1
HORS LS18 .... 81 C2
MSTN/BAR LS15 .... 96 A4
PDSY/CALV LS28 .... 99 C3
SCFT LS14 .... 85 D1
WOR/ARM LS12 .... 44 C1
WOR/ARM LS12 .... 101 D4
YEA LS19 .... 53 C4
Greenlea Av *YEA* LS19 .... 52 A3
Greenlea Cl *YEA* LS19 .... 52 A4
Greenlea Mt *YEA* LS19 .... 52 A3 1
Greenlea Rd *YEA* LS19 .... 52 A3
Greenmoor Av *WOR/ARM* LS12 .... 101 D2
Greenmount La *BEE/HOL* LS11 .... 113 C2
Greenmount Pl *BEE/HOL* LS11 .... 113 C2 12
Greenmount St *BEE/HOL* LS11 .... 113 C2
Greenmount Ter *BEE/HOL* LS11 .... 113 C2
Greenock Pl *WOR/ARM* LS12 .... 32 B3 5
Greenock Rd *WOR/ARM* LS12 .... 32 B3
Greenock St *WOR/ARM* LS12 .... 32 B3 6
Greenock Ter *WOR/ARM* LS12 .... 32 B3 7
Green Pk *AL/HA/HU* LS17 .... 76 B3 1
Green Pasture Cl *OSM* LS9 .... 41 F3
Green Rd *HDGY* LS6 .... 4 B2
Green Rw *HDGY* LS6 .... 5 D3
Greenside *PDSY/CALV* LS28 .... 99 C3
Greenside Av *WOR/ARM* LS12 .... 43 D3
Greenside Cl *WOR/ARM* LS12 .... 43 E3
Greenside Dr *WOR/ARM* LS12 .... 43 E3
Greenside Gv *PDSY/CALV* LS28 .... 99 C3
Greenside Rd *WOR/ARM* LS12 .... 43 D3
Greenside Ter *WOR/ARM* LS12 .... 43 D3
Greenside Wk *WOR/ARM* LS12 .... 43 D4
Green Ter *BEE/HOL* LS11 .... 113 D2
The Green *AL/HA/HU* LS17 .... 76 A3
HORS LS18 .... 81 C1
PDSY/CALV LS28 .... 89 C1
Greenthorpe Hl *BRAM* LS13 .... 102 B2
Greenthorpe Mt *BRAM* LS13 .... 102 B1
Greenthorpe Rd *WOR/ARM* LS12 .... 102 B2
Greenthorpe St *BRAM* LS13 .... 102 B2
Greenthorpe Wk *BRAM* LS13 .... 102 B1
Greentop *PDSY/CALV* LS28 .... 99 C3
Green Top *WOR/ARM* LS12 .... 43 D3
Green Top Gdns *WOR/ARM* LS12 .... 43 D3 1
Green Vw *HDGY* LS6 .... 5 D4
Greenview Cl *OSM* LS9 .... 31 F4
Greenview Mt *OSM* LS9 .... 31 F4
Greenville Av *WOR/ARM* LS12 .... 43 D3
Greenville Gdns *WOR/ARM* LS12 .... 43 D3
Greenway *MSTN/BAR* LS15 .... 96 B4 4
Greenway Cl *MSTN/BAR* LS15 .... 96 B4 5
Greenwell Ct *OSM* LS9 .... 41 F3
Greenwood Ct *HDGY* LS6 .... 5 D3
Greenwood Mt *HDGY* LS6 .... 5 D2
Green Wood Pk *HDGY* LS6 .... 5 D3
Greenwood Rw *PDSY/CALV* LS28 .... 100 A2
Greyshiels Av *HDGY* LS6 .... 13 F4
Greyshiels Cl *HDGY* LS6 .... 13 F5
Greystone Mt *MSTN/BAR* LS15 .... 104 B2
Grimthorpe Av *HDGY* LS6 .... 13 F3
Grimthorpe Pl *HDGY* LS6 .... 14 A3
Grimthorpe St *HDGY* LS6 .... 14 A3
Grimthorpe Ter *HDGY* LS6 .... 14 A3
Grosmont Rd *BRAM* LS13 .... 91 D3
Grosmont Ter *BRAM* LS13 .... 91 D2
Grosvenor Hl *CHAL* LS7 .... 27 E3
Grosvenor Mt *HDGY* LS6 .... 15 F4
Grosvenor Pk *CHAL* LS7 .... 7 F4
Grosvenor Rd *HDGY* LS6 .... 15 F5
Grosvenor Ter *HDGY* LS6 .... 15 F4
Grove Av *HDGY* LS6 .... 15 D1
PDSY/CALV LS28 .... 99 C2
Grove Ct *PDSY/CALV* LS28 .... 99 C2
Grove Farm Cl *BHP/TINH* LS16 .... 71 C1
Grove Farm Crs *BHP/TINH* LS16 .... 70 B2
Grove Farm Cft *BHP/TINH* LS16 .... 70 B1
Grove Farm Dr *BHP/TINH* LS16 .... 70 B1 1
Grove Gdns *HDGY* LS6 .... 14 C1
Grovehall Av *BEE/HOL* LS11 .... 112 A4
Grovehall Dr *BEE/HOL* LS11 .... 112 A3
Grovehall Pde *BEE/HOL* LS11 .... 112 A4
Grovehall Rd *BEE/HOL* LS11 .... 112 A4
Grove La *HDGY* LS6 .... 14 C1
Grove Ri *AL/HA/HU* LS17 .... 61 C4
Grove Rd *HDGY* LS6 .... 14 C2
HORS LS18 .... 81 C1 3
MID LS10 .... 114 B2
MSTN/BAR LS15 .... 105 D2
PDSY/CALV LS28 .... 99 C2
Grove St *LDS* LS1 .... 36 A3
PDSY/CALV LS28 .... 89 D3 2
Grove Ter *PDSY/CALV* LS28 .... 99 C2
The Grove *AL/HA/HU* LS17 .... 61 C4
HORS LS18 .... 81 C1
PDSY/CALV LS28 .... 99 C2
YEA LS19 .... 53 C3
Grunberg Rd *HDGY* LS6 .... 14 B3
Grunberg St *HDGY* LS6 .... 14 B3 1
Gulley Rd *OSM* LS9 .... 117 C2
Gypsy Wood Cl *MSTN/BAR* LS15 .... 107 C2 8
Gypsy Wood Crest
MSTN/BAR LS15 .... 107 C2 9

H

Haddon Av *BULY* LS4 .... 23 F4
Haddon Pl *BULY* LS4 .... 23 F4
Haddon Rd *BULY* LS4 .... 24 A4
Hadleigh Ct *AL/HA/HU* LS17 .... 76 A3 4
Haigh Park Rd *MID* LS10 .... 116 A3
Haigh Wood Crs *BHP/TINH* LS16 .... 70 A2
Haigh Wood Gn *BHP/TINH* LS16 .... 70 A3 1
Haigh Wood Rd *BHP/TINH* LS16 .... 69 D2
Hainsworth Sq *PDSY/CALV* LS28 .... 89 C2 2
Hainsworth St *WOR/ARM* LS12 .... 44 C1 3
Halcyon Hl *CHAL* LS7 .... 7 F2
Hales Rd *WOR/ARM* LS12 .... 43 D4
Half Mile *BRAM* LS13 .... 89 D3

Half Mile Cl *PDSY/CALV* LS28 90 A3
Half Mile Ct *PDSY/CALV* LS28 90 A3 5
Half Mile Gdns *BRAM* LS13 90 A3
Half Mile Gn *PDSY/CALV* LS28 90 A3
Half Mile La *BRAM* LS13 90 A2
Hall Gv *HDGY* LS6 25 E3
Halliday Av *WOR/ARM* LS12 32 B2
Halliday Dr *WOR/ARM* LS12 32 B2
Halliday Gv *WOR/ARM* LS12 32 B2
Halliday Mt *WOR/ARM* LS12 32 B2
Halliday Pl *WOR/ARM* LS12 32 B2
Halliday Rd *WOR/ARM* LS12 32 B2
Halliday St *PDSY/CALV* LS28 99 D1
Hall La *BHP/TINH* LS16 57 D3
CHAL LS7 18 A3
HORS LS18 68 B4
WOR/ARM LS12 33 F4
WOR/ARM LS12 101 D3
Hall Park Av *HORS* LS18 68 B4
Hall Park Cl *HORS* LS18 68 B4
Hall Park Garth *HORS* LS18 68 B4
Hall Park Mt *HORS* LS18 68 B4 1
Hall Park Ri *HORS* LS18 68 B4
Hall Pl *OSM* LS9 39 E4
Hall Rd *WOR/ARM* LS12 33 E4
Halton Moor Av *OSM* LS9 104 A2
Halton Moor Rd *MSTN/BAR* LS15 104 B3 3
OSM LS9 51 E2
Hamilton Av *CHAL* LS7 18 C5
Hamilton Gdns *CHAL* LS7 28 B1
Hamilton Pl *CHAL* LS7 28 C1
Hamilton Ter *CHAL* LS7 29 D1
Hamilton Vw *CHAL* LS7 18 C5
Hammerton Gv *PDSY/CALV* LS28 100 A2 1
Hammerton St *PDSY/CALV* LS28 99 D2
Hammond St *OSM* LS9 49 D2 1
Hampton Pl *OSM* LS9 39 E5
Hampton Ter *OSM* LS9 39 E5
Hanover Av *BVRD* LS3 35 F1
Hanover La *BVRD* LS3 36 B2
Hanover Mt *BVRD* LS3 35 F1
Hanover Sq *BVRD* LS3 36 A1
Hanover Wy *LDS* LS1 36 A2 3
Hansby Av *SCFT* LS14 86 A4
Hansby Bank *SCFT* LS14 86 A4 2
Hansby Cl *SCFT* LS14 96 A1
Hansby Dr *SCFT* LS14 86 A4
Hansby Gdns *SCFT* LS14 96 A1
Hansby Ga *SCFT* LS14 86 A4
Hansby Pl *SCFT* LS14 96 A1
Harcourt Pl *LDS* LS1 36 A3
Hardrow Gn *WOR/ARM* LS12 44 A3
Hardrow Gv *WOR/ARM* LS12 44 A3 1
Hardrow Rd *WOR/ARM* LS12 43 F3
Hardrow Ter *WOR/ARM* LS12 44 A3 2
Hardwick Cft *CHAL* LS7 18 B1
Hardy Gv *BEE/HOL* LS11 112 B2
Hardy St *BEE/HOL* LS11 112 B2
Hardy Ter *BEE/HOL* LS11 112 B2
Hardy Vw *BEE/HOL* LS11 112 B2
Hare Farm Av *WOR/ARM* LS12 102 A2
Hare Farm Cl *WOR/ARM* LS12 102 A2 1
Harefield East *MSTN/BAR* LS15 104 B1 4
Harefield West *MSTN/BAR* LS15 104 B1 5
Harehills Av *CHAL* LS7 18 C4
RHAY LS8 19 F4
Harehills La *CHAL* LS7 19 E3
OSM LS9 31 D5
Harehills Park Av *OSM* LS9 30 C3
Harehills Park Rd *OSM* LS9 30 C3
Harehills Park Ter *OSM* LS9 31 D3
Harehills Park Vw *OSM* LS9 30 C3
Harehills Pl *RHAY* LS8 29 F1
Harehills Rd *RHAY* LS8 19 F5
Hare La *PDSY/CALV* LS28 99 D4
Hare Park Mt *WOR/ARM* LS12 101 D2
Hares Av *RHAY* LS8 19 E5
Hares Mt *RHAY* LS8 19 D5
Hares Rd *RHAY* LS8 19 D5
Hares Ter *RHAY* LS8 19 E4
Hares Vw *RHAY* LS8 19 E5
Harewood St *LDSU* LS2 37 F3
Harewood Wy *BRAM* LS13 101 C1
Harker Ter *PDSY/CALV* LS28 89 C4
Harland Sq *LDSU* LS2 26 B2
Harlech Av *BEE/HOL* LS11 113 C3 8
Harlech Crs *BEE/HOL* LS11 113 C3
Harlech Gv *BEE/HOL* LS11 112 B3
Harlech Mt *BEE/HOL* LS11 112 B3
Harlech Park Ct *BEE/HOL* LS11 113 C4
Harlech Rd *BEE/HOL* LS11 113 C3
Harlech St *BEE/HOL* LS11 113 C3
Harlech Ter *BEE/HOL* LS11 113 C3
Harley Cl *BRAM* LS13 100 B1
Harley Ct *BRAM* LS13 100 B1
Harley Dr *BRAM* LS13 100 B1
Harley Gdns *PDSY/CALV* LS28 100 B1
Harley Gn *BRAM* LS13 100 B1
Harley Ri *BRAM* LS13 100 B1
Harley Rd *BRAM* LS13 100 B1
Harley Ter *BRAM* LS13 101 C1
Harley Vw *BRAM* LS13 100 B1
Harley Wk *BRAM* LS13 100 B1
Harlow Ct *RHAY* LS8 11 E3
Harold Av *HDGY* LS6 25 D3
Harold Gv *HDGY* LS6 24 C3
Harold Mt *HDGY* LS6 24 C3
Harold Pl *HDGY* LS6 25 D3
Harold Rd *HDGY* LS6 25 D3
Harold St *HDGY* LS6 24 C3
Harold Ter *HDGY* LS6 25 D3
Harold Vw *HDGY* LS6 24 C3
Harold Wk *HDGY* LS6 24 C3
Harper La *YEA* LS19 53 C3
Harper Pl *LDSU* LS2 38 A3
Harper St *LDSU* LS2 38 A4
Harriet St *CHAL* LS7 28 B1
Harrison Crs *OSM* LS9 94 A4
Harrisons Av *PDSY/CALV* LS28 90 A3 4
Harrison St *LDS* LS1 37 F2
Harrogate Rd *AL/HA/HU* LS17 63 D3
CHAL LS7 7 F3
YEA LS19 53 D4
Harrogate Vw *AL/HA/HU* LS17 65 D4
Harrowby Crs *BHP/TINH* LS16 3 D4
Harrowby Rd *BHP/TINH* LS16 2 C3
Hartley Av *HDGY* LS6 16 C5
Hartley Crs *HDGY* LS6 16 C5
Hartley Gdns *HDGY* LS6 16 C5
Hartley Gv *HDGY* LS6 16 B5
Hartley Hl *LDSU* LS2 37 F1
Hartwell Rd *HDGY* LS6 25 D4
Haslewood Cl *OSM* LS9 39 D3
Haslewood Ct *OSM* LS9 39 E3 1
Haslewood Dene *OSM* LS9 39 E3 2
Haslewood Dr *OSM* LS9 39 F3
Haslewood Gdns *OSM* LS9 39 E2
Haslewood Gn *OSM* LS9 39 F3
Haslewood Ms *OSM* LS9 39 F3
Haslewood Pl *OSM* LS9 39 E3 3
Haslewood Sq *OSM* LS9 39 E3 4
Haslewood Vw *OSM* LS9 39 E2
Hastings Ct *AL/HA/HU* LS17 79 D1
Hathaway Dr *SCFT* LS14 86 A1
Hathaway La *SCFT* LS14 86 A1 3
Hauxwell Dr *YEA* LS19 53 C3

Haven Cha *BHP/TINH* LS16 .... **70** B2
Haven Ct *BHP/TINH* LS16 .... **71** C2
Haven Cft *BHP/TINH* LS16 .... **71** C2
Haven Gdns *BHP/TINH* LS16 .... **70** B2
Haven Garth *BHP/TINH* LS16 .... **70** B2
Haven Gn *BHP/TINH* LS16 .... **70** B2
Haven Mt *BHP/TINH* LS16 .... **70** B2
Haven Ri *BHP/TINH* LS16 .... **70** B2
The Haven *MSTN/BAR* LS15 .... **107** C1
Haven Vw *BHP/TINH* LS16 .... **70** B2
Havercroft *WOR/ARM* LS12 .... **102** B4 2
Haw Av *YEA* LS19 .... **53** D1
Hawkhill Av *MSTN/BAR* LS15 .... **96** A2
Hawkhill Dr *MSTN/BAR* LS15 .... **96** A2
Hawkhill Gdns *MSTN/BAR* LS15 .... **96** A2
Hawkhills *CHAL* LS7 .... **8** C4
Hawkhurst Rd *WOR/ARM* LS12 .... **43** E1
Hawkins Dr *CHAL* LS7 .... **27** E3
Hawkshead Crs *SCFT* LS14 .... **95** C2
Hawk's Nest Gdns East
AL/HA/HU LS17 .... **76** A1 2
Hawk's Nest Gdns South
AL/HA/HU LS17 .... **76** A1 3
Hawk's Nest Gdns West
AL/HA/HU LS17 .... **76** A1 4
Hawk's Nest Ri *AL/HA/HU* LS17 .... **76** A1
Hawkswood Av *KSTL* LS5 .... **82** B2
Hawkswood Crs *KSTL* LS5 .... **82** B2
Hawkswood Gv *KSTL* LS5 .... **82** B2
Hawkswood Mt *KSTL* LS5 .... **82** B2
Hawkswood Pl *KSTL* LS5 .... **82** B3
Hawkswood St *KSTL* LS5 .... **83** C3
Hawkswood Ter *KSTL* LS5 .... **83** C3 1
Hawksworth Gv *KSTL* LS5 .... **82** A3 1
Hawksworth Rd *HORS* LS18 .... **82** A1
Haw La *YEA* LS19 .... **53** D1
Haworth La *YEA* LS19 .... **53** C2
Hawthorn Av *YEA* LS19 .... **53** C2
Hawthorn Crs *CHAL* LS7 .... **8** A4
YEA LS19 .... **53** C2
Hawthorn Dr *YEA* LS19 .... **53** D1
Hawthorne Gdns *BHP/TINH* LS16 .... **59** C4 1
Hawthorne Ri *SCFT* LS14 .... **86** B1
Hawthorn La *CHAL* LS7 .... **8** A4
Hawthorn Mt *CHAL* LS7 .... **8** A4
Hawthorn Rd *CHAL* LS7 .... **8** A4
YEA LS19 .... **53** C2
Hawthorn V *CHAL* LS7 .... **8** A4
Hawthorn Vw *CHAL* LS7 .... **8** A4
Haydn's Ter *PDSY/CALV* LS28 .... **89** D3
Hayfield Ter *WOR/ARM* LS12 .... **43** E1
Hayleigh Av *BRAM* LS13 .... **91** D2
Hayleigh Mt *BRAM* LS13 .... **91** D3
Hazel Av *SCFT* LS14 .... **86** B1
Hazelhurst Ct *PDSY/CALV* LS28 .... **100** A2
Headingley Av *HDGY* LS6 .... **13** F3
Headingley Crs *HDGY* LS6 .... **14** A4
Headingley La *HDGY* LS6 .... **15** D4
Headingley Mt *HDGY* LS6 .... **13** F3
Headingley Vw *HDGY* LS6 .... **14** A4
The Headrow *LDS* LS1 .... **37** D2
Heath Crs *BEE/HOL* LS11 .... **111** D2
Heathcroft Crs *BEE/HOL* LS11 .... **111** D3
Heathcroft Dr *BEE/HOL* LS11 .... **111** D3 4
Heathcroft Lawn *BEE/HOL* LS11 .... **111** D3
Heathcroft Ri *BEE/HOL* LS11 .... **111** D3 5
Heathcroft V *BEE/HOL* LS11 .... **111** D3
Heathercroft *CHAL* LS7 .... **19** D1
Heather Gdns *BRAM* LS13 .... **102** B1
Heather Gv *BRAM* LS13 .... **102** A1
Heathfield *BHP/TINH* LS16 .... **71** D1
Heathfield Ter *HDGY* LS6 .... **4** A5
Heath Gv *BEE/HOL* LS11 .... **111** D2
PDSY/CALV LS28 .... **98** B2
Heath Mt *BEE/HOL* LS11 .... **111** D2
Heath Pl *BEE/HOL* LS11 .... **111** D2
Heath Ri *BEE/HOL* LS11 .... **111** D2
Heath Rd *BEE/HOL* LS11 .... **111** D2
Heaton Av *WOR/ARM* LS12 .... **43** E4
Heaton's Ct *LDS* LS1 .... **37** E5
Heaton St *BEE/HOL* LS11 .... **46** C1
Hebden Ap *SCFT* LS14 .... **86** A3
Hebden Cl *SCFT* LS14 .... **86** A3 2
Hebden Gn *SCFT* LS14 .... **86** A3
Hebden Pl *SCFT* LS14 .... **86** A3
Heddon Pl *HDGY* LS6 .... **15** D1 1
Heddon St *HDGY* LS6 .... **15** D1
Hedley Cha *WOR/ARM* LS12 .... **35** D4
Hedley Gn *WOR/ARM* LS12 .... **34** C5
Heights Bank *WOR/ARM* LS12 .... **103** C2
Heights Cl *WOR/ARM* LS12 .... **102** B1
Heights Dr *WOR/ARM* LS12 .... **103** C2
Heights Garth *WOR/ARM* LS12 .... **102** B2
Heights La *WOR/ARM* LS12 .... **103** C2
Heights Pde *WOR/ARM* LS12 .... **102** B2
Heights Wy *WOR/ARM* LS12 .... **103** C2
Helmsley Dr *BHP/TINH* LS16 .... **2** C3
Helmsley Rd *BHP/TINH* LS16 .... **2** C3
Helston Cft *MID* LS10 .... **118** B4 1
Helston Garth *MID* LS10 .... **118** B4 2
Helston Pl *MID* LS10 .... **118** B4
Helston Rd *MID* LS10 .... **118** B3
Helston St *MID* LS10 .... **118** A3
Helston Wk *MID* LS10 .... **118** A4
Helston Wy *MID* LS10 .... **118** B3 1
Hemingway Garth *MID* LS10 .... **114** B2 1
Hemingway Gn *MID* LS10 .... **114** B2 2
Henbury St *CHAL* LS7 .... **28** B5
Henconner Av *CHAL* LS7 .... **7** F5
Henconner Crs *CHAL* LS7 .... **7** E5
Henconner Dr *CHAL* LS7 .... **17** E1
Henconner Gdns *CHAL* LS7 .... **7** E5
Henconner Garth *CHAL* LS7 .... **7** D5
Henconner Gv *CHAL* LS7 .... **7** F5
Henconner La *BRAM* LS13 .... **92** A4
CHAL LS7 .... **7** E5
Henconner Rd *CHAL* LS7 .... **7** E5
Henley Av *BRAM* LS13 .... **91** D3
YEA LS19 .... **67** C2
Henley Cl *YEA* LS19 .... **67** C2
Henley Crs *BRAM* LS13 .... **91** D3
YEA LS19 .... **67** C2
Henley Dr *YEA* LS19 .... **66** B2
Henley Gv *BRAM* LS13 .... **91** D3
Henley Hl *YEA* LS19 .... **66** B2 1
Henley Mt *YEA* LS19 .... **67** C2
Henley Pl *BRAM* LS13 .... **91** D3
Henley Rd *BRAM* LS13 .... **91** D3
Henley St *BRAM* LS13 .... **91** D3
Henley Ter *BRAM* LS13 .... **91** D3
Henley Vw *BRAM* LS13 .... **91** D3
Henry Av *WOR/ARM* LS12 .... **43** E4
Henry Ter *YEA* LS19 .... **52** A2
Henshaw Av *YEA* LS19 .... **53** C3
Henshaw Crs *YEA* LS19 .... **53** C3
Henshaw La *YEA* LS19 .... **53** C3
Henshaw Ov *YEA* LS19 .... **53** C3
Hepton Ct *OSM* LS9 .... **41** D1
Herbalist St *WOR/ARM* LS12 .... **44** C1 4
Hereford St *WOR/ARM* LS12 .... **33** F2
Hermon Rd *MSTN/BAR* LS15 .... **96** A4
Hermon St *MSTN/BAR* LS15 .... **96** A4 4
Heron Cl *AL/HA/HU* LS17 .... **77** C1 1
Heron Gv *AL/HA/HU* LS17 .... **77** D1
Hertford Cha *MSTN/BAR* LS15 .... **106** B3
Hertford Cl *MSTN/BAR* LS15 .... **107** C3 3

Hertford Cft *MSTN/BAR* LS15 .... 107 C3
Hertford Fold *MSTN/BAR* LS15.......... 106 B3
Hertford Lawn *MSTN/BAR* LS15 .... 106 B3 5
Hesketh Av *KSTL* LS5 .... 12 B4
Hesketh Mt *KSTL* LS5 .... 12 B3
Hesketh Pl *KSTL* LS5 .... 12 B3
Hesketh Rd *KSTL* LS5 .... 12 B3
Hesketh Ter *KSTL* LS5 .... 12 B4
Hessle Av *HDGY* LS6 .... 24 C2
Hessle Mt *HDGY* LS6 .... 25 D2
Hessle Pl *HDGY* LS6 .... 25 D2
Hessle Rd *HDGY* LS6 .... 24 C1
Hessle St *HDGY* LS6 .... 25 D1
Hessle Ter *HDGY* LS6 .... 25 D2
Hessle Vw *HDGY* LS6 .... 25 D1
Hessle Wk *HDGY* LS6 .... 25 D1
Hetton Rd *RHAY* LS8 .... 21 D4
High Ash *AL/HA/HU* LS17 .... 63 D4
High Ash Av *AL/HA/HU* LS17 .... 64 A4
High Ash Dr *AL/HA/HU* LS17 .... 63 D4
High Ash Mt *AL/HA/HU* LS17 .... 63 D4
High Bank Ap *MSTN/BAR* LS15 .... 107 C2
High Bank Cl *MSTN/BAR* LS15 .... 107 C1
High Bank Gdns *MSTN/BAR* LS15 .. 107 D2 1
High Bank Ga *MSTN/BAR* LS15 .... 107 C2 10
High Bank Pl *MSTN/BAR* LS15 .... 107 C2 11
High Bank Vw *MSTN/BAR* LS15 .. 107 C2 12
High Bank Wy *MSTN/BAR* LS15 .... 107 C2
Highbury Cl *HDGY* LS6 .... 5 D5
Highbury La *HDGY* LS6 .... 5 D5
Highbury Mt *HDGY* LS6 .... 5 D5
Highbury Pl *BRAM* LS13 .... 100 B1
HDGY LS6 .... 5 D5
Highbury Rd *HDGY* LS6 .... 5 D5
Highbury St *HDGY* LS6 .... 5 D5
Highbury Ter *HDGY* LS6 .... 5 D5
High Cl *YEA* LS19 .... 66 A2
High Ct *LDSU* LS2 .... 38 A4
High Court La *LDSU* LS2 .... 38 A5
Highcroft Cl *PDSY/CALV* LS28 .... 98 B1 1
Higher Grange Rd *PDSY/CALV* LS28 .... 99 D1
Highfield Av *WOR/ARM* LS12 .... 43 F2
Highfield Cl *WOR/ARM* LS12 .... 44 A4
Highfield Crs *PDSY/CALV* LS28 .... 99 C1
WOR/ARM LS12 .... 44 A2
Highfield Dr *YEA* LS19 .... 66 B2 2
Highfield Gdns *WOR/ARM* LS12 .... 43 F2
Highfield Garth *WOR/ARM* LS12 .... 44 A3
Highfield Gn *PDSY/CALV* LS28 .... 99 C1
Highfield Rd *BRAM* LS13 .... 92 A3
PDSY/CALV LS28 .... 98 B1
Highfield St *BRAM* LS13 .... 92 A3 5
PDSY/CALV LS28 .... 98 B1
Highfield Ter *PDSY/CALV* LS28 .... 98 B1 2
Highfold *YEA* LS19 .... 52 B4
Highlands Cl *RTHW* LS26 .... 121 C2
Highlands Dr *RTHW* LS26 .... 121 C1
Highlands Gv *RTHW* LS26 .... 121 C1 1
Highlands Wk *RTHW* LS26 .... 121 C1
Highlea Cl *YEA* LS19 .... 52 A4
High Moor Av *AL/HA/HU* LS17 .... 76 B3
High Moor Cl *AL/HA/HU* LS17 .... 76 B2
High Moor Crs *AL/HA/HU* LS17 .... 76 B3
High Moor Dr *AL/HA/HU* LS17 .... 76 B2
High Moor Gv *AL/HA/HU* LS17 .... 76 B2
High St *PDSY/CALV* LS28 .... 89 C2
YEA LS19 .... 53 C2
Highthorne Ct *AL/HA/HU* LS17 .... 77 C1 2
Highthorne Dr *AL/HA/HU* LS17 .... 77 C1
Highthorne Gv *AL/HA/HU* LS17 .... 77 D1
WOR/ARM LS12 .... 32 B3 8
Highthorne Mt *AL/HA/HU* LS17 .... 77 C1
Highthorne St *WOR/ARM* LS12 .... 32 B3
Highthorne Vw *WOR/ARM* LS12 .... 32 B3 9
High Ways *SCFT* LS14 .... 94 B4 2
Highwood Av *AL/HA/HU* LS17 .... 75 D3
Highwood Crs *AL/HA/HU* LS17 .... 75 D2
Highwood Gv *AL/HA/HU* LS17 .... 75 D3 3
Hillary Pl *LDSU* LS2 .... 26 C4
Hillcourt Av *BRAM* LS13 .... 91 D1
Hillcourt Cft *BRAM* LS13 .... 91 D1 3
Hill Court Dr *BRAM* LS13 .... 91 D1
Hillcourt Gv *BRAM* LS13 .... 91 D1
Hill Crs *YEA* LS19 .... 53 D4
Hillcrest Av *CHAL* LS7 .... 29 D1
Hillcrest Mt *BHP/TINH* LS16 .... 70 B1
Hillcrest Pl *CHAL* LS7 .... 19 D5
Hillcrest Ri *BHP/TINH* LS16 .... 70 B1
Hillcrest Vw *CHAL* LS7 .... 19 D5
Hill End Crs *WOR/ARM* LS12 .... 103 C1
Hill End Rd *WOR/ARM* LS12 .... 103 C1
Hillfoot Av *PDSY/CALV* LS28 .... 98 A1
Hillfoot Crs *PDSY/CALV* LS28 .... 98 A1
Hillfoot Dr *PDSY/CALV* LS28 .... 98 A1
Hillfoot Ri *PDSY/CALV* LS28 .... 98 A1
Hill Gv South *MID* LS10 .... 121 C2 2
Hillidge Rd *MID* LS10 .... 114 A1
Hillidge Sq *MID* LS10 .... 48 A5
Hillingdon Wy *AL/HA/HU* LS17 .... 61 D4
Hill Mount Pleasant *MID* LS10 .... 119 D4
Hill Rise Av *BRAM* LS13 .... 91 D1
Hill Rise Gv *BRAM* LS13 .... 91 D1
Hillside Gv *PDSY/CALV* LS28 .... 100 B2 3
Hill Side Mt *PDSY/CALV* LS28 .... 89 D3
Hillside Mt *PDSY/CALV* LS28 .... 100 B2
Hillside Rd *CHAL* LS7 .... 8 B3
Hillside Vw *PDSY/CALV* LS28 .... 100 A2
Hill St *BEE/HOL* LS11 .... 112 B2
OSM LS9 .... 29 D4
Hillthorpe Ri *PDSY/CALV* LS28 .... 99 D4
Hillthorpe Rd *PDSY/CALV* LS28 .... 99 D4
Hillthorpe Sq *PDSY/CALV* LS28 .... 99 C4
Hillthorpe St *PDSY/CALV* LS28 .... 99 D4 1
Hillthorpe Ter *PDSY/CALV* LS28 .... 99 D4 2
Hill Top Av *RHAY* LS8 .... 19 E5
Hill Top Cl *WOR/ARM* LS12 .... 103 C1
Hill Top Mt *RHAY* LS8 .... 19 E5
Hill Top Pl *HDGY* LS6 .... 25 E3
RHAY LS8 .... 19 E5
Hill Top Rd *WOR/ARM* LS12 .... 103 C1
Hill Top St *HDGY* LS6 .... 25 E4
Hill View Av *CHAL* LS7 .... 8 B3 1
Hill View Mt *CHAL* LS7 .... 8 A3
Hill View Ter *CHAL* LS7 .... 8 B3
Hilton Gv *RHAY* LS8 .... 19 E3
Hilton Pl *RHAY* LS8 .... 19 E4
Hilton Rd *RHAY* LS8 .... 19 E4
Hilton St *RHAY* LS8 .... 19 E4
Hilton Ter *RHAY* LS8 .... 19 E4
Hird St *BEE/HOL* LS11 .... 112 B2
Hodgson Av *AL/HA/HU* LS17 .... 77 D2
Hodgson Crs *AL/HA/HU* LS17 .... 77 D2
Holbeck La *BEE/HOL* LS11 .... 45 F2
Holbeck Moor Rd *BEE/HOL* LS11 .... 46 A4
Holborn Ap *HDGY* LS6 .... 26 B1
Holborn Gdns *HDGY* LS6 .... 26 B1
Holborn Gn *HDGY* LS6 .... 26 B1
Holborn Gv *HDGY* LS6 .... 26 B2
Holborn St *HDGY* LS6 .... 26 C1
Holborn Ter *LDSU* LS2 .... 26 C2
Holborn Vw *HDGY* LS6 .... 26 B1
Holborn Wk *HDGY* LS6 .... 26 B2
Holdforth Cl *WOR/ARM* LS12 .... 34 C5
Holdforth Gdns *WOR/ARM* LS12 .... 34 C5
Holdforth Gn *WOR/ARM* LS12 .... 34 C5
Holdforth Pl *WOR/ARM* LS12 .... 34 C5

Hollin Ct BHP/TINH LS16 .... 4 B3
Hollin Crs BHP/TINH LS16 .... 4 B4
Hollin Dr BHP/TINH LS16 .... 4 B4
HDGY LS6 .... 4 C4
Hollin Gdns BHP/TINH LS16 .... 3 F4
Hollin Hill Av RHAY LS8 .... 21 F2
Hollin Hill Dr RHAY LS8 .... 21 E2
Hollin La BHP/TINH LS16 .... 4 A4
Hollin Mt BHP/TINH LS16 .... 3 F4
Hollin Park Av RHAY LS8 .... 84 A4
Hollin Park Crs RHAY LS8 .... 21 F3
Hollin Park Mt RHAY LS8 .... 84 A4
Hollin Park Pl RHAY LS8 .... 21 F2
Hollin Park Rd RHAY LS8 .... 21 F3
Hollin Park Ter RHAY LS8 .... 21 F3
Hollin Park Vw RHAY LS8 .... 21 F2
Hollin Rd BHP/TINH LS16 .... 4 A4
Hollin Vw BHP/TINH LS16 .... 4 A3
Hollis Pl BVRD LS3 .... 35 E1
Holly Av BHP/TINH LS16 .... 70 A2
Hollycroft Ct BHP/TINH LS16 .... 71 D2
Holly Dr BHP/TINH LS16 .... 70 A2
Hollyshaw Crs MSTN/BAR LS15 .... 106 B1
Hollyshaw Gv MSTN/BAR LS15 .... 106 B1
Hollyshaw La MSTN/BAR LS15 .... 106 B1
Hollyshaw St MSTN/BAR LS15 .... 106 B1
Hollyshaw Ter MSTN/BAR LS15 .... 106 B1 2
Hollyshaw Wk MSTN/BAR LS15 .... 96 B4
Holly Tree La MSTN/BAR LS15 .... 107 D3
Hollywell La WOR/ARM LS12 .... 32 C3
Holmes St BEE/HOL LS11 .... 47 E2
Holme Well Rd MID LS10 .... 120 B4
Holmfield Dr RHAY LS8 .... 77 C4
Holmwood Av HDGY LS6 .... 5 D2
Holmwood Cl HDGY LS6 .... 5 E2
Holmwood Crs HDGY LS6 .... 5 E2
Holmwood Dr HDGY LS6 .... 5 D1
Holmwood Gv HDGY LS6 .... 5 E1 1
Holmwood Mt HDGY LS6 .... 5 E2
Holmwood Vw HDGY LS6 .... 5 D1 1
Holroyd St CHAL LS7 .... 28 B4
Holt Av BHP/TINH LS16 .... 59 D4
Holt Cl BHP/TINH LS16 .... 72 B1
Holt Crs BHP/TINH LS16 .... 58 A4
Holtdale Ap BHP/TINH LS16 .... 57 D4
Holtdale Av BHP/TINH LS16 .... 58 A4
Holtdale Cl BHP/TINH LS16 .... 58 A4
Holtdale Cft BHP/TINH LS16 .... 58 A4
Holtdale Dr BHP/TINH LS16 .... 58 A4
Holtdale Fold BHP/TINH LS16 .... 58 A4 1
Holtdale Gdns BHP/TINH LS16 .... 58 A4 2
Holtdale Garth BHP/TINH LS16 .... 58 A3
Holtdale Gn BHP/TINH LS16 .... 58 A4
Holtdale Gv BHP/TINH LS16 .... 57 D4
Holtdale Lawn BHP/TINH LS16 .... 58 A4 3
Holtdale Pl BHP/TINH LS16 .... 58 A4
Holtdale Rd BHP/TINH LS16 .... 58 A4
Holtdale Vw BHP/TINH LS16 .... 58 A4
Holtdale Wy BHP/TINH LS16 .... 58 A4
Holt Dr BHP/TINH LS16 .... 58 B4
Holt Farm Cl BHP/TINH LS16 .... 58 A4
Holt Farm Ri BHP/TINH LS16 .... 58 A4
Holt Gdns BHP/TINH LS16 .... 59 D4
Holt Garth BHP/TINH LS16 .... 58 B4 1
Holt Ga BHP/TINH LS16 .... 58 B4
Holt La BHP/TINH LS16 .... 58 B4
Holt Park Ap BHP/TINH LS16 .... 58 B4 2
Holt Park Av BHP/TINH LS16 .... 58 B4
Holt Park Cl BHP/TINH LS16 .... 58 B4 3
Holt Park Crs BHP/TINH LS16 .... 58 B4
Holt Park Dr BHP/TINH LS16 .... 58 B4 4
Holt Park Gdns BHP/TINH LS16 .... 58 B4
Holt Park Ga BHP/TINH LS16 .... 58 B4 5
Holt Park Gra BHP/TINH LS16 .... 58 B4
Holt Park Gn BHP/TINH LS16 .... 58 B4
Holt Park Gv BHP/TINH LS16 .... 58 A4
Holt Park La BHP/TINH LS16 .... 58 B4 6
Holt Park Ri BHP/TINH LS16 .... 58 B4
Holt Park Rd BHP/TINH LS16 .... 58 B4
Holt Park V BHP/TINH LS16 .... 58 B4
Holt Park Wy BHP/TINH LS16 .... 58 B4 7
Holt Ri BHP/TINH LS16 .... 58 B4
Holt Rd BHP/TINH LS16 .... 58 B4
Holt Vw BHP/TINH LS16 .... 58 A4
Holt Wy BHP/TINH LS16 .... 58 B4
Hope Rd LDSU LS2 .... 38 B2
Hopes Farm Mt RTHW LS26 .... 121 C2 3
Hopes Farm Rd RTHW LS26 .... 121 C2
Hopes Farm Vw RTHW LS26 .... 121 C2 4
Hopewell Pl HDGY LS6 .... 25 D3 1
Hopewell Vw MID LS10 .... 120 A4
Hopwood Bank HORS LS18 .... 69 D3 4
Hopwood Cl HORS LS18 .... 69 D3 5
Hopwood Rd HORS LS18 .... 69 D3
Hornbeam Wy SCFT LS14 .... 86 B1
Horton Cl BRAM LS13 .... 90 A1
Horton Garth BRAM LS13 .... 90 A1 2
Horton Ri BRAM LS13 .... 90 A1
Hospital La BHP/TINH LS16 .... 71 C2
Hough End Av BRAM LS13 .... 92 A4
Hough End Cl BRAM LS13 .... 92 A4 1
Hough End Ct BRAM LS13 .... 92 A4 2
Hough End Crs BRAM LS13 .... 91 D4
Hough End Gdns BRAM LS13 .... 92 A4 3
Hough End Garth BRAM LS13 .... 91 D4
Hough End La BRAM LS13 .... 91 D4
Hough Gv BRAM LS13 .... 91 D3
Hough La BRAM LS13 .... 91 D3
Houghley Av WOR/ARM LS12 .... 93 C3
Houghley Cl BRAM LS13 .... 92 B3
Houghley Crs WOR/ARM LS12 .... 93 C3
Houghley La BRAM LS13 .... 92 B3
Houghley Pl WOR/ARM LS12 .... 93 C3
Houghley Rd WOR/ARM LS12 .... 93 C3
Houghley Sq WOR/ARM LS12 .... 93 C3 1
Hough Side Cl PDSY/CALV LS28 .... 101 C2
Hough Side La PDSY/CALV LS28 .... 100 B2
Hough Side Rd PDSY/CALV LS28 .... 100 B2
Hough Ter BRAM LS13 .... 91 D3 6
Hough Top BRAM LS13 .... 100 B1
Hough Tree Rd BRAM LS13 .... 101 D1
Hovingham Av RHAY LS8 .... 20 A5 4
Hovingham Gv RHAY LS8 .... 20 B5
Hovingham Mt RHAY LS8 .... 20 A5
Hovingham Ter RHAY LS8 .... 20 A5
Howard Av MSTN/BAR LS15 .... 105 C2
Howard Ct MSTN/BAR LS15 .... 105 C2 1
Howarth Pl CHAL LS7 .... 27 F5
Howden Gdns HDGY LS6 .... 25 D4
Howden Pl HDGY LS6 .... 25 D3
Howson Cl GSLY LS20 .... 52 A1
Hoxton Mt BEE/HOL LS11 .... 112 A2
Hudson Gv OSM LS9 .... 30 B5
Hudson Pl OSM LS9 .... 30 B5
Hudson Rd OSM LS9 .... 30 B4
Hudson St OSM LS9 .... 30 B5
PDSY/CALV LS28 .... 89 C4 2
Hudswell Rd MID LS10 .... 48 A5
Hunger Hills Av HORS LS18 .... 68 B4
Hunger Hills Dr HORS LS18 .... 68 B4
Hunslet Green Wy MID LS10 .... 48 A5
Hunslet Hall Rd BEE/HOL LS11 .... 46 C5
Hunslet La MID LS10 .... 47 F1
Hunslet Rd MID LS10 .... 37 F5
Husler Gv CHAL LS7 .... 28 A2
Husler Pl CHAL LS7 .... 28 A2

Hutchinson's Pl *KSTL* LS5 .... **22** B1
Hutton Ter *PDSY/CALV* LS28 .... **99** D2 1
Hyde Park Cl *HDGY* LS6 .... **25** E3
Hyde Park Pl *HDGY* LS6 .... **25** F1
Hyde Park Rd *HDGY* LS6 .... **25** E3
Hyde Park Ter *HDGY* LS6 .... **25** F1
Hyde Pl *LDSU* LS2 .... **36** A1
Hyde St *LDSU* LS2 .... **36** A1
Hyde Ter *LDSU* LS2 .... **26** A5

I

Ida St *MID* LS10 .... **115** D3
Illingworth Cl *YEA* LS19 .... **53** D4 2
Industrial St *OSM* LS9 .... **29** E5
Infirmary St *LDS* LS1 .... **37** D3
Ingham's Av *PDSY/CALV* LS28 .... **98** A1
Inghams Ter *PDSY/CALV* LS28 .... **98** A1 1
Ingham St *MID* LS10 .... **48** B3
Ingham's Vw *PDSY/CALV* LS28 .... **98** A1 2
Ingleby Wy *MID* LS10 .... **120** B2 4
Ingledew Ct *AL/HA/HU* LS17 .... **76** A1
Ingledew Crs *RHAY* LS8 .... **78** A3 5
Ingledew Dr *RHAY* LS8 .... **78** A4
Ingle Rw *CHAL* LS7 .... **7** F5
Ingleton Cl *BEE/HOL* LS11 .... **113** C2 13
Ingleton Dr *MSTN/BAR* LS15 .... **104** B2
Ingleton Gv *BEE/HOL* LS11 .... **113** C2
Ingleton Pl *BEE/HOL* LS11 .... **113** C2
Ingleton St *BEE/HOL* LS11 .... **113** C2 14
Inglewood Dr *SCFT* LS14 .... **96** A2
Inglewood Pl *SCFT* LS14 .... **96** A2
Ingram Cl *BEE/HOL* LS11 .... **45** F3
Ingram Gdns *BEE/HOL* LS11 .... **45** F3
Ingram Rd *BEE/HOL* LS11 .... **45** F5
Ingram Rw *BEE/HOL* LS11 .... **47** D2
Ingram St *BEE/HOL* LS11 .... **47** D2
Ingram Vw *BEE/HOL* LS11 .... **45** F4
Ings Crs *OSM* LS9 .... **40** C4
Ings Rd *OSM* LS9 .... **41** D4
Intake La *BRAM* LS13 .... **90** A2
YEA LS19 .... **67** C2
Intake Rd *PDSY/CALV* LS28 .... **100** B1
Intercity Wy *PDSY/CALV* LS28 .... **90** B4
Invertrees Av *YEA* LS19 .... **66** B1
Ireland Crs *BHP/TINH* LS16 .... **71** C2
Ironwood Ap *SCFT* LS14 .... **95** D2
Ironwood Crs *SCFT* LS14 .... **95** D2
Ironwood Vw *SCFT* LS14 .... **95** D1
Irwin Ap *MSTN/BAR* LS15 .... **105** C2 2
Irwin St *PDSY/CALV* LS28 .... **89** C3
Ivegate *YEA* LS19 .... **53** C3
Iveson Ap *BHP/TINH* LS16 .... **71** C3
Iveson Cl *BHP/TINH* LS16 .... **71** C3
Iveson Ct *BHP/TINH* LS16 .... **71** C3
Iveson Crs *BHP/TINH* LS16 .... **71** C3
Iveson Dr *BHP/TINH* LS16 .... **71** C3
Iveson Gdns *BHP/TINH* LS16 .... **71** C3
Iveson Garth *BHP/TINH* LS16 .... **71** D3
Iveson Gn *BHP/TINH* LS16 .... **71** C3
Iveson Gv *BHP/TINH* LS16 .... **71** C3 1
Iveson Lawn *BHP/TINH* LS16 .... **71** D3
Iveson Ri *BHP/TINH* LS16 .... **71** D3
Iveson Rd *BHP/TINH* LS16 .... **71** C3
Ivory St *BEE/HOL* LS11 .... **47** F3
Ivy Av *OSM* LS9 .... **40** C3
Ivy Cha *BRAM* LS13 .... **101** C2
Ivy Crs *OSM* LS9 .... **40** B3
Ivy Gdns *BRAM* LS13 .... **92** A1 4
Ivy Garth *CHAL* LS7 .... **8** A5
Ivy Gv *OSM* LS9 .... **40** C3
Ivy Mt *OSM* LS9 .... **40** B3
Ivy Pl *BRAM* LS13 .... **92** A1
Ivy Rd *OSM* LS9 .... **40** B4
Ivy St *OSM* LS9 .... **40** B3
Ivy Vw *OSM* LS9 .... **40** B3

J

Jackie Smart Ct *CHAL* LS7 .... **28** C1
Jack La *BEE/HOL* LS11 .... **46** C3
MID LS10 .... **48** A4
Jackman Dr *HORS* LS18 .... **82** A2
Jackson Av *RHAY* LS8 .... **9** F4
Jackson Rd *CHAL* LS7 .... **27** E2
Jacob St *LDSU* LS2 .... **37** F1
James Av *RHAY* LS8 .... **9** F1
James St *YEA* LS19 .... **66** A1
Jean Av *MSTN/BAR* LS15 .... **105** D2
Jenkinson Cl *BEE/HOL* LS11 .... **46** B3
Jenkinson Lawn *BEE/HOL* LS11 .... **46** B4
Jenkinsons Pl *MID* LS10 .... **120** A1
Jessamine Av *BEE/HOL* LS11 .... **112** A4
Johnston St *HDGY* LS6 .... **26** C1
John St *HDGY* LS6 .... **25** D2
YEA LS19 .... **66** A1
Joseph St *MID* LS10 .... **48** C5
Junction St *MID* LS10 .... **47** F2
Juniper Pl *OSM* LS9 .... **30** C5

K

Karnac Rd *RHAY* LS8 .... **19** F5
Kedleston Rd *RHAY* LS8 .... **77** C2
Keel Moorings *BRAM* LS13 .... **80** A4
Keeton St *OSM* LS9 .... **39** E3
Keighley Pl *PDSY/CALV* LS28 .... **89** D3
Keldholme Rd *BRAM* LS13 .... **80** A4 1
Kellett Av *WOR/ARM* LS12 .... **43** E5
Kellett Crs *WOR/ARM* LS12 .... **43** E5
Kellett Dr *WOR/ARM* LS12 .... **43** E5
Kellett Gv *WOR/ARM* LS12 .... **43** E4
Kellett La *WOR/ARM* LS12 .... **43** D4
Kellett Mt *WOR/ARM* LS12 .... **43** F5
Kellett Pl *WOR/ARM* LS12 .... **43** F5
Kellett Rd *WOR/ARM* LS12 .... **43** D4
Kellett Ter *WOR/ARM* LS12 .... **43** E5 1
Kellett Wk *WOR/ARM* LS12 .... **43** E4
Kelmscott Av *MSTN/BAR* LS15 .... **97** C2
Kelmscott Crs *MSTN/BAR* LS15 .... **97** C2
Kelmscott Gdns *MSTN/BAR* LS15 .... **97** D2
Kelmscott Garth *MSTN/BAR* LS15 .... **97** D2
Kelmscott Gn *MSTN/BAR* LS15 .... **97** C2
Kelmscott Gv *MSTN/BAR* LS15 .... **97** C2
Kelmscott La *MSTN/BAR* LS15 .... **97** C2
Kelsall Av *HDGY* LS6 .... **25** D4
Kelsall Gv *HDGY* LS6 .... **25** D5
Kelsall Pl *HDGY* LS6 .... **25** D4
Kelsall Rd *HDGY* LS6 .... **25** D4
Kelsall Ter *HDGY* LS6 .... **25** D4
Kelso Gdns *LDSU* LS2 .... **25** F5
Kelso Pl *LDSU* LS2 .... **25** F4
Kelso Rd *LDSU* LS2 .... **25** F4
Kelso St *LDSU* LS2 .... **25** F5
Kendal Bank *BVRD* LS3 .... **35** F1
Kendal Cl *BVRD* LS3 .... **35** F1
Kendal Dr *MSTN/BAR* LS15 .... **104** B3
Kendal Gv *BVRD* LS3 .... **36** A1
Kendal La *BVRD* LS3 .... **35** F1
Kendal Rd *BVRD* LS3 .... **36** A1

Kendal Wk *BVRD* LS3 .... 35 F1 2
Kendell St *MID* LS10 .... 37 F5
Kenilworth Rd *WOR/ARM* LS12 .... 43 E3
Kennerleigh Av *MSTN/BAR* LS15 .... 97 C4
Kennerleigh Crs *MSTN/BAR* LS15 .... 97 C4
Kennerleigh Dr *MSTN/BAR* LS15 .... 96 B4
Kennerleigh Garth *MSTN/BAR* LS15 .. 97 C4
Kennerleigh Gln *MSTN/BAR* LS15 .... 96 B4 6
Kennerleigh Gv *MSTN/BAR* LS15 .... 97 C4 1
Kennerleigh Ri *MSTN/BAR* LS15 ...... 97 C4 2
Kennerleigh Wk *MSTN/BAR* LS15 .... 96 B4 7
Kenneth St *BEE/HOL* LS11 .... 45 E4
Kensington Ter *HDGY* LS6 .... 25 E1
Kent Av *PDSY/CALV* LS28 .... 100 B2
Kent Cl *PDSY/CALV* LS28 .... 100 B2
Kent Crs *PDSY/CALV* LS28 .... 100 B2
Kent Dr *PDSY/CALV* LS28 .... 100 B2
Kentmere Ap *SCFT* LS14 .... 84 B4
Kentmere Av *SCFT* LS14 .... 85 C2
Kentmere Cl *SCFT* LS14 .... 85 C4
Kentmere Crs *SCFT* LS14 .... 85 C3
Kentmere Gdns *SCFT* LS14 .... 85 C3
Kentmere Ga *SCFT* LS14 .... 85 C2 1
Kentmere Gn *SCFT* LS14 .... 85 C3
Kentmere Ri *SCFT* LS14 .... 85 D4
Kent Rd *PDSY/CALV* LS28 .... 100 A2
Kenworthy Cl *BHP/TINH* LS16 .... 58 B4 8
Kenworthy Gdns *BHP/TINH* LS16........ 58 B4
Kenworthy Garth *BHP/TINH* LS16 .. 58 B4 9
Kenworthy Ga *BHP/TINH* LS16 .... 58 B4
Kenworthy Ri *BHP/TINH* LS16 ...... 58 B4 10
Kenworthy V *BHP/TINH* LS16 .... 58 B4
Kepler Gv *RHAY* LS8 .... 29 D3
Kepler Mt *RHAY* LS8 .... 29 D3
Kepler Ter *RHAY* LS8 .... 29 D3
Kepstorn Cl *KSTL* LS5 .... 12 A2
Kepstorn Rd *BHP/TINH* LS16........ 2 C4
Kerry Garth *HORS* LS18 .... 69 C4
Kerry Hl *HORS* LS18 .... 69 D4
Kerry St *HORS* LS18 .... 69 C4
Kestrel Cl *AL/HA/HU* LS17 .... 77 C1 3
Kestrel Gv *AL/HA/HU* LS17........ 77 C1
Kidacre St *BEE/HOL* LS11........ 47 F3
MID LS10 .... 47 F2
Kilburn Rd *WOR/ARM* LS12 .... 33 E5
Kildare Ter *WOR/ARM* LS12 .... 45 D1
Killingbeck Br *SCFT* LS14 .... 94 B4
Killingbeck Dr *SCFT* LS14 .... 94 B4
Kimberley Pl *OSM* LS9 .... 31 D4
Kimberley Rd *OSM* LS9 .... 30 C4
Kimberley Vw *OSM* LS9 .... 31 D5 1
King Alfred's Dr *HDGY* LS6 .... 74 B4
King Alfred's Wy *HDGY* LS6........ 74 B4
King Cl *AL/HA/HU* LS17........ 74 A1
King Dr *AL/HA/HU* LS17 .... 61 C4
King Edward Av *HORS* LS18 .... 69 D4
King Edward Crs *HORS* LS18........ 69 D4
King Edward St *LDS* LS1 .... 37 F3
King Edwin's Ct *RHAY* LS8........ 20 A2
Kingfisher Cl *AL/HA/HU* LS17 .... 77 C1 4
Kingfisher Wy *AL/HA/HU* LS17 .... 77 C1
King George Av *CHAL* LS7 .... 8 B5
HORS LS18........ 69 D4
King George Gdns *CHAL* LS7 .... 8 B4
King George Rd *HORS* LS18........ 69 D4
King La *AL/HA/HU* LS17 .... 60 B2
Kings Ap *BRAM* LS13 .... 92 B3
King's Av *HDGY* LS6 .... 25 D5
King's Croft Gdns *AL/HA/HU* LS17 ...... 76 A4
Kingsdale Ct *SCFT* LS14 .... 84 B3 3
SCFT LS14 .... 85 C3 1
Kingsley Av *BHP/TINH* LS16 .... 59 C4
Kingsley Dr *BHP/TINH* LS16........ 59 C4
Kingsley Rd *BHP/TINH* LS16 .... 59 C4
Kingsmead *SCFT* LS14 .... 85 D1 2
King's Mt *CHAL* LS7 .... 7 E2
King's Pl *HDGY* LS6 .... 14 B4
King's Rd *HDGY* LS6 .... 25 D3
King's Sq *HDGY* LS6 .... 5 E5 2
Kingston Gdns *MSTN/BAR* LS15 .... 96 A2
Kingston Ter *LDSU* LS2........ 26 C3
King St *LDS* LS1 .... 36 C4
PDSY/CALV LS28........ 89 C4
YEA LS19 .... 53 D2
Kingsway *MSTN/BAR* LS15 .... 106 B1
Kingswear Cl *MSTN/BAR* LS15 .... 97 C4 3
Kingswear Crs *MSTN/BAR* LS15 .... 97 C4
Kingswear Garth *MSTN/BAR* LS15...... 97 C4
Kingswear Gln *MSTN/BAR* LS15 ...... 97 C4 4
Kingswear Gv *MSTN/BAR* LS15........ 97 C4
Kingswear Pde *MSTN/BAR* LS15 .... 97 C4
Kingswear Ri *MSTN/BAR* LS15 .... 97 C4 5
Kingswear Vw *MSTN/BAR* LS15 .... 97 C4
Kingswood Av *RHAY* LS8 .... 77 D2
Kingswood Crs *RHAY* LS8 .... 77 C2
Kingswood Dr *RHAY* LS8 .... 77 C2
Kingswood Gdns *RHAY* LS8........ 77 C2
Kingswood Gv *RHAY* LS8 .... 77 D2
Kippax Mt *OSM* LS9 .... 39 E5
Kippax Pl *OSM* LS9 .... 39 E5
Kirk Beston Cl *BEE/HOL* LS11 .... 111 D3
Kirkdale Av *WOR/ARM* LS12 .... 110 A1
Kirkdale Crs *WOR/ARM* LS12........ 110 A2
Kirkdale Dr *WOR/ARM* LS12 .... 110 A1
Kirkdale Gdns *WOR/ARM* LS12 .... 109 D1
Kirkdale Gv *WOR/ARM* LS12 .... 109 D1
Kirkdale Mt *WOR/ARM* LS12 .... 110 A2
Kirkdale Ter *WOR/ARM* LS12........ 110 A2
Kirkdale Vw *WOR/ARM* LS12........ 110 A2
Kirkfield Dr *MSTN/BAR* LS15 .... 106 B2
Kirkfield Gdns *MSTN/BAR* LS15 .. 107 C2 13
Kirkfield Vw *MSTN/BAR* LS15 .... 107 C2
Kirkgate *LDS* LS1........ 37 F3
LDSU LS2 .... 38 A4
Kirkham St *BRAM* LS13 .... 80 A4
Kirk Ings Yd *LDSU* LS2 .... 38 A4 2
Kirklands Cl *YEA* LS19........ 52 B2
Kirk La *YEA* LS19 .... 52 B2
Kirklees Cl *PDSY/CALV* LS28........ 89 D1
Kirklees Cft *PDSY/CALV* LS28 .... 89 C1 1
Kirklees Dr *PDSY/CALV* LS28 .... 89 C1
Kirklees Garth *PDSY/CALV* LS28 .... 89 C1
Kirklees Ri *PDSY/CALV* LS28 .... 89 C1 2
Kirkstall Av *KSTL* LS5 .... 93 C2
Kirkstall Hl *BULY* LS4 .... 12 C5
Kirkstall La *KSTL* LS5........ 12 C5
Kirkstall Mt *KSTL* LS5 .... 93 C2
Kirkstall Rd *BULY* LS4........ 22 C2
Kirkwall Av *OSM* LS9 .... 40 C4
Kirkwood Av *BHP/TINH* LS16 .... 70 A1
Kirkwood Cl *BHP/TINH* LS16........ 57 C4
Kirkwood Crs *BHP/TINH* LS16........ 57 C4
Kirkwood Dr *BHP/TINH* LS16 .... 57 C4
Kirkwood Gdns *BHP/TINH* LS16 .... 57 D4
Kirkwood Gv *BHP/TINH* LS16 .... 70 A1
Kirkwood La *BHP/TINH* LS16 .... 57 C4
Kirkwood Ri *BHP/TINH* LS16 .... 57 D4 1
Kirkwood Vw *BHP/TINH* LS16........ 57 D4
Kirkwood Wy *BHP/TINH* LS16 .... 57 D4 2
Kitchener Av *OSM* LS9 .... 31 D5 2
Kitchener Gv *OSM* LS9 .... 31 D4
Kitchener Mt *OSM* LS9 .... 31 D5 3
Kitchener Pl *OSM* LS9 .... 31 D5
Kitchener St *OSM* LS9 .... 31 D5 4
Kitson Cl *WOR/ARM* LS12........ 43 E2
Kitson Gdns *WOR/ARM* LS12........ 43 E2

Kitson Rd *MID* LS10 .... 48 A4
Kitson St *OSM* LS9 .... 39 E5
Knightsclose *MSTN/BAR* LS15 .... 106 B1
Knightshill *MSTN/BAR* LS15 .... 107 C1 3
Knightsway *MSTN/BAR* LS15 .... 106 B1
Knoll Wood Pk *HORS* LS18 .... 82 A1
Knott La *YEA* LS19 .... 67 D4
Knowle Av *BULY* LS4 .... 24 A2
Knowle Gv *BULY* LS4 .... 24 A2
Knowle Mt *BULY* LS4 .... 24 A2
Knowle Pl *BULY* LS4 .... 24 A2
Knowle Rd *BULY* LS4 .... 24 A2
Knowle Ter *BULY* LS4 .... 23 F3
Knowsthorpe Crs *OSM* LS9 .... 49 E3
Knowsthorpe Ga *OSM* LS9 .... 51 D5
Knowsthorpe La *OSM* LS9 .... 49 F4
Knowsthorpe Rd *OSM* LS9 .... 116 B1
Knowsthorpe Wy *OSM* LS9 .... 50 C5
Kyffin Av *MSTN/BAR* LS15 .... 104 B2

L

Laburnum St *PDSY/CALV* LS28 .... 89 C4 3
Lady Beck Cl *LDSU* LS2 .... 38 A2
Lady La *LDSU* LS2 .... 37 F3
Lady Pk *AL/HA/HU* LS17 .... 77 C1
Lady Pit La *BEE/HOL* LS11 .... 113 C2
Ladywood Gra *RHAY* LS8 .... 84 A3 1
Ladywood Md *RHAY* LS8 .... 84 A3
Lady Wood Rd *RHAY* LS8 .... 11 D4
Laith Cl *BHP/TINH* LS16 .... 71 C2
Laith Gdns *BHP/TINH* LS16 .... 71 C2
Laith Garth *BHP/TINH* LS16 .... 71 C2
Laith Gn *BHP/TINH* LS16 .... 71 C2
Laith Rd *BHP/TINH* LS16 .... 71 C2
Lakeland Crs *AL/HA/HU* LS17 .... 61 D3
Lakeland Dr *AL/HA/HU* LS17 .... 62 A3
Lakeside Cha *YEA* LS19 .... 66 B1 1
Lakeside Gdns *YEA* LS19 .... 66 B1
Lakeside Rd *WOR/ARM* LS12 .... 102 B3
Lakeside Ter *YEA* LS19 .... 66 B1 2
Lakeside Vw *YEA* LS19 .... 66 B1
Lake Ter *MID* LS10 .... 114 A3
Lambert Av *RHAY* LS8 .... 9 F4
Lambert Dr *RHAY* LS8 .... 9 F5
Lambrigg Crs *SCFT* LS14 .... 95 D1
Lambton Gv *RHAY* LS8 .... 19 F5
Lambton Pl *RHAY* LS8 .... 19 F5
Lambton St *RHAY* LS8 .... 19 F5
Lambton Ter *RHAY* LS8 .... 19 F5
Lambton Vw *RHAY* LS8 .... 19 F5
Lanark Dr *HORS* LS18 .... 68 B1
Lancastre Av *WOR/ARM* LS12 .... 93 C2
Lancastre Gv *KSTL* LS5 .... 93 C2
Landseer Av *BRAM* LS13 .... 92 B2
Landseer Cl *BRAM* LS13 .... 92 A2
Landseer Crs *BRAM* LS13 .... 92 B2
Landseer Dr *BRAM* LS13 .... 92 A2
Landseer Gdns *BRAM* LS13 .... 92 A2
Landseer Gn *BRAM* LS13 .... 92 A2
Landseer Gv *BRAM* LS13 .... 92 B2
Landseer Mt *BRAM* LS13 .... 92 B2
Landseer Ri *BRAM* LS13 .... 92 A2 2
Landseer Rd *BRAM* LS13 .... 92 A2
Landseer Ter *BRAM* LS13 .... 92 B2 5
Landseer Vw *BRAM* LS13 .... 92 B2
Lands La *LDS* LS1 .... 37 E3
Land St *PDSY/CALV* LS28 .... 89 C2
Lane End *PDSY/CALV* LS28 .... 100 A1
Lane End Ct *AL/HA/HU* LS17 .... 61 C4
Lane End Cft *AL/HA/HU* LS17 .... 61 C4
Lane End Fold *PDSY/CALV* LS28 .... 100 A1
Lane End Mt *PDSY/CALV* LS28 .... 100 A1
Lane End Pl *BEE/HOL* LS11 .... 46 C4
The Lanes *PDSY/CALV* LS28 .... 100 A1
The Lane *AL/HA/HU* LS17 .... 61 C4
OSM LS9 .... 38 C5
Langbar Ap *SCFT* LS14 .... 87 C4
Langbar Cl *SCFT* LS14 .... 87 C3
Langbar Garth *SCFT* LS14 .... 87 C3 1
Langbar Gn *SCFT* LS14 .... 87 C3 2
Langbar Gv *SCFT* LS14 .... 87 C4
Langbar Rd *SCFT* LS14 .... 87 C4
Langdale Av *HDGY* LS6 .... 13 E3
Langdale Gdns *HDGY* LS6 .... 13 E4
Langdale Ter *HDGY* LS6 .... 13 E4
Langley Av *BRAM* LS13 .... 90 B1
Langley Cl *BRAM* LS13 .... 90 B1
Langley Crs *BRAM* LS13 .... 91 C2
Langley Garth *BRAM* LS13 .... 90 B1 2
Langley Mt *BRAM* LS13 .... 90 B1
Langley Pl *BRAM* LS13 .... 90 B1 3
Langley Rd *BRAM* LS13 .... 90 B1
Lansdowne St *WOR/ARM* LS12 .... 43 F2
Lanshaw Cl *MID* LS10 .... 120 B3 5
Lanshaw Crs *MID* LS10 .... 120 B4
Lanshaw Pl *MID* LS10 .... 120 B3 6
Lanshaw Rd *MID* LS10 .... 120 B3
Lanshaw Ter *MID* LS10 .... 120 B4
Lanshaw Vw *MID* LS10 .... 120 B3 7
Lanshaw Wk *MID* LS10 .... 120 B3 8
Larchfield Rd *MID* LS10 .... 48 C5
Larkfield Av *YEA* LS19 .... 66 B1
Larkfield Crs *YEA* LS19 .... 66 B1
Larkfield Dr *YEA* LS19 .... 66 B1
Larkfield Mt *YEA* LS19 .... 66 B1
Larkfield Rd *PDSY/CALV* LS28 .... 99 D1
YEA LS19 .... 66 B1
Larkhill Cl *RHAY* LS8 .... 9 D1
Larkhill Gn *AL/HA/HU* LS17 .... 76 B4
Larkhill Rd *AL/HA/HU* LS17 .... 76 B4
Larkhill Vw *RHAY* LS8 .... 9 D1
Larkhill Wk *RHAY* LS8 .... 76 B4
Larkhill Wy *AL/HA/HU* LS17 .... 76 B4
Lascelles Mt *RHAY* LS8 .... 29 F1 2
Lascelles Rd East *RHAY* LS8 .... 29 F1
Lascelles Rd West *RHAY* LS8 .... 29 E1
Lascelles St *RHAY* LS8 .... 29 E1
Lascelles Ter *RHAY* LS8 .... 29 F1
Lascelles Vw *RHAY* LS8 .... 29 F1 3
Latchmere Av *BHP/TINH* LS16 .... 83 C1
Latchmere Cl *BHP/TINH* LS16 .... 2 A1
Latchmere Crest *BHP/TINH* LS16 .... 83 C1 1
Latchmere Cross *BHP/TINH* LS16 .... 83 C1
Latchmere Dr *BHP/TINH* LS16 .... 83 C1
Latchmere Gdns *BHP/TINH* LS16 .... 2 A1
Latchmere Rd *BHP/TINH* LS16 .... 83 C1
Latchmere Vw *BHP/TINH* LS16 .... 71 C4
Latchmere Wk *BHP/TINH* LS16 .... 71 D4
Latchmore Rd *WOR/ARM* LS12 .... 111 C1
Laura St *WOR/ARM* LS12 .... 45 F1
Laurel Bank Ct *BULY* LS4 .... 13 E5
Laurel Fold *WOR/ARM* LS12 .... 33 F4
Laurel Gv *WOR/ARM* LS12 .... 33 F4 4
Laurel Hill Av *MSTN/BAR* LS15 .... 107 C2
Laurel Hill Cft *MSTN/BAR* LS15 .... 107 C2 14
Laurel Hill Gdns *MSTN/BAR* LS15 .... 107 C2 15
Laurel Hill Gv *MSTN/BAR* LS15 .... 107 C2 16
Laurel Hill Vw *MSTN/BAR* LS15 .... 107 C2 17
Laurel Hill Wy *MSTN/BAR* LS15 .... 107 C3 4
Laurel Mt *CHAL* LS7 .... 18 A3
PDSY/CALV LS28 .... 99 D1
Laurel Pl *WOR/ARM* LS12 .... 33 F4
The Laurels *RHAY* LS8 .... 9 E5

Laurel St *WOR/ARM* LS12 33 F4 5
Laurel Ter *PDSY/CALV* LS28 99 D1
WOR/ARM LS12 33 F4 6
Lavender Wk *OSM* LS9 39 E4
Lawns Av *AL/HA/HU* LS17 61 C4
WOR/ARM LS12 108 A2
Lawns Cl *WOR/ARM* LS12 108 A2
Lawns Crs *WOR/ARM* LS12 108 A2
Lawns Cft *WOR/ARM* LS12 108 A2
Lawns Dene *WOR/ARM* LS12 108 A2
Lawns Dr *WOR/ARM* LS12 108 A2
Lawns Gn *WOR/ARM* LS12 108 A2
Lawns Hall Cl *BHP/TINH* LS16 72 A2
Lawn's La *MID* LS10 114 B2
Lawns La *WOR/ARM* LS12 102 A4
Lawns Mt *WOR/ARM* LS12 108 A2
Lawns Sq *WOR/ARM* LS12 108 A2
Lawns Ter *WOR/ARM* LS12 108 A2
Lawnswood Gdns *BHP/TINH* LS16 72 A3 1
Lawrence Av *RHAY* LS8 21 E4
Lawrence Crs *RHAY* LS8 21 E4
Lawrence Gdns *RHAY* LS8 21 F3
Lawrence Rd *RHAY* LS8 21 E4
Lawrence Wk *RHAY* LS8 21 E5
Lawson St *WOR/ARM* LS12 33 D5
Laycock Pl *CHAL* LS7 28 A2
Layton Av *YEA* LS19 67 D2
Layton Cl *YEA* LS19 67 D3
Layton Crs *YEA* LS19 67 C2
Layton Dr *YEA* LS19 67 D2
Layton La *YEA* LS19 67 D3
Layton Mt *YEA* LS19 67 C2
Layton Park Av *YEA* LS19 67 D3
Layton Park Cl *YEA* LS19 67 C2
Layton Park Cft *YEA* LS19 67 D3 1
Layton Park Dr *YEA* LS19 67 D3
Layton Ri *HORS* LS18 68 A2
Layton Rd *YEA* LS19 67 D2
Lea Farm Crs *KSTL* LS5 83 C3
Lea Farm Dr *KSTL* LS5 83 C3
Lea Farm Gv *KSTL* LS5 83 C3
Lea Farm Mt *KSTL* LS5 82 B2
Lea Farm Pl *KSTL* LS5 83 C3
Lea Farm Rd *KSTL* LS5 82 B2
Lea Farm Rw *KSTL* LS5 83 C3
Lea Farm Wk *KSTL* LS5 83 C2
Leafield Cl *AL/HA/HU* LS17 75 C3
Leafield Dr *AL/HA/HU* LS17 75 C3
PDSY/CALV LS28 100 A3
Leafield Gra *AL/HA/HU* LS17 75 C3
Leah Pl *WOR/ARM* LS12 45 E2
Lea Mill Park Cl *YEA* LS19 52 B2
Lea Mill Park Dr *YEA* LS19 52 B2
Lea Park Cl *RTHW* LS26 121 C2 5
Lea Park Cft *RTHW* LS26 121 C2 6
Lea Park Dr *RTHW* LS26 121 C2
Lea Park Gdns *RTHW* LS26 121 C2 7
Lea Park Garth *RTHW* LS26 121 C2 8
Lea Park Gv *RTHW* LS26 121 C2 9
Lea Park V *RTHW* LS26 121 D2
Leasowe Av *MID* LS10 114 B3
Leasowe Cl *MID* LS10 114 B3 2
Leasowe Gdns *MID* LS10 114 B3 3
MID LS10 115 C3 4
Leasowe Garth *MID* LS10 114 B3
Leasowe Rd *MID* LS10 114 B3
Leathley Rd *MID* LS10 47 F4
Leathley St *MID* LS10 48 A3
Ledgard Wy *WOR/ARM* LS12 33 F3
Leeds & Bradford Rd *BRAM* LS13 90 B2
PDSY/CALV LS28 90 A3
Leeds Country Wy *BHP/TINH* LS16 56 B3
HORS LS18 55 D4
Leeds Rd *MSTN/BAR* LS15 97 D1
YEA LS19 66 B2
Lee La *HORS* LS18 69 C3
Lee La East *HORS* LS18 69 C3
Lee La West *HORS* LS18 68 A3
Lees La *PDSY/CALV* LS28 89 C1
Leicester Cl *LDSU* LS2 27 D3
Leicester Gv *LDSU* LS2 27 D3
Leicester Pl *LDSU* LS2 27 D3
Leighton La *LDS* LS1 36 B2 1
Leighton Pl *LDS* LS1 36 C2 1
Leighton St *LDS* LS1 36 B2
Lenhurst Av *WOR/ARM* LS12 22 A2
Lennox Rd *BULY* LS4 24 A5
Lenton Dr *BEE/HOL* LS11 113 D3
Leodis Ct *BEE/HOL* LS11 46 C1
Leopold Gv *CHAL* LS7 28 B2
Leopold St *CHAL* LS7 28 B2
Leslie Av *YEA* LS19 53 C1
Leslie Ter *HDGY* LS6 26 B1
Levens Bank *MSTN/BAR* LS15 104 A3
Levens Cl *MSTN/BAR* LS15 104 B3
Levens Garth *MSTN/BAR* LS15 104 B3 4
Levens Pl *MSTN/BAR* LS15 104 B3
Levita Pl *MSTN/BAR* LS15 104 B1
Leylands Rd *LDSU* LS2 38 B1
Ley La *WOR/ARM* LS12 34 A3
Leysholme Crs *WOR/ARM* LS12 42 B2
Leysholme Dr *WOR/ARM* LS12 42 C2
Leysholme Ter *WOR/ARM* LS12 42 C2
Leysholme Vw *WOR/ARM* LS12 42 B2
Lickless Av *HORS* LS18 70 A4
Lickless Dr *HORS* LS18 70 A4
Lickless Gdns *HORS* LS18 70 A4
Lickless Ter *HORS* LS18 70 A4
Lidget Hl *PDSY/CALV* LS28 99 D1
Lidgett Av *RHAY* LS8 9 E3
Lidgett Ct *RHAY* LS8 9 F1
Lidgett Crs *RHAY* LS8 9 F1
Lidgett Gv *RHAY* LS8 9 E3
Lidgett Hl *RHAY* LS8 9 D4
Lidgett La *AL/HA/HU* LS17 76 B4
RHAY LS8 9 E5
Lidgett Mt *RHAY* LS8 77 C4
Lidgett Park Av *RHAY* LS8 77 C4
Lidgett Park Gdns *RHAY* LS8 9 E1
Lidgett Park Gv *RHAY* LS8 9 F1
Lidgett Park Ms *RHAY* LS8 77 D4
Lidgett Park Rd *RHAY* LS8 77 C4
Lidgett Park Vw *RHAY* LS8 77 C4
Lidgett Pl *RHAY* LS8 9 F1
Lidgett Wk *RHAY* LS8 9 F4
Lifton Pl *LDSU* LS2 26 A4
Lime Gv *YEA* LS19 52 B4 1
Lime Tree Av *AL/HA/HU* LS17 76 B3
Limewood Ap *SCFT* LS14 85 D2
Limewood Rd *SCFT* LS14 85 D3
Lincoln Green Rd *OSM* LS9 38 C1
Lincoln Rd *OSM* LS9 28 C5
Lincombe Bank *RHAY* LS8 8 C2
Lincombe Dr *RHAY* LS8 8 C2
Lincombe Mt *RHAY* LS8 8 C2
Lincombe Ri *RHAY* LS8 8 C2
Lincroft Crs *BRAM* LS13 92 A2
Lindale Cl *MID* LS10 120 A2
Linden Ct *BHP/TINH* LS16 4 A4
Linden Gdns *BEE/HOL* LS11 113 D2 19
Linden Gv *BEE/HOL* LS11 113 D2 20
Linden Mt *BEE/HOL* LS11 113 C2
Linden Pl *BEE/HOL* LS11 113 D2 21
Linden Rd *BEE/HOL* LS11 113 C2 15
BEE/HOL LS11 113 D2 22
Linden St *BEE/HOL* LS11 113 D2

Lindsey Ct *OSM* LS9 39 D1
Lindsey Gdns *OSM* LS9 38 C1
Lindsey Rd *OSM* LS9 39 D1
Lingfield Ap *AL/HA/HU* LS17 75 C2
Lingfield Bank *AL/HA/HU* LS17 75 C2
Lingfield Cl *AL/HA/HU* LS17 75 D2
Lingfield Crs *AL/HA/HU* LS17 75 C2 1
Lingfield Dr *AL/HA/HU* LS17 75 D2
Lingfield Gdns *AL/HA/HU* LS17 75 C2
Lingfield Ga *AL/HA/HU* LS17 75 C2
Lingfield Gn *AL/HA/HU* LS17 75 C2 2
Lingfield Gv *AL/HA/HU* LS17 75 D2
Lingfield Mt *AL/HA/HU* LS17 75 D2
Lingfield Rd *AL/HA/HU* LS17 75 C2
Lingfield Vw *AL/HA/HU* LS17 75 C2
Lingfield Wk *AL/HA/HU* LS17 75 C2 3
Lingwell Av *MID* LS10 119 D4
Lingwell Crs *MID* LS10 119 D4 3
Lingwell Rd *MID* LS10 119 D4
Linton Av *AL/HA/HU* LS17 77 C1
Linton Cl *AL/HA/HU* LS17 76 B1
Linton Crs *AL/HA/HU* LS17 77 C1
Linton Gv *AL/HA/HU* LS17 76 B1
Linton Ri *AL/HA/HU* LS17 76 B1
Linton Vw *AL/HA/HU* LS17 63 D4
Lisbon St *LDS* LS1 36 B3
Lister Hl *HORS* LS18 69 D3
Little King St *LDS* LS1 37 D4
Littlemoor Ct *PDSY/CALV* LS28 100 A3 1
Littlemoor Crs *PDSY/CALV* LS28 99 D4
Littlemoor Crs South
PDSY/CALV LS28 99 D4
Littlemoor Gdns *PDSY/CALV* LS28 99 D4
Little Moor Pl *WOR/ARM* LS12 32 C4
Littlemoor Rd *PDSY/CALV* LS28 99 D3
Littlemoor Vw *PDSY/CALV* LS28 100 A3
Little Neville St *LDS* LS1 37 D5
Little Queen St *LDS* LS1 36 B3 1
Little Woodhouse St *LDSU* LS2 36 B1 1
Litton Wy *SCFT* LS14 86 A1
Livinia Gv *CHAL* LS7 27 D3
Lockwood Cl *BEE/HOL* LS11 113 C4
Lockwood Ct *BEE/HOL* LS11 113 D4
Lockwood Pk *BEE/HOL* LS11 113 D4
Lockwood Wy *BEE/HOL* LS11 113 D4
Lodge Hill Cl *WOR/ARM* LS12 108 A2
Lodge La *BEE/HOL* LS11 113 C2 16
Lodge Rd *PDSY/CALV* LS28 99 C1
Lodge St *LDS* LS1 26 C4
LDSU LS2 26 C5
Lodge Ter *BEE/HOL* LS11 113 C3 9
Lofthouse Pl *LDSU* LS2 27 D4
Lofthouse Ter *CHAL* LS7 27 E4
Lombard St *MSTN/BAR* LS15 105 C2
Lomond Av *HORS* LS18 69 C1 1
Londesboro Gv *OSM* LS9 40 A4
Londesboro Ter *OSM* LS9 40 B4
Long Cswy *BHP/TINH* LS16 60 A4
OSM LS9 49 E3
Long Close La *OSM* LS9 39 E5
Longfield Av *PDSY/CALV* LS28 100 A2 2
Longfield Ct *PDSY/CALV* LS28 100 A2 3
Longfield Dr *BRAM* LS13 90 A1
MSTN/BAR LS15 105 D1
Longfield Garth *BRAM* LS13 80 A4 2
Longfield Gv *PDSY/CALV* LS28 100 A2 4
Longfield Mt *PDSY/CALV* LS28 100 A2 5
Longfield Rd *PDSY/CALV* LS28 100 A2
Longfield Ter *PDSY/CALV* LS28 99 D2 2
Long Rw *HORS* LS18 69 D4
Longroyd Av *BEE/HOL* LS11 113 D2
Longroyd Crs *BEE/HOL* LS11 113 D2 23
Longroyd Crs North
BEE/HOL LS11 113 D2 24
Longroyd Gv *BEE/HOL* LS11 113 D2
Longroyd Pl *BEE/HOL* LS11 113 D2
Longroyd St *BEE/HOL* LS11 113 D2
Longroyd St North
BEE/HOL LS11 113 D2 25
Longroyd Ter *MID* LS10 113 D2
Longroyd Vw *BEE/HOL* LS11 113 D2
Longwood Cl *AL/HA/HU* LS17 65 C4
Longwood Crs *AL/HA/HU* LS17 65 C4
Longwood Wy *AL/HA/HU* LS17 65 C4 1
Lonsdale Cl *MID* LS10 114 A4 2
Lord St *WOR/ARM* LS12 45 F1
Lord Ter *WOR/ARM* LS12 45 E1
Lorry Bank *CHAL* LS7 17 E5
Louis Gv *CHAL* LS7 28 C2
Louis St *CHAL* LS7 28 B1
Lovell Park Cl *CHAL* LS7 28 A5
Lovell Park Ga *CHAL* LS7 27 F5
Lovell Park Hl *CHAL* LS7 27 F5
Lovell Park Ms *CHAL* LS7 28 A5
Lovell Park Rd *CHAL* LS7 27 F5
Lovell Park Vw *CHAL* LS7 28 A5
Low Bank St *PDSY/CALV* LS28 88 B2
Low Close St *LDSU* LS2 26 B2
Lowell Gv *BRAM* LS13 100 B1
Lowell Pl *BRAM* LS13 100 B1
Lower Basinghall St *LDS* LS1 37 D3
Lower Brunswick St *LDSU* LS2 38 A1
Lower Tofts Rd *PDSY/CALV* LS28 99 D2
Lower Town St *BRAM* LS13 92 A2
Lower Wortley Rd *WOR/ARM* LS12 42 C5
Low Fields Av *BEE/HOL* LS11 111 D1
Low Fields Rd *BEE/HOL* LS11 111 D2
WOR/ARM LS12 44 C5
Low Fold *OSM* LS9 49 D2
Low Gipton Crs *OSM* LS9 94 A2
Low Grange Crs *MID* LS10 114 B4
Low Grange Vw *MID* LS10 120 B1
Low Gn *YEA* LS19 66 B2
Low Hall Pl *BEE/HOL* LS11 45 F2
Low La *HORS* LS18 70 A3
Low Mills Rd *WOR/ARM* LS12 42 C5
Low Moor Side *WOR/ARM* LS12 108 A2
Low Moorside Cl *WOR/ARM* LS12 108 B2 1
Lowther St *RHAY* LS8 19 F5
Lowtown *PDSY/CALV* LS28 100 A1
Low Whitehouse Rw *MID* LS10 48 B4 1
Lucas Ct *CHAL* LS7 27 E1
Lucas Pl *HDGY* LS6 16 B5
Lucas St *HDGY* LS6 16 B5
Lucy Av *MSTN/BAR* LS15 104 B1
Ludolf Dr *AL/HA/HU* LS17 79 D1
Lulworth Av *MSTN/BAR* LS15 107 C1
Lulworth Cl *MSTN/BAR* LS15 97 C4 6
Lulworth Crs *MSTN/BAR* LS15 97 C4
Lulworth Garth *MSTN/BAR* LS15 107 C1 4
Lulworth Vw *MSTN/BAR* LS15 107 C1
Lulworth Wk *MSTN/BAR* LS15 107 C1
Lumby Cl *PDSY/CALV* LS28 100 A4
Lumby La *PDSY/CALV* LS28 100 A4
Lumley Av *BULY* LS4 24 A2
Lumley Gv *BULY* LS4 24 A1
Lumley Mt *BULY* LS4 24 A2
Lumley Pl *BULY* LS4 24 A1
Lumley Rd *BULY* LS4 24 A2
Lumley St *BULY* LS4 24 A2
Lumley Ter *BULY* LS4 24 A2
Lumley Vw *BULY* LS4 24 A2 1
Lumley Wk *BULY* LS4 24 A2
Lunan Pl *RHAY* LS8 19 F4
Lunan Ter *RHAY* LS8 19 E5

Lupton Av OSM LS9 ... 40 B2
Lupton St MID LS10 ... 114 B2
Luttrell Cl BHP/TINH LS16 ... 71 D3
Luttrell Crs BHP/TINH LS16 ... 71 D3
Luttrell Gdns BHP/TINH LS16 ... 71 D3
Luttrell Pl BHP/TINH LS16 ... 71 D3
Luttrell Rd BHP/TINH LS16 ... 71 D3
Luxor Av RHAY LS8 ... 19 F5
Luxor Rd RHAY LS8 ... 19 F5
Luxor St RHAY LS8 ... 19 F5
Luxor Vw RHAY LS8 ... 19 F5
Lyddon Ter LDSU LS2 ... 26 A4
Lydgate OSM LS9 ... 29 F5
Lydia St LDSU LS2 ... 38 A2
Lyme Cha SCFT LS14 ... 95 C3
Lynnwood Gdns PDSY/CALV LS28 ... 98 B3
Lynwood Av WOR/ARM LS12 ... 43 F5
Lynwood Crs WOR/ARM LS12 ... 43 F4
Lynwood Garth WOR/ARM LS12 ... 43 E4
Lynwood Gv WOR/ARM LS12 ... 43 F5
Lynwood Mt WOR/ARM LS12 ... 43 F4
Lynwood Ri WOR/ARM LS12 ... 43 F4
Lynwood Vw WOR/ARM LS12 ... 43 E4
Lytham Gv WOR/ARM LS12 ... 42 B5
Lytham Pl WOR/ARM LS12 ... 42 A5
Lytton St MID LS10 ... 114 A2

M

Mabgate OSM LS9 ... 38 B1
Mabgate Gn OSM LS9 ... 38 B2
Macaulay St OSM LS9 ... 38 C2
Mafeking Av BEE/HOL LS11 ... 112 B4 4
Mafeking Gv BEE/HOL LS11 ... 112 B4 5
Mafeking Mt BEE/HOL LS11 ... 112 B4 6
Magdalene Cl BHP/TINH LS16 ... 71 D2
Mail Cl MSTN/BAR LS15 ... 97 D2
Main St AL/HA/HU LS17 ... 79 D1
Malham Cl SCFT LS14 ... 95 D1
Mallard Cl RTHW LS26 ... 121 C2
Malmesbury Cl WOR/ARM LS12 ... 43 F2 1
Malmesbury Gv WOR/ARM LS12 ... 43 F2
Malmesbury Pl WOR/ARM LS12 ... 43 F2
Malmesbury St WOR/ARM LS12 ... 43 F2
Malmesbury Ter WOR/ARM LS12 ... 43 F2
Maltby Ct MSTN/BAR LS15 ... 107 C2 18
Maltings Rd BEE/HOL LS11 ... 113 D1
The Maltings HDGY LS6 ... 24 C3 6
Malvern Gv BEE/HOL LS11 ... 112 B2
Malvern Ri BEE/HOL LS11 ... 112 B2
Malvern Rd BEE/HOL LS11 ... 112 B1
Malvern St BEE/HOL LS11 ... 112 B1
Malvern Vw BEE/HOL LS11 ... 112 B1 5
Mandarin Wy RTHW LS26 ... 121 C2
Manitoba Pl CHAL LS7 ... 18 C1
Manor Av HDGY LS6 ... 14 C5
Manor Cl YEA LS19 ... 53 C2
Manor Cft MSTN/BAR LS15 ... 106 B2 1
Manor Dr HDGY LS6 ... 14 C5
Manor Farm Cl MID LS10 ... 120 A3 1
Manor Farm Dr MID LS10 ... 119 D3
Manor Farm Gdns MID LS10 ... 119 D3
Manor Farm Gn MID LS10 ... 119 D3
Manor Farm Gv MID LS10 ... 119 D3 1
Manor Farm Ri MID LS10 ... 120 A3 2
Manor Farm Rd MID LS10 ... 119 D3
Manor Farm Wy MID LS10 ... 119 D4
Manor Garth MSTN/BAR LS15 ... 106 B2 2
Manor Gv CHAL LS7 ... 18 A1
Manor House Cft BHP/TINH LS16 ... 73 C2
Manor House La AL/HA/HU LS17 ... 64 A4
Manor Mill La BEE/HOL LS11 ... 111 D4
Manor Rd BEE/HOL LS11 ... 46 C2
HORS LS18 ... 80 B1
Manor Sq YEA LS19 ... 53 C2 4
Manor St CHAL LS7 ... 28 B4
Manor Ter HDGY LS6 ... 14 C5
Manor Vw HDGY LS6 ... 14 C5
PDSY/CALV LS28 ... 99 D2
Mansfield Pl HDGY LS6 ... 4 A5
Mansion La RHAY LS8 ... 78 A4
Manston Ap MSTN/BAR LS15 ... 96 B2
Manston Av MSTN/BAR LS15 ... 96 B2
Manston Crs MSTN/BAR LS15 ... 96 B2
Manston Dr MSTN/BAR LS15 ... 96 B2
Manston Gdns MSTN/BAR LS15 ... 97 C2
Manston Gv MSTN/BAR LS15 ... 96 B2
Manston La MSTN/BAR LS15 ... 97 D3
Manston Ri MSTN/BAR LS15 ... 96 B2
Manston Wy MSTN/BAR LS15 ... 96 B2
Maple Cft AL/HA/HU LS17 ... 76 B2
WOR/ARM LS12 ... 102 A4
Maple Dr WOR/ARM LS12 ... 102 A4
Maple Fold WOR/ARM LS12 ... 102 A4
Maple Gv WOR/ARM LS12 ... 102 A4
Maple Ter YEA LS19 ... 52 B2 1
Maple Wy SCFT LS14 ... 86 B1
Mardale Crs SCFT LS14 ... 95 D2
Marian Gv BEE/HOL LS11 ... 113 C2 17
Marian Rd HDGY LS6 ... 26 C1
Marian Ter HDGY LS6 ... 26 C1
Market Pl PDSY/CALV LS28 ... 99 D2
Markham Av RHAY LS8 ... 19 E5
YEA LS19 ... 53 D4
Markham Crs YEA LS19 ... 53 D4
Markham Cft YEA LS19 ... 53 D4
Mark La LDSU LS2 ... 37 E2
Marlborough Gdns LDSU LS2 ... 26 C4
Marlborough St LDS LS1 ... 36 A3
Marley Gv BEE/HOL LS11 ... 112 A2
Marley Pl BEE/HOL LS11 ... 112 A2
Marley St BEE/HOL LS11 ... 112 A2
Marley Ter BEE/HOL LS11 ... 112 A2
Marley Vw BEE/HOL LS11 ... 112 A2
Marlowe Cl PDSY/CALV LS28 ... 100 A4
Marsden Av BEE/HOL LS11 ... 112 B3
Marsden Gv BEE/HOL LS11 ... 112 B3
Marsden Mt BEE/HOL LS11 ... 112 B3
Marsden Pl BEE/HOL LS11 ... 112 B3
Marsden Vw BEE/HOL LS11 ... 112 B3
Marsett Wy SCFT LS14 ... 86 A1
Marsh PDSY/CALV LS28 ... 98 B2
Marshall Av MSTN/BAR LS15 ... 97 C3
Marshall St BEE/HOL LS11 ... 46 C2
MSTN/BAR LS15 ... 96 B3
YEA LS19 ... 53 C2
Marshall Ter MSTN/BAR LS15 ... 96 B3
Marsh Ct PDSY/CALV LS28 ... 98 B2
Marsh La OSM LS9 ... 38 B4
Marsh St HDGY LS6 ... 26 B1
Marsh Ter PDSY/CALV LS28 ... 98 B2
Marsh V HDGY LS6 ... 26 B1
Martin Ct MSTN/BAR LS15 ... 107 C1
Martindale Dr BRAM LS13 ... 92 B4 1
Martin Ter BULY LS4 ... 23 F4
Marwood Rd WOR/ARM LS12 ... 102 A2
Maryfield Av MSTN/BAR LS15 ... 95 D3
Maryfield Cl MSTN/BAR LS15 ... 95 D3
Maryfield Ct MSTN/BAR LS15 ... 96 A3 1
Maryfield Gdns MSTN/BAR LS15 ... 95 D3 2
Maryfield Gn MSTN/BAR LS15 ... 95 D3
Maryfield Ms MSTN/BAR LS15 ... 95 D3 3
Maryfield V MSTN/BAR LS15 ... 95 D3
Mary St PDSY/CALV LS28 ... 89 D1

Masefield St *GSLY* LS20 **52** A1
Masham Gv *WOR/ARM* LS12 **34** A5
Masham St *WOR/ARM* LS12 **34** A5
Maud Av *BEE/HOL* LS11 **112** B3
Maude St *LDSU* LS2 **38** A5
Maud Pl *BEE/HOL* LS11 **113** C2
Mavis Av *BHP/TINH* LS16 **57** D3
Mavis Gv *BHP/TINH* LS16 **57** D4
Mavis La *BHP/TINH* LS16 **57** D3
Mawcroft Cl *YEA* LS19 **52** B4
Mawcroft Grange Dr *YEA* LS19 **52** B4
Mayfield Rd *MSTN/BAR* LS15 **106** A1 3
Mayflower St *MID* LS10 **115** D3 2
Mayo Cl *RHAY* LS8 **11** F5
May Ter *OSM* LS9 **49** E1
Mayville Av *HDGY* LS6 **24** C2
Mayville Pl *HDGY* LS6 **24** C1
Mayville Rd *HDGY* LS6 **24** C1
Mayville St *HDGY* LS6 **24** C2
Mayville Ter *HDGY* LS6 **24** C2
Mclaren Flds *BRAM* LS13 **92** A3 6
Mead Cl *MSTN/BAR* LS15 **107** D3 2
Mead Gv *MSTN/BAR* LS15 **107** D3
Meadow Cft *BEE/HOL* LS11 **46** C3
Meadowcroft Ms *OSM* LS9 **39** D5 1
Meadowhurst Gdns
PDSY/CALV LS28 **99** C2 1
Meadow La *BEE/HOL* LS11 **47** E1
Meadow Park Crs *PDSY/CALV* LS28 **88** A3
Meadow Park Dr *PDSY/CALV* LS28 **88** A3
Meadow Rd *BEE/HOL* LS11 **47** D3
The Meadows *BHP/TINH* LS16 **72** B2
Meadow Va *AL/HA/HU* LS17 **61** D4
Meadow Vw *HDGY* LS6 **25** D2
Meadow Wk *CHAL* LS7 **19** D1
Meadow Wy *AL/HA/HU* LS17 **61** D4
Mead Rd *MSTN/BAR* LS15 **107** D3
Mead Wy *MSTN/BAR* LS15 **107** D3
Meanwood Cl *CHAL* LS7 **17** D5
Meanwood Gv *HDGY* LS6 **73** D4
Meanwood Rd *CHAL* LS7 **5** E5
Meanwood Valley Dr *CHAL* LS7 **15** F1
Meanwood Valley Gn *CHAL* LS7 **5** E5
Meanwood Valley Gv *CHAL* LS7 **5** F5
Meanwood Valley Mt *CHAL* LS7 **5** F5
Meanwood Valley Rd *CHAL* LS7 **15** F1
Meanwood Valley Wk *CHAL* LS7 **5** F5
Medeway *PDSY/CALV* LS28 **88** B3
Melbourne Gv *BRAM* LS13 **91** D3 7
Melbourne St *LDSU* LS2 **38** A1
PDSY/CALV LS28 **89** C3
Melrose Gv *HORS* LS18 **82** B1
Melrose Pl *HORS* LS18 **82** A1
PDSY/CALV LS28 **99** C3
Melrose Wk *HORS* LS18 **82** A1
Melton Cl *EARD/LOFT* WF3 **121** C4
Melville Cl *HDGY* LS6 **26** C1
Melville Gdns *HDGY* LS6 **27** D1
Melville Pl *HDGY* LS6 **17** D5
Melville Rd *HDGY* LS6 **26** C1
Memorial Dr *HDGY* LS6 **5** E4
Mercia Wy *MSTN/BAR* LS15 **97** D2
Merrion Pl *LDS* LS1 **37** F2
Merrion St *LDSU* LS2 **37** E2
Merrion Wy *LDSU* LS2 **37** E1
Merton Av *PDSY/CALV* LS28 **89** C3
Merton Dr *PDSY/CALV* LS28 **88** B3
Merton Gdns *PDSY/CALV* LS28 **88** B3
Methley Dr *CHAL* LS7 **8** A5
Methley Gv *CHAL* LS7 **7** F5
Methley La *CHAL* LS7 **8** A5
Methley Mt *CHAL* LS7 **18** A1
Methley Pl *CHAL* LS7 **7** F5
Methley Ter *CHAL* LS7 **7** F5
Methley Vw *CHAL* LS7 **18** A1
Mexborough Av *CHAL* LS7 **18** A5
Mexborough Dr *CHAL* LS7 **18** A5
Mexborough Gv *CHAL* LS7 **18** A5
Mexborough Pl *CHAL* LS7 **28** A1
Mexborough Rd *CHAL* LS7 **28** B1
Mexborough St *CHAL* LS7 **18** A5
Meynell Ap *BEE/HOL* LS11 **46** A4
Meynell Ct *MSTN/BAR* LS15 **107** C2 19
Meynell Rd *MSTN/BAR* LS15 **107** C3
Micklefield Ct *YEA* LS19 **66** A1 2
Micklefield Rd *YEA* LS19 **66** A1
Mickley St *WOR/ARM* LS12 **33** F4
Middlecroft Cl *RTHW* LS26 **121** C1 2
Middlecroft Rd *RTHW* LS26 **121** C1
Middle Cross St *WOR/ARM* LS12 **34** A5
Middlemoor *SCFT* LS14 **86** A1 4
Middle Rd *OSM* LS9 **117** C2
Middlethorne Cl *AL/HA/HU* LS17 **65** C4 2
Middlethorne Ct *AL/HA/HU* LS17 **64** B4
Middlethorne Ms *AL/HA/HU* LS17 **65** C4 3
Middlethorne Ri *AL/HA/HU* LS17 **77** D1
Middleton Av *OSM* LS9 **39** F1
RTHW LS26 **121** D4
Middleton Gv *BEE/HOL* LS11 **113** D4
Middleton La *RTHW* LS26 **121** D4
Middleton Park Gv *MID* LS10 **119** C4
Middleton Park Rd *MID* LS10 **119** D4
Middleton Rd *MID* LS10 **114** B4 4
MID LS10 **120** B2
Midgley Gdns *HDGY* LS6 **26** B1
Midgley Pl *HDGY* LS6 **26** C1
Midgley Ter *HDGY* LS6 **26** C1
Midland Cl *MID* LS10 **115** C2
Midland Garth *MID* LS10 **114** B2
Midland Pas *HDGY* LS6 **25** F1
Midland Rd *HDGY* LS6 **25** F1
MID LS10 **114** B2
Milan Rd *RHAY* LS8 **30** A1
Milan St *RHAY* LS8 **30** A1
Miles Hill Av *CHAL* LS7 **6** C5
Miles Hill Crs *CHAL* LS7 **6** C5
Miles Hill Gv *CHAL* LS7 **16** C1
Miles Hill Mt *CHAL* LS7 **6** B4
Miles Hill Pl *CHAL* LS7 **6** C4
Miles Hill Rd *CHAL* LS7 **6** C5
Miles Hill Sq *CHAL* LS7 **16** C1
Miles Hill St *CHAL* LS7 **7** D5
Miles Hill Ter *CHAL* LS7 **6** C5
Miles Hill Vw *CHAL* LS7 **16** C1
Milford Pl *BULY* LS4 **34** B1
Millbank *PDSY/CALV* LS28 **100** A3
Millbank Ct *PDSY/CALV* LS28 **100** A4
Millenium Wy *BEE/HOL* LS11 **113** C4
Millgarth St *LDSU* LS2 **38** A3
Mill Gn *BEE/HOL* LS11 **45** E2
Mill Green Cl *SCFT* LS14 **86** B4
Mill Green Gdns *SCFT* LS14 **86** B4
Mill Green Garth *SCFT* LS14 **86** B4 2
Mill Green Pl *SCFT* LS14 **96** B1
Mill Green Rd *SCFT* LS14 **86** B4
Mill Green Vw *SCFT* LS14 **86** A4
Mill Hl *LDS* LS1 **37** E4
PDSY/CALV LS28 **99** D4
Mill La *BRAM* LS13 **90** B2
Mill Pond Gv *HDGY* LS6 **5** D5
Mill Pond La *HDGY* LS6 **5** D4
Millshaw *BEE/HOL* LS11 **111** C4
Millshaw Park Wy *BEE/HOL* LS11 **111** C4
Mill St *OSM* LS9 **38** C4
Millwright St *LDSU* LS2 **38** B1
Milne Ct *MSTN/BAR* LS15 **107** C3 5

Milner Gdns *OSM* LS9 .... **49** E1
Milner's Rd *YEA* LS19 .... **52** A2
Milnes St *WOR/ARM* LS12 .... **45** D1
Milton Ter *KSTL* LS5 .... **12** B5
Miry La *YEA* LS19 .... **53** C2
Mistress La *WOR/ARM* LS12 .... **33** F3
Mitford Pl *WOR/ARM* LS12 .... **34** A4
Mitford Rd *WOR/ARM* LS12 .... **34** B5
Mitford Ter *WOR/ARM* LS12 .... **34** A4
Mitford Vw *WOR/ARM* LS12 .... **34** B4
Modder Av *WOR/ARM* LS12 .... **33** D4
Modder Pl *WOR/ARM* LS12 .... **33** D4
Model Av *WOR/ARM* LS12 .... **34** A4
Model Rd *WOR/ARM* LS12 .... **34** A4
Model Ter *WOR/ARM* LS12 .... **34** A4
Monk Bridge Av *HDGY* LS6 .... **15** D1
Monk Bridge Dr *HDGY* LS6 .... **15** E1
Monk Bridge Mt *HDGY* LS6 .... **15** D1
Monk Bridge Pl *HDGY* LS6 .... **5** D5
Monk Bridge Rd *HDGY* LS6 .... **14** C1
Monk Bridge St *HDGY* LS6 .... **5** E5
Monk Bridge Ter *HDGY* LS6 .... **5** D5
Monkswood *KSTL* LS5 .... **83** C3 2
Monkswood Av *SCFT* LS14 .... **85** C1
Monkswood Bank *SCFT* LS14 .... **85** C1
Monkswood Cl *SCFT* LS14 .... **85** C1 1
Monkswood Dr *SCFT* LS14 .... **85** C1
Monkswood Ga *SCFT* LS14 .... **85** D1 3
Monkswood Gn *SCFT* LS14 .... **85** C1 2
Monkswood Hl *SCFT* LS14 .... **85** C1
Monkswood Ri *SCFT* LS14 .... **85** C1
Monkswood Wk *SCFT* LS14 .... **85** D1
Montagu Av *RHAY* LS8 .... **21** D2
Montagu Crs *RHAY* LS8 .... **21** E2
Montagu Dr *RHAY* LS8 .... **21** D2
Montagu Gdns *RHAY* LS8 .... **21** D3
Montagu Gv *RHAY* LS8 .... **21** E3
Montagu Pl *RHAY* LS8 .... **21** D2
Montagu Ri *RHAY* LS8 .... **21** F3
Montagu Vw *RHAY* LS8 .... **21** D2
Montcalm Crs *MID* LS10 .... **114** B3 4
Montfort Cl *HORS* LS18 .... **69** C2
Montreal Av *CHAL* LS7 .... **8** B5
Montreal Ter *BRAM* LS13 .... **100** B1 1
Moor Allerton Av *AL/HA/HU* LS17 .... **76** B3
Moor Allerton Crs *AL/HA/HU* LS17 .. **76** B3 2
Moor Allerton Dr *AL/HA/HU* LS17 .... **77** C3
Moor Allerton Gdns
AL/HA/HU LS17 .... **76** A3 5
Moor Av *MSTN/BAR* LS15 .... **105** C2
Moor Cl *MID* LS10 .... **114** A3
Moor Crs *BEE/HOL* LS11 .... **113** D1 4
Moor Crescent Cha *BEE/HOL* LS11 .... **47** E5
Moor Cft *BHP/TINH* LS16 .... **73** C1
Moor Dr *HDGY* LS6 .... **4** C5
PDSY/CALV LS28 .... **100** A4
Moorehouse Gv *OSM* LS9 .... **28** C5
Moor Farm Gdns *CHAL* LS7 .... **7** E4
Moorfield Av *WOR/ARM* LS12 .... **32** A3
Moorfield Cl *YEA* LS19 .... **54** A3
Moorfield Ct *YEA* LS19 .... **54** A3
Moorfield Crs *PDSY/CALV* LS28 .... **99** C3
WOR/ARM LS12 .... **32** A3 4
YEA LS19 .... **53** D3
Moorfield Cft *YEA* LS19 .... **54** A3 3
Moorfield Dr *YEA* LS19 .... **54** A3
Moorfield Gdns *PDSY/CALV* LS28 .... **98** B3
Moorfield Gv *PDSY/CALV* LS28 .... **98** B3 1
WOR/ARM LS12 .... **32** A3
Moorfield Rd *WOR/ARM* LS12 .... **32** B3
YEA LS19 .... **54** A3
Moorfields *BRAM* LS13 .... **91** D2
Moorfield St *LDSU* LS2 .... **26** B2
WOR/ARM LS12 .... **32** A3 5
Moor Flatts Av *MID* LS10 .... **119** D4
Moor Flatts Rd *MID* LS10 .... **119** D4
Moor Grange Dr *BHP/TINH* LS16 .... **2** A1
Moor Grange Ri *BHP/TINH* LS16 .... **2** B1
Moor Grange Vw *BHP/TINH* LS16 .... **2** A2
Moor Gv *PDSY/CALV* LS28 .... **100** A4
Moorhouse Av *BEE/HOL* LS11 .... **112** A4
The Moorings *AL/HA/HU* LS17 .... **63** D4
MID LS10 .... **116** A2 1
Moorland Av *HDGY* LS6 .... **25** E3
Moorland Crs *AL/HA/HU* LS17 .... **75** D4
Moorland Dr *AL/HA/HU* LS17 .... **76** A4 2
Moorland Gdns *AL/HA/HU* LS17 .... **76** A3
Moorland Garth *AL/HA/HU* LS17 .... **75** D4 3
Moorland Gv *AL/HA/HU* LS17 .... **75** D3
Moorland Ings *AL/HA/HU* LS17 .... **75** D4
Moorland Ri *AL/HA/HU* LS17 .... **75** D4
Moorland Rd *HDGY* LS6 .... **25** F3
Moorlands Av *YEA* LS19 .... **54** A3
Moorlands Dr *YEA* LS19 .... **54** A3
The Moorlands *AL/HA/HU* LS17 .... **76** B1
Moorland Vw *AL/HA/HU* LS17 .... **75** D3
BRAM LS13 .... **91** C1
Moorland Wk *AL/HA/HU* LS17 .... **75** D3 4
Moor Park Av *HDGY* LS6 .... **4** B5
Moor Park Dr *HDGY* LS6 .... **4** B5
Moor Park Mt *HDGY* LS6 .... **4** B5
Moor Park Vls *HDGY* LS6 .... **4** C5
Moor Rd *BEE/HOL* LS11 .... **113** D1
HDGY LS6 .... **4** B5
MID LS10 .... **114** A3
Moorside Dr *BRAM* LS13 .... **91** D1
Moorside Maltings *BEE/HOL* LS11 .... **113** D2
Moorside St *BRAM* LS13 .... **91** D1 4
Moorside Ter *BRAM* LS13 .... **91** D1
Moor Vw *BEE/HOL* LS11 .... **46** B4
Moorville Ct *BEE/HOL* LS11 .... **112** B1 6
Moorville Gv *BEE/HOL* LS11 .... **46** B5
Moorville Rd *BEE/HOL* LS11 .... **46** C5
Moresdale La *SCFT* LS14 .... **95** D2
Morpeth Pl *OSM* LS9 .... **48** C1
Morphet Ter *CHAL* LS7 .... **27** F5 1
Morris Av *KSTL* LS5 .... **12** A2
Morris Gv *KSTL* LS5 .... **12** B4
Morris La *KSTL* LS5 .... **12** A3
Morris Mt *KSTL* LS5 .... **12** B4
Morris Vw *KSTL* LS5 .... **12** B4
Morritt Av *MSTN/BAR* LS15 .... **96** A4
Morritt Gv *MSTN/BAR* LS15 .... **105** C1
Morwick Gv *MSTN/BAR* LS15 .... **87** D3
Moseley Pl *HDGY* LS6 .... **27** D1
Moseley Wood Ap *BHP/TINH* LS16 .... **70** A1
Moseley Wood Av *BHP/TINH* LS16 .... **57** C3
Moseley Wood Bank
BHP/TINH LS16 .... **57** C4
Moseley Wood Cl *BHP/TINH* LS16 .... **70** A1
Moseley Wood Crs *BHP/TINH* LS16 .... **57** C4
Moseley Wood Cft *HORS* LS18 .... **69** D1
Moseley Wood Dr *BHP/TINH* LS16 .... **57** C4
Moseley Wood Gdns
BHP/TINH LS16 .... **57** C4
Moseley Wood Gn *BHP/TINH* LS16 .... **57** C4
Moseley Wood Gv *BHP/TINH* LS16 .... **57** C4
Moseley Wood La *BHP/TINH* LS16 .... **57** D3
Moseley Wood Ri *BHP/TINH* LS16 .... **56** B4
Moseley Wood Vw *BHP/TINH* LS16 .... **57** D3
Moseley Wood Wk *BHP/TINH* LS16 .... **57** C4
Moseley Wood Wy *BHP/TINH* LS16 .... **57** C3
Moss Bridge Rd *BRAM* LS13 .... **80** A4
Moss Gdns *AL/HA/HU* LS17 .... **61** D4
Moss Ri *AL/HA/HU* LS17 .... **61** D4
Moss Va *AL/HA/HU* LS17 .... **61** D4

Mount Ct PDSY/CALV LS28 .... 99 D1 3
Mount Dr AL/HA/HU LS17 .... 62 A3
Mount Gdns AL/HA/HU LS17 .... 62 A3
Mount Pleasant BRAM LS13 .... 91 C1
Mount Pleasant Av RHAY LS8.............. 19 E3
Mount Pleasant Rd PDSY/CALV LS28.. 99 D1
Mount Preston LDSU LS2 .... 26 A5
Mount Preston St LDSU LS2 .... 26 A5
Mount Ri AL/HA/HU LS17...................... 62 A3
Mount Tabor St PDSY/CALV LS28 .... 98 B2 1
The Mount AL/HA/HU LS17 .... 62 A3
MSTN/BAR LS15 .... 96 A4
Mount Vernon Rd YEA LS19 .... 66 B1 3
Mowbray Ct SCFT LS14 .... 95 D2
Mowbray Crs SCFT LS14 .... 95 D2
Moynihan Cl RHAY LS8........................ 21 D5
Mulberry Av BHP/TINH LS16................ 73 C1
Mulberry Garth BHP/TINH LS16 .... 73 C2
Mulberry Ri BHP/TINH LS16 .... 73 C1
Mulberry St MID LS10 .... 48 A3
PDSY/CALV LS28 .... 99 D2 3
Mulberry Street Sq
PDSY/CALV LS28 .... 99 D2 4
Mulberry Vw BHP/TINH LS16 .... 73 C2
Mullins Ct OSM LS9.............................. 39 E5
Murton Cl SCFT LS14............................ 95 D1
Museum St OSM LS9 .... 29 E5
Musgrave Bank BRAM LS13 .... 92 B3
Musgrave Buildings
PDSY/CALV LS28................................ 100 A1
Musgrave Mt BRAM LS13 .... 92 B3
Musgrave Ri BRAM LS13 .... 92 B3
Musgrave Vw BRAM LS13 .... 92 B3
Mushroom St CHAL LS7 .... 28 B5

N

Naburn Cl SCFT LS14............................ 86 A2
Naburn Dr SCFT LS14 .... 86 A2
Naburn Gn SCFT LS14.......................... 86 A2
Naburn Pl SCFT LS14 .... 86 A1
Naburn Rd SCFT LS14.......................... 86 A2
Naburn Vw SCFT LS14 .... 86 B2
Nancroft Crs WOR/ARM LS12 .... 33 F4
Nancroft Mt WOR/ARM LS12 .... 33 F4
Nancroft Ter WOR/ARM LS12 .... 33 F4
Nansen Av BRAM LS13.......................... 91 C3
Nansen Gv BRAM LS13.......................... 91 C3
Nansen Mt BRAM LS13.......................... 91 C3
Nansen Pl BRAM LS13 .... 91 C3
Nansen St BRAM LS13 .... 90 B3
Nansen Ter BRAM LS13 .... 91 C3 1
Nansen Vw BRAM LS13 .... 91 C3
Naseby Garth OSM LS9 .... 38 C2
Naseby Ter OSM LS9............................ 39 D2
Nassau Pl CHAL LS7 .... 18 C5
National Rd MID LS10 .... 49 D5
Navigation Wk MID LS10...................... 37 F5
Neath Gdns OSM LS9 .... 94 A2
Neptune St OSM LS9 .... 38 B5
Nesfield Cl MID LS10.......................... 121 C3
Nesfield Crs MID LS10 .... 121 C3
Nesfield Gdns MID LS10.................... 120 B3
Nesfield Garth MID LS10 .... 120 B3
Nesfield Rd MID LS10........................ 120 B3
Nesfield Vw MID LS10 .... 120 B3
Nesfield Wk MID LS10 .... 120 B3 9
Netherfield Cl YEA LS19 .... 53 C2 5
Nether St PDSY/CALV LS28 .... 89 C1
Nettleton Ct MSTN/BAR LS15 .... 107 C1 5
Neville Ap OSM LS9.............................. 51 E1
Neville Av OSM LS9.............................. 51 F1
Neville Cl OSM LS9 .... 51 E1
Neville Crs OSM LS9 .... 104 A1
Neville Garth OSM LS9 .... 51 E1
Neville Gv OSM LS9.............................. 51 F1
Neville Mt OSM LS9.............................. 51 F1
Neville Pde OSM LS9 .... 51 F1
Neville Pl OSM LS9 .... 104 A2
Neville Rd MSTN/BAR LS15 .... 104 B2
OSM LS9 .... 104 A1
Neville Rw OSM LS9 .... 51 F1
Neville Sq OSM LS9.......................... 104 A2
Neville St BEE/HOL LS11 .... 47 D1
Neville Ter OSM LS9 .... 51 F1
Neville Vw OSM LS9 .... 51 F1
Neville Wk OSM LS9 .... 51 F1
New Adel Av BHP/TINH LS16 .... 71 D2
New Adel Gdns BHP/TINH LS16 .... 71 D2
New Adel La BHP/TINH LS16................ 71 D2
New Briggate LDSU LS2 .... 37 F2 2
Newby Garth AL/HA/HU LS17 .... 65 C4
New Craven Ga BEE/HOL LS11 .... 47 F5
New Crs HORS LS18 .... 81 C1
New Cft HORS LS18 .... 81 C1
Newhall Bank MID LS10 .... 120 A4 5
Newhall Cha MID LS10 .... 120 A3 3
Newhall Cl MID LS10 .... 120 A3 4
Newhall Crs MID LS10 .... 120 A3
Newhall Cft MID LS10 .... 120 A2 1
Newhall Gdns MID LS10 .... 120 A4 6
Newhall Garth MID LS10 .... 120 A4
Newhall Ga MID LS10........................ 120 A2
Newhall Gn MID LS10 .... 120 A3 5
Newhall Mt MID LS10 .... 120 A4 7
Newhall Rd MID LS10........................ 120 A3
New Inn St WOR/ARM LS12.................. 32 A5
Newlaithes Gdns HORS LS18................ 81 C2
Newlaithes Garth HORS LS18 .... 80 B3
Newlaithes Rd HORS LS18.................... 81 C3
Newlands PDSY/CALV LS28 .... 89 C3
Newlands Av YEA LS19.......................... 52 B2
Newlands Ri YEA LS19 .... 52 B2
New La BEE/HOL LS11 .... 47 D1
MID LS10 .... 119 C4
Newlay Gv HORS LS18 .... 81 C3
Newlay La BRAM LS13 .... 91 D1
HORS LS18.. 81 C2
Newlay Lane Pl BRAM LS13.................. 91 D1
Newlay Wood Av HORS LS18 .... 81 D2
Newlay Wood Cl HORS LS18 .... 81 D2
Newlay Wood Crs HORS LS18.............. 81 D2
Newlay Wood Dr HORS LS18 .... 81 D2
Newlay Wood Gdns HORS LS18 ...... 81 D2 1
Newlay Wood Ri HORS LS18................ 81 C2
Newlay Wood Rd HORS LS18 .... 81 C2
Newley Mt HORS LS18 .... 81 C3
Newmarket Ap OSM LS9 .... 50 C3
Newmarket Gn OSM LS9 .... 50 B2
Newmarket La OSM LS9 .... 51 D3
New Market St LDS LS1 .... 37 F4
New Occupation La
PDSY/CALV LS28................................ 98 B3
New Park Av PDSY/CALV LS28 .... 89 D2
New Park Cl PDSY/CALV LS28 .... 89 D2 1
New Park Cft PDSY/CALV LS28 .... 89 D2
New Park Pl PDSY/CALV LS28 .... 89 D2
New Park V PDSY/CALV LS28 .... 89 D2
New Park Vw PDSY/CALV LS28............ 89 C3
New Park Wk PDSY/CALV LS28 .... 89 C3 6
New Park Wy PDSY/CALV LS28............ 89 D2
Newport Av BRAM LS13........................ 90 B3
Newport Crs HDGY LS6 .... 24 A1
Newport Gdns HDGY LS6...................... 24 A1

Newport Mt *HDGY* LS6 .... 24 A1
Newport Rd *HDGY* LS6 .... 24 B1
Newport Vw *HDGY* LS6 .... 14 A5
New Princess St *BEE/HOL* LS11 .... 46 C3
New Rd *YEA* LS19 .... 52 A2
New Road Side *HORS* LS18 .... 80 B2
YEA LS19 .... 53 C4
Newsam Ct *MSTN/BAR* LS15 .... 105 D2 3
Newsam Dr *MSTN/BAR* LS15 .... 104 B3 5
New Station St *LDS* LS1 .... 37 D4
New St *HORS* LS18 .... 81 C1
PDSY/CALV LS28 .... 89 C4
New Street Cl *PDSY/CALV* LS28 .... 99 D3
New Street Gdns *PDSY/CALV* LS28 .... 99 D3
New Street Gv *PDSY/CALV* LS28 .... 99 D3
New Temple Ga *MSTN/BAR* LS15 .... 105 D3
Newton Ct *RHAY* LS8 .... 21 E1
Newton Garth *CHAL* LS7 .... 18 C3
Newton Gv *CHAL* LS7 .... 18 B4
Newton Hill Rd *CHAL* LS7 .... 18 B2
Newton Lodge Cl *CHAL* LS7 .... 17 F2
Newton Lodge Dr *CHAL* LS7 .... 17 F3
Newton Park Dr *CHAL* LS7 .... 18 C3
Newton Park Vw *CHAL* LS7 .... 18 C4
Newton Rd *CHAL* LS7 .... 18 C3
Newton Vw *CHAL* LS7 .... 18 B2
Newton Wk *CHAL* LS7 .... 18 C4
New Wk *RHAY* LS8 .... 78 A4
New York La *YEA* LS19 .... 67 C3
New York Rd *LDSU* LS2 .... 38 A2
New York St *LDSU* LS2 .... 37 F4
Nice Av *RHAY* LS8 .... 19 F5
Nice St *RHAY* LS8 .... 20 A5
Nice Vw *RHAY* LS8 .... 19 F5
Nickleby Rd *OSM* LS9 .... 40 A3
Nile St *LDSU* LS2 .... 38 A2
Nineveh Gdns *BEE/HOL* LS11 .... 46 B3
Nineveh Pde *BEE/HOL* LS11 .... 46 B4
Nineveh Rd *BEE/HOL* LS11 .... 46 A3
Nippet La *OSM* LS9 .... 39 D2
Nixon Av *OSM* LS9 .... 41 D4
The Nook *AL/HA/HU* LS17 .... 63 C4
Nora Pl *BRAM* LS13 .... 90 B2
Nora Rd *BRAM* LS13 .... 90 B2
Nora Ter *BRAM* LS13 .... 90 B2
Norfolk Cl *CHAL* LS7 .... 8 B4
Norfolk Gdns *CHAL* LS7 .... 8 B4
Norfolk Gn *CHAL* LS7 .... 8 B3
Norfolk Mt *CHAL* LS7 .... 8 A3
Norfolk Pl *CHAL* LS7 .... 8 A3
Norfolk Vw *CHAL* LS7 .... 8 A4
Norfolk Wk *CHAL* LS7 .... 8 B4
Norman Gv *KSTL* LS5 .... 12 B4
Norman Mt *KSTL* LS5 .... 12 A4
Normanon Pl *BEE/HOL* LS11 .... 46 B5
Norman Pl *RHAY* LS8 .... 77 D3 6
Norman Rw *KSTL* LS5 .... 12 B4
Norman St *KSTL* LS5 .... 12 B4
Norman Ter *RHAY* LS8 .... 77 D3 7
Normanton Gv *BEE/HOL* LS11 .... 46 A5
Norman Vw *KSTL* LS5 .... 12 B4
Nortech Cl *CHAL* LS7 .... 28 B4
North Broadgate La *HORS* LS18 .... 69 D4
Northbrook Pl *CHAL* LS7 .... 8 A3
Northbrook St *CHAL* LS7 .... 8 A3
North Cl *RHAY* LS8 .... 84 A3
Northcote Crs *BEE/HOL* LS11 .... 47 D5
Northcote Dr *BEE/HOL* LS11 .... 46 C5
Northcote Gn *BEE/HOL* LS11 .... 47 D5
North Ct *LDSU* LS2 .... 37 F2
Northern St *LDS* LS1 .... 36 B4
North Farm Rd *RHAY* LS8 .... 31 D1
North Grange Ms *HDGY* LS6 .... 15 E5
North Grange Mt *HDGY* LS6 .... 15 D3
North Grange Rd *HDGY* LS6 .... 15 D4
North Grove Cl *RHAY* LS8 .... 84 A3 2
North Grove Dr *RHAY* LS8 .... 84 A3
North Grove Ri *RHAY* LS8 .... 84 A3
North Hill Rd *HDGY* LS6 .... 15 E5
North La *HDGY* LS6 .... 14 A3
RHAY LS8 .... 11 E4
North Lingwell Rd *MID* LS10 .... 119 D4
Northolme Av *BHP/TINH* LS16 .... 2 C3
Northolme Crs *BHP/TINH* LS16 .... 2 C3
North Pde *BHP/TINH* LS16 .... 2 B2
North Park Av *RHAY* LS8 .... 9 E1
North Park Gv *RHAY* LS8 .... 10 A1
North Park Rd *RHAY* LS8 .... 10 B1
North Pkwy *SCFT* LS14 .... 84 B4
North Rd *HORS* LS18 .... 69 C2
MSTN/BAR LS15 .... 96 B3 4
OSM LS9 .... 116 B2
North St *CHAL* LS7 .... 28 A4
LDSU LS2 .... 38 A1
PDSY/CALV LS28 .... 99 D1
YEA LS19 .... 66 A1
North Ter *MSTN/BAR* LS15 .... 96 B3 5
YEA LS19 .... 53 C2
North View St *PDSY/CALV* LS28 .... 89 D3
North View Ter *PDSY/CALV* LS28 .... 89 D3
North Wy *RHAY* LS8 .... 84 A3 3
North West Rd *HDGY* LS6 .... 27 D2
Northwood Cl *PDSY/CALV* LS28 .... 100 A4
Northwood Gdns
MSTN/BAR LS15 .... 107 D2
Northwood Mt *PDSY/CALV* LS28 .... 100 A4 1
Northwood Vw *PDSY/CALV* LS28 .... 100 A4
Norton Rd *RHAY* LS8 .... 77 D2
Norwich Av *MID* LS10 .... 114 A3
Norwood Crs *PDSY/CALV* LS28 .... 90 A3
Norwood Gv *HDGY* LS6 .... 24 C1
Norwood Mt *HDGY* LS6 .... 24 C1
Norwood Pl *HDGY* LS6 .... 24 C1
Norwood Rd *HDGY* LS6 .... 24 C1
Norwood Ter *HDGY* LS6 .... 24 C1
Norwood Vw *HDGY* LS6 .... 24 C1
Noster Gv *BEE/HOL* LS11 .... 112 A2
Noster Hl *BEE/HOL* LS11 .... 112 A2
Noster Pl *BEE/HOL* LS11 .... 112 A2
Noster Rd *BEE/HOL* LS11 .... 112 A2
Noster St *BEE/HOL* LS11 .... 112 A2
Noster Ter *BEE/HOL* LS11 .... 112 A2
Noster Vw *BEE/HOL* LS11 .... 112 A2
Nowell Ap *OSM* LS9 .... 30 C5
Nowell Av *OSM* LS9 .... 30 C5
Nowell Ct *OSM* LS9 .... 41 D1
Nowell Crs *OSM* LS9 .... 41 D1
Nowell End Rw *OSM* LS9 .... 41 D1
Nowell Gdns *OSM* LS9 .... 30 C5
Nowell Gv *OSM* LS9 .... 30 C5
Nowell La *OSM* LS9 .... 30 C5
Nowell Mt *OSM* LS9 .... 40 C1
Nowell Pde *OSM* LS9 .... 30 C5
Nowell Pl *OSM* LS9 .... 40 C1
Nowell St *OSM* LS9 .... 30 C5
Nowell Ter *OSM* LS9 .... 30 C5
Nowell Vw *OSM* LS9 .... 41 D1
Nowell Wk *OSM* LS9 .... 30 C5
Nunington Av *WOR/ARM* LS12 .... 33 F2 2
Nunington St *WOR/ARM* LS12 .... 33 F2 3
Nunington Ter *WOR/ARM* LS12 .... 33 F2 4
Nunington Vw *WOR/ARM* LS12 .... 33 E1
Nunroyd Av *GSLY* LS20 .... 52 A1
Nunroyd Gv *AL/HA/HU* LS17 .... 76 A4 3
Nunroyd Lawn *AL/HA/HU* LS17 .... 76 A4 4
Nunroyd Rd *AL/HA/HU* LS17 .... 76 A4

Nunroyd St *AL/HA/HU* LS17 .... 76 A4 5
Nunroyd Ter *AL/HA/HU* LS17 .... 76 A4 6
Nunthorpe Rd *BRAM* LS13 .... 80 A4
Nursery Cl *AL/HA/HU* LS17 .... 75 D1
Nursery Gv *AL/HA/HU* LS17 .... 74 B1
Nursery La *AL/HA/HU* LS17 .... 75 C1
Nursery Mt *MID* LS10 .... 114 B4
Nursery Mount Rd *MID* LS10 .... 114 B4
Nutting Grove Ter
WOR/ARM LS12 .... 102 B4

O

Oak Crs *MSTN/BAR* LS15 .... 105 C2 3
Oakdene Cl *PDSY/CALV* LS28 .... 100 A4
Oakdene Ct *AL/HA/HU* LS17 .... 77 D1 2
Oakdene Dr *AL/HA/HU* LS17 .... 77 D1
Oakdene Gdns *AL/HA/HU* LS17 .... 77 D1 3
Oakdene V *AL/HA/HU* LS17 .... 77 D1
Oakdene Wy *AL/HA/HU* LS17 .... 77 D1
Oakfield *HDGY* LS6 .... 15 D4
Oakhampton Ct *RHAY* LS8 .... 11 E3
Oakhurst Av *BEE/HOL* LS11 .... 112 A4
Oakhurst Gv *BEE/HOL* LS11 .... 112 A4
Oakhurst Mt *BEE/HOL* LS11 .... 112 A4
Oakhurst Rd *BEE/HOL* LS11 .... 112 B4
Oakhurst St *BEE/HOL* LS11 .... 112 B4
Oaklands Av *BHP/TINH* LS16 .... 73 C2
Oaklands Cl *BHP/TINH* LS16 .... 73 C2
Oaklands Dr *BHP/TINH* LS16 .... 73 C2
Oaklands Fold *BHP/TINH* LS16 .... 73 C2 2
Oaklands Gv *BHP/TINH* LS16 .... 73 C2 3
Oaklea Gdns *BHP/TINH* LS16 .... 73 C3
Oaklea Hall Cl *BHP/TINH* LS16 .... 73 C3
Oakley Ter *BEE/HOL* LS11 .... 113 D3
Oakley Vw *BEE/HOL* LS11 .... 113 D3
Oak Rd *CHAL* LS7 .... 18 B3
MSTN/BAR LS15 .... 105 C2
WOR/ARM LS12 .... 34 C4
Oakroyd Mt *PDSY/CALV* LS28 .... 99 D1
Oakroyd Ter *PDSY/CALV* LS28 .... 99 D1
Oak St *PDSY/CALV* LS28 .... 98 B1
Oak Tree Cl *OSM* LS9 .... 31 F1
Oak Tree Crs *OSM* LS9 .... 31 F2
Oak Tree Dr *RHAY* LS8 .... 31 F1
Oak Tree Gv *OSM* LS9 .... 31 E2
Oak Tree Mt *OSM* LS9 .... 31 F2
Oak Tree Pl *OSM* LS9 .... 31 F2
Oak Tree Wk *OSM* LS9 .... 31 E2
Oakwell Av *RHAY* LS8 .... 20 A1
WOR/ARM LS12 .... 34 A4 1
Oakwell Crs *RHAY* LS8 .... 10 A5
Oakwell Dr *RHAY* LS8 .... 20 B1
Oakwell Gdns *RHAY* LS8 .... 10 A5
Oakwell Gv *BRAM* LS13 .... 91 C2
Oakwell Mt *RHAY* LS8 .... 10 B5
Oakwell Ov *RHAY* LS8 .... 20 A1
Oakwell Ter *PDSY/CALV* LS28 .... 89 C2 3
Oakwood Av *RHAY* LS8 .... 20 C1
Oakwood Boundary Rd *RHAY* LS8 .... 10 C5
Oakwood Dr *RHAY* LS8 .... 20 C1
Oakwood Garth *RHAY* LS8 .... 21 F1
Oakwood Gra *RHAY* LS8 .... 21 F1
Oakwood Grange La *RHAY* LS8 .... 21 E1
Oakwood Gn *RHAY* LS8 .... 11 F5
Oakwood Gv *RHAY* LS8 .... 21 D1
Oakwood La *OSM* LS9 .... 94 A2
RHAY LS8 .... 11 D5
Oakwood Mt *RHAY* LS8 .... 11 D5
Oakwood Nook *RHAY* LS8 .... 20 C1
Oakwood Pk *RHAY* LS8 .... 21 E2
Oakwood Pl *RHAY* LS8 .... 20 C1
Oakwood Ri *RHAY* LS8 .... 21 F1
Oakwood Ter *PDSY/CALV* LS28 .... 99 D3
Oakwood Vw *RHAY* LS8 .... 11 F5
Oakwood Wk *RHAY* LS8 .... 21 E1
Oatland Cl *CHAL* LS7 .... 27 F3
Oatland Ct *CHAL* LS7 .... 27 F4
Oatland Dr *CHAL* LS7 .... 27 F4
Oatland Gdns *CHAL* LS7 .... 27 F3
Oatland Gn *CHAL* LS7 .... 27 F3
Oatland La *CHAL* LS7 .... 27 E3
Oatland Pl *CHAL* LS7 .... 27 E2
Oatland Rd *CHAL* LS7 .... 27 E3
Oban Pl *WOR/ARM* LS12 .... 32 C3 1
Oban St *WOR/ARM* LS12 .... 32 C3
Oban Ter *WOR/ARM* LS12 .... 32 C3
Occupation La *PDSY/CALV* LS28 .... 98 B3
Oddy Pl *HDGY* LS6 .... 4 A5
Oddy's Fold *HDGY* LS6 .... 5 D1
Old Barn Cl *AL/HA/HU* LS17 .... 61 D4
Oldfarm Ap *BHP/TINH* LS16 .... 83 C1
Oldfarm Cl *BHP/TINH* LS16 .... 2 A1
Oldfarm Cross *BHP/TINH* LS16 .... 2 A1
Oldfarm Dr *BHP/TINH* LS16 .... 2 A2
Oldfarm Garth *BHP/TINH* LS16 .... 2 A1
Oldfarm Pde *BHP/TINH* LS16 .... 2 A2
Oldfarm Wk *BHP/TINH* LS16 .... 83 C1
Oldfield Av *WOR/ARM* LS12 .... 43 E2
Oldfield La *WOR/ARM* LS12 .... 43 E2
Oldfield St *WOR/ARM* LS12 .... 43 F1
Old Haworth La *YEA* LS19 .... 53 C2 6
Old La *BEE/HOL* LS11 .... 112 A3
Old Marsh *PDSY/CALV* LS28 .... 98 B2
Old Mill La *MID* LS10 .... 114 B1
Old Oak Cl *BHP/TINH* LS16 .... 2 A3
Old Oak Dr *BHP/TINH* LS16 .... 2 A3
Old Oak Garth *BHP/TINH* LS16 .... 83 C2
Old Park Rd *RHAY* LS8 .... 10 B3
Oldroyd Crs *BEE/HOL* LS11 .... 111 D3
Old Run Rd *MID* LS10 .... 114 A3
Old Run Vw *MID* LS10 .... 120 A1 5
Old Whack House La *YEA* LS19 .... 52 A3 2
Oliver Hl *HORS* LS18 .... 81 D2
Olrika Ct *CHAL* LS7 .... 18 B3
Ontario Pl *CHAL* LS7 .... 18 B1
Orchard Mt *MSTN/BAR* LS15 .... 96 B3 6
Orchard Rd *MSTN/BAR* LS15 .... 96 A3
Orchard Sq *MSTN/BAR* LS15 .... 96 A3
The Orchards *MSTN/BAR* LS15 .... 96 A3
Oriental St *WOR/ARM* LS12 .... 33 E4 6
Orion Crs *MID* LS10 .... 120 B2
Orion Dr *MID* LS10 .... 120 B2 5
Orion Gdns *MID* LS10 .... 121 C2
Orion Vw *MID* LS10 .... 121 C2
Orion Wk *MID* LS10 .... 121 C1
Orville Gdns *HDGY* LS6 .... 15 D4
Osbourne Ct *BRAM* LS13 .... 92 A4
Osmondthorpe La *OSM* LS9 .... 41 E4
Osprey Cl *AL/HA/HU* LS17 .... 77 C1 5
Osprey Gv *AL/HA/HU* LS17 .... 77 C1
Otley La *YEA* LS19 .... 53 C2
Otley Old Rd *BHP/TINH* LS16 .... 57 D4
Otley Rd *BHP/TINH* LS16 .... 3 D1
HDGY LS6 .... 14 A2
Ottawa Pl *CHAL* LS7 .... 8 B5
Otterburn Gdns *BHP/TINH* LS16 .... 72 A2
Out Gang *BRAM* LS13 .... 92 A2
Outgang La *BRAM* LS13 .... 92 B2
Outwood Av *HORS* LS18 .... 82 A2
Outwood Cha *HORS* LS18 .... 82 A1
Outwood La *HORS* LS18 .... 81 D2
Outwood Wk *HORS* LS18 .... 81 D2
The Oval *MID* LS10 .... 48 B5

SCFT LS14 .... 95 C3
Overdale Av AL/HA/HU LS17 .... 64 B4
Overdale Ter MSTN/BAR LS15 .... 105 D1 10
Over La YEA LS19 .... 66 B2
Owlcotes Dr PDSY/CALV LS28 .... 98 B1
Owlcotes Gdns PDSY/CALV LS28 .... 98 B1
Owlcotes Garth PDSY/CALV LS28 .... 98 A1
Owlcotes La PDSY/CALV LS28 .... 88 A4
Owlcotes Rd PDSY/CALV LS28 .... 98 A1
Owlcotes Ter PDSY/CALV LS28 .... 98 B1
Oxford Pl LDS LS1 .... 36 C2
PDSY/CALV LS28 .... 89 D4
Oxford Rd CHAL LS7 .... 27 E2
Oxford Rw LDS LS1 .... 36 C2
Oxley St OSM LS9 .... 39 F5
Oxton Mt OSM LS9 .... 39 F2
Oxton Wy OSM LS9 .... 39 F3
Ozar St BEE/HOL LS11 .... 46 A3

P

The Paddock HDGY LS6 .... 5 E3
Padstow Gdns MID LS10 .... 118 B4
Paisley Gv WOR/ARM LS12 .... 32 C3 2
Paisley Pl WOR/ARM LS12 .... 32 C3
Paisley Rd WOR/ARM LS12 .... 32 B3
Paisley St WOR/ARM LS12 .... 32 C3 3
Paisley Ter WOR/ARM LS12 .... 32 C3
Paisley Vw WOR/ARM LS12 .... 32 C3 4
The Parade OSM LS9 .... 38 C5
Paradise St PDSY/CALV LS28 .... 89 C2
Park Av MSTN/BAR LS15 .... 97 C3
RHAY LS8 .... 10 C5
WOR/ARM LS12 .... 32 C2
YEA LS19 .... 52 B2
Park Cl BRAM LS13 .... 91 D2
Park Copse HORS LS18 .... 68 B4
Park Crs RHAY LS8 .... 78 A4
WOR/ARM LS12 .... 32 C2
Parkcroft PDSY/CALV LS28 .... 89 C3
Park Cross St LDS LS1 .... 36 C3
Park Dr HORS LS18 .... 80 A1
Park Edge Cl RHAY LS8 .... 11 F3
Parkfield Av BEE/HOL LS11 .... 112 B2
Parkfield Cl PDSY/CALV LS28 .... 99 C2
Parkfield Gv BEE/HOL LS11 .... 112 B2
Parkfield Mt BEE/HOL LS11 .... 112 A2
PDSY/CALV LS28 .... 99 D2
Parkfield Pl BEE/HOL LS11 .... 112 B2
Parkfield Rd BEE/HOL LS11 .... 112 A2 1
Parkfield Rw BEE/HOL LS11 .... 112 B2
Parkfield St BEE/HOL LS11 .... 47 E4
MID LS10 .... 47 F4
Parkfield Ter PDSY/CALV LS28 .... 89 D4
Parkfield Vw BEE/HOL LS11 .... 112 B2
Parkfield Wy SCFT LS14 .... 94 B2
Park Gate Cl HORS LS18 .... 81 C1
Park Gv HORS LS18 .... 80 A1
YEA LS19 .... 52 B2
Parkland Crs HDGY LS6 .... 6 B1
Parkland Dr HDGY LS6 .... 6 A1
Parkland Gdns HDGY LS6 .... 6 A1
Parkland Ter HDGY LS6 .... 6 A1
Parkland Vw YEA LS19 .... 53 C3
Park La BVRD LS3 .... 35 F2
LDS LS1 .... 36 A2
RHAY LS8 .... 78 A3
Park Lane Ms AL/HA/HU LS17 .... 65 C4 4
Park Mt KSTL LS5 .... 12 C4
WOR/ARM LS12 .... 32 B2
Park Mount Ter KSTL LS5 .... 12 B4 2
Park Pl LDS LS1 .... 36 B3
Park Ri BRAM LS13 .... 91 D1
Park Rd BRAM LS13 .... 91 D2
MSTN/BAR LS15 .... 107 C4
WOR/ARM LS12 .... 32 B2
YEA LS19 .... 52 B2
YEA LS19 .... 66 A1
Park Rw LDS LS1 .... 37 D3
PDSY/CALV LS28 .... 89 D4
Park Side HORS LS18 .... 80 B1
Parkside Av HDGY LS6 .... 5 F3
Parkside Cl HDGY LS6 .... 5 F2
Parkside Crs HDGY LS6 .... 5 E2
Parkside Gdns HDGY LS6 .... 5 F3
Parkside Gn HDGY LS6 .... 5 E3
Parkside La BEE/HOL LS11 .... 113 D4
Parkside Lawns HDGY LS6 .... 5 F3
Parkside Mt BEE/HOL LS11 .... 112 B4
Parkside Pde BEE/HOL LS11 .... 112 B4
Parkside Pl HDGY LS6 .... 5 E2
Parkside Rd HDGY LS6 .... 73 D4
PDSY/CALV LS28 .... 89 C3
Parkside Rw BEE/HOL LS11 .... 112 B4
Parkside Vw HDGY LS6 .... 5 E2
Parkside Wk PDSY/CALV LS28 .... 89 D3
Park Spring Gdns BRAM LS13 .... 91 C4
Park Spring Ri BRAM LS13 .... 101 C1
Park Sq East LDS LS1 .... 36 C3
Park Sq North LDS LS1 .... 36 C3
Park Sq South LDS LS1 .... 36 C3
Park Sq West LDS LS1 .... 36 C3
Parkstone Av BHP/TINH LS16 .... 71 D4
Parkstone Gn BHP/TINH LS16 .... 71 D4
Parkstone Gv BHP/TINH LS16 .... 71 D4
Parkstone Mt BHP/TINH LS16 .... 71 D4
Parkstone Pl BHP/TINH LS16 .... 71 D4 1
Park St LDS LS1 .... 36 C2
MSTN/BAR LS15 .... 106 A1
WOR/ARM LS12 .... 32 B2
YEA LS19 .... 52 B2
Park Ter HDGY LS6 .... 4 A5
Park Top PDSY/CALV LS28 .... 89 D4
Park Vw BEE/HOL LS11 .... 112 B2
BRAM LS13 .... 91 D2
PDSY/CALV LS28 .... 99 D2
Park View Av HDGY LS6 .... 24 B2
Parkview Ct RHAY LS8 .... 78 A3 6
Park View Crs RHAY LS8 .... 78 A4
Park View Gv BULY LS4 .... 24 B2
Park View Rd BULY LS4 .... 24 B3
Park View Ter YEA LS19 .... 66 A1
Park Vls RHAY LS8 .... 77 D3
Parkville Pl BRAM LS13 .... 91 D2
Parkway Cl SCFT LS14 .... 94 B1
Parkway Ms SCFT LS14 .... 86 A4 3
Park Wood Av BEE/HOL LS11 .... 118 A2
Parkwood Av RHAY LS8 .... 10 A3
Park Wood Crs BEE/HOL LS11 .... 118 A2
Park Wood Dr BEE/HOL LS11 .... 118 A1
Park Wood Rd BEE/HOL LS11 .... 118 A2
Parkwood Vw RHAY LS8 .... 10 A2
Parkwood Wy RHAY LS8 .... 10 A3
Parliament Pl WOR/ARM LS12 .... 34 A3
Parliament Rd WOR/ARM LS12 .... 34 A4
Parnaby Av MID LS10 .... 115 C4
Parnaby Rd MID LS10 .... 115 C4
Parnaby St MID LS10 .... 115 C4
Parnaby Ter MID LS10 .... 115 C4
Pasture Av CHAL LS7 .... 8 B3
Pasture Crs CHAL LS7 .... 8 B3
Pasture Gv CHAL LS7 .... 8 B3
Pasture La CHAL LS7 .... 8 A3
Pasture Mt WOR/ARM LS12 .... 32 C3

Pasture Pde *CHAL* LS7 .... **8** B3
Pasture Pl *CHAL* LS7 .... **8** B3
Pasture Rd *RHAY* LS8 .... **19** D4
Pasture St *CHAL* LS7 .... **8** B3
Pasture Ter *CHAL* LS7 .... **8** B3
Pasture Vw *WOR/ARM* LS12 .... **33** D3
Peacock Ct *YEA* LS19 .... **54** A3 4
Pearson Av *HDGY* LS6 .... **25** D2
Pearson Gv *HDGY* LS6 .... **25** D2
Pearson St *MID* LS10 .... **48** A4
Pearson Ter *HDGY* LS6 .... **25** D2
Peasehill Cl *YEA* LS19 .... **66** B1
Peasehill Pk *YEA* LS19 .... **66** B1 4
Pembroke Rd *PDSY/CALV* LS28 .... **99** D1
Penarth Rd *MSTN/BAR* LS15 .... **96** A3 2
Penda's Dr *MSTN/BAR* LS15 .... **97** C3
Penda's Gv *MSTN/BAR* LS15 .... **97** C2
Penda's Wk *MSTN/BAR* LS15 .... **97** C3
Penda's Wy *MSTN/BAR* LS15 .... **97** D3
Pendil Cl *MSTN/BAR* LS15 .... **106** B1
Penlands Crs *MSTN/BAR* LS15 .... **107** C2
Penlands Lawn
MSTN/BAR LS15 .... **107** C2 20
Penlands Wk *MSTN/BAR* LS15 .... **107** C2
Pennington Gv *HDGY* LS6 .... **16** B5 3
Pennington Pl *HDGY* LS6 .... **26** B1
Pennington St *HDGY* LS6 .... **16** B5
Pennington Ter *HDGY* LS6 .... **16** B5 4
Pennwell Fold *SCFT* LS14 .... **87** D4 1
Pennwell Garth *SCFT* LS14 .... **87** C4
Pennwell Gn *SCFT* LS14 .... **87** C4
Pennwell Lawn *SCFT* LS14 .... **87** C4
Penny Lane Wy *MID* LS10 .... **114** A1 4
Penraevon Av *CHAL* LS7 .... **27** E1
Penrith Gv *WOR/ARM* LS12 .... **43** E1
Pepper Gdns *BRAM* LS13 .... **92** B1
Pepper La *BRAM* LS13 .... **92** A1
MID LS10 .... **115** C2
Pepper Rd *MID* LS10 .... **115** C3
Percival St *LDSU* LS2 .... **37** D1
Percy St *WOR/ARM* LS12 .... **44** A1
Perseverance St *PDSY/CALV* LS28 .... **98** B2
Perth Mt *HORS* LS18 .... **69** C1
Petersfield Av *MID* LS10 .... **120** B2
Philippa Wy *WOR/ARM* LS12 .... **110** B2
Pickard Ct *MSTN/BAR* LS15 .... **106** B1
Pickering Mt *WOR/ARM* LS12 .... **34** A2
Pickering St *WOR/ARM* LS12 .... **34** A2
Piece Wood Rd *BHP/TINH* LS16 .... **70** A2
Pigeon Cote Cl *SCFT* LS14 .... **85** D3 1
Pigeon Cote Rd *SCFT* LS14 .... **85** C3
Pilot St *OSM* LS9 .... **28** C5
Pinder Av *WOR/ARM* LS12 .... **109** C1
Pinder Gv *WOR/ARM* LS12 .... **103** C4
Pinder St *WOR/ARM* LS12 .... **109** C1
Pine Ct *LDSU* LS2 .... **38** A4
Pinfold Ct *MSTN/BAR* LS15 .... **106** A1 4
Pinfold Gv *MSTN/BAR* LS15 .... **105** D1 11
Pinfold Hl *MSTN/BAR* LS15 .... **106** A2
Pinfold La *BHP/TINH* LS16 .... **57** D3
MSTN/BAR LS15 .... **105** D1
WOR/ARM LS12 .... **33** D3
Pinfold Mt *MSTN/BAR* LS15 .... **106** A2
Pinfold Rd *MSTN/BAR* LS15 .... **106** A2
Pinfold Sq *MSTN/BAR* LS15 .... **105** D1 12
Pipe And Nook La *WOR/ARM* LS12 .... **103** C2
Pitchstone Ct *WOR/ARM* LS12 .... **102** A2
Pitfall St *LDS* LS1 .... **37** F5
Pitt Rw *LDS* LS1 .... **37** E5
Place's Rd *OSM* LS9 .... **39** D5
Plaid Rw *OSM* LS9 .... **39** D3
Plane Tree Av *AL/HA/HU* LS17 .... **77** C1
Plane Tree Cl *AL/HA/HU* LS17 .... **77** C1
Plane Tree Cft *AL/HA/HU* LS17 .... **77** C1
Plane Tree Gdns *AL/HA/HU* LS17 .... **77** C1 6
Plane Tree Gv *YEA* LS19 .... **54** A3
Plane Tree Ri *AL/HA/HU* LS17 .... **77** C1 7
Plane Tree Vw *AL/HA/HU* LS17 .... **77** C1
Plantation Av *AL/HA/HU* LS17 .... **64** B4
MSTN/BAR LS15 .... **105** C2
Plantation Gdns *AL/HA/HU* LS17 .... **65** C4
Playfair Rd *MID* LS10 .... **114** A3
Playground *WOR/ARM* LS12 .... **108** A2 3
Playhouse Sq *OSM* LS9 .... **38** B3
Pleasant Ct *HDGY* LS6 .... **26** A1
Pleasant Mt *BEE/HOL* LS11 .... **46** A3
Pleasant Pl *BEE/HOL* LS11 .... **46** A3
Pleasant St *BEE/HOL* LS11 .... **45** F3
Pleasant Ter *BEE/HOL* LS11 .... **46** A3
Plevna St *MID* LS10 .... **115** D3 3
Poet's Pl *HORS* LS18 .... **69** D3
Pollard La *BRAM* LS13 .... **81** D3
Ponderosa Cl *RHAY* LS8 .... **29** E1
Pontefract Av *OSM* LS9 .... **39** E5
Pontefract La *OSM* LS9 .... **39** E3
Pontefract Lane Cl *OSM* LS9 .... **39** E4
Pontefract Rd *MID* LS10 .... **115** D3
Pontefract St *OSM* LS9 .... **39** E5
Poole Crs *MSTN/BAR* LS15 .... **96** A3
Poole Mt *MSTN/BAR* LS15 .... **96** A4
Poole Rd *MSTN/BAR* LS15 .... **96** A4
Poole Sq *MSTN/BAR* LS15 .... **96** A4
Poplar Av *MSTN/BAR* LS15 .... **97** C3
Poplar Cl *BRAM* LS13 .... **103** C1
Poplar Cft *BRAM* LS13 .... **102** B1
Poplar Dr *HORS* LS18 .... **68** A4
Poplar Gdns *BRAM* LS13 .... **102** B1
Poplar Garth *BRAM* LS13 .... **102** B1
Poplar Ga *WOR/ARM* LS12 .... **102** B1
Poplar Ri *BRAM* LS13 .... **92** B4
Poplar Sq *PDSY/CALV* LS28 .... **89** C3 7
The Poplars *HDGY* LS6 .... **15** D4
Poplar Vw *BRAM* LS13 .... **102** B1
Poplar Wy *BRAM* LS13 .... **102** B1
Portage Av *MSTN/BAR* LS15 .... **105** C2
Portage Crs *MSTN/BAR* LS15 .... **105** C2
Portland Crs *LDS* LS1 .... **37** D2
Portland Ga *LDSU* LS2 .... **37** D1
Portland Rd *WOR/ARM* LS12 .... **43** E1
Portland St *LDS* LS1 .... **36** C2
PDSY/CALV LS28 .... **100** B2 4
Portland Wy *LDSU* LS2 .... **37** D1
Post Hill Ct *WOR/ARM* LS12 .... **102** A2
Potternewton Av *CHAL* LS7 .... **16** C1
Potternewton Ct *CHAL* LS7 .... **17** E1
Potternewton Crs *CHAL* LS7 .... **16** C2
Potternewton Gv *CHAL* LS7 .... **16** C1
Potternewton La *CHAL* LS7 .... **6** A5
Potternewton Mt *CHAL* LS7 .... **17** D2
Potternewton Vw *CHAL* LS7 .... **17** D1
Pottery Rd *MID* LS10 .... **48** A5
Poulton Pl *BEE/HOL* LS11 .... **113** D2
Preston Pde *BEE/HOL* LS11 .... **112** B3
Priesthorpe Av *PDSY/CALV* LS28 .... **88** A3
Priesthorpe Ct *PDSY/CALV* LS28 .... **89** C1
Priesthorpe La *PDSY/CALV* LS28 .... **88** A2
Priesthorpe Rd *PDSY/CALV* LS28 .... **88** B1
Priestley Cl *PDSY/CALV* LS28 .... **100** A1
Priestley Ct *PDSY/CALV* LS28 .... **100** A1
Priestley Dr *PDSY/CALV* LS28 .... **100** A1
Priestley Gdns *PDSY/CALV* LS28 .... **100** A1 1
Priestley Vw *PDSY/CALV* LS28 .... **100** A1
Priestley Wk *PDSY/CALV* LS28 .... **100** A1
Primley Gdns *AL/HA/HU* LS17 .... **75** D1
Primley Park Av *AL/HA/HU* LS17 .... **75** D1
Primley Park Cl *AL/HA/HU* LS17 .... **76** A1

Primley Park Ct *AL/HA/HU* LS17 .... **62** B4
Primley Park Crs *AL/HA/HU* LS17 .... **76** A1 5
Primley Park Dr *AL/HA/HU* LS17 .... **75** D1
Primley Park Garth *AL/HA/HU* LS17 .. **63** C4
Primley Park Gn *AL/HA/HU* LS17 .... **63** C4
Primley Park La *AL/HA/HU* LS17.......... **76** A1
Primley Park Mt *AL/HA/HU* LS17 .... **63** C4 1
AL/HA/HU LS17 .... **76** A1 6
Primley Park Ri *AL/HA/HU* LS17 ...... **76** A1 7
Primley Park Rd *AL/HA/HU* LS17 .... **75** D1
Primley Park Vw *AL/HA/HU* LS17........ **62** B4
Primley Park Wk *AL/HA/HU* LS17........ **76** A1
Primley Park Wy *AL/HA/HU* LS17........ **62** B4
Primrose Av *MSTN/BAR* LS15 ...... **105** D1 13
Primrose Cl *MSTN/BAR* LS15 ...... **105** D1 14
Primrose Crs *MSTN/BAR* LS15 .... **95** D4 1
Primrose Dr *MSTN/BAR* LS15 .... **105** D1
Primrose Gdns *MSTN/BAR* LS15.......... **95** D4
Primrose Garth *MSTN/BAR* LS15 .. **105** C1 2
Primrose Hl *PDSY/CALV* LS28 .... **99** C1
Primrose La *BEE/HOL* LS11 .... **113** D2
MSTN/BAR LS15 .... **105** C2
Primrose Rd *MSTN/BAR* LS15 .... **105** D1
Prince Edward Gv *WOR/ARM* LS12 .. **109** D1
Prince Edward Rd *WOR/ARM* LS12 .. **109** D1
Prince's Av *RHAY* LS8 .... **10** C4
Princess Ct *AL/HA/HU* LS17 .... **76** A2
Privilege St *WOR/ARM* LS12 .... **33** D5
Prospect Av *BRAM* LS13 .... **91** D2
PDSY/CALV LS28 .... **99** C1
Prospect Crs *MID* LS10........................ **114** A3
Prospect Gdns *MSTN/BAR* LS15 .... **106** A1 5
Prospect Gv *PDSY/CALV* LS28 .... **99** C1 1
Prospect Pl *HORS* LS18 .... **81** C1 4
Prospect Sq *PDSY/CALV* LS28 .... **89** C3
Prospect St *PDSY/CALV* LS28 .... **89** C2
PDSY/CALV LS28 .... **98** B1 3
YEA LS19 .... **66** B2 3
Prospect Ter *BRAM* LS13 .... **91** D2
Prospect Vw *BRAM* LS13 .... **91** D2
Prosper St *MID* LS10............................ **48** C5
Providence Av *HDGY* LS6...................... **16** B5
Providence Pl *LDSU* LS2 .... **27** E5
PDSY/CALV LS28 .... **89** D4 3
Providence Rd *HDGY* LS6 .... **16** B5
Providence St *OSM* LS9 .... **38** C4
PDSY/CALV LS28................................... **89** C3
Providence Ter *LDSU* LS2 .... **26** B2
Pudsey Rd *BRAM* LS13.......................... **101** C2
WOR/ARM LS12 .... **102** A2
Pym St *MID* LS10..................................... **48** B4

Q

Quakers La *YEA* LS19 .... **53** C4
Quarrie Dene Ct *CHAL* LS7 .... **7** E5
Quarry Bank Ct *KSTL* LS5........................ **83** C3
Quarry Dene *BHP/TINH* LS16 .... **3** F1
Quarry Dene Pk *BHP/TINH* LS16............ **3** F1
Quarry Gdns *AL/HA/HU* LS17 .... **61** D3
Quarry Mount St *HDGY* LS6................... **16** B5
Quarry Mount Ter *HDGY* LS6................ **16** B5
Quarry Pl *HDGY* LS6 .... **26** B1
Quarry St *HDGY* LS6 .... **26** B1
The Quarry *AL/HA/HU* LS17................... **61** D3
Quebec St *LDS* LS1 .... **36** C3
Queens Cl *CHAL* LS7 .... **7** F2
Queens Dr *PDSY/CALV* LS28.................. **99** C1
Queenshill Av *AL/HA/HU* LS17.............. **75** D2
Queenshill Cl *AL/HA/HU* LS17 .... **75** D3 5
Queenshill Ct *AL/HA/HU* LS17 .... **75** D3 6
Queenshill Crs *AL/HA/HU* LS17 .... **75** D2
Queenshill Dr *AL/HA/HU* LS17............... **75** D3
Queenshill Gdns *AL/HA/HU* LS17 .... **75** C3
Queenshill Garth *AL/HA/HU* LS17 .. **75** D3 7
Queenshill Rd *AL/HA/HU* LS17 .... **75** D3
Queenshill Vw *AL/HA/HU* LS17 .... **75** D3 8
Queenshill Wk *AL/HA/HU* LS17 .... **75** D3 9
Queenshill Wy *AL/HA/HU* LS17 ...... **75** D3 10
Queen Sq *LDSU* LS2 .... **37** E1
Queen's Rd *HDGY* LS6 .... **25** D3
Queens's Ct *LDS* LS1.............................. **37** F4
Queensthorpe Av *BRAM* LS13........... **102** A1
Queensthorpe Cl *BRAM* LS13 .... **102** B1 1
Queensthorpe Ri *BRAM* LS13 .... **102** A1 1
Queen St *LDS* LS1 .... **36** B4
MID LS10 .... **115** D3
YEA LS19 .... **66** A1
Queensway *MSTN/BAR* LS15.............. **106** B1
YEA LS19 .... **52** B1
Queenswood Cl *HDGY* LS6 .... **2** A4
Queenswood Dr *HDGY* LS6 .... **2** A4
Queenswood Gdns *HDGY* LS6.............. **13** D3
Queenswood Gn *HDGY* LS6...................... **2** A4
Queenswood Mt *HDGY* LS6.................... **12** C2
Queenswood Ri *HDGY* LS6 .... **13** D3
Queenswood Rd *HDGY* LS6.................... **12** C2
Queen Victoria St *LDS* LS1.................... **37** F3

R

Raby Av *CHAL* LS7 .... **28** A1
Raby St *CHAL* LS7 .... **28** A1
Raby Ter *CHAL* LS7 .... **28** A1
Radcliffe Gdns *PDSY/CALV* LS28.......... **99** D2
Radcliffe La *PDSY/CALV* LS28 .... **99** D2
Radnor St *WOR/ARM* LS12 .... **45** D1 2
Raglan Rd *HDGY* LS6 .... **26** B1
LDSU LS2 .... **26** B2
Railsfield Mt *BRAM* LS13 .... **91** D3
Railsfield Ri *BRAM* LS13 .... **91** D4
Railsfield Wy *BRAM* LS13........................ **91** D3
Railway Rd *MSTN/BAR* LS15 .... **97** C3
Railway St *OSM* LS9 .... **38** C4
Raincliffe Gv *OSM* LS9 .... **40** A3
Raincliffe Mt *OSM* LS9 .... **40** B4 2
Raincliffe Rd *OSM* LS9 .... **40** A3
Raincliffe St *OSM* LS9............................ **40** A3
Raincliffe Ter *OSM* LS9........................... **40** B4
Rampart Rd *HDGY* LS6.......................... **26** A1
Ramshead Ap *SCFT* LS14 .... **85** D3
Ramshead Cl *SCFT* LS14......................... **85** D2
Ramshead Crs *SCFT* LS14 .... **85** C1 3
Ramshead Dr *SCFT* LS14 .... **85** C2
Ramshead Gdns *SCFT* LS14.................... **85** C2
Ramshead Gv *SCFT* LS14 .... **85** D3 2
Ramshead Hl *SCFT* LS14.......................... **85** D3
Ramshead Pl *SCFT* LS14 .... **85** D3 3
Ramshead Vw *SCFT* LS14 .... **85** D3 4
Randolph St *BRAM* LS13 .... **90** B3
Rathmell Rd *MSTN/BAR* LS15 .... **105** C2 4
Raven Rd *HDGY* LS6 .... **14** C5
Ravenscar Av *RHAY* LS8.......................... **20** B1
Ravenscar Mt *RHAY* LS8.......................... **20** B1
Ravenscar Ter *RHAY* LS8 .... **20** B1
Ravenscar Vw *RHAY* LS8 .... **20** B1
Ravenscar Wk *RHAY* LS8 .... **20** B1
Ravens Mt *PDSY/CALV* LS28 .... **100** A2
Rawdon Dr *YEA* LS19 .... **66** A2
Rawdon Hall Dr *YEA* LS19 .... **66** A2
Rawdon Rd *HORS* LS18 .... **67** D4
Rawson Ter *BEE/HOL* LS11 .... **113** D2 26

Raygill Cl *AL/HA/HU* LS17 65 C4
Raylands Cl *MID* LS10 121 C3
Raylands Ct *MID* LS10 121 C3 2
Raylands Fold *MID* LS10 121 C3 3
Raylands Garth *MID* LS10 121 C3 4
Raylands La *MID* LS10 121 C3
Raylands Pl *MID* LS10 121 C3
Raylands Rd *MID* LS10 121 C3
Raylands Wy *MID* LS10 121 C4
Raynel Ap *BHP/TINH* LS16 71 C2
Raynel Cl *BHP/TINH* LS16 71 C1
Raynel Dr *BHP/TINH* LS16 71 D2
Raynel Gdns *BHP/TINH* LS16 71 D1
Raynel Garth *BHP/TINH* LS16 71 D2 1
Raynel Gn *BHP/TINH* LS16 71 D2
Raynel Mt *BHP/TINH* LS16 71 C1
Raynel Wy *BHP/TINH* LS16 71 C1
Raynville Ap *BRAM* LS13 92 B3
Raynville Av *BRAM* LS13 93 C2
Raynville Crs *WOR/ARM* LS12 93 C3
Raynville Dr *BRAM* LS13 92 B2
Raynville Gv *BRAM* LS13 92 B2
Raynville Mt *BRAM* LS13 92 B2
Raynville Pl *WOR/ARM* LS12 92 B3 2
Raynville Ri *BRAM* LS13 92 B3
Raynville Rd *WOR/ARM* LS12 93 C2
Raynville St *BRAM* LS13 92 B2 6
Raynville Ter *BRAM* LS13 92 B2
Raynville Wk *BRAM* LS13 92 B3
Raywood Cl *YEA* LS19 52 B1
Recreation Av *BEE/HOL* LS11 46 A5 1
Recreation Crs *BEE/HOL* LS11 45 F5
Recreation Gv *BEE/HOL* LS11 45 F5
Recreation Mt *BEE/HOL* LS11 45 F5
Recreation Pl *BEE/HOL* LS11 45 F5
Recreation Rw *BEE/HOL* LS11 45 F5
Recreation St *BEE/HOL* LS11 45 F5
Recreation Ter *BEE/HOL* LS11 45 F5
Recreation Vw *BEE/HOL* LS11 45 F5
Rectory St *OSM* LS9 29 D5
Redcote La *BULY* LS4 23 E5
WOR/ARM LS12 32 C1
Redesdale Gdns *BHP/TINH* LS16 72 A2
Redhall Cl *BEE/HOL* LS11 111 D4
Redhall Crs *BEE/HOL* LS11 111 D4
Red Hall Cft *SCFT* LS14 85 D1
Redhall Ga *BEE/HOL* LS11 111 D4
Redhouse La *CHAL* LS7 8 C4
Red La *PDSY/CALV* LS28 88 B2
Red Lodge Cl *RHAY* LS8 94 A1
Redmire Ct *SCFT* LS14 95 D1
Redmire Dr *SCFT* LS14 95 D1
Redmire Vw *SCFT* LS14 95 D1
Redshaw Rd *WOR/ARM* LS12 44 A1
Redvers Cl *BHP/TINH* LS16 71 D4
Redwood Wy *YEA* LS19 52 A2
Reed Rd *WOR/ARM* LS12 43 F1
Regency Ct *HDGY* LS6 14 C5
Regency Park Gv
PDSY/CALV LS28 99 D4 3
Regency Park Rd *PDSY/CALV* LS28 99 D4
Regent Av *HORS* LS18 81 D2
Regent Crs *HORS* LS18 81 C2
Regent Park Av *HDGY* LS6 15 F5
Regent Park Cross Av *HDGY* LS6 15 F5
Regent Park Ter *HDGY* LS6 15 F5
Regent Rd *HORS* LS18 81 C2
Regent St *CHAL* LS7 8 A4
OSM LS9 38 B2
Regent Ter *CHAL* LS7 8 A3
HDGY LS6 25 E4
Regina Dr *CHAL* LS7 8 B5
Reginald Mt *CHAL* LS7 18 A4
Reginald Pl *CHAL* LS7 18 A4
Reginald Rw *CHAL* LS7 18 A4
Reginald St *CHAL* LS7 18 A4
Reginald Ter *CHAL* LS7 18 A4
Reginald Vw *CHAL* LS7 18 A4
Rein Rd *BRAM* LS13 81 D3
The Rein *SCFT* LS14 85 C3
Reinwood Av *RHAY* LS8 84 A4
Revie Rd *BEE/HOL* LS11 112 A2
Rhodes Ter *WOR/ARM* LS12 44 C1
Richardshaw La *PDSY/CALV* LS28 89 D4
Richardshaw Rd *PDSY/CALV* LS28 89 D4
Richardson Crs *OSM* LS9 41 D5
Richardson Rd *OSM* LS9 41 D4
Richmond Av *HDGY* LS6 24 C1
Richmond Cl *BRAM* LS13 90 B3
Richmond Cft *OSM* LS9 39 F5 1
Richmond Gdns *PDSY/CALV* LS28 100 B2 5
Richmond Green St *OSM* LS9 39 D5
Richmond Hill Ap *OSM* LS9 39 D5
Richmond Hill Cl *OSM* LS9 39 D5
Richmond Mt *HDGY* LS6 24 C1
Richmond Rd *HDGY* LS6 15 D5
PDSY/CALV LS28 88 B3
Richmond St *OSM* LS9 38 C5
Richmond Ter *PDSY/CALV* LS28 100 B2
Rickard St *WOR/ARM* LS12 45 E1
Rider Rd *HDGY* LS6 16 C5
Rider St *OSM* LS9 38 C2
Ridge Gv *CHAL* LS7 16 B4
Ridge Mt *HDGY* LS6 16 A5
Ridge Rd *HDGY* LS6 17 D5
Ridge Ter *HDGY* LS6 15 D2
Ridge Vw *BRAM* LS13 101 D1
Ridge Wy *RHAY* LS8 19 F1
Ridgeway Cl *RHAY* LS8 19 F1
Rigton Ap *OSM* LS9 39 D2
Rigton Cl *OSM* LS9 39 E2
Rigton Dr *OSM* LS9 39 E2
Rigton Gn *OSM* LS9 39 D2
Rigton Lawn *OSM* LS9 39 D2
Rigton Ms *OSM* LS9 39 D2
Rillbank La *BVRD* LS3 25 D5
Rillbank St *BVRD* LS3 25 E5
Ring Road Adel *BHP/TINH* LS16 73 C3
Ring Road Beeston *WOR/ARM* LS12 110 B2
Ring Road Beeston Pk
BEE/HOL LS11 118 A3
Ring Road Bramley *BRAM* LS13 102 A1
Ring Road Cross Gates
MSTN/BAR LS15 96 B2
Ring Road Farnley *WOR/ARM* LS12 102 A2
Ring Road Farsley *PDSY/CALV* LS28 88 B2
Ring Road Halton *MSTN/BAR* LS15 96 B4
Ring Road (Horsforth) *HORS* LS18 82 B1
Ring Road Low Wortley
WOR/ARM LS12 42 B5
Ring Road Meanwood
BHP/TINH LS16 73 D3
Ring Road Middleton *MID* LS10 120 A4
Ring Road (Moortown)
AL/HA/HU LS17 74 B3
RHAY LS8 77 C2
Ring Road (Seacroft) *SCFT* LS14 85 D1
Ring Road (Shadwell)
AL/HA/HU LS17 78 B3
Ring Road Weetwood
BHP/TINH LS16 72 B4
Ring Road West Pk *BHP/TINH* LS16 71 D4
Ringwood Av *SCFT* LS14 85 C1
Ringwood Dr *SCFT* LS14 85 D1
Ringwood Gdns *SCFT* LS14 85 D1
Ringwood Mt *SCFT* LS14 85 D1 4

The Rise *KSTL* LS5 ..... **12** A3
Riviera Gdns *CHAL* LS7 ..... **17** F1
Robb Av *BEE/HOL* LS11 ..... **112** B4
Robb St *BEE/HOL* LS11 ..... **112** B4
Roberts Av *OSM* LS9 ..... **31** D4
Roberts Ct *OSM* LS9 ..... **31** D4
Roberts Pl *OSM* LS9 ..... **31** D5
Roberts St *PDSY/CALV* LS28 ..... **89** C4 4
Robin Cha *PDSY/CALV* LS28 ..... **100** A2
Robin La *PDSY/CALV* LS28 ..... **99** D2
Rocheford Cl *MID* LS10 ..... **115** C2
Rocheford Gdns *MID* LS10 ..... **115** C2
Rocheford Gv *MID* LS10 ..... **115** C2
Rochester Gdns *BRAM* LS13 ..... **90** A1 3
Rochester Ter *HDGY* LS6 ..... **14** B5
Rochester Wynd *AL/HA/HU* LS17 ..... **77** D1 4
Rockery Cft *HORS* LS18 ..... **69** D3 6
Rockery Rd *HORS* LS18 ..... **69** D3
Rockfield Ter *YEA* LS19 ..... **53** D2
Rock La *BRAM* LS13 ..... **91** C1
Rock Ter *MSTN/BAR* LS15 ..... **105** C1 3
Rockwood Gv *PDSY/CALV* LS28 ..... **88** A2
Roderick St *WOR/ARM* LS12 ..... **33** D5
Rodley La *BRAM* LS13 ..... **90** B1
Rogers Pl *PDSY/CALV* LS28 ..... **100** A1
Rokeby Gdns *HDGY* LS6 ..... **13** F3
Roker La *PDSY/CALV* LS28 ..... **100** A4
Roman Av *RHAY* LS8 ..... **77** D2
Roman Crs *RHAY* LS8 ..... **78** A3 7
Roman Dr *RHAY* LS8 ..... **78** A3 8
Roman Gdns *RHAY* LS8 ..... **77** D3
Roman Gv *RHAY* LS8 ..... **78** A3 9
Roman Mt *RHAY* LS8 ..... **78** A3 10
Roman Pl *RHAY* LS8 ..... **78** A3 11
Roman Ter *RHAY* LS8 ..... **77** D3
Roman Vw *RHAY* LS8 ..... **78** A3
Rombalds Av *WOR/ARM* LS12 ..... **33** E2
Rombalds Crs *WOR/ARM* LS12 ..... **33** E1
Rombalds Gv *WOR/ARM* LS12 ..... **33** E2
Rombalds Pl *WOR/ARM* LS12 ..... **33** E2
Rombalds St *WOR/ARM* LS12 ..... **33** E1
Rombalds Ter *WOR/ARM* LS12 ..... **33** E2
Rombalds Vw *WOR/ARM* LS12 ..... **33** E1
Romney Mt *PDSY/CALV* LS28 ..... **100** B4
Rookwood Av *OSM* LS9 ..... **41** F2
Rookwood Crs *OSM* LS9 ..... **41** F2
Rookwood Gdns *OSM* LS9 ..... **41** E4
Rookwood Hl *OSM* LS9 ..... **41** F3
Rookwood Mt *OSM* LS9 ..... **41** E2
Rookwood Pde *OSM* LS9 ..... **104** A1 1
Rookwood Pl *OSM* LS9 ..... **41** F2
Rookwood Rd *OSM* LS9 ..... **41** F3
Rookwood Sq *OSM* LS9 ..... **104** A1
Rookwood St *OSM* LS9 ..... **41** E4
Rookwood Ter *OSM* LS9 ..... **41** E3
Rookwood V *OSM* LS9 ..... **41** E4
Rookwood Vw *OSM* LS9 ..... **41** F2
Roper Av *RHAY* LS8 ..... **9** E2
Roper Gv *RHAY* LS8 ..... **9** F2
Roscoe St *CHAL* LS7 ..... **28** A3
Rose Av *HORS* LS18 ..... **80** B1
Rosebank Crs *HDGY* LS6 ..... **25** E4
Rosebank Gdns *BVRD* LS3 ..... **25** E5
Rosebank Rd *BVRD* LS3 ..... **25** E5
Rosebank Rw *BVRD* LS3 ..... **25** E5
Rosebery St *PDSY/CALV* LS28 ..... **98** B1
Rosebery Ter *PDSY/CALV* LS28 ..... **90** A3 5
Rosebud Wk *RHAY* LS8 ..... **28** C3
Rosecliffe Mt *BRAM* LS13 ..... **91** C2
Rosecliffe Ter *BRAM* LS13 ..... **91** C3
Rosedale Bank *MID* LS10 ..... **114** A4 3
Rosedale Gdns *MID* LS10 ..... **114** A4
Rosedale Gn *MID* LS10 ..... **114** A4 4
Rosedale Wk *MID* LS10 ..... **114** A4
Rosemary Av *WOR/ARM* LS12 ..... **34** A4 2
Rosemont Av *BRAM* LS13 ..... **91** D3 8
PDSY/CALV LS28 ..... **100** A1 2
Rosemont Dr *PDSY/CALV* LS28 ..... **100** A1
Rosemont Gv *BRAM* LS13 ..... **91** C3
Rosemont Pl *BRAM* LS13 ..... **91** C3
Rosemont Rd *BRAM* LS13 ..... **91** D3
Rosemont St *BRAM* LS13 ..... **91** D3
PDSY/CALV LS28 ..... **100** A1
Rosemont Ter *BRAM* LS13 ..... **91** D3
PDSY/CALV LS28 ..... **100** A1 3
Rosemont Vw *BRAM* LS13 ..... **91** C3
Rosemont Wk *BRAM* LS13 ..... **91** D3 9
Rose Mount Pl *WOR/ARM* LS12 ..... **44** B1
Roseneath Pl *WOR/ARM* LS12 ..... **44** A2
Roseneath St *WOR/ARM* LS12 ..... **44** A1
Roseneath Ter *WOR/ARM* LS12 ..... **44** A1
Rose St *HORS* LS18 ..... **80** B1
Roseville Rd *RHAY* LS8 ..... **28** C4
Roseville St *RHAY* LS8 ..... **29** D3
Roseville Wy *RHAY* LS8 ..... **28** C4
Rosgill Dr *SCFT* LS14 ..... **85** C4
Rosgill Wk *SCFT* LS14 ..... **85** C4
Rossall Gv *RHAY* LS8 ..... **19** F5
Rossall Rd *RHAY* LS8 ..... **19** F5
Rossefield Ap *BRAM* LS13 ..... **92** A4
Rossefield Av *BRAM* LS13 ..... **92** A3 7
Rossefield Cha *BRAM* LS13 ..... **92** A3
Rossefield Cl *BRAM* LS13 ..... **92** A3 8
Rossefield Dr *BRAM* LS13 ..... **92** A3
Rossefield Gv *BRAM* LS13 ..... **92** A3 9
Rossefield Lawn *BRAM* LS13 ..... **92** A3 10
Rossefield Pl *BRAM* LS13 ..... **92** A3 11
Rossefield Ter *BRAM* LS13 ..... **92** A3
Ross Gv *BRAM* LS13 ..... **91** C1
Rossington Gv *RHAY* LS8 ..... **19** D5
Rossington Pl *RHAY* LS8 ..... **19** D5
Rossington Rd *RHAY* LS8 ..... **20** B3
Rossington St *LDSU* LS2 ..... **37** D2
Rothbury Gdns *BHP/TINH* LS16 ..... **72** A2
Roundhay Av *RHAY* LS8 ..... **19** F3
Roundhay Crs *RHAY* LS8 ..... **19** F3
Roundhay Gv *RHAY* LS8 ..... **19** F3
Roundhay Mt *RHAY* LS8 ..... **19** F4
Roundhay Park La *AL/HA/HU* LS17 ..... **78** A2
Roundhay Pl *RHAY* LS8 ..... **19** E3
Roundhay Rd *CHAL* LS7 ..... **28** B3
RHAY LS8 ..... **29** E2
Roundhay Vw *RHAY* LS8 ..... **19** E3
Rowan Ct *YEA* LS19 ..... **53** C4
The Rowans *BRAM* LS13 ..... **90** A2 1
Rowland Pl *BEE/HOL* LS11 ..... **113** C2
Rowland Rd *BEE/HOL* LS11 ..... **113** C2
Rowland Ter *BEE/HOL* LS11 ..... **113** D2 27
Roxby Cl *OSM* LS9 ..... **39** D1
Roxholme Av *CHAL* LS7 ..... **19** D2
Roxholme Gv *CHAL* LS7 ..... **19** D2
Roxholme Pl *CHAL* LS7 ..... **19** D2
Roxholme Rd *CHAL* LS7 ..... **19** D2
Roxholme Ter *CHAL* LS7 ..... **19** D2
Royal Cl *MID* LS10 ..... **114** A3
Royal Ct *MID* LS10 ..... **114** A3
Royal Dr *MID* LS10 ..... **114** A3
Royal Gdns *MID* LS10 ..... **114** A3
Royal Park Av *HDGY* LS6 ..... **25** E3
Royal Park Gv *HDGY* LS6 ..... **25** E2
Royal Park Mt *HDGY* LS6 ..... **25** E2
Royal Park Rd *HDGY* LS6 ..... **24** C3
Royal Park Ter *HDGY* LS6 ..... **25** E2
Royal Park Vw *HDGY* LS6 ..... **25** E2
Royal Pl *MID* LS10 ..... **114** A3
Royds Cl *WOR/ARM* LS12 ..... **110** B1

Royds Farm Rd *BEE/HOL* LS11 .... **110** B3
Royds Hall Rd *WOR/ARM* LS12 .... **110** B1
Royds La *WOR/ARM* LS12 .... **110** B1
Ruby St *CHAL* LS7 .... **28** C5
Rufford Av *YEA* LS19 .... **53** C3
Rufford Bank *YEA* LS19 .... **53** D3
Rufford Cl *YEA* LS19 .... **53** D3
Rufford Crs *YEA* LS19 .... **53** D3
Rufford Dr *YEA* LS19 .... **53** D3
Rufford Rdg *YEA* LS19 .... **53** D3
Rufford Ri *YEA* LS19 .... **53** C3
Runswick Av *BEE/HOL* LS11 .... **45** F4
Runswick Pl *BEE/HOL* LS11 .... **45** F4
Runswick St *BEE/HOL* LS11 .... **45** F4
Runswick Ter *BEE/HOL* LS11 .... **46** A4
Rusholme Dr *PDSY/CALV* LS28 .... **88** B2
Ruskin Crs *GSLY* LS20 .... **52** A1
Ruskin St *PDSY/CALV* LS28 .... **88** B4
Russell St *LDS* LS1 .... **37** D3
Ruthven Vw *RHAY* LS8 .... **30** B2
Rutland Mt *BVRD* LS3 .... **35** F2
Rutland St *LDS* LS1 .... **36** A2
Rutland Ter *BVRD* LS3 .... **35** F2
Ryan Pl *RHAY* LS8 .... **20** A5
Rycroft Av *BRAM* LS13 .... **90** B4
Rycroft Cl *BRAM* LS13 .... **91** C4
Rycroft Dr *BRAM* LS13 .... **91** C4
Rycroft Gdns *BRAM* LS13 .... **90** B4
Rycroft Towers *BRAM* LS13 .... **90** B4 1
Rydall Pl *BEE/HOL* LS11 .... **45** F4
Rydall St *BEE/HOL* LS11 .... **45** F4
Rydall Ter *BEE/HOL* LS11 .... **45** F4
Ryder Gdns *RHAY* LS8 .... **10** B4
Ryedale Av *WOR/ARM* LS12 .... **43** D5
Ryedale Ct *SCFT* LS14 .... **85** C4 2
Ryedale Holt *WOR/ARM* LS12 .... **43** D5
Rye Pl *SCFT* LS14 .... **95** C4

S

Sackville Ap *CHAL* LS7 .... **27** F2
Sackville St *CHAL* LS7 .... **27** F2
Sadler Cl *BHP/TINH* LS16 .... **72** B1
Sadler Copse *BHP/TINH* LS16 .... **72** B1
Sadler Wy *BHP/TINH* LS16 .... **72** B1
Sagar Pl *HDGY* LS6 .... **14** B4
St Alban Ap *OSM* LS9 .... **41** D1
St Alban Cl *OSM* LS9 .... **31** E5
St Alban Crs *OSM* LS9 .... **41** E1
St Alban Gv *OSM* LS9 .... **41** E1
St Alban Mt *OSM* LS9 .... **41** E1
St Alban Rd *OSM* LS9 .... **31** E5
St Albans Pl *LDSU* LS2 .... **37** F1
St Alban Vw *OSM* LS9 .... **41** E1
St Andrews Cl *YEA* LS19 .... **53** D1 1
St Andrews Cft *AL/HA/HU* LS17 .... **62** A4
St Andrews Dr *AL/HA/HU* LS17 .... **75** D1
St Andrew's Pl *BVRD* LS3 .... **35** F2
St Andrews Rd *YEA* LS19 .... **53** D2
St Andrew's St *BVRD* LS3 .... **35** F2
St Andrews Wk *AL/HA/HU* LS17 .... **75** D1
St Anne's Dr *BULY* LS4 .... **13** E5
St Anne's Gn *BULY* LS4 .... **13** E5
St Anne's Rd *HDGY* LS6 .... **13** F2
St Anne's St *LDS* LS1 .... **37** D2
St Ann's Av *BULY* LS4 .... **24** A3
St Ann's Cl *BULY* LS4 .... **13** E5
St Ann's Gdns *BULY* LS4 .... **23** E1
St Ann's La *BULY* LS4 .... **13** E5
St Ann's Mt *BULY* LS4 .... **24** A2
St Ann's Ri *BULY* LS4 .... **23** D1
St Ann's Sq *BULY* LS4 .... **23** E1
OSM LS9 .... **38** C3 1
St Ann's Wy *BULY* LS4 .... **23** E1
St Anthony's Dr *BEE/HOL* LS11 .... **112** A3 1
St Anthony's Rd *BEE/HOL* LS11 .... **111** D3
St Barnabas Rd *BEE/HOL* LS11 .... **47** D2
St Bartholomew's Cl
WOR/ARM LS12 .... **33** E5 1
St Catherine's Crs *BRAM* LS13 .... **92** A1
St Catherine's Dr *BRAM* LS13 .... **92** A1
St Catherine's Gn *BRAM* LS13 .... **92** A1
St Catherine's Hl *BRAM* LS13 .... **92** A1
St Catherine's Wk *RHAY* LS8 .... **10** B5
St Chad's Av *HDGY* LS6 .... **3** F5
St Chad's Dr *HDGY* LS6 .... **13** F1
St Chad's Gv *HDGY* LS6 .... **13** F1
St Chad's Ri *HDGY* LS6 .... **3** F5
St Chad's Rd *HDGY* LS6 .... **4** A5
St Chad's Vw *HDGY* LS6 .... **13** F1
St Cyprians Gdns *OSM* LS9 .... **30** C3
St Elmo Gv *OSM* LS9 .... **40** B3 1
St Francis Pl *BEE/HOL* LS11 .... **46** C1
St George's Rd *LDS* LS1 .... **36** C1 1
St Helens Av *BHP/TINH* LS16 .... **73** C2
St Helens Cl *BHP/TINH* LS16 .... **73** C2
St Helens Cft *BHP/TINH* LS16 .... **72** B2
St Helens Gdns *BHP/TINH* LS16 .... **72** B2
St Helens Gv *BHP/TINH* LS16 .... **72** B2
St Helen's La *BHP/TINH* LS16 .... **72** A2
St Helens St *MID* LS10 .... **48** B4
St Helens Wy *BHP/TINH* LS16 .... **72** B2
St Hilda's Av *OSM* LS9 .... **49** F2
St Hilda's Crs *OSM* LS9 .... **49** E2
St Hilda's Gv *OSM* LS9 .... **49** F2
St Hilda's Mt *OSM* LS9 .... **49** F2
St Hilda's Pl *OSM* LS9 .... **49** F2
St Hilda's Rd *OSM* LS9 .... **49** F2
St Ives Gv *WOR/ARM* LS12 .... **32** A3
St Ives Mt *WOR/ARM* LS12 .... **32** B3
St James Ap *SCFT* LS14 .... **95** D1
St James Av *HORS* LS18 .... **69** D4
St James Cl *WOR/ARM* LS12 .... **102** B1
St James Crs *PDSY/CALV* LS28 .... **98** A2
St James Dr *HORS* LS18 .... **70** A4
St James's Ms *WOR/ARM* LS12 .... **103** C1
St James Ter *HORS* LS18 .... **70** A4
St James Wk *HORS* LS18 .... **70** A4
St John's Av *HDGY* LS6 .... **25** F4
PDSY/CALV LS28 .... **89** C3
St John's Cl *HDGY* LS6 .... **25** E4
St John's Ct *YEA* LS19 .... **52** B3
St John's Dr *YEA* LS19 .... **52** B3
St John's Gv *HDGY* LS6 .... **25** E3
St John's Rd *BVRD* LS3 .... **25** F5
YEA LS19 .... **52** B3
St John's Wy *YEA* LS19 .... **52** B3
St Lawrence Cl *PDSY/CALV* LS28 .... **99** C2 2
St Lawrence Md *PDSY/CALV* LS28 .... **99** C3
St Lawrence St *CHAL* LS7 .... **18** A1 1
St Lawrence Ter *PDSY/CALV* LS28 .... **99** D3
St Luke's Crs *BEE/HOL* LS11 .... **46** B5
St Luke's Gn *BEE/HOL* LS11 .... **112** B1
St Luke's Rd *BEE/HOL* LS11 .... **112** B1
St Luke's St *BEE/HOL* LS11 .... **112** B1
St Luke's Vw *BEE/HOL* LS11 .... **112** B1 7
St Margaret's Av *HORS* LS18 .... **69** C4
RHAY LS8 .... **9** F5
St Margaret's Cl *HORS* LS18 .... **69** C3
St Margaret's Dr *HORS* LS18 .... **69** C3
RHAY LS8 .... **10** A5
St Margaret's Gv *RHAY* LS8 .... **10** A5
St Margaret's Rd *HORS* LS18 .... **69** C3
St Margaret's Vw *RHAY* LS8 .... **10** A5

St Mark's Av *LDSU* LS2 26 B3
St Mark's Rd *LDSU* LS2 26 B2
St Mark's St *LDSU* LS2 26 B3
St Martin's Av *CHAL* LS7 18 A2
St Martin's Crs *CHAL* LS7 18 A2
St Martin's Dr *CHAL* LS7 18 A1
St Martin's Gdns *CHAL* LS7 17 F2
St Martin's Gv *CHAL* LS7 18 A2
St Martin's Rd *CHAL* LS7 18 A2
St Martin's Vw *CHAL* LS7 18 A3
St Mary's Cl *CHAL* LS7 18 B3
WOR/ARM LS12 44 B1
St Mary's Ct *CHAL* LS7 18 B3
St Mary's La *OSM* LS9 38 C2
St Mary's Park Ap *WOR/ARM* LS12 103 C1
St Mary's Park Ct *WOR/ARM* LS12 103 C1 1
St Mary's Park Crs *WOR/ARM* LS12 103 C1
St Mary's Park Gn
WOR/ARM LS12 103 C1 2
St Mary's Rd *CHAL* LS7 18 A3
St Mary's St *OSM* LS9 38 B2
St Matthew's St *BEE/HOL* LS11 46 A3
St Matthew's Wk *CHAL* LS7 7 F2
St Matthias' Gv *BULY* LS4 24 A4
St Matthias' St *BULY* LS4 24 A5
St Michael's Crs *HDGY* LS6 14 B4
St Michael's Gv *HDGY* LS6 14 B4
St Michael's La *BULY* LS4 24 A2
St Michael's Rd *HDGY* LS6 14 B4
St Michael's Ter *HDGY* LS6 14 A4
St Paul's Pl *LDS* LS1 36 C3 1
St Paul's St *LDS* LS1 36 B3
St Peters Ct *BEE/HOL* LS11 113 D1
St Peter's Ct *BRAM* LS13 92 A2
St Peter's Gdns *BRAM* LS13 91 D2
St Peter's Mt *BRAM* LS13 91 D3
St Peter's Sq *OSM* LS9 38 B3
St Peter's St *LDSU* LS2 38 A3
St Philip's Av *MID* LS10 119 C4
St Philips Cl *MID* LS10 119 D4
St Stephen's Ct *OSM* LS9 39 E2
St Stephen's Rd *OSM* LS9 39 E2 1
St Thomas Rw *LDSU* LS2 38 A1
St Vincent Rd *PDSY/CALV* LS28 99 D3
St Wilfrid's Av *RHAY* LS8 20 B5
St Wilfrid's Circ *RHAY* LS8 30 C1
St Wilfrid's Crs *RHAY* LS8 20 C5
St Wilfrid's Dr *RHAY* LS8 20 B5
St Wilfrid's Garth *RHAY* LS8 30 C1
St Wilfrid's Gv *RHAY* LS8 20 C5
Salem Pl *MID* LS10 47 F1
Salisbury Av *WOR/ARM* LS12 33 E2
Salisbury Gv *WOR/ARM* LS12 33 E3
Salisbury Ms *HORS* LS18 70 A3
Salisbury Rd *WOR/ARM* LS12 33 F2
Salisbury St *YEA* LS19 66 A1
Salisbury Ter *WOR/ARM* LS12 33 E2
Salisbury Vw *WOR/ARM* LS12 33 E2
Salmon Crs *HORS* LS18 69 D4
Sandbed Ct *MSTN/BAR* LS15 97 C2
Sandbed La *MSTN/BAR* LS15 97 C2
Sanderling Garth *MID* LS10 120 A4 8
Sanderling Wy *MID* LS10 120 A4
Sandfield Av *HDGY* LS6 14 C1
Sandfield Garth *HDGY* LS6 4 C5
Sandford Pl *KSTL* LS5 12 A5
Sandford Rd *KSTL* LS5 22 B1
Sandhill Crs *AL/HA/HU* LS17 76 B1
Sandhill Dr *AL/HA/HU* LS17 76 B1
Sandhill Gv *AL/HA/HU* LS17 63 D4
Sand Hill La *AL/HA/HU* LS17 76 A2
Sand Hill Lawns *AL/HA/HU* LS17 76 A2 1
Sandhill Mt *AL/HA/HU* LS17 63 C4
Sandhill Ov *AL/HA/HU* LS17 63 D4
Sandhurst Av *RHAY* LS8 20 B5
Sandhurst Gv *RHAY* LS8 30 A1
Sandhurst Mt *RHAY* LS8 20 B5
Sandhurst Pl *RHAY* LS8 30 A1
Sandhurst Rd *RHAY* LS8 30 A1
Sandhurst Ter *RHAY* LS8 20 B5
Sandiford Cl *MSTN/BAR* LS15 97 C2
Sandiford Ter *MSTN/BAR* LS15 97 C2
Sandlewood Cl *BEE/HOL* LS11 46 B4
Sandlewood Gn *BEE/HOL* LS11 46 B4
Sandmoor Av *AL/HA/HU* LS17 63 C3
Sandmoor Cha *AL/HA/HU* LS17 63 C4
Sandmoor Cl *AL/HA/HU* LS17 63 C4
Sandmoor Dr *AL/HA/HU* LS17 63 C3
Sandmoor Gn *AL/HA/HU* LS17 62 B3
Sandmoor La *AL/HA/HU* LS17 63 C3
Sandmoor Ms *AL/HA/HU* LS17 63 C4
Sandon Gv *MID* LS10 114 B3 5
Sandon Mt *MID* LS10 114 B3
Sandringham Ap *AL/HA/HU* LS17 76 B2 2
Sandringham Crs *AL/HA/HU* LS17 76 A2
PDSY/CALV LS28 99 D3 1
Sandringham Dr *AL/HA/HU* LS17 76 B1 1
Sandringham Gdns *AL/HA/HU* LS17 76 A2
Sandringham Gn *AL/HA/HU* LS17 76 B2 3
Sandringham Mt *AL/HA/HU* LS17 76 B1
Sandringham Wy *AL/HA/HU* LS17 76 A2
Sandway *MSTN/BAR* LS15 96 A3
Sandway Gdns *MSTN/BAR* LS15 96 A3
Sandway Gv *MSTN/BAR* LS15 96 A3 3
Sandy Wy *YEA* LS19 53 C2 7
Sardinia St *MID* LS10 48 A4
Savile Av *CHAL* LS7 28 A1
Savile Dr *CHAL* LS7 28 A1
Savile Mt *CHAL* LS7 28 A1
Savile Pl *CHAL* LS7 28 A1
Savile Rd *CHAL* LS7 28 A1
Saw Mill St *BEE/HOL* LS11 46 C1
Saxon Ga *AL/HA/HU* LS17 75 C3
Saxon Gn *AL/HA/HU* LS17 74 B3
Saxon Gv *AL/HA/HU* LS17 74 B3
Saxon Mt *AL/HA/HU* LS17 75 C2
Saxon Rd *AL/HA/HU* LS17 74 B3
Saxton La *OSM* LS9 38 B4
Sayers Cl *KSTL* LS5 13 D5
Sayner La *MID* LS10 48 B2
Sayner Rd *MID* LS10 48 A2
Scarbro' Jct *BRAM* LS13 92 A4
Scargill Cl *OSM* LS9 39 E1
Scarth Av *OSM* LS9 30 A3
Scholes La *MSTN/BAR* LS15 87 D1
School Cl *WOR/ARM* LS12 108 A2
School La *AL/HA/HU* LS17 65 C1
CHAL LS7 7 F4
HDGY LS6 14 C1
MSTN/BAR LS15 105 D1 15
MSTN/BAR LS15 107 D2
School St *PDSY/CALV* LS28 89 C2
PDSY/CALV LS28 99 C3
School Vw *HDGY* LS6 25 D1
Scotland Cl *HORS* LS18 69 C2
Scotland La *HORS* LS18 55 D2
Scotland Mill La *BHP/TINH* LS16 74 A3
HDGY LS6 74 A4
Scotland Wy *HORS* LS18 68 B1
Scotland Wood Rd *AL/HA/HU* LS17 74 A3
Scott Hall Av *CHAL* LS7 17 E4
Scott Hall Crs *CHAL* LS7 7 D5
Scott Hall Dr *CHAL* LS7 27 F1
Scott Hall Gn *CHAL* LS7 17 F3
Scott Hall Gv *CHAL* LS7 17 E2
Scott Hall Pl *CHAL* LS7 17 F2

Scott Hall Rd *CHAL* LS7 .... 7 E3
Scott Hall Rw *CHAL* LS7 .... 18 A5
Scott Hall Sq *CHAL* LS7 .... 17 F3
Scott Hall St *CHAL* LS7 .... 17 E5
Scott Hall Ter *CHAL* LS7 .... 17 F2
Scott Hall Wk *CHAL* LS7 .... 17 F4
Scott Hall Wy *CHAL* LS7 .... 17 E1
Scott St *PDSY/CALV* LS28 .... 100 A3
Scott Wood La *CHAL* LS7 .... 17 E4
Seacroft Av *SCFT* LS14 .... 86 A4
Seacroft Cl *SCFT* LS14 .... 86 A4
Seacroft Crs *SCFT* LS14 .... 86 A4
Seaforth Av *OSM* LS9 .... 30 B3
Seaforth Gv *OSM* LS9 .... 30 B2
Seaforth Mt *OSM* LS9 .... 30 B2
Seaforth Pl *OSM* LS9 .... 30 B2
Seaforth Rd *OSM* LS9 .... 30 B2
Seaforth Ter *OSM* LS9 .... 30 B2
Second Av *WOR/ARM* LS12 .... 34 C5
YEA LS19 .... 53 D4
Sedbergh Cl *MSTN/BAR* LS15 .... 104 A2 1
Sefton Av *BEE/HOL* LS11 .... 112 B2
Sefton St *BEE/HOL* LS11 .... 113 C2
Sefton Ter *BEE/HOL* LS11 .... 112 B2
Selby Av *OSM* LS9 .... 104 B1
Selby Rd *MSTN/BAR* LS15 .... 104 B1
SCFT LS14 .... 94 A4 2
Seminary St *LDSU* LS2 .... 26 B5
Servia Dr *CHAL* LS7 .... 27 D2
Servia Gdns *CHAL* LS7 .... 27 E2
Servia Hl *CHAL* LS7 .... 27 D2
Servia Rd *HDGY* LS6 .... 27 D2
Service Rd *OSM* LS9 .... 117 C2
Severn Rd *MID* LS10 .... 115 C2
Sewage Works Rd *OSM* LS9 .... 116 B2
Shadwell La *AL/HA/HU* LS17 .... 76 A3
Shadwell Park Av *AL/HA/HU* LS17 .... 65 D4
Shadwell Park Cl *AL/HA/HU* LS17 .... 65 D4 1
Shadwell Park Ct *AL/HA/HU* LS17 .... 78 B1
Shadwell Park Dr *AL/HA/HU* LS17 .... 78 B1
Shadwell Park Gdns *AL/HA/HU* LS17 .... 65 D4
Shadwell Park Gv *AL/HA/HU* LS17 .... 78 B1
Shadwell Wk *AL/HA/HU* LS17 .... 76 B2
Shaftesbury Av *RHAY* LS8 .... 77 D4
Shaftesbury Rd *RHAY* LS8 .... 77 D3
Shafton La *BEE/HOL* LS11 .... 45 F4
Shafton Pl *BEE/HOL* LS11 .... 45 F4
Shafton St *BEE/HOL* LS11 .... 46 A4
Shafton Vw *BEE/HOL* LS11 .... 45 F4
Shakespeare Ap *OSM* LS9 .... 29 E5
Shakespeare Av *OSM* LS9 .... 29 E5
Shakespeare Cl *OSM* LS9 .... 29 F5
Shakespeare Gdns *OSM* LS9 .... 29 F5
Shakespeare Lawn *OSM* LS9 .... 29 E5
Shakespeare St *OSM* LS9 .... 29 F4
Shannon Rd *OSM* LS9 .... 39 D3
Shannon St *OSM* LS9 .... 38 C3
Sharp La *MID* LS10 .... 120 B4
Sharp Rw *PDSY/CALV* LS28 .... 100 A3
Shaw La *HDGY* LS6 .... 14 B1
Shaw Leys *YEA* LS19 .... 52 B1
Shaw Royd *YEA* LS19 .... 52 B1
Shay St *HDGY* LS6 .... 26 C2
LDSU LS2 .... 26 C2
Sheaf St *MID* LS10 .... 48 A1
Sheepscar Gv *CHAL* LS7 .... 28 A5
Sheepscar St North *CHAL* LS7 .... 27 F1
Sheepscar St South *CHAL* LS7 .... 28 B4
Sheepscar Wy *CHAL* LS7 .... 28 A2
Shelldrake Dr *MID* LS10 .... 120 A4
Shell La *PDSY/CALV* LS28 .... 88 A1
Shepcote Cl *BHP/TINH* LS16 .... 71 C2
Shepcote Crs *BHP/TINH* LS16 .... 71 C2
Shepherd's Gv *RHAY* LS8 .... 19 D5
Shepherd's La *CHAL* LS7 .... 19 D4
RHAY LS8 .... 19 D5
Shepherd's Pl *RHAY* LS8 .... 19 E4 3
Sherbrooke Av *MSTN/BAR* LS15 .... 105 C2
Sherburn Ap *SCFT* LS14 .... 86 B3
Sherburn Pl *SCFT* LS14 .... 86 B3
Sherburn Rd *SCFT* LS14 .... 86 B3
Sherburn Rd North *SCFT* LS14 .... 86 A1
Sheridan Cl *PDSY/CALV* LS28 .... 100 A3
Sheridan Ct *PDSY/CALV* LS28 .... 100 A3 2
Sheridan Wy *PDSY/CALV* LS28 .... 99 D3
Shield Cl *MSTN/BAR* LS15 .... 97 D2
Shire Oak Rd *HDGY* LS6 .... 14 C3
Shire Oak St *HDGY* LS6 .... 14 B3
Shirley Dr *BRAM* LS13 .... 91 D1 5
Sholebroke Av *CHAL* LS7 .... 18 A4
Sholebroke Mt *CHAL* LS7 .... 17 F4
Sholebroke Pl *CHAL* LS7 .... 18 A4
Sholebroke St *CHAL* LS7 .... 17 F4
Sholebroke Ter *CHAL* LS7 .... 17 F3
Sholebroke Vw *CHAL* LS7 .... 18 A4
Shoreham Rd *WOR/ARM* LS12 .... 33 E5
Short La *CHAL* LS7 .... 7 F3
Siddall St *BEE/HOL* LS11 .... 46 C2
Sidney St *LDS* LS1 .... 37 F3
Silk Mill Ap *BHP/TINH* LS16 .... 70 B3
Silk Mill Av *BHP/TINH* LS16 .... 70 A2
Silk Mill Bank *BHP/TINH* LS16 .... 70 A3
Silk Mill Cl *BHP/TINH* LS16 .... 70 A2
Silk Mill Dr *BHP/TINH* LS16 .... 70 A3
Silk Mill Gdns *BHP/TINH* LS16 .... 70 A3
Silk Mill Gn *BHP/TINH* LS16 .... 70 A3
Silk Mill Ms *BHP/TINH* LS16 .... 71 C3
Silk Mill Rd *BHP/TINH* LS16 .... 70 A3
Silk Mill Wy *BHP/TINH* LS16 .... 70 B3
Silkstone Ct *MSTN/BAR* LS15 .... 96 B4
Silkstone Wy *MSTN/BAR* LS15 .... 96 B4
Silverdale Av *AL/HA/HU* LS17 .... 65 C4
Silver La *YEA* LS19 .... 53 C2
Silver Royd Av *WOR/ARM* LS12 .... 103 C3
Silver Royd Cl *WOR/ARM* LS12 .... 103 C3
Silver Royd Garth *WOR/ARM* LS12 .... 103 C3
Silver Royd Gv *WOR/ARM* LS12 .... 103 C3
Silver Royd Hl *WOR/ARM* LS12 .... 103 C3
Silver Royd Pl *WOR/ARM* LS12 .... 103 C3
Silver Royd Rd *WOR/ARM* LS12 .... 103 C3
Silver Royd St *WOR/ARM* LS12 .... 103 C3
Silver Royd Ter *WOR/ARM* LS12 .... 103 C3
Silver St *BEE/HOL* LS11 .... 46 B1
Simmons Wy *RHAY* LS8 .... 21 D5
Simpson Gv *WOR/ARM* LS12 .... 34 A4
Sir George Martin Dr
BHP/TINH LS16 .... 60 A4
Sir Karl Cohen Sq *WOR/ARM* LS12 .... 32 C4
Sizers Ct *YEA* LS19 .... 52 B4
Skelton Av *OSM* LS9 .... 40 C3
Skelton Crs *OSM* LS9 .... 41 D3
Skelton Grange Rd *MID* LS10 .... 116 A3
Skelton Mt *OSM* LS9 .... 40 C2
Skelton Pl *OSM* LS9 .... 40 C2
Skelton Rd *OSM* LS9 .... 41 D3
Skelton St *OSM* LS9 .... 40 C2
Skelton Ter *OSM* LS9 .... 41 D2
Skelwith Ap *SCFT* LS14 .... 95 D3
Skinner La *LDSU* LS2 .... 28 B5
Skinner St *LDS* LS1 .... 36 A3
Slaters Rd *PDSY/CALV* LS28 .... 89 D4
Sledmere Cft *SCFT* LS14 .... 86 B3
Sledmere Garth *SCFT* LS14 .... 86 B3 3
Sledmere La *SCFT* LS14 .... 86 B3
Sledmere Pl *SCFT* LS14 .... 86 B3
Smalewell Cl *PDSY/CALV* LS28 .... 99 C3

Smalewell Dr *PDSY/CALV* LS28 .... 98 B3 2
Smalewell Gdns *PDSY/CALV* LS28........ 98 B3
Smalewell Gn *PDSY/CALV* LS28 .... 99 C3 2
Smalewell Rd *PDSY/CALV* LS28........... 98 A3
Smeaton Ap *MSTN/BAR* LS15 .... 97 D2
Smith Mills La *BHP/TINH* LS16............ 73 C4
Smithy La *BHP/TINH* LS16 .... 57 D3
Smithy Mills La *BHP/TINH* LS16 .... 73 C3
Snaith Wood Dr *YEA* LS19 .... 66 B4
Snaith Wood Ms *YEA* LS19.................. 66 B4
Snowden Ap *BRAM* LS13 .... 92 B2 7
Snowden Cl *BRAM* LS13...................... 92 A3
Snowden Crs *BRAM* LS13 .... 92 A3
Snowden Fold *BRAM* LS13 .... 92 A3
Snowden Gv *BRAM* LS13 .... 92 A3
Snowden Lawn *BRAM* LS13 .... 92 A3
Snowden Royd *BRAM* LS13................. 92 A3
Snowden V *BRAM* LS13 .... 92 A3
Somerdale Cl *BRAM* LS13 .... 92 A4 4
Somerdale Gdns *BRAM* LS13 .... 92 A4 5
Somerdale Gv *BRAM* LS13.................. 92 A4
Somerdale Wk *BRAM* LS13 .... 92 A4 6
Somerset Rd *PDSY/CALV* LS28 .... 99 D1
Somers Pl *LDS* LS1 .... 36 B3 2
Somers St *LDS* LS1 .... 36 B3
Somerville Av *SCFT* LS14 .... 95 C3
Somerville Dr *SCFT* LS14 .... 95 C3
Somerville Gn *SCFT* LS14 .... 95 C3
Somerville Gv *SCFT* LS14 .... 95 C2
Somerville Mt *SCFT* LS14 .... 95 C3
Somerville Vw *SCFT* LS14 .... 95 C3 1
South Accommodation Rd
MID LS10 .... 48 B3
South Dr *PDSY/CALV* LS28 .... 89 C2
South End Av *BRAM* LS13 .... 92 A4
South End Gv *BRAM* LS13 .... 92 A4
South End Mt *BRAM* LS13 .... 92 A4
South End Ter *BRAM* LS13.................. 92 A4
South Farm Crs *OSM* LS9..................... 31 F4
South Farm Rd *OSM* LS9 .... 31 F4
Southfield Av *AL/HA/HU* LS17............. 76 B3
Southfield Dr *AL/HA/HU* LS17 .... 76 B3 3
Southfield Mt *WOR/ARM* LS12 .... 33 F5
Southfield St *WOR/ARM* LS12............. 33 F5
South Hill Cl *MID* LS10 .... 121 C2
South Hill Cft *MID* LS10 .... 121 C2 10
South Hill Gdns *RTHW* LS26 .... 121 C2 11
South Hill Ri *MID* LS10 .... 121 C2 12
South Hill Wy *MID* LS10...................... 121 C2
Southlands Av *AL/HA/HU* LS17 .... 7 E1
YEA LS19 .... 67 C3
Southlands Crs *AL/HA/HU* LS17 .... 7 E1
Southlands Dr *AL/HA/HU* LS17 .... 7 E1
South Lee *HORS* LS18.......................... 69 C4
Southleigh Av *BEE/HOL* LS11 .... 118 B1
Southleigh Crs *BEE/HOL* LS11........... 118 B1
Southleigh Cft *BEE/HOL* LS11 .... 119 C1 1
Southleigh Dr *BEE/HOL* LS11 .... 118 B1
Southleigh Gdns *BEE/HOL* LS11 .... 118 B1 2
Southleigh Gra *BEE/HOL* LS11 .... 119 C1
Southleigh Gv *BEE/HOL* LS11 .... 118 B1
Southleigh Rd *BEE/HOL* LS11 .... 118 B1
Southleigh Vw *BEE/HOL* LS11 ...... 118 B1 3
Southolme Cl *KSTL* LS5 .... 83 C4
South Pde *HDGY* LS6 .... 14 A3
LDS LS1 .... 37 D3
PDSY/CALV LS28 .... 99 D3
South Parade Cl *PDSY/CALV* LS28 ...... 99 C3
South Pkwy *SCFT* LS14 .... 94 B2
South Parkway Ap *OSM* LS9............... 94 B2
South Rd *OSM* LS9 .... 116 B3
Southroyd Ri *PDSY/CALV* LS28 .... 99 D4
South Vw *PDSY/CALV* LS28 .... 88 B4
PDSY/CALV LS28............................... 100 A2
YEA LS19 .... 52 A2
South View Rd *MID* LS10.................. 114 B4
YEA LS19 .... 53 C2
South View Ter *YEA* LS19..................... 53 C3
Southwaite Cl *SCFT* LS14 .... 95 C1 2
Southwaite La *SCFT* LS14 .... 95 C1
Southwaite Pl *SCFT* LS14 .... 95 C1 3
Southway *HORS* LS18........................... 68 B2
Southwood Cl *SCFT* LS14 .... 96 B1 1
Southwood Crs *SCFT* LS14 .... 96 B1
Southwood Ga *MSTN/BAR* LS15.......... 96 B1
Sovereign St *LDS* LS1 .... 37 D5
Sowden's Yd *HDGY* LS6 .... 4 A5
Sowood St *BULY* LS4 .... 23 F4
Speedwell Mt *HDGY* LS6 .... 27 D1
Speedwell St *HDGY* LS6 .... 27 D1
Spen Ap *BHP/TINH* LS16 .... 83 C2
Spen Bank *BHP/TINH* LS16 .... 2 A4
Spence La *WOR/ARM* LS12 .... 45 E1
Spenceley St *LDSU* LS2 .... 26 B3
Spencer Mt *RHAY* LS8.......................... 29 D1
Spencer Pl *RHAY* LS8 .... 29 D2
Spencer Rd *GSLY* LS20 .... 52 A1
Spen Crs *BHP/TINH* LS16 .... 83 C2
Spen Dr *BHP/TINH* LS16......................... 2 B1
Spen Gdns *BHP/TINH* LS16 .... 2 C1
Spen Gn *BHP/TINH* LS16 .... 83 C2
Spen La *BHP/TINH* LS16 .... 71 D4
KSTL LS5 .... 12 A1
Spen Ms *BHP/TINH* LS16 .... 2 A4
Spennithorne Av *BHP/TINH* LS16........ 71 D4
Spennithorne Dr *BHP/TINH* LS16........ 71 D4
Spen Rd *BHP/TINH* LS16 .... 2 C1
Spenser Ri *GSLY* LS20 .... 52 A1
Spenser Rd *GSLY* LS20 .... 52 A1
Spen Wk *BHP/TINH* LS16 .... 83 C2
The Spindles *MID* LS10 .... 120 A1 6
Spinks Gdns *SCFT* LS14........................ 96 A1
Spinners Cha *PDSY/CALV* LS28 .... 99 D2 5
Spinneyfield Ct *OSM* LS9 .... 39 D5 3
The Spinney *AL/HA/HU* LS17................ 76 B3
OSM LS9 .... 39 D5 2
Springbank Av *PDSY/CALV* LS28.......... 89 D1
Springbank Cl *PDSY/CALV* LS28 .... 89 D2
Spring Bank Crs *HDGY* LS6 .... 14 C5
Springbank Dr *PDSY/CALV* LS28.......... 89 D2
Springbank Gv *PDSY/CALV* LS28.......... 89 D2
Springbank Ri *PDSY/CALV* LS28 .... 89 D2
Springbank Rd *PDSY/CALV* LS28.......... 89 C2
Spring Close Av *OSM* LS9.................... 49 D1
Spring Close Gdns *OSM* LS9 .... 49 E1
Spring Close St *OSM* LS9 .... 49 D1
Spring Close Wk *OSM* LS9 .... 49 E1
Springfield Cl *HORS* LS18.................... 70 B4
MID LS10 .... 115 D3
Springfield Gdns *HORS* LS18............... 70 A4
Springfield Gn *MID* LS10 .... 114 B3 6
Springfield Mt *HORS* LS18 .... 69 D4
LDSU LS2 .... 26 A5
WOR/ARM LS12 .... 32 A4
Springfield Pl *MID* LS10 .... 114 B3
Springfield Ri *HORS* LS18 .... 70 A4 2
Springfield Ter *PDSY/CALV* LS28 ...... 89 C4 5
Spring Grove Ter *HDGY* LS6................ 24 C4
Spring Grove Vw *HDGY* LS6 .... 25 D4
Spring Grove Wk *HDGY* LS6 .... 24 C4
Spring Hl *BHP/TINH* LS16..................... 73 D1
CHAL LS7 .... 17 E5
Spring Rd *HDGY* LS6 .... 14 B5
Spring Va *PDSY/CALV* LS28 .... 89 D3
Spring Valley Av *BRAM* LS13............... 91 D4
Spring Valley Cl *BRAM* LS13 .... 91 D4

Spring Valley Crs *BRAM* LS13 91 D4
Spring Valley Cft *BRAM* LS13 91 D4
Spring Valley Dr *BRAM* LS13 91 D4
Spring Valley Vw *BRAM* LS13 91 D4
Spring Valley Wk *BRAM* LS13 91 D4
Springwell Cl *YEA* LS19 53 D3 4
Springwell Ct *BEE/HOL* LS11 45 F1
Springwell Rd *WOR/ARM* LS12 45 F1
Springwell St *BEE/HOL* LS11 45 F1
Springwell Vw *BEE/HOL* LS11 46 A2
Springwood Gv *RHAY* LS8 11 E5
Springwood Rd *RHAY* LS8 11 D5
Spur Dr *MSTN/BAR* LS15 97 D2
Stadium Wy *BEE/HOL* LS11 111 D2
Stafford St *MID* LS10 48 C5
Stainbeck Av *CHAL* LS7 5 F5
Stainbeck Gdns *CHAL* LS7 6 C5
Stainbeck La *CHAL* LS7 6 B3
Stainbeck Rd *CHAL* LS7 15 F1
Stainbeck Wk *CHAL* LS7 7 D5
Stainburn Av *AL/HA/HU* LS17 76 B4
Stainburn Crs *AL/HA/HU* LS17 76 A4
Stainburn Dr *AL/HA/HU* LS17 76 A4
Stainburn Gdns *AL/HA/HU* LS17 76 B4
Stainburn Mt *AL/HA/HU* LS17 8 C1
Stainburn Rd *AL/HA/HU* LS17 8 B1
Stainburn Ter *AL/HA/HU* LS17 8 A1
Stainburn Vw *AL/HA/HU* LS17 76 B4
Stainmore Cl *SCFT* LS14 95 D2
Stainmore Pl *SCFT* LS14 95 D2
Stairfoot Cl *BHP/TINH* LS16 60 A4
Stair Foot La *BHP/TINH* LS16 60 A4
Stairfoot Vw *BHP/TINH* LS16 60 A4
Staithe Av *MID* LS10 120 A4
Staithe Cl *MID* LS10 120 A4 9
Staithe Gdns *MID* LS10 120 A4 10
Standale Av *PDSY/CALV* LS28 99 C1
Standale Crs *PDSY/CALV* LS28 99 C1
Standale Ri *PDSY/CALV* LS28 99 C1
Stanhall Av *PDSY/CALV* LS28 89 C4
Stanhope Av *HORS* LS18 69 D3
Stanhope Cl *HORS* LS18 69 D3
Stanhope Dr *HORS* LS18 81 C1
Stanks Ap *SCFT* LS14 97 C1
Stanks Av *SCFT* LS14 97 C1
Stanks Cl *SCFT* LS14 97 D1
Stanks Cross *SCFT* LS14 97 C1
Stanks Dr *SCFT* LS14 86 B3
Stanks Gdns *SCFT* LS14 87 C4
Stanks Garth *MSTN/BAR* LS15 97 D1 1
Stanks Gn *SCFT* LS14 97 D1 2
Stanks Gv *SCFT* LS14 97 C1
Stanks La North *SCFT* LS14 86 B3
Stanks La South *SCFT* LS14 97 C1
Stanks Pde *SCFT* LS14 97 C1
Stanks Ri *SCFT* LS14 97 D1
Stanks Rd *SCFT* LS14 97 C1
Stanks Wy *SCFT* LS14 97 C1
Stanley Av *OSM* LS9 29 F3
Stanley Dr *RHAY* LS8 78 A3
Stanley Pl *OSM* LS9 30 A3
Stanley Rd *CHAL* LS7 27 F1
OSM LS9 29 F3
Stanley Ter *OSM* LS9 29 F3
WOR/ARM LS12 33 E4
Stanley Vw *WOR/ARM* LS12 33 E4
Stanmore Av *BULY* LS4 23 F2
Stanmore Crs *BULY* LS4 23 F1
Stanmore Gv *BULY* LS4 23 F2
Stanmore Hl *BULY* LS4 24 A2
Stanmore Mt *BULY* LS4 23 F2
Stanmore Pl *BULY* LS4 23 F2
Stanmore Rd *BULY* LS4 23 F1
Stanmore St *BULY* LS4 23 F1
Stanmore Ter *BULY* LS4 23 F1
Stanmore Vw *BULY* LS4 23 F2
Stanningley By-pass *BRAM* LS13 102 A1
PDSY/CALV LS28 88 B4
Stanningley Rd *BRAM* LS13 90 B3
PDSY/CALV LS28 90 A3
WOR/ARM LS12 33 D3
Station Av *BRAM* LS13 91 C3
Station Crs *WOR/ARM* LS12 32 C4
Station Mt *BRAM* LS13 91 D3
Station Pde *KSTL* LS5 12 C5
Station Pl *BRAM* LS13 91 D3
Station Rd *HORS* LS18 69 D3
MSTN/BAR LS15 96 B3 7
WOR/ARM LS12 33 D4
Station St *PDSY/CALV* LS28 99 C3
Station Ter *BRAM* LS13 91 D3
Station Vw *MSTN/BAR* LS15 96 B4
Station Wy *WOR/ARM* LS12 32 C4
Stead's Yd *HORS* LS18 69 D3
Steander *OSM* LS9 38 B5
Stephenson Dr *WOR/ARM* LS12 108 B2 2
Stephenson Wy *WOR/ARM* LS12 108 A2
Stewart Pl *BEE/HOL* LS11 112 B2
Stile Hill Wy *MSTN/BAR* LS15 107 D2
Stirling Crs *HORS* LS18 68 B1
Stocks Ap *SCFT* LS14 96 A1
Stocks Hl *BEE/HOL* LS11 46 A3
WOR/ARM LS12 33 E3
Stocks Ri *SCFT* LS14 96 A1
Stocks Rd *SCFT* LS14 96 A1
Stocks St *CHAL* LS7 27 E1
Stonebridge Ap *WOR/ARM* LS12 102 B3 1
Stonebridge Av *WOR/ARM* LS12 103 C3 1
Stonebridge Gv *WOR/ARM* LS12 102 B3
Stonebridge La *WOR/ARM* LS12 102 B3
Stonecliffe Crs *WOR/ARM* LS12 102 B3
Stonecliffe Dr *WOR/ARM* LS12 102 B3
Stonecliffe Garth *WOR/ARM* LS12 102 B3
Stonecliffe Gv *WOR/ARM* LS12 102 B3
Stonecliffe Mt *WOR/ARM* LS12 102 B3
Stonecliffe Ter *WOR/ARM* LS12 102 A3
Stonecliffe Wy *WOR/ARM* LS12 102 A4
Stonegate *CHAL* LS7 27 F1
Stonegate Ap *CHAL* LS7 5 F5
Stonegate Cha *CHAL* LS7 5 F4
Stonegate Cl *AL/HA/HU* LS17 76 A2
Stonegate Crs *CHAL* LS7 6 A4
Stonegate Dr *CHAL* LS7 6 A4
Stonegate Edge *CHAL* LS7 6 A4 1
Stonegate Farm Cl *CHAL* LS7 5 F4
Stonegate Gdns *CHAL* LS7 5 F4
Stonegate Gn *CHAL* LS7 5 F5
Stonegate Gv *CHAL* LS7 5 F4
Stonegate La *CHAL* LS7 5 F4
Stonegate Ms *CHAL* LS7 5 F5 1
Stonegate Pl *CHAL* LS7 5 F5
Stonegate Rd *AL/HA/HU* LS17 75 C4
AL/HA/HU LS17 76 A3 6
Stonegate Vw *CHAL* LS7 5 F4
Stonegate Wk *CHAL* LS7 6 A5 1
Stonehurst *MSTN/BAR* LS15 97 C1 2
Stonelea Ct *CHAL* LS7 6 A4
HDGY LS6 14 B2
Stone Mill Ap *HDGY* LS6 5 D4
Stoney La *HORS* LS18 81 C1
Stoney Ri *HORS* LS18 81 C1
Stoney Rock Gv *OSM* LS9 39 E1
Stoney Rock La *OSM* LS9 39 E1
Stoneythorpe *HORS* LS18 81 C1 5
Stony Royd *PDSY/CALV* LS28 88 B2
Storey Pl *SCFT* LS14 94 B4

Stott Rd *HDGY* LS6 **24** C1
Stott St *WOR/ARM* LS12 **34** B4
Stowe Gv *OSM* LS9 **41** E3
Stratford Av *BEE/HOL* LS11 **112** B3
Stratford St *BEE/HOL* LS11 **113** D2 28
Strathmore Av *OSM* LS9 **30** B3
Strathmore Dr *OSM* LS9 **30** B2
Strathmore St *OSM* LS9 **30** C3
Strathmore Ter *OSM* LS9 **30** B3
Strathmore Vw *OSM* LS9 **30** B3
Strawberry La *WOR/ARM* LS12 **33** F5
Strawberry Rd *WOR/ARM* LS12 **33** F4
Streamside *HDGY* LS6 **15** D1
Street La *AL/HA/HU* LS17 **76** A3
Studfold Vw *SCFT* LS14 **95** D2
Studio Rd *BVRD* LS3 **35** D1
Suffolk Ct *YEA* LS19 **53** C2
Sugar Well Ap *CHAL* LS7 **16** B2
Sugar Well Mt *CHAL* LS7 **16** B2
Sugar Well Rd *CHAL* LS7 **16** A2
Summerfield Av *BRAM* LS13 **90** B2 3
Summerfield Dr *BRAM* LS13 **90** B2
Summerfield Gdns *BRAM* LS13 **90** B2
Summerfield Gn *BRAM* LS13 **90** B2
Summerfield Pl *BRAM* LS13 **90** B2
Summerfield Rd *BRAM* LS13 **90** A2
Summerhill Gdns *RHAY* LS8 **78** A3 12
Summerhill Pl *RHAY* LS8 **78** A2 1
Summerville Rd *PDSY/CALV* LS28 **88** B3
Sunbeam Av *BEE/HOL* LS11 **113** C2
Sunbeam Gv *BEE/HOL* LS11 **113** C2 18
Sunbeam Pl *BEE/HOL* LS11 **113** C2
Sunbeam Ter *BEE/HOL* LS11 **113** C2
Sun Fld *PDSY/CALV* LS28 **89** C4
Sunfield Cl *PDSY/CALV* LS28 **89** C3
Sunfield Dr *PDSY/CALV* LS28 **89** C3
Sunfield Gdns *PDSY/CALV* LS28 **89** C3 8
Sunfield Pl *PDSY/CALV* LS28 **89** D3
Sunningdale Av *AL/HA/HU* LS17 **74** B1
Sunningdale Dr *AL/HA/HU* LS17 **74** B1
Sunningdale Gn *AL/HA/HU* LS17 **74** B1 1
Sunny Bank *CHAL* LS7 **19** E2
Sunnybank Av *HORS* LS18 **81** C2
Sunnybank Ct *YEA* LS19 **54** A2
Sunnybank Crs *YEA* LS19 **54** A2
Sunny Bank Gv *CHAL* LS7 **19** E2
Sunnybank Rd *HORS* LS18 **81** C2 5
Sunny Bank Vw *CHAL* LS7 **19** E2
Sunnydene *SCFT* LS14 **95** C4
Sunnyridge Av *PDSY/CALV* LS28 **98** A2
Sunnyside Rd *BRAM* LS13 **91** C4
Sunnyview Av *BEE/HOL* LS11 **112** A2
Sunnyview Gdns *BEE/HOL* LS11 **112** A2
Sunnyview Ter *BEE/HOL* LS11 **112** A2
Sunset Av *HDGY* LS6 **5** D2
Sunset Dr *HDGY* LS6 **5** D3
Sunset Hilltop *HDGY* LS6 **5** D2
Sunset Mt *HDGY* LS6 **5** D3
Sunset Ri *HDGY* LS6 **5** D2
Sunset Rd *HDGY* LS6 **5** D2
Sunset Vw *HDGY* LS6 **5** D2
Sun St *PDSY/CALV* LS28 **89** C4
YEA LS19 **53** D2
Surrey Gv *PDSY/CALV* LS28 **99** D1
Surrey Rd *PDSY/CALV* LS28 **99** D1
Sussex Av *HORS* LS18 **69** D2
MID LS10 **115** C2
Sussex Gdns *MID* LS10 **115** C2 1
Sussex Gn *MID* LS10 **115** C2
Sussex Pl *MID* LS10 **115** C2
Sussex St *OSM* LS9 **39** D5
Sutherland Av *RHAY* LS8 **77** D4
Sutherland Crs *RHAY* LS8 **77** D3
Sutherland Mt *OSM* LS9 **30** B4
Sutherland Rd *OSM* LS9 **30** B4
Sutherland St *WOR/ARM* LS12 **44** C1
Sutherland Ter *OSM* LS9 **30** B4
Sutton Ap *SCFT* LS14 **94** B4
Sutton Crs *SCFT* LS14 **94** B4 3
Sutton St *WOR/ARM* LS12 **45** F1
Swaine Hill Crs *YEA* LS19 **52** B2
Swaine Hill St *YEA* LS19 **52** B2
Swaine Hill Ter *YEA* LS19 **52** B2
Swallow Av *WOR/ARM* LS12 **42** A1
Swallow Cl *AL/HA/HU* LS17 **77** C1 8
Swallow Crs *WOR/ARM* LS12 **42** A1
Swallow Dr *AL/HA/HU* LS17 **77** C1
Swallow Mt *WOR/ARM* LS12 **42** A1
Swan St *LDS* LS1 **37** E3
Swarcliffe Ap *SCFT* LS14 **96** B1
Swarcliffe Av *SCFT* LS14 **96** B1
Swarcliffe Bank *SCFT* LS14 **86** B4
Swarcliffe Dr *SCFT* LS14 **96** B1
Swarcliffe Dr (East) *MSTN/BAR* LS15 **97** C1
Swarcliffe Gn *SCFT* LS14 **97** C1
Swarcliffe Rd *SCFT* LS14 **86** B4
Swardale Gn *SCFT* LS14 **96** B1 2
Swardale Rd *SCFT* LS14 **96** B1
Sweet St *BEE/HOL* LS11 **46** C2
Sweet St West *BEE/HOL* LS11 **46** B2
Swincar Av *YEA* LS19 **53** C2
Swinegate *LDS* LS1 **37** E5
Swinnow Av *BRAM* LS13 **90** B4
Swinnow Cl *BRAM* LS13 **90** B4
Swinnow Crs *PDSY/CALV* LS28 **90** B3
Swinnow Dr *BRAM* LS13 **90** B4
Swinnow Gdns *BRAM* LS13 **90** B4
Swinnow Garth *PDSY/CALV* LS28 **100** B1
Swinnow Gn *PDSY/CALV* LS28 **90** A4
Swinnow Gv *BRAM* LS13 **90** B4
Swinnow La *BRAM* LS13 **90** B3
PDSY/CALV LS28 **90** B3
Swinnow Pl *PDSY/CALV* LS28 **90** B3
Swinnow Rd *PDSY/CALV* LS28 **100** B1
Swinnow Vw *BRAM* LS13 **90** B4
Swinnow Wk *BRAM* LS13 **90** B4
Sycamore Av *MSTN/BAR* LS15 **105** D1
RHAY LS8 **19** E3
Sycamore Cha *PDSY/CALV* LS28 **100** A2
Sycamore Cl *CHAL* LS7 **5** F3
HDGY LS6 **16** A5
Sycamore Ct *RHAY* LS8 **21** F1
Sycamore Cft *BEE/HOL* LS11 **113** C2
Sycamore Fold *BEE/HOL* LS11 **113** C2
Sycamore Rw *BRAM* LS13 **90** B1 4
Sycamore Wk *PDSY/CALV* LS28 **89** C3
Sydenham Rd *BEE/HOL* LS11 **45** E2
Sydenham St *BEE/HOL* LS11 **45** E2
Sydney St *PDSY/CALV* LS28 **89** C3

T

Talbot Av *AL/HA/HU* LS17 **76** B3
BULY LS4 **23** F2
Talbot Ct *RHAY* LS8 **77** C4
Talbot Crs *RHAY* LS8 **77** C3
Talbot Fold *RHAY* LS8 **77** C4 1
Talbot Gdns *RHAY* LS8 **77** C3
Talbot Gv *RHAY* LS8 **77** C3
Talbot Mt *BULY* LS4 **23** F2
Talbot Ri *RHAY* LS8 **77** C3
Talbot Rd *RHAY* LS8 **77** C3
Talbot Ter *BULY* LS4 **23** F2
Talbot Vw *BULY* LS4 **23** F2

Tanhouse Hl *HORS* LS18 82 B1 1
Tarnside Dr *SCFT* LS14 95 C2
Tarn View Rd *YEA* LS19 53 D2
Tatham Wy *RHAY* LS8 21 E1
Taylors Cl *SCFT* LS14 96 A1
Tealby Cl *BHP/TINH* LS16 70 B3
Teal Ms *MID* LS10 120 A4
Telephone Pl *CHAL* LS7 28 B5
Telford Cl *MID* LS10 114 B3
Telford Pl *MID* LS10 114 B3 7
Telford Ter *MID* LS10 114 B2
Tempest Pl *BEE/HOL* LS11 112 B2 5
Tempest Rd *BEE/HOL* LS11 112 B2
Templar La *LDSU* LS2 38 A3
MSTN/BAR LS15 97 C1
Templar Pl *LDSU* LS2 38 A3
Templar St *LDSU* LS2 38 A2
Temple Av *MSTN/BAR* LS15 105 D3
Temple Cl *MSTN/BAR* LS15 105 D3
Temple Ct *MSTN/BAR* LS15 105 C2
Temple Crs *BEE/HOL* LS11 112 B2
Temple Ga *MSTN/BAR* LS15 106 A2
Templegate Av *MSTN/BAR* LS15 105 D3
Templegate Cl *MSTN/BAR* LS15 106 A2
Templegate Crs *MSTN/BAR* LS15 106 A3
Temple Gate Dr *MSTN/BAR* LS15 105 D2
Templegate Gn *MSTN/BAR* LS15 106 A2
Templegate Ri *MSTN/BAR* LS15 105 D3
Templegate Rd *MSTN/BAR* LS15 106 A3
Templegate Vw *MSTN/BAR* LS15 105 D3
Templegate Wk *MSTN/BAR* LS15 106 A2
Templegate Wy *MSTN/BAR* LS15 106 A3 1
Temple Gv *MSTN/BAR* LS15 105 D2
Temple La *MSTN/BAR* LS15 106 A2
Temple Lea *MSTN/BAR* LS15 105 D2
Templenewsam Rd
MSTN/BAR LS15 105 C2
Templenewsam Vw
MSTN/BAR LS15 105 C3
Temple Park Cl *MSTN/BAR* LS15 105 D2 4
Temple Park Gdns
MSTN/BAR LS15 105 D2
Temple Park Gn *MSTN/BAR* LS15 105 D2
Temple Ri *MSTN/BAR* LS15 105 D3
Temple Row Cl *MSTN/BAR* LS15 107 D3 3
Templestowe Crs
MSTN/BAR LS15 96 B4 8
Templestowe Dr
MSTN/BAR LS15 106 B1 3
Templestowe Gdns
MSTN/BAR LS15 106 A1 6
Templestowe Hl *MSTN/BAR* LS15 96 A4 5
Temple View Gv *OSM* LS9 39 F3
Temple View Pl *OSM* LS9 39 F5
Temple View Rd *OSM* LS9 39 F3
Temple View Ter *OSM* LS9 39 F5
Temple Wk *MSTN/BAR* LS15 106 A1
Tennyson Cl *PDSY/CALV* LS28 100 A3
Tennyson St *GSLY* LS20 52 A1
PDSY/CALV LS28 89 C3
PDSY/CALV LS28 100 A3
Thane Wy *MSTN/BAR* LS15 97 D2
Theaker La *WOR/ARM* LS12 32 C3
Thealby Cl *OSM* LS9 38 C2
Thealby Lawn *OSM* LS9 38 C1
Thealby Pl *OSM* LS9 38 C1
Theodore St *BEE/HOL* LS11 112 B4
Third Av *WOR/ARM* LS12 44 B1
Thirsk Rw *LDS* LS1 36 C4
Thomas St *HDGY* LS6 26 B1
Thoresby Pl *LDS* LS1 36 C2
Thorn Cl *RHAY* LS8 31 D2
Thorn Crs *RHAY* LS8 31 D1
Thorn Dr *RHAY* LS8 31 D2
Thorne Cl *PDSY/CALV* LS28 98 A1
Thornes Farm Ap *OSM* LS9 104 A4
Thornes Farm Wy *OSM* LS9 104 A4
Thornfield Av *PDSY/CALV* LS28 88 B2
Thornfield Ct *MSTN/BAR* LS15 96 A3 4
Thornfield Drive Dr
MSTN/BAR LS15 96 A3 5
Thornfield Ms *MSTN/BAR* LS15 96 A3 6
Thornfield Rd *BHP/TINH* LS16 2 C2
Thornfield Wy *MSTN/BAR* LS15 96 A3
Thorn Gv *RHAY* LS8 31 D1
Thornhill Cft *WOR/ARM* LS12 43 D2
Thornhill Pl *WOR/ARM* LS12 43 D1
Thornhill Rd *WOR/ARM* LS12 43 D1
Thornhill St *WOR/ARM* LS12 33 D5
Thorn La *RHAY* LS8 9 F5
Thornlea Cl *YEA* LS19 52 A4
Thornleigh Gdns *OSM* LS9 49 F1
Thornleigh Gv *OSM* LS9 49 F1
Thornleigh Mt *OSM* LS9 49 F1
Thornleigh St *OSM* LS9 49 F1
Thornleigh Vw *OSM* LS9 49 F1
Thorn Mt *RHAY* LS8 21 E5
Thorn Ter *RHAY* LS8 21 D5
Thornton Av *WOR/ARM* LS12 32 B4
Thornton Gdns *WOR/ARM* LS12 32 B4
Thornton Gv *WOR/ARM* LS12 32 B4
Thorntons Dl *HORS* LS18 81 C3 1
Thorn Vw *RHAY* LS8 31 D1
Thornville Av *HDGY* LS6 25 D2
Thornville Ct *HDGY* LS6 24 C3
Thornville Crs *HDGY* LS6 24 C2
Thornville Gv *HDGY* LS6 24 C2
Thornville Mt *HDGY* LS6 24 C2
Thornville Pl *HDGY* LS6 25 D3
Thornville Rd *HDGY* LS6 24 C4
Thornville Rw *HDGY* LS6 25 D3
Thornville St *HDGY* LS6 25 D4
Thornville Ter *HDGY* LS6 25 D2
Thornville Vw *HDGY* LS6 25 D3
Thorn Wk *RHAY* LS8 31 E1
Thorpe Rd *PDSY/CALV* LS28 99 C1
Thorpe St *MSTN/BAR* LS15 105 D1
Throstle Nest Vw *HORS* LS18 81 D2 2
Throstle Rd *MID* LS10 120 B4
Thwaite Ga *MID* LS10 115 C2
Thwaite La *MID* LS10 115 D2
Tilbury Av *BEE/HOL* LS11 112 A1 6
Tilbury Gv *BEE/HOL* LS11 112 A1 7
Tilbury Mt *BEE/HOL* LS11 112 A1 8
Tilbury Pde *BEE/HOL* LS11 112 A1
Tilbury Rw *BEE/HOL* LS11 112 A1
Tilbury Ter *BEE/HOL* LS11 112 A1 9
Tilbury Vw *BEE/HOL* LS11 112 A1 10
Tile La *BHP/TINH* LS16 73 C2
Tinshill Av *BHP/TINH* LS16 70 B2
Tinshill Cl *BHP/TINH* LS16 70 B2
Tinshill Crs *BHP/TINH* LS16 70 B1 2
Tinshill Dr *BHP/TINH* LS16 57 D4
Tinshill Garth *BHP/TINH* LS16 70 B1
Tinshill Gv *BHP/TINH* LS16 70 B1
Tinshill La *BHP/TINH* LS16 70 A2
Tinshill Mt *BHP/TINH* LS16 70 B1
Tinshill Rd *BHP/TINH* LS16 70 A2
Tinshill Vw *BHP/TINH* LS16 70 B1
Tofts House Cl *PDSY/CALV* LS28 99 D2 6
Tofts Rd *PDSY/CALV* LS28 99 C2
Toft St *WOR/ARM* LS12 44 A2
Tonbridge St *LDS* LS1 26 B5
Tong Ap *WOR/ARM* LS12 102 A3
Tong Dr *WOR/ARM* LS12 102 A2
Tong Ga *WOR/ARM* LS12 102 A2

Tong Gn *WOR/ARM* LS12 102 A3
Tongue La *HDGY* LS6 5 F1
Tong Wy *WOR/ARM* LS12 102 A2
Top Moor Side *BEE/HOL* LS11 46 A4
Tordoff Pl *KSTL* LS5 12 B5 1
Tordoff Ter *KSTL* LS5 12 B5
Toronto Pl *CHAL* LS7 18 B1
Torre Cl *OSM* LS9 40 A2
Torre Crs *OSM* LS9 40 C2
Torre Dr *OSM* LS9 40 A1
Torre Gv *OSM* LS9 30 B5
Torre Hl *OSM* LS9 40 C2
Torre La *OSM* LS9 40 C2
Torre Mt *OSM* LS9 30 B5
Torre Pl *OSM* LS9 40 B2
Torre Rd *OSM* LS9 39 E2
Torre Sq *OSM* LS9 40 C1
Torre Vw *OSM* LS9 30 C5
Torre Wk *OSM* LS9 40 C1
Tower Gv *WOR/ARM* LS12 32 A3
Tower House St *LDSU* LS2 37 E1
Tower La *WOR/ARM* LS12 103 C1
Tower Pl *WOR/ARM* LS12 103 C1
Tower Rd *OSM* LS9 117 C1
Towers Sq *HDGY* LS6 6 A1
Towers Wy *HDGY* LS6 6 A2
Town Cl *HORS* LS18 69 C4
Townend Pl *PDSY/CALV* LS28 100 A1 4
Townend Rd *WOR/ARM* LS12 43 D4
Town Hall Sq *YEA* LS19 53 C2 8
Town St *BEE/HOL* LS11 111 D3 6
BRAM LS13 80 A4
CHAL LS7 8 A4
HORS LS18 81 C1
MID LS10 119 D4
PDSY/CALV LS28 89 C3
WOR/ARM LS12 32 B3
YEA LS19 53 C2
YEA LS19 67 C2
Town Street Ms *CHAL* LS7 8 A4
Trafalgar St *LDSU* LS2 38 A2
Trafford Av *OSM* LS9 30 C3
Trafford Gv *OSM* LS9 30 B2
Trafford Ter *OSM* LS9 30 C3
Tranquility *MSTN/BAR* LS15 96 B3 8
Tranquillity Ct *MSTN/BAR* LS15 96 B3 9
Trans Pennine Trail *MID* LS10 38 B5
Tranter Pl *MSTN/BAR* LS15 104 B1 6
Trelawn Av *HDGY* LS6 14 A3
Trelawn Crs *HDGY* LS6 14 A2 1
Trelawn Pl *HDGY* LS6 14 A3
Trelawn St *HDGY* LS6 14 A3
Trelawn Ter *HDGY* LS6 14 A3
Tremont Gdns *MID* LS10 114 B3 8
Trenic Crs *HDGY* LS6 24 B1
Trenic Dr *HDGY* LS6 24 B1
Trentham Av *BEE/HOL* LS11 113 C3
Trentham Gv *BEE/HOL* LS11 113 C3
Trentham Pl *BEE/HOL* LS11 113 C3
Trentham Rw *BEE/HOL* LS11 113 C3
Trentham St *BEE/HOL* LS11 113 C3
Trent Rd *OSM* LS9 39 F2
Trent St *BEE/HOL* LS11 46 C3
Trescoe Av *WOR/ARM* LS12 92 B4
Triumph Cl *BEE/HOL* LS11 46 A2
Troydale Gdns *PDSY/CALV* LS28 101 C4
Troydale Gv *PDSY/CALV* LS28 101 C4
Troydale La *PDSY/CALV* LS28 100 B3
Troy Rd *HORS* LS18 69 D3
Truro St *WOR/ARM* LS12 33 F2
Tudor Cl *PDSY/CALV* LS28 88 B3
Tudor Gdns *BEE/HOL* LS11 111 D3
Tudor Lawns *RHAY* LS8 11 D4
Tulip St *MID* LS10 114 A2
Tunstall Rd *BEE/HOL* LS11 113 D2
Turbary Av *PDSY/CALV* LS28 89 D3
Turnberry Av *AL/HA/HU* LS17 75 C1
Turnberry Cl *AL/HA/HU* LS17 75 C1
Turnberry Dr *AL/HA/HU* LS17 75 C1
Turnberry Gv *AL/HA/HU* LS17 75 C1
Turnberry Pl *AL/HA/HU* LS17 75 C1 1
Turnberry Ri *AL/HA/HU* LS17 75 C1
Turnberry Vw *AL/HA/HU* LS17 75 C1 2
Turner St *PDSY/CALV* LS28 89 C2 4
Turners Yd *PDSY/CALV* LS28 89 C2
Turnstone Ct *MID* LS10 120 A4 11
The Turnways *HDGY* LS6 13 F5
Tyas Gv *OSM* LS9 41 D4
Tyersal La *PDSY/CALV* LS28 98 B3
Tynedale Ct *CHAL* LS7 6 A5
Tynwald Cl *AL/HA/HU* LS17 74 B3 1
Tynwald Dr *AL/HA/HU* LS17 74 B2
Tynwald Gn *AL/HA/HU* LS17 74 B2
Tynwald Hl *AL/HA/HU* LS17 74 B3
Tynwald Mt *AL/HA/HU* LS17 74 B2
Tynwald Rd *AL/HA/HU* LS17 74 B3
Tynwald Wk *AL/HA/HU* LS17 74 B2

U

Ullswater Crs *MSTN/BAR* LS15 104 B3
Underwood Dr *YEA* LS19 66 A4
Union Pl *BEE/HOL* LS11 46 C2
Union St *LDSU* LS2 37 F3
Union Ter *CHAL* LS7 17 F1
Unity Cl *HDGY* LS6 16 C5
University Rd *LDSU* LS2 26 A4
Upland Crs *RHAY* LS8 20 B3
Upland Gdns *RHAY* LS8 20 A4
Upland Gv *RHAY* LS8 20 B3
Upland Rd *RHAY* LS8 20 A4
Upper Accommodation Rd
OSM LS9 39 D4
Upper Basinghall St *LDS* LS1 37 D3
Upper Fountaine St *LDS* LS1 37 D2
Uppermoor *PDSY/CALV* LS28 98 B2
Uppermoor Cl *PDSY/CALV* LS28 99 C3
Upper North St *LDSU* LS2 37 D1
Upper Town St *BRAM* LS13 91 D2
Upper Westlock Av *OSM* LS9 30 A5
Upper Woodview Pl
BEE/HOL LS11 113 C3 10
Upper Wortley Dr *WOR/ARM* LS12 32 C5
Upper Wortley Rd *WOR/ARM* LS12 43 D1

V

Vale Av *RHAY* LS8 77 D2
The Vale *HDGY* LS6 15 F2
Valley Cl *AL/HA/HU* LS17 61 D4
Valley Dr *MSTN/BAR* LS15 96 A4
Valley Farm Rd *RTHW* LS26 115 D4
Valley Farm Wy *RTHW* LS26 115 D4
Valley Gdns *CHAL* LS7 7 F2
Valley Gn *PDSY/CALV* LS28 100 A3
Valley Gv *PDSY/CALV* LS28 100 A3
Valley Mt *BRAM* LS13 100 B1
Valley Ri *BRAM* LS13 81 D4
Valley Rd *BRAM* LS13 81 D4
PDSY/CALV LS28 100 A3
Valley Sq *PDSY/CALV* LS28 100 A3
Valley Ter *AL/HA/HU* LS17 77 C2

The Valley *AL/HA/HU* LS17 61 D3
Vancouver Pl *CHAL* LS7 8 C5
Varley St *PDSY/CALV* LS28 89 C4
Verity Sp *SCFT* LS14 104 B1
Verity Vw *SCFT* LS14 94 B4
Vermont St *BRAM* LS13 90 B3
Vernon Pl *PDSY/CALV* LS28 89 D3
Vernon Rd *LDS* LS1 26 C5
Vernon St *LDSU* LS2 37 E1 1
Vesper Cl *KSTL* LS5 83 C3
Vesper Ct *KSTL* LS5 82 B3
Vesper Gdns *KSTL* LS5 83 C4
Vesper Gate Crs *KSTL* LS5 83 C4
Vesper Gate Dr *KSTL* LS5 82 B3
Vesper Gate Mt *KSTL* LS5 83 C3
Vesper Gv *KSTL* LS5 12 B4
Vesper La *KSTL* LS5 83 C4
Vesper Mt *KSTL* LS5 12 B4
Vesper Pl *KSTL* LS5 12 B4
Vesper Ri *KSTL* LS5 82 B3
Vesper Rd *KSTL* LS5 82 B3
Vesper Ter *KSTL* LS5 12 B4
Vesper Wk *KSTL* LS5 82 B3
Vesper Wy *KSTL* LS5 82 A3
Viaduct Rd *WOR/ARM* LS12 34 B1
Vicarage Av *KSTL* LS5 12 C4
Vicarage Dr *PDSY/CALV* LS28 99 C2 3
Vicarage Pl *KSTL* LS5 12 C4
Vicarage Rd *HDGY* LS6 25 E3
Vicarage St *KSTL* LS5 12 C4
Vicarage Ter *KSTL* LS5 12 C4
Vicarage Vw *KSTL* LS5 12 C4
Vicar La *LDS* LS1 37 F3
LDSU LS2 37 F2
Vicars Rd *RHAY* LS8 29 E1
Vicars Ter *RHAY* LS8 19 E5
Vickers Av *KSTL* LS5 93 C2
Vickersdale *PDSY/CALV* LS28 89 D3
Victoria Av *HORS* LS18 80 B2
OSM LS9 40 B5
YEA LS19 54 A2
Victoria Cl *HORS* LS18 80 B2
YEA LS19 54 A2
Victoria Crs *HORS* LS18 80 B2
PDSY/CALV LS28 98 B2
Victoria Dr *HORS* LS18 80 B2
Victoria Gdns *HORS* LS18 80 B2
PDSY/CALV LS28 98 B2
Victoria Gv *HORS* LS18 80 B3
OSM LS9 40 B3
Victoria Ms *HORS* LS18 80 B2
Victoria Mt *HORS* LS18 80 B2
Victoria Park Av *BRAM* LS13 92 B2
Victoria Park Gv *BRAM* LS13 92 B2
Victoria Pl *YEA* LS19 52 B2
Victoria Ri *PDSY/CALV* LS28 98 B2
Victoria Rd *BEE/HOL* LS11 47 D1
HDGY LS6 24 C1
KSTL LS5 12 B5
PDSY/CALV LS28 89 C3 9
PDSY/CALV LS28 98 B2
Victoria St *BVRD* LS3 35 F1
CHAL LS7 7 F3
MID LS10 48 B2
Victoria Ter *BVRD* LS3 35 F1
PDSY/CALV LS28 90 A3 6
Victoria Wk *HORS* LS18 80 B2
The View *AL/HA/HU* LS17 61 C3
RHAY LS8 9 F1
Village Av *BULY* LS4 24 A3
Village Pl *BULY* LS4 24 A3
The Village St *BULY* LS4 24 A3
Village Ter *BULY* LS4 24 B3
Vinery Av *OSM* LS9 40 B3
Vinery Gv *OSM* LS9 40 B3
Vinery Mt *OSM* LS9 40 A4
Vinery Pl *OSM* LS9 40 A4
Vinery Rd *BULY* LS4 24 A4
Vinery St *OSM* LS9 40 A3
Vinery Ter *OSM* LS9 40 A4
Vinery Vw *OSM* LS9 40 B4

W

Wade La *LDSU* LS2 37 E1
Wade St *PDSY/CALV* LS28 89 C2
Wadlands Cl *PDSY/CALV* LS28 88 B1
Wadlands Dr *PDSY/CALV* LS28 88 B2
Wadlands Gv *PDSY/CALV* LS28 88 B1
Wadlands Ri *PDSY/CALV* LS28 88 B2
Waincliffe Crs *BEE/HOL* LS11 112 A4
Waincliffe Dr *BEE/HOL* LS11 118 A1
Waincliffe Garth *BEE/HOL* LS11 111 D4
Waincliffe Mt *BEE/HOL* LS11 118 A1
Waincliffe Pl *BEE/HOL* LS11 112 A4
Waincliffe Ter *BEE/HOL* LS11 118 A1
Wakefield Av *SCFT* LS14 95 C4
Wakefield Rd *MID* LS10 115 C3
RTHW LS26 115 D4
Walesby Ct *BHP/TINH* LS16 70 B3
Walford Av *OSM* LS9 40 A3
Walford Gv *OSM* LS9 40 A3
Walford Mt *OSM* LS9 40 A3
Walford Rd *OSM* LS9 40 A2
Walford Ter *OSM* LS9 40 A3
Walker Rd *HORS* LS18 69 C4 1
Walkers Gn *WOR/ARM* LS12 43 E5
Walker's La *WOR/ARM* LS12 43 E5
Walkers Mt *HDGY* LS6 15 F2
Walkers Rw *YEA* LS19 52 B3
The Walk *PDSY/CALV* LS28 88 B3
Walmer Gv *PDSY/CALV* LS28 100 A4
Walmsley Rd *HDGY* LS6 24 C2
Walnut Cl *SCFT* LS14 86 B1
Walter Crs *OSM* LS9 39 E5
Walter St *BULY* LS4 24 B5
Walton St *BEE/HOL* LS11 46 C2
MID LS10 114 B1 3
Ward La *MID* LS10 114 A4
Ward St *MID* LS10 48 A3
Warm La *YEA* LS19 52 B4
Warrel's Av *BRAM* LS13 91 D3
Warrel's Ct *BRAM* LS13 91 D3
Warrel's Gv *BRAM* LS13 91 D3
Warrel's Mt *BRAM* LS13 91 D3
Warrel's Pl *BRAM* LS13 91 D3
Warrel's Rd *BRAM* LS13 91 D2
Warrel's Rw *BRAM* LS13 91 D3 10
Warrel's St *BRAM* LS13 91 D3
Warrel's Ter *BRAM* LS13 91 D3
Washington Pl *BRAM* LS13 100 B1
Washington St *BRAM* LS13 100 B1
BVRD LS3 35 D2
Washington Ter *BRAM* LS13 100 B1 2
Water La *BEE/HOL* LS11 37 E5
BEE/HOL LS11 46 B1
HORS LS18 67 D4
PDSY/CALV LS28 89 C2
WOR/ARM LS12 102 A2
Waterloo Crs *BRAM* LS13 92 A2
Waterloo Gv *PDSY/CALV* LS28 98 A2
Waterloo La *BRAM* LS13 92 A2
Waterloo Mt *PDSY/CALV* LS28 98 A1
Waterloo Rd *PDSY/CALV* LS28 98 A1

Waterloo St *MID* LS10 .... **37** F5
Waterloo Wy *BRAM* LS13.......... **92** A2
Waterside Rd *MID* LS10 .... **116** A3
Watson Rd *SCFT* LS14.......... **95** C4
Waveney Rd *WOR/ARM* LS12 .... **43** F2
Waverley Garth *BEE/HOL* LS11.......... **113** C1
Wayland Ap *BHP/TINH* LS16 .... **73** C1
Wayland Dr *BHP/TINH* LS16 .... **73** C1
Weavers Ct *WOR/ARM* LS12 .... **32** C4
Weavers Cft *PDSY/CALV* LS28 .... **100** A3
Weavers Rw *PDSY/CALV* LS28.......... **100** A3
Weaver St *BULY* LS4 .... **24** B5
Webster Rw *WOR/ARM* LS12 .... **42** C1
Wedgewood Dr *RHAY* LS8.......... **10** B1
Wedgewood Gv *RHAY* LS8.......... **10** B1
Weetwood Av *BHP/TINH* LS16 .... **4** A3
Weetwood Ct *BHP/TINH* LS16 .... **3** F2
Weetwood Crs *BHP/TINH* LS16.......... **4** A2
Weetwood Grange Gv
BHP/TINH LS16.......... **3** D2
Weetwood La *BHP/TINH* LS16 .... **72** B4
Weetwood Mill La *BHP/TINH* LS16.......... **4** B1
Weetwood Park Dr *BHP/TINH* LS16 .... **3** D2
Weetwood Rd *BHP/TINH* LS16 .... **3** D2
Weetwood Wk *BHP/TINH* LS16 .... **3** F3
Welbeck Rd *OSM* LS9 .... **40** A4
Welburn Av *BHP/TINH* LS16 .... **2** C3
Welburn Dr *BHP/TINH* LS16.......... **3** D3
Welburn Gv *BHP/TINH* LS16 .... **3** D3
Well Cl *YEA* LS19 .... **66** B2
Well Close Ri *LDSU* LS2.......... **27** E4
Well Garth *MSTN/BAR* LS15.......... **96** B3
Well Garth Bank *BRAM* LS13.......... **91** C1
Well Garth Mt *MSTN/BAR* LS15.......... **96** B3
Well Garth Vw *BRAM* LS13 .... **91** D1
Well Hl *YEA* LS19 .... **53** C2
Well Holme Md *WOR/ARM* LS12 .... **108** B2
Well House Av *RHAY* LS8 .... **19** F2
Well House Crs *RHAY* LS8.......... **20** A3
Well House Dr *RHAY* LS8 .... **20** A2
Well House Gdns *RHAY* LS8.......... **20** A2
Well House Rd *RHAY* LS8 .... **20** A2
Wellington Bridge St *BVRD* LS3 .... **35** F3
WOR/ARM LS12 .... **35** F4
Wellington Gdns *BRAM* LS13 .... **92** A2
Wellington Garth *BRAM* LS13 .... **92** A1 5
Wellington Gv *BRAM* LS13.......... **92** A1
PDSY/CALV LS28.......... **98** B2
Wellington Mt *BRAM* LS13 .... **92** A1 6
Wellington Rd *WOR/ARM* LS12.......... **45** D1
Wellington St *BVRD* LS3.......... **35** F3
LDS LS1 .... **36** B4
Wellington Ter *BRAM* LS13 .... **92** A1 7
Well La *CHAL* LS7 .... **8** A4
YEA LS19 .... **53** C3
Wells Cft *HDGY* LS6.......... **5** D4
Wellstone Av *BRAM* LS13.......... **91** C4
Wellstone Dr *BRAM* LS13.......... **101** C1
Wellstone Gdns *BRAM* LS13 .... **101** C1
Wellstone Garth *BRAM* LS13.......... **91** C4
Wellstone Gn *BRAM* LS13 .... **91** C4
Wellstone Ri *BRAM* LS13 .... **101** C1
Wellstone Rd *BRAM* LS13 .... **101** C1
Wellstone Wy *BRAM* LS13 .... **101** C1
Welton Gv *HDGY* LS6 .... **25** D1
Welton Mt *HDGY* LS6 .... **25** D1
Welton Pl *HDGY* LS6 .... **25** D1
Welton Rd *HDGY* LS6 .... **25** D1
Wensley Av *CHAL* LS7 .... **7** F4
Wensley Crs *CHAL* LS7 .... **7** E4
Wensleydale Av *WOR/ARM* LS12 .... **93** C3 2
Wensleydale Crs *WOR/ARM* LS12.......... **93** C3
Wensleydale Dr *WOR/ARM* LS12 .... **93** C3
Wensleydale Ms *WOR/ARM* LS12 .... **93** C3 3
Wensleydale Ri *WOR/ARM* LS12 .... **93** C3 4
Wensley Dr *CHAL* LS7 .... **7** D2
Wensley Gdns *CHAL* LS7.......... **6** C2
Wensley Gn *CHAL* LS7.......... **7** D3
Wensley Gv *CHAL* LS7.......... **7** D3
Wensley Rd *CHAL* LS7.......... **7** D2
Wensley Vw *CHAL* LS7 .... **7** E3
Wentworth Av *AL/HA/HU* LS17.......... **75** C1
Wentworth Crs *AL/HA/HU* LS17 .... **75** D1
Wentworth Wy *AL/HA/HU* LS17 .... **75** D1 1
Wepener Mt *OSM* LS9 .... **31** D5
Wepener Pl *OSM* LS9 .... **31** D5
Wesley Ap *BEE/HOL* LS11 .... **112** A3 2
Wesley Av *WOR/ARM* LS12 .... **33** E4 7
Wesley Ct *BEE/HOL* LS11 .... **112** A3
HDGY LS6.......... **26** B1
Wesley Cft *BEE/HOL* LS11 .... **112** A2
Wesley Garth *BEE/HOL* LS11 .... **112** A2
Wesley Gn *BEE/HOL* LS11 .... **112** A3 3
Wesley Pl *OSM* LS9 .... **39** D4
Wesley Rd *PDSY/CALV* LS28.......... **88** B4
WOR/ARM LS12 .... **33** E4
Wesley Rw *PDSY/CALV* LS28 .... **99** D1 4
Wesley Sq *PDSY/CALV* LS28.......... **99** D1
Wesley St *BEE/HOL* LS11 .... **111** D2
PDSY/CALV LS28.......... **89** C2
Wesley Ter *BRAM* LS13.......... **80** A4
BRAM LS13 .... **92** A2
PDSY/CALV LS28 .... **99** D1 5
Wesley Vw *BRAM* LS13 .... **80** A4 3
PDSY/CALV LS28 .... **99** D2 7
West Av *RHAY* LS8.......... **11** E2
Westbourne Av *BEE/HOL* LS11.......... **113** C2
Westbourne Mt *BEE/HOL* LS11 .... **113** C2 19
Westbourne Pl *BEE/HOL* LS11 .... **113** C2 20
PDSY/CALV LS28.......... **89** C4
Westbourne St *BEE/HOL* LS11 .... **113** C2
Westbrook Cl *HORS* LS18.......... **69** C3
Westbrook La *HORS* LS18 .... **69** C3
Westbury Gv *MID* LS10 .... **115** C3 5
Westbury Mt *RTHW* LS26.......... **115** C4
Westbury Pl North *MID* LS10 .... **115** C3
Westbury Pl South *RTHW* LS26 .... **115** C4
Westbury St *MID* LS10 .... **115** C4
Westbury Ter *RTHW* LS26 .... **115** C4
Westcombe Av *RHAY* LS8 .... **77** D3
West Ct *RHAY* LS8 .... **11** E2
Westdale Dr *PDSY/CALV* LS28 .... **99** C1
Westdale Gdns *PDSY/CALV* LS28.......... **99** C1
Westdale Gv *PDSY/CALV* LS28.......... **99** C1
Westdale Ri *PDSY/CALV* LS28 .... **99** C1
Westdale Rd *PDSY/CALV* LS28.......... **99** C1
West Dene *AL/HA/HU* LS17 .... **64** A4
West End *WOR/ARM* LS12 .... **108** A2
West End Cl *HORS* LS18 .... **68** A4
West End Dr *HORS* LS18.......... **68** B4
West End Gv *HORS* LS18 .... **68** A4
West End La *HORS* LS18.......... **68** A3
West End Pl *BEE/HOL* LS11 .... **46** A2
West End Ri *HORS* LS18 .... **68** A4
Western Gv *WOR/ARM* LS12 .... **43** D4
Western Mt *WOR/ARM* LS12 .... **43** D3
Western Rd *WOR/ARM* LS12 .... **43** D3
Western St *WOR/ARM* LS12.......... **43** D3
West Farm Av *MID* LS10 .... **119** C4
Westfield *PDSY/CALV* LS28 .... **89** C4
Westfield Av *WOR/ARM* LS12 .... **103** C1
YEA LS19 .... **52** A3
Westfield Cl *YEA* LS19.......... **52** A3
Westfield Crs *BVRD* LS3.......... **25** E5
HDGY LS6.......... **25** E4
Westfield Rd *BVRD* LS3 .... **25** E5

Westfield Ter *BVRD* LS3 .... 25 E5
CHAL LS7 .... 7 F3
Westgate *LDS* LS1 .... 36 A3 1
West Grange Cl *MID* LS10 .... 114 A4 5
West Grange Dr *MID* LS10 .... 114 A4
West Grange Fold *MID* LS10 .... 114 A4
West Grange Gdns *MID* LS10 .... 114 A4
West Grange Garth *MID* LS10 .... 114 A4
West Grange Rd *MID* LS10 .... 114 A4
West Grange Wk *MID* LS10 .... 114 A4
West Grove St *PDSY/CALV* LS28 .... 89 C4 6
West Hill Av *CHAL* LS7 .... 7 F3
Westland Rd *BEE/HOL* LS11 .... 112 B4
Westland Sq *BEE/HOL* LS11 .... 119 C1
West Lea Cl *AL/HA/HU* LS17 .... 75 C4
West Lea Crs *YEA* LS19 .... 52 A3
West Lea Dr *AL/HA/HU* LS17 .... 75 C4
West Lea Gdns *AL/HA/HU* LS17 .... 75 C4
West Lea Garth *AL/HA/HU* LS17 .... 75 C4
West Lea Gv *YEA* LS19 .... 52 A3
Westlock Av *OSM* LS9 .... 29 F5
West Lodge Gdns *CHAL* LS7 .... 7 E5
Westminster Cl *BRAM* LS13 .... 90 A1
Westminster Crs *MSTN/BAR* LS15 .... 104 B2
Westminster Cft *BRAM* LS13 .... 90 A1 4
Westminster Dr *BRAM* LS13 .... 90 A1 5
Westmoor Pl *BRAM* LS13 .... 91 C2
Westmoor Ri *BRAM* LS13 .... 91 C2
Westmoor St *BRAM* LS13 .... 91 C2
Westmoreland Mt *BRAM* LS13 .... 92 A1 8
West Mount St *BEE/HOL* LS11 .... 112 B2 6
Westover Gdns *PDSY/CALV* LS28 .... 98 B2
Westover Gn *BRAM* LS13 .... 91 D2 2
Westover Gv *BRAM* LS13 .... 91 D2 3
Westover Mt *BRAM* LS13 .... 91 D2 4
Westover Rd *BRAM* LS13 .... 91 D2
Westover St *BRAM* LS13 .... 91 D2
Westover Ter *BRAM* LS13 .... 91 D2 5
Westover Vw *BRAM* LS13 .... 91 D2 6
West Pde *BHP/TINH* LS16 .... 2 B1
West Park Av *RHAY* LS8 .... 78 A2
West Park Cl *RHAY* LS8 .... 77 D2
West Park Crs *RHAY* LS8 .... 78 A2
West Park Dr *BHP/TINH* LS16 .... 2 B2
West Park Dr (East) *RHAY* LS8 .... 77 D2
West Park Dr (West) *RHAY* LS8 .... 77 C2
West Park Gv *RHAY* LS8 .... 77 D2
West Park Pl *RHAY* LS8 .... 78 A3
West Parks *PDSY/CALV* LS28 .... 99 C2
West Pasture Cl *HORS* LS18 .... 68 A4
West Rd *OSM* LS9 .... 116 B2
West Rd (North) *OSM* LS9 .... 116 B2
Westroyd *PDSY/CALV* LS28 .... 98 B3
Westroyd Av *PDSY/CALV* LS28 .... 98 B3
Westroyd Crs *PDSY/CALV* LS28 .... 98 B3
Westroyd Gdns *PDSY/CALV* LS28 .... 98 B3
West St *BVRD* LS3 .... 35 E2
PDSY/CALV LS28 .... 99 D1
Westvale Ms *BRAM* LS13 .... 92 B4
West Vw *BEE/HOL* LS11 .... 112 B1
YEA LS19 .... 52 A2
West View Ct *YEA* LS19 .... 52 A2 1
Westway *PDSY/CALV* LS28 .... 88 B2
Westways Dr *RHAY* LS8 .... 11 E4
Westwinn Garth *SCFT* LS14 .... 86 B1
West Wood Ct *MID* LS10 .... 118 B4
Wetherby Gv *BULY* LS4 .... 23 F3
Wetherby Pl *BULY* LS4 .... 24 A3
Wetherby Rd *RHAY* LS8 .... 11 D5
SCFT LS14 .... 85 C2
Wetherby Ter *BULY* LS4 .... 23 F3
Whack House Cl *YEA* LS19 .... 52 B3 1
Whack House La *YEA* LS19 .... 52 B3
Wharfe Cl *BHP/TINH* LS16 .... 73 C1 1
Wharfedale Av *CHAL* LS7 .... 16 C4
Wharfedale Ct *SCFT* LS14 .... 85 C4 3
Wharfedale Gv *HDGY* LS6 .... 16 C5
Wharf St *LDSU* LS2 .... 38 A4
Wheatfield Ct *PDSY/CALV* LS28 .... 99 C3
Wheatlands *PDSY/CALV* LS28 .... 88 B2
Wheaton Av *MSTN/BAR* LS15 .... 105 D1
Wheelwright Av *WOR/ARM* LS12 .... 42 A3
Wheelwright Cl *WOR/ARM* LS12 .... 42 A3
Whinbrook Crs *AL/HA/HU* LS17 .... 75 D4 4
Whinbrook Gdns *AL/HA/HU* LS17 .... 75 D4
Whinbrook Gv *AL/HA/HU* LS17 .... 75 D4 5
Whincover Cl *WOR/ARM* LS12 .... 103 C4
Whincover Cross *WOR/ARM* LS12 .... 103 C4 1
Whincover Dr *WOR/ARM* LS12 .... 102 B4
Whincover Gdns *WOR/ARM* LS12 .... 103 C4
Whincover Gv *WOR/ARM* LS12 .... 103 C4
Whincover Hl *WOR/ARM* LS12 .... 103 C4
Whincover Mt *WOR/ARM* LS12 .... 103 C4
Whincover Rd *WOR/ARM* LS12 .... 102 B4
Whincover Vw *WOR/ARM* LS12 .... 103 C4
Whinfield *BHP/TINH* LS16 .... 72 A1
Whingate *WOR/ARM* LS12 .... 32 A4
Whingate Av *WOR/ARM* LS12 .... 32 B4
Whingate Cl *WOR/ARM* LS12 .... 32 A4
Whingate Gn *WOR/ARM* LS12 .... 32 B4
Whingate Gv *WOR/ARM* LS12 .... 32 B4
Whingate Rd *WOR/ARM* LS12 .... 32 A5
Whinmoor La *AL/HA/HU* LS17 .... 79 D2
Whitaker St *PDSY/CALV* LS28 .... 89 C3
Whitebeam La *MID* LS10 .... 120 A1
Whitebridge Crs *OSM* LS9 .... 94 B4
Whitebridge Sp *SCFT* LS14 .... 94 B4
Whitebridge Vw *OSM* LS9 .... 94 B4 4
Whitechapel Cl *RHAY* LS8 .... 11 E5
Whitechapel Wy *RHAY* LS8 .... 11 D5
Whitecote Gdns *BRAM* LS13 .... 91 C1
Whitecote Hl *BRAM* LS13 .... 91 C1
Whitecote La *BRAM* LS13 .... 81 C4
Whitecote Ri *BRAM* LS13 .... 91 C1
White Gv *RHAY* LS8 .... 10 A2
Whitehall Quay *LDS* LS1 .... 36 C4
Whitehall Rd *WOR/ARM* LS12 .... 43 E5
WOR/ARM LS12 .... 45 E1 1
Whitehouse La *YEA* LS19 .... 55 C1
Whitehouse St *MID* LS10 .... 48 B4
White Laith Av *SCFT* LS14 .... 86 A1 5
White Laithe Cl *SCFT* LS14 .... 86 A1 6
White Laithe Cft *SCFT* LS14 .... 86 A1 7
White Laithe Gdns *SCFT* LS14 .... 86 B1 2
White Laithe Gn *SCFT* LS14 .... 86 B1 3
White Laithe Gv *SCFT* LS14 .... 86 B1 4
White Laithe Rd *SCFT* LS14 .... 86 A1
White Laithe Wk *SCFT* LS14 .... 86 B1 5
Whitelock St *CHAL* LS7 .... 28 A5
Whitestone Crs *YEA* LS19 .... 53 C2
Whitfield Av *MID* LS10 .... 114 B1
Whitfield Gdns *MID* LS10 .... 114 B1 4
Whitfield Pl *MID* LS10 .... 114 B1 5
Whitfield Sq *MID* LS10 .... 114 B1
Whitfield St *RHAY* LS8 .... 29 E1
Whitfield Wy *MID* LS10 .... 48 C5
Whitkirk Cl *MSTN/BAR* LS15 .... 107 D1 1
Whitkirk La *MSTN/BAR* LS15 .... 107 C1
The Wickets *HDGY* LS6 .... 5 E4
MSTN/BAR LS15 .... 107 D2
Wickham St *BEE/HOL* LS11 .... 112 B2
Wigton Cha *AL/HA/HU* LS17 .... 64 B4
Wigton Ga *AL/HA/HU* LS17 .... 63 D3
Wigton Gn *AL/HA/HU* LS17 .... 64 A3
Wigton Gv *AL/HA/HU* LS17 .... 63 D3
Wigton La *AL/HA/HU* LS17 .... 64 A4

Wigton Park Cl *AL/HA/HU* LS17 .... **64** A3
Wike Ridge Av *AL/HA/HU* LS17 .... **64** B4
Wike Ridge Cl *AL/HA/HU* LS17 .... **64** B3
Wike Ridge Ct *AL/HA/HU* LS17 .... **65** C3
Wike Ridge Fold *AL/HA/HU* LS17 .... **64** B3
Wike Ridge Gv *AL/HA/HU* LS17 .... **65** C4
Wike Ridge La *AL/HA/HU* LS17 .... **65** C4 5
Wike Ridge Ms *AL/HA/HU* LS17 .... **65** C4
Wike Ridge Mt *AL/HA/HU* LS17 .... **65** C4
Wike Ridge Vw *AL/HA/HU* LS17 .... **64** B4
Wilfred Av *MSTN/BAR* LS15 .... **106** A1
Wilfred St *MSTN/BAR* LS15 .... **106** A1 7
Wilfrid Ter *WOR/ARM* LS12 .... **109** D1
William Av *MSTN/BAR* LS15 .... **104** B1 7
William Hey Ct *OSM* LS9 .... **30** C4
William Ri *MSTN/BAR* LS15 .... **104** B1
William St *HDGY* LS6 .... **25** D2
PDSY/CALV LS28 .... **89** C4 7
PDSY/CALV LS28 .... **90** A3
William Vw *MSTN/BAR* LS15 .... **104** B1
Willis St *OSM* LS9 .... **39** D5
Willoughby Ter *BEE/HOL* LS11 .... **45** F4
Willow Ap *BULY* LS4 .... **24** C5
Willow Av *BULY* LS4 .... **24** C5
Willow Cl *BULY* LS4 .... **25** D5
Willow Crs *MSTN/BAR* LS15 .... **105** C2
Willow Rd *BULY* LS4 .... **24** C5
PDSY/CALV LS28 .... **88** B3
The Willows *AL/HA/HU* LS17 .... **75** D3 11
Willow Terrace Rd *LDSU* LS2 .... **26** B5
Willow Well Rd *MSTN/BAR* LS15 .... **105** C1
Wilmington Gv *CHAL* LS7 .... **27** F2
Wilmington St *CHAL* LS7 .... **28** A3
Wilmington Ter *CHAL* LS7 .... **27** F3 1
Wilsons Yd *PDSY/CALV* LS28 .... **89** C4 8
Wilton Gv *HDGY* LS6 .... **5** D5
Winchester St *WOR/ARM* LS12 .... **34** B4
Windermere Dr *AL/HA/HU* LS17 .... **61** C3
Winding Wy *AL/HA/HU* LS17 .... **62** A4
Windmill Ap *MID* LS10 .... **120** B1 2
Windmill Cl *MID* LS10 .... **120** B2
Windmill Ct *SCFT* LS14 .... **86** A3 3
Windmill Gdns *MSTN/BAR* LS15 .. **107** C2 21
Windmill Hl *PDSY/CALV* LS28 .... **98** B3
Windmill La *YEA* LS19 .... **53** D3
Windmill Rd *MID* LS10 .... **120** B1
Windsor Av *MSTN/BAR* LS15 .... **106** A1
Windsor Ct *AL/HA/HU* LS17 .... **76** B3 4
Windsor Mt *MSTN/BAR* LS15 .... **106** A1
Wine St *LDS* LS1 .... **37** D3
Winfield Gv *LDSU* LS2 .... **27** D3 4
Winfield Pl *LDSU* LS2 .... **27** D3
Winfield Ter *LDSU* LS2 .... **26** C3
Winnipeg Pl *CHAL* LS7 .... **8** A5
Winrose Ap *MID* LS10 .... **120** B2
Winrose Av *MID* LS10 .... **114** A4
Winrose Crs *MID* LS10 .... **120** A1
Winrose Dr *MID* LS10 .... **120** A1
Winrose Garth *MID* LS10 .... **120** A1
Winrose Gv *MID* LS10 .... **120** B1
Winrose Hl *MID* LS10 .... **114** B4
Winston Gdns *HDGY* LS6 .... **13** F3
Winston Mt *HDGY* LS6 .... **13** F3
Winthorpe St *HDGY* LS6 .... **15** E1
Wintoun St *CHAL* LS7 .... **28** A5
Wolley Av *WOR/ARM* LS12 .... **108** A2
Wolley Ct *WOR/ARM* LS12 .... **108** A2
Wolley Dr *WOR/ARM* LS12 .... **108** A2
Wolley Gdns *WOR/ARM* LS12 .... **108** A2
Wolseley Rd *BULY* LS4 .... **24** B5
Womersley Pl *PDSY/CALV* LS28 .... **99** C3
Woodbine Ter *BRAM* LS13 .... **91** D2 7
Woodbourne *RHAY* LS8 .... **11** F3
Woodbourne Av *AL/HA/HU* LS17 .... **75** D4
Woodbridge Cl *HDGY* LS6 .... **12** B3
Woodbridge Crs *HDGY* LS6 .... **12** A1
Woodbridge Gdns *HDGY* LS6 .... **12** A1
Woodbridge Garth *HDGY* LS6 .... **12** B3
Woodbridge Pl *HDGY* LS6 .... **12** B3
Woodbridge Rd *HDGY* LS6 .... **12** B2
Wood Cl *BHP/TINH* LS16 .... **73** C2
CHAL LS7 .... **7** E3
Wood Gv *WOR/ARM* LS12 .... **102** A2
Woodhall Av *KSTL* LS5 .... **82** B3
Woodhall Ct *MSTN/BAR* LS15 .... **107** C3 6
Woodhall Dr *KSTL* LS5 .... **82** B3
Woodhall Park Cft
PDSY/CALV LS28 .... **88** A4 1
Wood Hill Ct *BHP/TINH* LS16 .... **70** A1
Wood Hill Crs *BHP/TINH* LS16 .... **69** D2
Wood Hill Gdns *BHP/TINH* LS16 .... **70** A1
Wood Hill Ri *BHP/TINH* LS16 .... **70** A1
Wood Hill Rd *BHP/TINH* LS16 .... **70** A1
Woodhouse Cliff *HDGY* LS6 .... **16** B5 5
Woodhouse Hill Av *MID* LS10 .... **114** B3 9
Woodhouse Hill Gv *MID* LS10 .... **114** B3 10
Woodhouse Hill Pl *MID* LS10 .... **114** B3 11
Woodhouse Hill Rd *MID* LS10 .... **114** B3
Woodhouse Hill Ter *MID* LS10 .... **114** B3 12
Woodhouse La *HDGY* LS6 .... **26** A1
LDSU LS2 .... **26** B3
Woodhouse Sq *BVRD* LS3 .... **36** B2
Woodhouse St *HDGY* LS6 .... **26** A1
Woodland Cl *MSTN/BAR* LS15 .... **106** B1
Woodland Cft *HORS* LS18 .... **69** D3 7
Woodland Dr *CHAL* LS7 .... **8** A4
Woodland Gv *CHAL* LS7 .... **18** C4
Woodland Hl *MSTN/BAR* LS15 .... **106** A1
Woodland La *CHAL* LS7 .... **8** A3
Woodland Mt *CHAL* LS7 .... **19** D4 1
Woodland Park Rd *HDGY* LS6 .... **15** D2
Woodland Ri *MSTN/BAR* LS15 .... **106** B1
Woodland Rd *MSTN/BAR* LS15 .... **106** A1
Woodlands Av *PDSY/CALV* LS28 ...... **88** B4 3
Woodlands Ct *BHP/TINH* LS16 .... **72** A4
Woodlands Dr *YEA* LS19 .... **66** A3
Woodlands Gv *PDSY/CALV* LS28 ...... **88** B4 4
Woodlands Park Rd
PDSY/CALV LS28 .... **99** C4
Woodland Sq *WOR/ARM* LS12 .... **103** C1
Woodlands Ter *PDSY/CALV* LS28 .... **88** B4 5
Woodland Ter *CHAL* LS7 .... **6** B4
Woodland Vw *CHAL* LS7 .... **8** A3
Wood La *BRAM* LS13 .... **91** D1
BRAM LS13 .... **101** D1
CHAL LS7 .... **7** E3
HDGY LS6 .... **14** B3
HORS LS18 .... **81** D1
MSTN/BAR LS15 .... **87** D3
WOR/ARM LS12 .... **109** C3
Woodlea Ap *HDGY* LS6 .... **74** A4
YEA LS19 .... **52** A3
Woodlea Cha *HDGY* LS6 .... **5** F1
Woodlea Cl *YEA* LS19 .... **52** A4
Woodlea Ct *HDGY* LS6 .... **5** E1
Woodlea Cft *HDGY* LS6 .... **74** A4
Woodlea Dr *HDGY* LS6 .... **74** A4
YEA LS19 .... **52** A4 1
Woodlea Fold *HDGY* LS6 .... **74** A4 1
Woodlea Gdns *HDGY* LS6 .... **74** A4
Woodlea Garth *HDGY* LS6 .... **74** A4
Woodlea Ga *HDGY* LS6 .... **5** E1
Woodlea Gv *BEE/HOL* LS11 .... **112** A2 2
HDGY LS6 .... **5** F1
YEA LS19 .... **52** A3
Woodlea Lawn *HDGY* LS6 .... **74** A4

Woodlea Mt *BEE/HOL* LS11 .... **112** A2
YEA LS19 .... **52** A3 3
Woodlea Pl *BEE/HOL* LS11 .... **112** A2
Woodlea Rd *YEA* LS19 .... **52** A3
Woodlea St *BEE/HOL* LS11 .... **112** A2
Woodliffe Crs *CHAL* LS7 .... **7** E4
Woodliffe Dr *CHAL* LS7 .... **7** E4
Woodman St *MSTN/BAR* LS15 .... **105** D1 16
Woodnook Cl *BHP/TINH* LS16 .... **70** A3
Woodnook Dr *BHP/TINH* LS16 .... **70** A3
Woodnook Garth *BHP/TINH* LS16 .... **70** A3
Woodnook Rd *BHP/TINH* LS16 .... **70** A2
Wood Nook Ter *PDSY/CALV* LS28 .... **88** B4
Wood Pl *BEE/HOL* LS11 .... **112** B2
Woodside Av *BULY* LS4 .... **23** E3
CHAL LS7 .... **5** F4
Woodside Ct *HORS* LS18 .... **82** B1 2
Woodside Hill Cl *HORS* LS18 .... **82** B1 3
Woodside Ms *CHAL* LS7 .... **5** F3
Woodside Park Av *HORS* LS18 .... **82** A1
Woodside Park Dr *HORS* LS18 .... **82** A1
Woodside Pl *BULY* LS4 .... **23** E3
Woodside Ter *BULY* LS4 .... **23** E3
Woodside Vw *BULY* LS4 .... **23** E3
Woodsley Gn *HDGY* LS6 .... **25** E4
Woodsley Rd *HDGY* LS6 .... **25** E4
LDSU LS2 .... **26** A4
Wood's Rw *PDSY/CALV* LS28 .... **89** D4
Woodthorne Cft *AL/HA/HU* LS17 .... **77** D1 5
Woodview Cl *HORS* LS18 .... **69** D3 8
Woodview Gv *BEE/HOL* LS11 .... **113** C3
Woodview Mt *BEE/HOL* LS11 .... **113** C3
Woodview Rd *BEE/HOL* LS11 .... **113** C3
Woodview St *BEE/HOL* LS11 .... **113** C3
Woodview Ter *BEE/HOL* LS11 .... **113** C3
Woodville Av *HORS* LS18 .... **82** A1 1
Woodville Ct *RHAY* LS8 .... **77** D4 1
Woodville Crs *HORS* LS18 .... **82** B1 4
Woodville Gv *HORS* LS18 .... **82** A1 2
MID LS10 .... **114** B4 5
Woodville Pl *HORS* LS18 .... **82** B1 5
Woodville Sq *MID* LS10 .... **114** B4 6
Woodville St *HORS* LS18 .... **82** B1 6
Woodville Ter *HORS* LS18 .... **82** A1 3
Wood Vine Rd *PDSY/CALV* LS28 .... **88** B4 6
Woodway *HORS* LS18 .... **81** D2
Woodway Dr *HORS* LS18 .... **81** D2
Wooler Av *BEE/HOL* LS11 .... **112** B3
Wooler Dr *BEE/HOL* LS11 .... **112** B3
Wooler Gv *BEE/HOL* LS11 .... **112** B3
Wooler Pl *BEE/HOL* LS11 .... **112** A3
Wooler Rd *BEE/HOL* LS11 .... **112** A3 4
Wooler St *BEE/HOL* LS11 .... **112** A3
Wormald Rw *LDS* LS1 .... **37** E2
Wortley La *WOR/ARM* LS12 .... **45** E2
Wortley Moor La *WOR/ARM* LS12 .... **42** C1
Wortley Moor Rd *WOR/ARM* LS12 .... **32** B5
Wortley Pk *WOR/ARM* LS12 .... **44** C1
Wortley Rd *WOR/ARM* LS12 .... **32** C4
Wrangthorn Av *HDGY* LS6 .... **25** E2
Wrangthorn Pl *HDGY* LS6 .... **25** E2
Wrangthorn Ter *HDGY* LS6 .... **25** E2
Wrenbury Av *BHP/TINH* LS16 .... **57** C4
Wrenbury Crs *BHP/TINH* LS16 .... **57** C4
Wrenbury Gv *BHP/TINH* LS16 .... **57** D4
Wycliffe Dr *AL/HA/HU* LS17 .... **76** A3 7
Wykebeck Av *OSM* LS9 .... **41** F4
Wykebeck Crs *OSM* LS9 .... **104** A1
Wykebeck Gdns *OSM* LS9 .... **104** A1 2
Wykebeck Gv *OSM* LS9 .... **104** A1 3
Wykebeck Mt *OSM* LS9 .... **104** A1
Wykebeck Pl *OSM* LS9 .... **104** B1
Wykebeck Rd *OSM* LS9 .... **104** A1
Wykebeck Sq *OSM* LS9 .... **104** A1 4
Wykebeck St *OSM* LS9 .... **104** A1
Wykebeck Ter *OSM* LS9 .... **104** A1
Wykebeck Valley Rd *OSM* LS9 .... **94** A3
Wykebeck Vw *OSM* LS9 .... **104** A1 5
Wyncliffe Gdns *AL/HA/HU* LS17 .... **76** A3
Wynford Av *BHP/TINH* LS16 .... **72** A4
Wynford Gv *BHP/TINH* LS16 .... **72** A4
Wynford Mt *BHP/TINH* LS16 .... **71** D4
Wynford Ri *BHP/TINH* LS16 .... **71** D4
Wynford Ter *BHP/TINH* LS16 .... **71** D4
Wyther Dr *KSTL* LS5 .... **22** A2
Wyther La *KSTL* LS5 .... **93** C2
Wyther Park Av *WOR/ARM* LS12 .... **93** C4
Wyther Park Cl *WOR/ARM* LS12 .... **93** C4
Wyther Park Crs *WOR/ARM* LS12 .... **93** C4
Wyther Park Gv *WOR/ARM* LS12 .... **93** C4
Wyther Park Hl *WOR/ARM* LS12 .... **93** C3 5
Wyther Park Pl *WOR/ARM* LS12 .... **93** C3
Wyther Park Rd *BRAM* LS13 .... **92** B4
WOR/ARM LS12 .... **93** C4
Wyther Park Sq *WOR/ARM* LS12 .... **92** B3
Wyther Park St *WOR/ARM* LS12 .... **93** C4
Wyther Park Ter *WOR/ARM* LS12 .... **92** B4
Wyther Park Vw *WOR/ARM* LS12 .... **93** C3

Y

Yarn St *MID* LS10 .... **49** D4
Yeadon Moor Rd *HORS* LS18 .... **55** D2
YEA LS19 .... **54** B3
Yew Tree La *MSTN/BAR* LS15 .... **107** D2
York Pl *LDS* LS1 .... **36** C3
York Rd *MSTN/BAR* LS15 .... **96** A2
OSM LS9 .... **39** D3
SCFT LS14 .... **96** A2
York St *LDSU* LS2 .... **38** A4

Z

Zermatt Gv *CHAL* LS7 .... **7** F5
Zermatt Mt *CHAL* LS7 .... **7** F5
Zermatt St *CHAL* LS7 .... **18** A1
Zermatt Ter *CHAL* LS7 .... **18** A1
Zetland Pl *RHAY* LS8 .... **19** F5

Abbey Grange School
BHP/TINH LS16 .... **83** C1
Abbey Medical Centre
KSTL LS5 .... **12** B4
Acorn Business Park
SCFT LS14 .... **94** B4
Adel Primary School
BHP/TINH LS16 .... **73** D2
Agnes Stewart C of E High School
OSM LS9 .... **38** C2
Aireborough Rawdon C of E Primary School
YEA LS19 .... **67** C2
Aireside Business Centre
LDS LS1 .... **36** C4
Aireside Retail Park
LDS LS1 .... **36** B4
Aireview Primary School
BRAM LS13 .... **90** A1
Alexander Doctors Clinic
KSTL LS5 .... **83** C3
Allerton Grange High School
AL/HA/HU LS17 .... **76** B4
Allerton High School
AL/HA/HU LS17 .... **75** C2
Allwoodley County Primary School
AL/HA/HU LS17 .... **74** B2
Alwoodley Golf Club
AL/HA/HU LS17 .... **63** D3
A M F Bowling
LDSU LS2 .... **37** E1
Apex Business Park
BEE/HOL LS11 .... **47** E3
Armley Clinic
WOR/ARM LS12 .... **33** E3
Armley Link Trading Estate
WOR/ARM LS12 .... **34** B3
Armley Primary School
WOR/ARM LS12 .... **33** E2
Armley Sports & Leisure Centre
WOR/ARM LS12 .... **33** D4
Ashfield Medical Centre
MSTN/BAR LS15 .... **96** B3
Ashley Business Centre
LDSU LS2 .... **38** A2
Ashton Road Industrial Estate
RHAY LS8 .... **30** A2
Ashton View Medical Centre
RHAY LS8 .... **29** F3
Austhorpe County Primary School
MSTN/BAR LS15 .... **107** D1
Austhorpe View Surgery
MSTN/BAR LS15 .... **107** C1
Balm Road Industrial Estate
MID LS10 .... **114** A2
Bankside Primary School
RHAY LS8 .... **29** E1
Barras Garth Industrial Estate
WOR/ARM LS12 .... **42** C1
BBC Studios
LDSU LS2 .... **27** D5
Beechwood County Primary School
SCFT LS14 .... **85** D4
Beeston Hill St Lukes School
BEE/HOL LS11 .... **46** C5
Beeston Primary School
BEE/HOL LS11 .... **111** D3
Beeston Village Surgery
BEE/HOL LS11 .... **112** A3
Bellbrooke Surgery
OSM LS9 .... **30** B3
Belle Isle Medical Centre
RTHW LS26 .... **121** C1
Bentley Lane School
HDGY LS6 .... **15** E1
Benton Park School
YEA LS19 .... **53** C4
Bero Bu School
LDSU LS2 .... **27** D5
Beth Hamedrash Hagadol Synagogue
AL/HA/HU LS17 .... **76** A1
The Beth Hamedrash Hagadol Synagogue
AL/HA/HU LS17 .... **76** B3
Blenheim Primary School
LDSU LS2 .... **27** D4
The Bloomfield Practice
AL/HA/HU LS17 .... **74** B1
The Bloomfield Practice
BHP/TINH LS16 .... **73** C1
Bracken Edge Primary School
CHAL LS7 .... **19** D3
Bramley Business Centre
BRAM LS13 .... **91** C4
Bramley Health Centre
BRAM LS13 .... **91** D2
Bramley R U F C
BRAM LS13 .... **91** D2
Bramley St Peters C of E Primary School
BRAM LS13 .... **91** D3
Brewery
MID LS10 .... **47** F1
Bridge Court Business Park
BEE/HOL LS11 .... **46** A3
Broadgate Infant School
HORS LS18 .... **69** D4
Brodetsky Jewish Primary School
AL/HA/HU LS17 .... **75** D1
Brownhill Primary School
OSM LS9 .... **40** B1
Brudenell Primary School
HDGY LS6 .... **24** C1
Bruton Gallery
LDS LS1 .... **36** C3
Burley Football Club
KSTL LS5 .... **83** C3
Burley Park Medical Centre
BULY LS4 .... **24** A4
Burmantofts Health Centre
OSM LS9 .... **39** D1
Burton Croft Surgery
HDGY LS6 .... **14** A1
Cape Industrial Estate
PDSY/CALV LS28 .... **89** D2
Cardigan Trading Estate
BULY LS4 .... **24** A5
Cardinal Heenan School
HDGY LS6 .... **74** B4
Carlton Mills Trading Estate
WOR/ARM LS12 .... **34** A2
Carlton Surgery
CHAL LS7 .... **27** F4
Carr Manor County Primary School
AL/HA/HU LS17 .... **6** C1
Carr Manor High School
AL/HA/HU LS17 .... **6** C2
Castleton Primary School
WOR/ARM LS12 .... **34** B5
The Chandos Medical Centre
RHAY LS8 .... **9** D1
Chapel Allerton Hospital
CHAL LS7 .... **18** B2

Chapel Allerton Medical Centre
CHAL LS7 .... **8** A5
Chapel Allerton Primary School
CHAL LS7 .... **8** A5
Chapeltown Business Centre
CHAL LS7 .... **18** B5
Chapeltown Health Centre
CHAL LS7 .... **28** C2
Chel House Business Centre
CHAL LS7 .... **28** B3
Christ Church Primary School
WOR/ARM LS12 .... **32** C3
Christ the King RC Primary School
BRAM LS13 .... **92** B4
Church View Surgery
MSTN/BAR LS15 .... **96** B3
City of Leeds School
HDGY LS6 .... **16** A4
City Park Industrial Estate
WOR/ARM LS12 .... **110** B2
Civic Hall
LDSU LS2 .... **37** D1
Clapgate Primary School
MID LS10 .... **121** C4
Cobden Cp School
WOR/ARM LS12 .... **109** C1
Colton County Primary School
MSTN/BAR LS15 .... **107** D3
Community Clinic
HORS LS18 .... **69** C4
Conway Medical Centre
RHAY LS8 .... **30** A2
Cookridge County Primary School
BHP/TINH LS16 .... **70** B1
Cookridge Hospital
BHP/TINH LS16 .... **70** B3
Copley Hill Trading Estate
WOR/ARM LS12 .... **44** C3
Copperfields College
OSM LS9 .... **50** A2
Corn Exchange
LDS LS1 .... **37** F4
Corpus Christi High School
OSM LS9 .... **104** B1
The Cottage Road Picture House
HDGY LS6 .... **4** A5
Cottingley Community
Health Centre
BEE/HOL LS11 .... **111** C4
Cottingley Primary School
BEE/HOL LS11 .... **110** B4
Craven Road Medical Centre
HDGY LS6 .... **27** D1
Crawshaw High School
PDSY/CALV LS28 .... **100** A2
The Croft Surgery
HORS LS18 .... **69** D4
Croft & Tinshall Medical Practice
BHP/TINH LS16 .... **70** B1
Cross Flatts Park Primary School
BEE/HOL LS11 .... **112** B3
Cross Gates Primary School
MSTN/BAR LS15 .... **95** D3
Cross Green Industrial Estate
OSM LS9 .... **50** A4
Crown Court
LDS LS1 .... **36** C2
Crown Point Retail Park
MID LS10 .... **47** F2
Delph End Gallery
PDSY/CALV LS28 .... **98** A2
Dixon Lane Medical Centre
WOR/ARM LS12 .... **43** F5
Dr Ankers Danks Smith
Sykes & Farrell
BEE/HOL LS11 .... **112** B2
Drug Addiction Clinic
LDSU LS2 .... **26** A5
East Leeds Clinic
OSM LS9 .... **41** D1
East Leeds Leisure Centre
MSTN/BAR LS15 .... **104** B2
Elland Road Industrial Park
BEE/HOL LS11 .... **111** C2
Emmanuel Trading Estate
WOR/ARM LS12 .... **45** F1
E T Z Chaim Synagogue
AL/HA/HU LS17 .... **76** A2
Farnley Park High School
WOR/ARM LS12 .... **108** B1
Farsley Celtic A F C
PDSY/CALV LS28 .... **89** D3
Farsley Community Clinic
PDSY/CALV LS28 .... **88** B2
Farsley Fairfield Primary School
PDSY/CALV LS28 .... **88** A3
Farsley Springbank Junior School
PDSY/CALV LS28 .... **89** C2
Fearnville Sports Centre
RHAY LS8 .... **94** A1
Featherbank Infant School
HORS LS18 .... **81** C1
Felnex Trading Estate
OSM LS9 .... **51** D3
The Froebelian School
HORS LS18 .... **81** C2
Fulneck School
PDSY/CALV LS28 .... **99** D4
The Gables Surgery
PDSY/CALV LS28 .... **100** B1
The Gallery
KSTL LS5 .... **12** B5
Gelderd Trading Estate
WOR/ARM LS12 .... **45** D4
Gemini Business Park
CHAL LS7 .... **28** A2
General Practice
LDSU LS2 .... **26** A5
Gledhow County Primary School
RHAY LS8 .... **9** D2
Glenlea Surgery
PDSY/CALV LS28 .... **90** A3
Goddard Wybor Practice
RHAY LS8 .... **9** E4
The Good Health Centre
RHAY LS8 .... **77** D3
Grafton Special School
HDGY LS6 .... **27** D1
Grand Theatre & Opera House
LDSU LS2 .... **37** E2
Grangefield Industrial Estate
PDSY/CALV LS28 .... **90** A4
The Grange Medical Centre
SCFT LS14 .... **86** A4
Greenhill CP School
BRAM LS13 .... **102** A1
Greenmount School
BEE/HOL LS11 .... **113** C2
Gulsyke Medical Centre
MSTN/BAR LS15 .... **105** D2
Harehills Middle School
RHAY LS8 .... **29** F2
Harehills Primary School
RHAY LS8 .... **30** A2
Hawksworth CP School
KSTL LS5 .... **82** B2

Headingley Primary School
HDGY LS6 ... **14** B3
Highfield County Primary School
AL/HA/HU LS17 ... **76** B1
The Highfields Medical Centre
BRAM LS13 ... **92** A3
Highfield Surgery
BHP/TINH LS16 ... **57** D4
Hillcrest Primary School
CHAL LS7 ... **19** D5
Hillfoot Surgery
PDSY/CALV LS28 ... **98** A1
Holly Bank Surgery
HDGY LS6 ... **14** A1
Hollywood Bowl
BULY LS4 ... **23** F5
Holy Family RC School
WOR/ARM LS12 ... **34** A4
Holy Name RC School
BHP/TINH LS16 ... **71** C2
Holy Rosary & St Annes RC Primary School
CHAL LS7 ... **28** B2
Holy Trinity C of E Primary School
BHP/TINH LS16 ... **57** C4
Horsforth Hall Park Cricket Club
HORS LS18 ... **82** B1
Horsforth Newlaithes Junior School
HORS LS18 ... **80** B3
Horsforth St Margarets C of E Primary School
HORS LS18 ... **69** C4
Horsforth School & Further Education Centre
HORS LS18 ... **69** C3
Horsforth Village Museum
HORS LS18 ... **80** B1
Horsforth Woodside C of E Primary School
HORS LS18 ... **70** A4
Hovingham Primary School
RHAY LS8 ... **20** B5
Hugh Gaitskell Middle School
BEE/HOL LS11 ... **111** D3
Hugh Gaitskell Primary School
BEE/HOL LS11 ... **111** D3
Hunslet Carr CP School
MID LS10 ... **114** B3
Hunslet C of E School
MID LS10 ... **114** B2
Hunslet Health Centre
MID LS10 ... **114** A1
Hunslet Moor Primary School
BEE/HOL LS11 ... **113** D2
Hunslet St Josephs Primary School
MID LS10 ... **48** C5
Hunslet Trading Estate
MID LS10 ... **115** C1
Hyde Park Picture House
HDGY LS6 ... **25** D2
Ida & Robert Arthington Hospital
BHP/TINH LS16 ... **70** B3
Immaculate Heart of Mary RC Primary School
AL/HA/HU LS17 ... **75** D4
Ingram Road Primary School
BEE/HOL LS11 ... **45** E4
Intake High School
BRAM LS13 ... **90** B2
Ireland Wood County Primary School
BHP/TINH LS16 ... **71** D1
Iveson Primary School
BHP/TINH LS16 ... **71** D3
Joe Dean Recreation Centre
WOR/ARM LS12 ... **103** C2
John Jamieson Special School
RHAY LS8 ... **21** F2
John Smeaton School
MSTN/BAR LS15 ... **97** D2
John Smeaton Sports Centre
MSTN/BAR LS15 ... **97** D1
Kerrmackie Primary School
RHAY LS8 ... **10** A4
Kingswear Galleries
MSTN/BAR LS15 ... **97** C4
Kirkfields Business Centre
YEA LS19 ... **52** B2
Kirkgate Market
LDS LS1 ... **37** F3
Kirkstall Health Clinic
KSTL LS5 ... **12** B4
Kirkstall Industrial Park
BULY LS4 ... **24** A5
Kirkstall Leisure Centre
KSTL LS5 ... **12** A5
Kirkstall St Stephens C of E School
KSTL LS5 ... **12** B4
Kirkstall Valley Primary School
BULY LS4 ... **23** F4
La Bowl
BEE/HOL LS11 ... **46** C2
Lakeside Industrial Estate
WOR/ARM LS12 ... **102** B2
Latchmore Industrial Park
WOR/ARM LS12 ... **110** B2
Latchmore Industrial Park
WOR/ARM LS12 ... **111** D1
Laurel Bank Surgery
HDGY LS6 ... **13** E5
Lawns Park Primary School
WOR/ARM LS12 ... **102** B4
Lawnswood Business Park
BHP/TINH LS16 ... **71** C4
Lawnswood School
BHP/TINH LS16 ... **2** C1
L C Museum
LDS LS1 ... **37** E5
Leeds Area Health Authority
HDGY LS6 ... **26** A1
Leeds Area Health Authority
LDSU LS2 ... **37** F2
Leeds Area Health Authority
MID LS10 ... **114** B1
Leeds Bradford International Airport
YEA LS19 ... **55** C2
Leeds City Art Gallery
LDS LS1 ... **37** D2
Leeds City Council
AL/HA/HU LS17 ... **77** C2
Leeds City Council
BEE/HOL LS11 ... **46** B5
Leeds City Council
BEE/HOL LS11 ... **47** D2
Leeds City Council
BEE/HOL LS11 ... **119** C1
Leeds City Council
BRAM LS13 ... **92** A2
Leeds City Council
CHAL LS7 ... **17** E4
Leeds City Council
HDGY LS6 ... **27** D1
Leeds City Council
KSTL LS5 ... **12** B5

Leeds City Council
LDS LS1 .... **36** C4
Leeds City Council
LDS LS1 .... **37** D2
Leeds City Council
LDSU LS2 .... **37** E2
Leeds City Council
MID LS10 .... **48** B2
Leeds City Council
MID LS10 .... **48** C3
Leeds City Council
OSM LS9 .... **39** E3
Leeds City Council
OSM LS9 .... **40** B3
Leeds City Council
OSM LS9 .... **51** D4
Leeds City Council
PDSY/CALV LS28 .... **90** A3
Leeds City Council
PDSY/CALV LS28 .... **99** D1
Leeds City Council
RHAY LS8 .... **28** C3
Leeds City Council
SCFT LS14 .... **85** D3
Leeds City Council
SCFT LS14 .... **86** A3
Leeds City Council
SCFT LS14 .... **94** B4
Leeds City Council
SCFT LS14 .... **95** D1
Leeds City Council
WOR/ARM LS12 .... **102** A4
Leeds City Council
YEA LS19 .... **53** C4
Leeds City Council
YEA LS19 .... **66** A1
Leeds City Museum
LDS LS1 .... **37** D2
Leeds Civic Theatre
LDSU LS2 .... **37** D1
Leeds College of Art & Design
LDSU LS2 .... **26** C3
Leeds College of Art & Design
LDSU LS2 .... **37** D1
Leeds College of Building
LDSU LS2 .... **38** A1
Leeds College of Technology
BEE/HOL LS11 .... **118** B1
Leeds College of Technology
OSM LS9 .... **38** C5
Leeds Community & Mental Health Services
PDSY/CALV LS28 .... **99** D2
Leeds Community & Mental Health Services Teaching NHS Trust
HDGY LS6 .... **25** E4
Leeds Community & Mental Health Services Teaching NHS Trust
WOR/ARM LS12 .... **44** C1
Leeds County Council
WOR/ARM LS12 .... **33** E4
Leeds & District Workpeoples Hospital Fund
LDS LS1 .... **36** C3
Leeds General Infirmary
LDSU LS2 .... **36** B1
Leeds Girls High School
HDGY LS6 .... **15** E5
Leeds Grammar School
AL/HA/HU LS17 .... **64** A2
Leeds Grammar School
HDGY LS6 .... **25** F4
Leeds Health Authority
LDS LS1 .... **36** A3
Leeds Hospital Fund
LDS LS1 .... **36** C3
Leeds & Hull Business Centre
LDSU LS2 .... **26** C4
Leeds Industrial Museum
WOR/ARM LS12 .... **34** A2
Leeds International Swimming Pool
LDS LS1 .... **36** B3
Leeds Metropolitan University
HDGY LS6 .... **3** D5
Leeds Metropolitan University
KSTL LS5 .... **93** C1
Leeds Metropolitan University
LDSU LS2 .... **26** C5
Leeds Metropolitan University
LDSU LS2 .... **37** E1
Leeds Mosque
HDGY LS6 .... **25** E4
Leeds Rugby Union Football Club
RHAY LS8 .... **9** D1
Leeds Shopping Plaza
LDS LS1 .... **37** E4
Leeds Sports & Injury Clinic
WOR/ARM LS12 .... **32** B3
The Leeds Teaching Hospitals N H S Trust
BVRD LS3 .... **36** B2
Leeds United A F C Ltd
BEE/HOL LS11 .... **111** D2
Leeds University
BHP/TINH LS16 .... **72** B4
Leeds University
LDSU LS2 .... **26** C5
Leopold Primary
CHAL LS7 .... **28** C2
Lingwell Croft Surgery
MID LS10 .... **120** A4
Little London CP School
CHAL LS7 .... **27** F3
Littlemoor County Primary School
YEA LS19 .... **66** B1
Lord Chancellors Department
LDS LS1 .... **36** B3
Lower Wortley CP School
WOR/ARM LS12 .... **42** C4
Lowtown Primary School
PDSY/CALV LS28 .... **100** A2
Manor Leisure Centre
YEA LS19 .... **52** B2
Manor Park Surgery
BRAM LS13 .... **91** D2
Manston C of E School
MSTN/BAR LS15 .... **97** C2
Manston Primary School
MSTN/BAR LS15 .... **96** B2
Matthew Murray High School
BEE/HOL LS11 .... **45** E5
Maybrook Industrial Park
WOR/ARM LS12 .... **34** C3
Maybrook Industrial Park
WOR/ARM LS12 .... **35** E4
Mayfield Surgery
HDGY LS6 .... **24** C3
Meanwood C of E School
HDGY LS6 .... **4** C3
Meanwood Health Centre
CHAL LS7 .... **5** E5
Meanwood Park Hospital
HDGY LS6 .... **73** D4
Merrion Shopping Centre
LDSU LS2 .... **37** E2

Middleton C of E School
MID LS10 .... **119** D4
Middleton Park Leisure Centre
MID LS10 .... **120** A4
Mid Yorkshire Nuffield Hospital
HORS LS18 .... **82** A1
Miles Hill County Primary School
CHAL LS7 .... **6** A4
Milestone School
PDSY/CALV LS28 .... **89** D3
Milford R U F C Club
KSTL LS5 .... **22** B1
Moor Allerton Hall Primary School
AL/HA/HU LS17 .... **76** B4
Moorcroft Surgery
AL/HA/HU LS17 .... **74** B1
Moorfield Business Park
YEA LS19 .... **54** A3
Moorlands School
BHP/TINH LS16 .... **73** C4
Moortown Golf Club
AL/HA/HU LS17 .... **63** C4
Moortown Primary School
AL/HA/HU LS17 .... **76** A3
Moortown R U F C
AL/HA/HU LS17 .... **61** D4
Morgan Gallery
BULY LS4 .... **24** A5
Mosque
HDGY LS6 .... **25** E2
Mount St Marys High School
OSM LS9 .... **38** C5
Mount St Marys RC Primary School
OSM LS9 .... **40** A3
Museum of Industry & Science
BULY LS4 .... **33** F1
Museum Stores
CHAL LS7 .... **27** E1
Muslem Mosque
WOR/ARM LS12 .... **33** F4
National Film Theatre North
LDS LS1 .... **37** F5
The New Surgery
WOR/ARM LS12 .... **109** D1
Newton Surgery
CHAL LS7 .... **18** A3
Northern Ballet Theatre
BHP/TINH LS16 .... **2** B2
Northern Ballet Theatre
BRAM LS13 .... **92** A1
North Leeds Cricket Club
RHAY LS8 .... **10** B2
The North of England College
LDS LS1 .... **37** E3
North Parade Surgery
BHP/TINH LS16 .... **2** B2
Northside Retail Park
CHAL LS7 .... **5** E4
Northwest Business Park
HDGY LS6 .... **27** D2
Notre Dame High School
LDSU LS2 .... **26** C2
Oakley Terrace Surgery
BEE/HOL LS11 .... **113** D3
Oaktree Business Park
SCFT LS14 .... **85** D2
Oakwood Primary School
RHAY LS8 .... **31** E1
Oakwood Surgery
RHAY LS8 .... **10** B5
Odeon Cinema
LDS LS1 .... **37** E2
Old Roundhegians R U F C
AL/HA/HU LS17 .... **76** B3
The Open University
LDS LS1 .... **37** E4
Optimax Eye Clinic
LDS LS1 .... **37** D2
Parklands County Primary School
SCFT LS14 .... **95** D1
Parklands Girls High School
SCFT LS14 .... **96** A1
Park Lane College
HORS LS18 .... **80** A2
Park Lane College
LDSU LS2 .... **37** F2
Park Lane College
MSTN/BAR LS15 .... **96** B3
Park Lane College of Further Education
BVRD LS3 .... **36** A2
Park Lane College of Further Education
CHAL LS7 .... **19** D3
Park Spring CP School
BRAM LS13 .... **101** D1
Parl Lane College
PDSY/CALV LS28 .... **99** D1
Pavilion Business Centre
PDSY/CALV LS28 .... **90** A3
Pavilion Business Park
WOR/ARM LS12 .... **110** B2
Pennine Industrial Estate
WOR/ARM LS12 .... **33** D4
Pennyfield Special School
HDGY LS6 .... **74** A4
Penraevon Industrial Estate
CHAL LS7 .... **27** F2
Peter Laycock Industrial Estate
CHAL LS7 .... **27** F1
Picture House
CHAL LS7 .... **28** B4
Police Sports Ground
RHAY LS8 .... **9** E4
Potternewton Primary School
CHAL LS7 .... **16** C2
Primrose High School
OSM LS9 .... **29** D5
Primrose Hill Junior & Infant School
PDSY/CALV LS28 .... **89** C4
Public Health Laboratory Service Seacroft Hospital
SCFT LS14 .... **95** C3
Pudsey Grangefield School
PDSY/CALV LS28 .... **99** D1
Pudsey Greenside Junior & Infant School
PDSY/CALV LS28 .... **99** C3
Pudsey Leisure Centre
PDSY/CALV LS28 .... **99** D2
Pudsey St Lawrence Cricket Club
PDSY/CALV LS28 .... **99** C2
Pudsey Southroyd Primary School
PDSY/CALV LS28 .... **99** D3
Pudsey Waterloo Junior School
PDSY/CALV LS28 .... **98** B2
Quarry House
OSM LS9 .... **38** B3
Queensway Primary School
GSLY LS20 .... **52** B1
Ralph Thoresby High School
BHP/TINH LS16 .... **71** C1
Ramgarhia Sikh Sports Centre
CHAL LS7 .... **28** A3

Rawdon Cricket Club
YEA LS19 .... 66 B1
Rawdon Surgery
YEA LS19 .... 66 A1
Raynville School
BRAM LS13 .... 92 B3
Richard Oastler School
BULY LS4 .... 24 A3
Richmond Hill County Primary School
OSM LS9 .... 49 F1
Richmond House School
BHP/TINH LS16 .... 3 E3
Richmond Medical Centre
OSM LS9 .... 39 D5
Rodley Primary School
BRAM LS13 .... 80 A4
Roseville Business Park
RHAY LS8 .... 29 D3
Rossett Business Park
BRAM LS13 .... 91 C1
Royal Armouries Museum
MID LS10 .... 48 B1
Royal Park Primary School
HDGY LS6 .... 25 D3
Ryecroft Primary School
WOR/ARM LS12 .... 102 B3
Sacred Heart Primary School
BULY LS4 .... 22 C2
St Agnes School
HDGY LS6 .... 14 B1
St Annes Cathedral
LDSU LS2 .... 37 D2
St Augustines RC School
RHAY LS8 .... 30 B1
St Bartholomews C of E Primary School
WOR/ARM LS12 .... 33 E5
St Chads C of E Primary School
BHP/TINH LS16 .... 2 B3
St Francis RC School
BEE/HOL LS11 .... 113 C2
St Gregorys RC School
SCFT LS14 .... 87 C4
St James's University Hospital
OSM LS9 .... 29 F4
St Johns Primary School
RHAY LS8 .... 11 E5
St John the Baptist C of E Primary School
BHP/TINH LS16 .... 73 C1
St Josephs RC Primary School
PDSY/CALV LS28 .... 100 A1
St Martins Practice
CHAL LS7 .... 18 A2
St Marys Hospital
WOR/ARM LS12 .... 103 C1
St Marys RC School
HORS LS18 .... 69 D4
St Matthews C of E Primary School
CHAL LS7 .... 7 E3
St Matthias School
BULY LS4 .... 24 A4
St Michaels C of E Primary School
HDGY LS6 .... 14 B2
St Michaels College
BVRD LS3 .... 25 F5
St Nicholas RC School
OSM LS9 .... 94 A2
St Paul Apostle RC School
AL/HA/HU LS17 .... 74 B1
St Peter C of E Primary School
OSM LS9 .... 38 B2
St Philips RC School
MID LS10 .... 119 C4
St Theresas RC Primary School
MSTN/BAR LS15 .... 96 B2
St Urbans R C Primary School
HDGY LS6 .... 74 B4
Scholes Elmete Junior School
MSTN/BAR LS15 .... 87 D3
Scotch Park Trading Estate
WOR/ARM LS12 .... 34 B2
Seacroft Clinic
SCFT LS14 .... 86 A4
Seacroft Industrial Estate
SCFT LS14 .... 86 A2
Shadwell Medical Centre
AL/HA/HU LS17 .... 76 B2
Shafton Lane Surgery
BEE/HOL LS11 .... 46 A4
Shakespeare Primary School
OSM LS9 .... 39 E1
Sharma Park Industrial Estate
RHAY LS8 .... 28 C4
Shaw Lane Surgery
HDGY LS6 .... 14 B1
Shopping Centre
BHP/TINH LS16 .... 58 A4
Sikh Temple
CHAL LS7 .... 18 C3
Silver Lane Surgery
YEA LS19 .... 53 C2
South Leeds Sports Centre
BEE/HOL LS11 .... 47 D4
South View Infant School
YEA LS19 .... 53 C3
South View Junior School
YEA LS19 .... 53 C3
Spring Bank Primary School
HDGY LS6 .... 14 B5
Stainbeck Surgery
CHAL LS7 .... 7 F4
Stanningley Industrial Centre
PDSY/CALV LS28 .... 89 C4
Stanningley Primary School
PDSY/CALV LS28 .... 90 A3
Stanningley R L F C
PDSY/CALV LS28 .... 90 B3
Stonegate School
AL/HA/HU LS17 .... 6 A2
Street Lane Practice
RHAY LS8 .... 77 D3
Summerfield Primary School
BRAM LS13 .... 90 A2
Sunfield Medical Centre
PDSY/CALV LS28 .... 89 C3
Swinnow Shopping Centre
BRAM LS13 .... 100 B1
Syril Academy of Theatre Arts
YEA LS19 .... 52 B2
Tainton Park Trading Estate
WOR/ARM LS12 .... 45 D2
Takalani Dance Theatre
RHAY LS8 .... 21 E5
Talbot Road Cp School
RHAY LS8 .... 77 C3
Temple Moor High School
MSTN/BAR LS15 .... 106 A2
Temple Newsam
MSTN/BAR LS15 .... 106 A4
Temple Newsam Golf Club
MSTN/BAR LS15 .... 105 C3
Tetley Brewery Wharf
MID LS10 .... 38 A5

Thackray Medical Museum
OSM LS9 .... **29** D5
Thomas Danby College
CHAL LS7 .... **28** B3
Thwaite Mills Museum
OSM LS9 .... **116** A2
Tinshill Primary School
BHP/TINH LS16 .... **70** B2
Trinity & All Saints College
HORS LS18 .... **68** B2
Tulip Street Retail Park
MID LS10 .... **114** A2
University of Leeds
BHP/TINH LS16 .... **3** F1
University of Leeds
HDGY LS6 .... **4** B5
University of Leeds
HDGY LS6 .... **15** E4
University of Leeds
HDGY LS6 .... **26** A3
University of Leeds
LDSU LS2 .... **26** B5
University of Leeds
LDSU LS2 .... **26** B3
University of Leeds
MID LS10 .... **48** C2
University Sports Centre
LDSU LS2 .... **26** B5
Upper Wortley Primary School
WOR/ARM LS12 .... **43** D2
Victoria Park School
BRAM LS13 .... **92** B2
Victoria Primary School
OSM LS9 .... **41** D2
Victoria Walk
LDS LS1 .... **37** E3
Waterside Industrial Park
OSM LS9 .... **116** A2
Weetwood County Primary School
BHP/TINH LS16 .... **3** F4
Wellington Road Industrial Estate
WOR/ARM LS12 .... **35** F3
Westbrook Lane Junior & Infant School
HORS LS18 .... **69** C2
West End Junior & Infant School
HORS LS18 .... **68** A4
Westfield Medical Centre
CHAL LS7 .... **18** B3
Westfield Primary School
BVRD LS3 .... **35** E1
West Leeds High School
WOR/ARM LS12 .... **32** A5
West Leeds Medical Practice
WOR/ARM LS12 .... **42** B5
Westroyd Infant School
PDSY/CALV LS28 .... **89** C3
West Side Retail Park
GSLY LS20 .... **52** A2
West Yorkshire Playhouse
OSM LS9 .... **38** B3
Whingate Business Park
WOR/ARM LS12 .... **32** C4
Whingate Primary School
WOR/ARM LS12 .... **32** A5
Whinmoor Surgery
SCFT LS14 .... **86** A1
Whitebridge School
OSM LS9 .... **104** A2
Whitecote CP School
BRAM LS13 .... **92** A1
Whitehall Industrial Estate
WOR/ARM LS12 .... **109** C1
Whitkirk Medical Centre
MSTN/BAR LS15 .... **107** C1
Wigton Moor School
AL/HA/HU LS17 .... **64** A4
Windmill Primary School
MID LS10 .... **120** B1
Wira Business Park
BHP/TINH LS16 .... **71** C4
Woodhouse Cricket Club
HDGY LS6 .... **15** F1
Woodhouse Health Centre
HDGY LS6 .... **27** D2
Woodlands Primary School
OSM LS9 .... **30** C2
Woodside Trading Estate
HORS LS18 .... **70** A4
Wykebeck Infant School
OSM LS9 .... **94** A3
Wykebeck Primary School
OSM LS9 .... **94** A3
Wyther Lane Industrial Estate
WOR/ARM LS12 .... **22** A2
Wyther Park Cp School
WOR/ARM LS12 .... **93** C3
Yarnbury Rugby Union Football Club
HORS LS18 .... **68** B2
Yeadon Cricket Club
YEA LS19 .... **53** D2
Yeadon Curtain Gallery
YEA LS19 .... **53** D2
Yeadon Health Centre
YEA LS19 .... **53** C2
Yeadon Westfield Junior School
YEA LS19 .... **52** A3
Yorkshire Amateurs Football Club
CHAL LS7 .... **19** E1
Yorkshire Bank Sports Ground
AL/HA/HU LS17 .... **76** A3
Yorkshire County Cricket Club
HDGY LS6 .... **14** A5
Yorkshire Post Offices
LDS LS1 .... **36** A4
Yorkshire Post Sports Club
BHP/TINH LS16 .... **3** F3
Yorkshire Television Studios
BVRD LS3 .... **35** D1

Page 24

B2

1 Back Beechwood Rd
2 Beechwood Gv
3 Beechwood Rd
4 Beechwood Rw
5 Beechwood St
6 Graham Mt

Page 32

B3

1 Back Highthorne Gv
2 Edinburgh Av
3 Edinburgh Pl
4 Edinburgh Ter
5 Greenock Pl
6 Greenock St
7 Greenock Ter
8 Highthorne Gv
9 Highthorne Vw

C2

3 Christ Church Mt
4 Christ Church Pl
5 Christ Church Ter
6 Christ Church Vw

Page 33

E4

1 Back Athlone Av
2 Back Athlone Gv
3 Back Athlone Ter
4 Esmond St
5 The Gang
6 Oriental St
7 Wesley Av

Page 36

A2

1 Back Burley St
2 Denison Rd
3 Hanover Wy

C3

1 St Paul's Pl

Page 39

E2

1 St Stephen's Rd

Notes